한국연구재단 학술명저번역총서
서양편 801

위기 관리 ❶
노상강도, 국가, 법과 질서

POLICING THE CRISIS:
Mugging, the State, and Law and Order

스튜어트 홀 · 채스 크리처 · 토니 제퍼슨
존 클라크 · 브라이언 로버츠 저 | 임영호 역

박영사

우리는 이미 지적으로나 실무적으로 셀 수 없이 많은 분에게 빚을 졌으나, 여기서는 겨우 몇 분에게만 감사의 뜻을 밝힐 수 있을 따름이다. 제니스 윈십(Janice Winship)과 로저 그림쇼(Roger Grimshaw)는 각각 제4장과 제5장 부분의 기초 조사를 맡아 초안을 작성해주었으며, 이후의 작업 단계에서 자신의 아이디어에 추가로 가감첨삭이 가해지는 동안 유익한 조언을 해주고 너그럽게 지켜봐 주었다. 그림쇼는 원고 집필이 진행되는 동안에도 긴밀한 접촉을 유지했는데, 실제로 제목도 그의 작품이다. 연구 수행 초기의 지루한 조사 작업에서 무수하게 많은 분들이 귀중한 도움을 주었다. 이 중 데이브 쿠퍼(Dave Cooper), 힐러리 웨인라이트(Hilary Wainwright), 스티븐 지(Stephen Gee), 앨런 클라크(Alan Clarke), 알레스데어 맥고원(Alasdair McGowan), 제시카 피커드(Jessica Pickard), 딕 헵디지(Dick Hebdige), 밥 윌리스(Bob Willis)에게 특히 감사드린다. 우리의 작업 진행 속도는 느렸지만, 에일린 홀(Aileen Hall), 린다 오웬(Linda Owen), 주디 제퍼슨(Judy Jefferson), 데이드리 바커(Deidre Barker), 조지 램세이어(Georgie Ramseyer), 앤 해리스(Ann Harris) 등 우리를 위해 타이핑, 복사, 등사를 해준 분들의 귀중한 도움과 인내심이 없었다면 이것조차 지속할 수 없었을 것이다. 그리고 우리가 또 다른 어려운 부탁거리를 갖고 방문할 때에도—불가사의하게도—미소를 잃지 않았던 조안 구드(Joan Goode)에게 헤아릴 수 없는 고마움을 느낀다.

　신문 기사 스크랩, 배경 논문과 다른 관련 정보를 참고하려 할 때도 무수하게 많은 분들이 너그럽게 시간을 내서 도움을 주었다. 전국인권회의(National Council of Civil Liberties, NCCL)의 소장자료와 BBC의 이언 울프(Ian Wolff)는 노상강도 보도자료를 수집하는 데 큰 힘을 보탰다. 시간이 날 때마다 연구 과제 이야기를 하면서 귀중한 조언과 비판을 해준 현대문화연구소 안팎의 수많은 친구와 동료에게도 감사하고 싶다. 특히 자신들의 더 중요한 작업을 미뤄두고 우리를 위해 시간을 할애해 준 〈오늘의 인종(Race Today)〉의 다커스 호우(Darcus Howe)와 〈흑인 해방자(The Black Liberator)〉의 리키 캠브리지(Ricky Cambridge)에게 사의를 표한다. 극도로 장황한 이 원고 초안을 읽어준 분들, 특히 자세한 논평과 배려를 해준 스탠 코언(Stan Cohen), 마이크 피츠제럴드(Mike Fitzgerald), 이언 테일러(Ian Taylor), 조크 영(Jock Young)에게 우리는 빚을 지고 있다. 자신들의 아이디어와 개념을 빌려와 그다지 동의하고 싶지 않을 수 있는 방향으로 수정했는데도 이분들은 오직 우호적인 격려와 지지를 보내주었으며, 전국일탈연구회(National Deviancy Conference, NDC)에서 그러한 대화를 처음 나누었을 때 특히 그랬다.

우리 일에 얽혀들면서 원래 약속한 것보다 훨씬 더 오래 그리고 다양한 방식으로 삶에 번거로움과 성가심을 겪은 분들에게 이제 와서야 사죄나 감사를 드리는 건 다소 뜬금없어 보일 수도 있다. 원래 의도는 아니었겠지만, 역설적이게도 "거의 끝냈어요"라는 호언장담에 냉소적 미소로 응답해준 분들에게서 큰 힘을 얻었음을 고백한다. 마지막으로 1973년과 1977년 사이에 현대문화연구소가 이 연구 과제에 물질적 지원을 제공한 데에 감사드리고, 연구소 구성원들이 끊임없는 지적 지원과 격려를 보내주신 데 대해서도 큰 사의를 표하고 싶다.

이 책에서 범한 모든 오류는 다른 누군가의 잘못이고, 좋은 부분은 저자의 몫이라고 말할 필요는 없을 것이다.

최종 텍스트는 1978년에서야 출간했지만, 진행 중인 연구를 그 도중에도 더 널리 알리려고 무수하게 시도했다. 이 연구의 '부산물'에 해당하는 일부는 다음과 같다.

20 Years (The Paul, Jimmy and Musty Support Committee, 1972).

T. Jefferson and J. Clarke, 'Down These Mean Streets: The Meaning of Mugging,' *Howard Journal* XIV(1), 1974; *CCCS Stencilled Paper*, no.17로도 간행되었음.

J. Clarke, C. Critcher, T. Jefferson and J. Lambert, 'The Selection of Evidence and the Avoidance of Racialism: A Critique of the Parliamentary Select Committee on Race Relations and Immigration,' *New Community* III(3), Summer 1974; *CCCS Stencilled Paper* no.15로도 나왔음.

S. Hall, *Mugging: A Case Study in the Media*, Open University television programme for course D101 *Making Sense of Society* (Milton Keynes: The Open University Press, 1975): BBC2에서 1975년 4월 17일과 20일에 방영됨; 이후 *Listener*, 1975년 5월 1일 자에 발췌 소개됨.

S. Hall et al., *Newsmaking and Crime*, NACRO Conference on Journalism, Broadcasting and Urban Crime, 1975년 1월; *CCCS Stencilled Paper* no.37로도 간행되었고, 1976년 NACRO에서 소책자 *The Media and Urban Crime*으로도 간행됨.

S. Hall et al., *Mugging and Law−and−Order*, paper presented to the National Deviancy Conference at Cardiff; *CCCS Stencilled Paper* no.35로도 간행됨.

S. Hall, *Mugging and Street Crime*, BBC Radio의 *Personal Vew* 방송 시리즈에서 세 번째 회차로 방송됨(프로듀서, 마이클 그린[Michael Green]).

　〈위기 관리(Policing the Crisis)〉는 처음 출판된 지 30년도 넘었지만 그 동안 일반 독자, 연구자, 학생에게 우호적인 평가를 받았다. 이 책은 "'노상강도'(mugging)를 … 특정한 길거리 범죄 형태보다는 사회 현상으로서"(p.1)* 탐구하는 데 목적을 두었다. 이 책은 어떻게, 왜 이처럼 '노상강도'라는 매우 정서적인 이름표가 1970년대 초에 그렇게 널리 사용되었는지, 그 정의가 어떻게 구축되고 확장되었는지, 왜 영국 사회ー경찰, 사법부, 미디어, 정치 계급, 도덕적 수호자와 국가ー가 노상강도 현상에 그렇게 극단적으로 반응했는지, 이 현상이 사건의 연쇄가 전개된 사회적, 정치적 국면에 대해 무엇을 이야기해 주었고 지금은 무엇을 말해 주는지 다루었다.

　이 '서문'은 새로운 독자, 혹은 책 내용을 이미 알지만 새로운 시각과 변화된 역사적 상황에서 다시 살펴보려는 독자를 대상으로 작성했다. 이 글은 "현대의 독자가 이 책을 이해하고 거기서 가능한 한 많이 얻어내려면 어떤 것을 알아야 할 필요가 있는가?"라는 질문에 해답을 시도한다. 즉 이 책이 왜 이런 모습으로 구성되었는지, 집필 과정에서 어떤 지적, 이론적 전통에 의존했는지, 책이 등장한 무렵 역사적 국면의 성격은 어떠했는지에 대해 간략한 회고적 설명을 제시한다.

　〈위기 관리〉는 버밍엄에서 다양한 종족적 배경의 세 청년이 한 남성에게 강도질을 하던 도중 상해를 가한 사건에 대한 반응이었다. 범인들은 장기간의 본보기성 형을 받았다(한 사람은 20년이었다). 하지만 이 사건들을

---

* 이하 페이지는 원문을 기준으로 표기했음을 밝힌다.

단지 기존의 이론적 주장을 예시하는 데에만 사용하지는 않았다. 6년이 넘는 집필 기간 동안 끝없이 지연되고 험난했던 집단 연구 과정은 지적인 '실험실' 구실을 했고, 여기서 텍스트에 생명을 불어넣는 개념, 이론, 주장이 탄생했다. 이 책은 발견한 내용을 결론에서 서로 연결짓고 설명을 제안하는데, 이 설명은 작업을 시작할 때에는 미처 예견하지도 못한 것이었다.

현대문화연구소(Centre for Contemporary Cultural Studies, CCCS)는 1964년 아직 생소하고 진화 중인 분야를 탐구하는 연구소로 창립되었는데, 바로 여기서 〈위기 관리〉를 구상하고 집필했다. 당시에는 스튜어트 홀(Stuart Hall)이 연구소 교원으로서 유일하게 연구에 참여하였다. 존 클라크(John Clarke), 채스 크리처(Chas Critcher), 토니 제퍼슨(Tony Jefferson)은 연구소에 등록된 대학원생이었고, 브라이언 로버츠(Brian Roberts)는 공식적으로 사회학과 소속이었다. 연구소의 다른 사람들도 이 작업에 기여했다. 연구소의 접근방식은 초학제적이었고, 이 때문에 저자들은 다양한 시각과 관심사를 손쉽게 연구에 반영할 수 있었다. '포스트 1968년'의 참여 정신으로 현대문화연구소는 집단적인 지적 작업, 연구, 집필 방식을 추구해 연구원과 대학원생이 함께 작업했다. 따라서 연구소가 추구한 정신, 연구 과제, 관행은 이 연구가 채택한 형식에서도 핵심을 이루었다. 실로 어떤 면에서 〈위기 관리〉는 이러한 집단 저작의 모범적인 텍스트로 널리 통한다. 제2판에서 구체적인 주제를 다룬 네 편의 '후기'는 각자 집필에 영향을 미친 시공간의 균열을 반영해 필자별로 분담했지만, 이 '서문'만은 집단적으로 작성했다. 하지만 모든 글은 철저한 집단 토론과 논쟁 과정을 거쳐 적어도 〈위기 관리〉의 특징인 그 정신의 일부는 유지하도록 했다.

비록 사회학과 범죄학의 사고에 영향을 받긴 했으나, 〈위기 관리〉의 전반을 아우르는 분석 대상은 '범죄'도 '사회'도 아니라 '사회구성체'였는데, 이는 실천, 제도, 세력, 모순의 총합으로 개념화할 수 있다. 〈위기 관리〉에서는 '노상강도' 현상의 법적, 사회적, 경제적, 정치적 차원과 더불어 문화적, 이데올로기적, 담론적 측면이 다른 곳에서 결정된 이차적이고 종속적 요인이 아니라 효과를 구성하고 중층 결정한다고 보았다.

이 책은 아마 비판 범죄학 내부에서 아주 꾸준하게 논쟁 대상이 되긴 했겠지만, 저자들은 어떠한 공식적 측면에서도 범죄학자가 아니었다. 그러나 범죄와 일탈은 철저하게 사회적인 현상일 뿐 아니라 사회의 규범적 가정과 사회 질서 유지에 대한 도전이며, 따라서 더 폭넓은 사회적, 정치적 요인의 징후로 해석해야 한다고 우리는 확신했다. 우리의 목적은 범죄를 그 사회적, 정치적 '존재조건' 속으로 되돌려 놓는 데 있었다.

이 책의 전반부는 연구소의 하위문화 연구, 일탈과 하위문화 이론에 의존했다. 여기서 출처가 된 저술과 영향을 미친 저작에는 최근 구성된 전국일탈연구회(NDC)[1]의 논의와 더불어 하워드 베커(Howard Becker) 같은 미국 상호작용론적 사회학자의 저술도 포함되는데, 베커는 일탈이 행위의 속성이 아니라 행위에 대한 사회적 반응의 속성이라고 주장한 바 있다.[주 1] 이 학자들은 [일탈행위 자체보다는] 사회 통제 기관들이 어떤 행동에 일탈이란 이름을 붙이고 일탈로 정의했다는 바로 그 사실이야말로 사회과정으로서의 일탈에 핵심적 부분이라고 규정했다. 〈위기 관리〉는 조크 영과 스탠 코언 같은 영국 사회학자들에게 강하게 영향을 받았는데, 이 학자들은 마약 복용[주 2]이라든지 당국과 '모드족'(mods), '로커족'(rockers)[2][주 3]

---

1 전국일탈연구회(NDC)는 1968년 7월 기존의 범죄학과 일탈 연구의 접근방식에 불만을 느낀 연구자들이 새로운 사회과학적 시각을 모색하기 위해 결성되었다. 여기에 참여한 영국 학자로는 폴 로크(Paul Rock), 데이비드 다운스(David Downes), 로리 테일러(Laurie Taylor), 스탠 코언, 조크 영 등이 있었다. 이 연구자들은 범죄학의 사회학적 측면을 강조하고 범죄를 주류 사회학의 관심사로 격상시키려 했고, 범죄와 일탈 현상에 정치적 성격을 부여하고 더 폭넓은 사회적 환경에서 파악하려 했다. 이 단체의 활동은 이후 비판 범죄학(critical criminology)이 탄생하는 토대가 되었다. — 역주

2 모드족과 로커족은 1960년대 초중반에서 1970년대 초반까지 영국에서 유행하던 청년 하위문화를 지칭한다. 이들은 상당히 상이한 스타일로 서로 앙숙관계를 이루며 폭력적 싸움에 연루되기도 했다. 1964년 두 집단이 벌인 패싸움은 미디어에 널리 보도되면서 영국 사회에 '도덕 공황'을 유발했다. 모드족은 독특한 패션과 음악 등으로 구별되었는데, 패션에서는 양복과 깔끔한 옷차림으로 주로 스쿠터를 타고 다녔다. 음악 취향으로는 1960년대의 대중음악 장르인 소울, 리듬 앤 블루스, 비트 음악을 즐겨 들었다. 반면에 로커족은 대형 오토바이를 타고 다니며 검은 가죽 재킷, 부츠 등의 옷차림을 특징으로 했는데, 이는 1953년 미국 느와르 영화인 <위험한 질주(The Wild One)>에서 말론 브란도의 옷차림에서 영향을 받았다. 로커족이 선호하는 음악 장르는 주로 1950년대 미국의 로큰롤이었다. — 역주

간의 충돌처럼 이 시기 영국의 사회적 일탈 행위에 관해 중요한 연구들을
내놓았다.

　　우리는 (현대문화연구소의 관련 연구인 〈의례를 통한 저항〉^Resistance through Rituals^)[주 4]
에서는) 민속지학 연구 때문에 격찬을 받은 반면, 〈위기 관리〉에서는 (특히 마
지막 장에서)[주 5] 그러한 연구를 수행하지 않았다고 비판을 받았기 때문에,
우리가 민속지학과 맺고 있는 관계에 관해 설명을 덧붙이는 게 도움이 될
것 같다. 왜냐하면 우리가 보기에 〈의례를 통한 저항〉과 〈위기 관리〉는
동전의 양면 같은 존재로 그 어느 쪽도 전통적인 민속지학 연구는 아니기
때문이다. 두 연구는 모두 민속지학자로서 "사회 세계에 대한 신념에 따
라 탐구와 재건 … 의 지속적인 추구", "동료 인간에 대한 헌신", "국지
적, 상황적 문화의 해석 추구"[주 6]라는 특징을 공통적으로 갖고 있다. 민
속지학자에 대한 또 다른 지지자인 피에르 부르디외(Pierre Bourdieu)가 말
했듯이, 우리의 관심사는 구체적 사건, 실천, 관계, 문화를 출발점으로 삼
아 "구조적 지형"(structural configuration)으로 접근하되, "상호작용과 실천을
단순히 그러한 구조적 지형의 표현으로 환원시키지 않도록" 하는 것이
다.[주 7] 다시 말해, 민속지학적 상상력을 본떠 하려고 애쓰면서도 동시에
일상적 '상호작용과 실천'의 지금, 여기에 초점을 두는 수준을 넘어 그 현
상을 우리 배후에서 전개되는 역사 속에 위치시키려 했다.

　　물론 민속지학의 고전적인 방법은 참여관찰, 듣기, 인터뷰이지만, 특
정한 '사회 세계'에 관한 자세한 경험적 지식을 추구하는 과정에 도움이
된다면, 어떤 접근방법이든 민속지학이 될 수 있다. (사회적 반응의 '사회 세
계'에 관한 일차 자료인) 신문 더미 뒤지기, (예를 들면, 경찰과 흑인 청년의 '사회 세
계'에 관한) 책, 논문, 논평 형태의 방대한 이차 자료 읽기, (저자 중 한 명처럼)
핸즈워스(Handsworth)의 '사회 세계'에 거주하면서 작업하기 등이 그렇다.
우리 책을 옹호하는 사람이든 비판하는 사람이든 모두 혼란스러워 한 부
분은 바로 이러한 실용적 접근방식, 즉 다양한 사회학과 더불어 마르크스
주의식 국면 분석(Conjunctural analysis)의 틀에 따른 미디어 연구와 민속지
학을 결합한 연구 성향인 것 같다. 그러한 접근의 강점도 분명한 듯한데,

특히 "결국 노상강도질로 빠져들고 마는 청년의 전형적인 일대기"가 보여주는 자명한 리얼리즘이 그러하다. 한 서평가는 이에 대해 "자신이 지금까지 본 것 중 … 범죄에 관한 가장 사실적으로 보이는 설명 중 하나"라는 판단을 내렸다.[주 8] 그리고 이어서 "프라이스가 〈끝없는 압력(Endless Pressure)〉이란 책에서 발견한 결과는 이 책이 묘사하는 그림을 강력하게 뒷받침한다"[주 9]라고 말했다. 켄 프라이스(Ken Pryce)의 책은 4년 동안의 민속지학 연구에 근거해 브리스톨의 서인도 제도 라이프스타일을 분석하는데, 이 중 상당 부분은 '유행 탐닉 10대 소녀족'(teeny boppers)3이나 '협잡꾼'(hustlers)[주 10] 등 비행 청소년을 다루었다. 프라이스의 책과 우리 책은 연구 기간이 거의 정확히 일치한다. 프라이스의 책은 〈위기 관리〉가 나온 이듬해인 1979년에 처음 출판되었다.

〈위기 관리〉는 〈의례를 통한 저항〉을 비롯해 학교 교육,[주 11] 청년 패션과 스타일[주 12] 연구 등 청년 영역에 관해 연구소가 수행한 작업에 분명히 크게 빚졌다. 이후에는 도시 록(urban rock)과 흑인 음악,[주 13] 남성 지배적 하위문화 운동에서 소녀들의 위치[주 14]에 관한 연구가 이어졌다. 이 모든 영역에서 '청년'은 늘 '골칫거리'의 당사자로 반복해서 등장하는 듯했다. 이 골칫거리는 어떤 사회적 단절과 더 광범위한 사회적 추이, 문제점을 보여주는 징후였으며, 공중과 공기관의 불안도 이 문제를 둘러싸고 야기됐다. 사회적 불안감은 '도덕 공황'(moral panic) 생성을 조장했다. 도덕 공황은 공중의 일부층이 사회 자체에 가해지는 위협을 지각해 과도한 공포와 우려가 번지고, 이에 대응해 사회통제 기구들과 광범위한 정치 구

---

3 음악, 패션, 문화 등에서 성인문화를 모방하는 10대 소녀들을 지칭하는 용어다. 처음에는 마케팅 분야에서 사용되었으나, 점차 독자적인 소녀층 집단의 하위문화로 발전했다. 원래 1950년대에 대중음악, 특히 로큰롤에 빠져든 10대를 지칭하는 용도로 사용되다가 1960년대 말에서 1970년대 초 10대 초반 소녀층을 대상으로 팝음악, 아이돌, 패션 분야의 마케팅이 강화되면서 다시 널리 사용되었다. 이 하위문화는 상업적 용도에서 기원하긴 했지만, 지루하고 억압적인 학교와 가정에서 소외감을 느끼는 10대 소녀를 중심으로 외부인과 차단된 방어적 또래문화로 발전했다. 스타일에서는 주로 대중문화의 유행에서 차용하는 경향이 있어 다른 하위문화에 비해 독창적인 요소는 적었다. ─ 역주

조가 이 문제를 처리하기 위해 가동되는 현상을 말한다.

〈위기 관리〉는 다음과 같은 논지를 펼쳤다. 사회 통제의 문화와 제도는 범죄를 저지른 사람만큼이나 일탈과 범죄 현상에서 떼놓을 수 없는 일부였다는 것이다. 이 문화와 제도는 반사회적 행위 통제에서뿐 아니라 그 행위에 이름을 붙이고 정의하고 공적으로 파악하는 방식에서도 적극적인 역할을 수행했다. 하지만 이처럼 확장된 맥락에서 '통제 문화'(control culture)란 너무 모호한 개념처럼 보이게 되었다. 이 기관들은 다양한 권력 유형이 농축된 장소, 즉 국가로 규정하는 편이 더 적절했을 것이다. 이처럼 국가로 초점을 이동하게 되면, 노상강도 분석은 사회의 핵심부, 여론 흐름의 변화, 사회적 권력과 정치적 권위의 중심부를 다룰 수밖에 없다.

따라서 일탈 통제를 책임지는 기관이 이야기에서 중심적인 갈래로 부상하게 됐다. 여기서 통제에는 단지 기관들이 권위를 실행하는 권한뿐 아니라, 사건에 대한 의미작용과 이를 통해 사회적 의미를 부여하고 사회를 자신들의 '상황 정의'(definition of the situation)에 동조하도록 끌어들이는 행위도 포함된다. 이 두 가지 기능을 동일한 틀 안에 함께 수렴시키는 바람에, 지배의 심급(instance)으로서의 국가(가령 개인의 자유 박탈, 처벌 등)와 '대중적 동의 획득'의 장으로서의 국가 간의 구분은 치명적일 정도로 훼손되었다. 특정한 정의가 상징적으로뿐 아니라 물질적으로도 지배하도록 만드는 담론 실천은 군중을 해산시키거나 범법자를 투옥하는 행위와 마찬가지로 사회 통제의 일부였다.

경찰은 개인의 자유와 사유재산권을 보호하는 사회의 첫 번째 방어선이자 사회적 무정부 상태를 막는 보호막으로 간주된다. 경찰은 전반적인 범죄 수준의 공식적 척도, 즉 범죄 통계를 생산하고, 범죄와 더 광범위한 사회적 추이 간의 관계에 관해 그때그때 논평을 가할 권한을 갖고 있다. 실제로 〈위기 관리〉는 '노상강도'의 통계 척도 구성과 관련된 담론 실천을 살펴보면서 논의를 시작하는데, 이는 당시 규정집에 통계적으로 '기록'할 만한 범죄가 존재하지 않았기 때문이다(지금도 여전히 그렇다). 그렇지만 숫자 제시만큼 설득력 있는 '사회적 사실'은 거의 없다.

이 영역에서는 사법부 역시 막강한 권위를 갖고 있다. 판사는 법을 해석하고 특정 사건에 적용하며 형량을 부과하는 데 그치지 않는다. 범죄에 관해 논평하고 범죄의 사회적 의미에 관해 선언하며 그 사회적, 정치적 함의를 해석하는 더 폭넓은 기능도 수행한다. 판사는 공중이 상황을 어떻게 '이해'하는지, 어떤 행동이 정치적으로 용납되고 정당성을 지니는 것인지, 어떤 부분에 동의해야 할 것인지에도 영향을 미친다.

현대 사회에서 이러한 이데올로기적, 문화적, 해석적 실천은 일차적으로 언론과 매스미디어가 관할하는 영역이다. 언론은 공식적으로 국가의 일부가 아니지만, 다른 기관들과 연합해 '뉴스의 사회적 생산'을 통한 대중적 영향력 행사라는 업무에서 핵심적인 기능을 수행하는데, 물론 여기서 범죄는 늘 매우 높은 우선순위를 차지한다. 〈위기 관리〉는 이 핵심 기관들을 '일차적 규정자'(primary definers)로 간주했다. 이 기관들은 해석의 기본선을 정해주고, '일반인'의 태도에 영향을 미치고, 이데올로기적 분위기의 큰 틀을 조성하며, 정치적 대응과 공중의 반응을 조율하는 데 큰 역할을 한다.

공중은 '범죄의 의미 이해'라는 과정을 백지상태에서 접근하지는 않는다. 공중은 해석의 기본틀, 무비판적 가정, 상식, 암묵적 지식과 추론 형태를 가동하는데, 이 중 상당 부분은 비록 반드시 논리적이거나 일관되거나 증거에 기반한 형태로는 아니더라도 (이 때문에 오히려 설득력을 갖기도 한다) 이미 [이들의 사고 속에] 자리 잡고 있다. 영국 사회가 1950년대와 1960년대 전후의 '풍요'와 이민이 초래한 혼란스러운 결과에 직면해 그랬듯이, 특히 사회가 사회적 변화의 속도나 방향에 위협을 느끼게 될 때, 대다수는 상식적인 수준에서 기존의 권력 구조를 지지하는 정의와 문제 접근방식을 그대로 따르는 경향이 있다. 예컨대, 범죄, 인종 그리고 형벌에 대해 '전통주의적' 견해를 채택하는 경향이 그 예다.

방법론 측면에서 이는 연구하기에 까다로운 영역이었다. 이 해석 구조들은 의식적 자각이나 기억 바깥에서 작동하므로 설문지와 전통적인 인터뷰는 연구 도구로서 그다지 쓸모가 없었다. 그래서 그 대신 대중지

의 독자투고에 초점을 맞추고, 무의식적인 상태에서의 여론을, 말하자면
그 형성의 순간에서 포착하기로 했다. 우리는 이 자료의 해석을 통해 여
론의 '심층구조'를 이루는, 범죄, 도시 공간, 인종 등에 관한 비공식적인
이데올로기의 '지도'를 작성했다. 상식은 자명하거나 혼동스럽거나 일화
적이거나 모순될 수 있다고 안토니오 그람시(Antonio Gramsci)는 주장했다.
[주 15] 수많은 다양한 사고 전통의 흔적이 아무런 세부목록도 남기지 않은
채 상식 속에 농축되어 있다. 상식은 지식 위계에서는 신분이 낮다. 그러
나 공식적으로 민주적인 사회에서 '상식화한다는' 것은 대중적 정당성과
순응을 확보하는 핵심 경로이며, 그람시의 말마따나 '헤게모니적' 권력
형태의 토대가 되기도 한다.[주 16]

이러한 인식을 통해 분석은 새로운 수준으로 옮아갔다. 〈위기 관리〉
에서는 다음과 같이 주장했다. "만일 어떤 지배계급 동맹이 논란의 여지
가 없는 권위를 확보한다면, … 즉 정치 투쟁을 장악하고 자본의 요구를
보호하고 확장하며, 시민 영역과 이데올로기 영역에서도 권위를 갖고 주
도할 수 있게 되고, 국가를 방어하는 강제적 국가 기구의 강제적 권력을
장악한다면, 그리고 이 모든 일을 동의의 기반 위에 달성할 수 있다면
… 헤게모니 혹은 헤게모니적 지배의 시기를 확립했다고 말할 수 있다."
(pp.212-3)

장소와 위치는 강력한 사회적 함축과 준설명력을 추진력으로 동반한
다는 점에서 '상식'의 방향을 지시하는 중요한 기능을 한다. 이 책의 핵심
적 사건 발생지인 핸즈워스는 이른바 전형적인 도심 빈민가의 무수하게
열거되는 문제점을 갖춘 곳으로, 도시 빈곤과 사회적 피폐화를 예시하는
공간이었다. 버밍엄에서도 빈곤, 열악한 주거 환경, 실업의 결과로 점차
다문화, 다직업 지역으로 몰락해가는 오래된 주거지역으로서, 아프리카계
카리브인과 아시아인의 이주, 정착 공간이기도 했다. 핸즈워스의 문제점
은 정말로 심각했다. 그러나 '우리와 다른' '타자'라는 이유로 이 집단들
이 문제점의 원인이라는 비난을 받고, 그래서 스테레오타입화와 인종적
차별이 더욱 심화된다는 점 때문에 문제는 더 복잡해졌다.

1948년 전후인 윈드러시(Empire Windrush)호4 도착과 더불어 본격적으로 시작된 흑인 이민으로 영국 사회의 면모가 크게 바뀌었고 영국의 정체성 자체도 의문의 대상으로 변했다. 영국은 스스로 진보적이고 관용적이며 인종적으로 동질적이라고 상상하고 있었는데, 이러한 변화는 인종화된 차이에 대해 영국 사회 깊숙이 내재하던 부정적이고 스테레오타입적인 태도를 건드렸다. 이 잠재적 태도는 영국이 제국으로서 수행하던 역할에서 유래한 유산이었는데, 자신들의 '고유의 터전'(home territory)에 상당히 많은 카리브 출신 흑인 이주민이 건너오면서 표면으로 드러난 것이다. 폴 길로이(Paul Gilroy)는 영국 같은 오랜 제국주의 사회가 자신의 권력 쇠퇴에 대해 보이는 병리적 반응을 '포스트 콜로니얼 우울증'(post-colonial melancholia)의 한 형태, 즉 상실한 대상에 대한 일방적인 슬픔이 손쉽게 공포증으로 바뀌는 현상으로 부른다.[주 17] 이 현상은 계속해서 오늘날 영국 사회에 엄청난 공감과 효과를 자아내고 있다.

이 새로운 강조점들은 이 책의 전반부와 후반부가 서로 연결되는 지점이자 이행하는 지점을 이루었다. '노상강도' 현상에서는 범죄, 경찰 활동, 인종과 도시 간의 수렴이 이루어지면서 폭발력이 큰 융합물로 변했다. 이 현상은 공동체의 변화 양상에 대한 사회적 불안감을 촉진하고 '영국스러움'(Britishness)은 곧 '백인다움'(whiteness)이라는 인식을 강화했으며, 사회적으로 배제된 수많은 층에게 자신들의 피폐함의 원인은 빈곤이 아니라 인종이라는 확신을 심어줬다. 그리고 궁극적으로 사회 질서 수호를 책임지는 '상층부'의 기관들에게 정치적 대응을 요구하도록 '밑으로부터' 부추겼다. 우리는 범죄와 일탈에서 시작해 '통제 문화' 장치를 거쳐 국가로 옮아가면서 '노상강도' 문제를 살펴보았는데, 분명 이 문제는 더 광범

---

4 엠파이어 윈드러시호는 1948년 전후 최초로 대규모의 서인도 출신 이주민을 영국으로 실어 나른 수송선이다. 당시 자메이카에서 런던으로 운항한 이 배에는 1,027명의 승객과 두 명의 불법 탑승객이 탑승했는데, 카리브 지역 출신 802명 중 693명이 영국 정착 의사를 밝혔다. 전후 시기 엠파이어 윈드러시호를 비롯해 여러 수송선으로 영국에 이주한 카리브 출신 영국 이주민을 윈드러시 세대(Windrush generation)라 부르기도 한다. — 역주

위한 사회적, 역사적, 정치적 맥락 속에서 파악하지 않는다면 아마 완벽하
게 설명할 수가 없을 것이다. 우리의 탐구가 단초를 열긴 했지만 아직 완
성되지 않는 노선을 따라 탐구를 계속 진행할 필요가 있었다.

    이처럼 틀을 점차 확대해가는 분석 과정을 기술하기 위해 우리는
'맥락화'(contextualising)라는 용어를 사용한다. 그러나 이 용어는 공식화라
하기에는 너무 허술하다. 마르크스는 〈정치경제학요강(The Grundrisse)〉에
서 "사고를 통해 구체성"을 생산해내는 유일한 방안은 더 많은 결정 요인
을 추가하는 것이라고 주장한다. "구체성은 수많은 결정이 집중된 것이어
서 구체적이다"라는 것이다.[주 18] 따라서 맥락화란 단지 정태적인 '배경'
을 들먹이는 게 아니라, 이처럼 복합적인 과정을 시간 경과에 따른 실제
적인 움직임으로 취급하고 역사적인 구체성 속에서 다양한 추상화 수준
간의 연계성을 확인하는 작업을 포함한다.

    '노상강도'라는 현상 형태와 그 현상에 대한 사회적 반응은 사건이
발생한 역사적 국면에 관해 무엇을 말해 주었는가? '국면'(conjuncture)은
그람시[주 19]와 루이 알튀세르(Louis Althusser)[주 20]가 개발한 용어로서, 어떤
사회구성체의 생애에서 특정한 계기이자 사회 내에서 늘 작동하는 적대
와 모순이 **'파열적 통일성'**(ruptural unity)[주 21]으로 **'융해'**(fuse)되기 시작하는
시기를 말한다. 국면 분석은 상대적으로 안정된 계기와 투쟁과 소요가
격화되어 좀 더 전반적인 사회적 위기로 이어질 수도 있는 계기 사이에
서 일종의 시기 구분을 적용한다. 이 개념은 모순이 전개되고 위기로 융
해되며 해소되는 과정을 포괄한다. 위기의 해결책은 다양한 형태를 띨
수 있는데, 다시 말해 사전에 미리 예정된 결과란 없다는 것이다. 이 해
결책은 역사적 프로젝트가 지속되거나 갱신되게 할 수 있고 변혁 과정을
유발할 수도 있다. 일부 사례에서는 장기화한 투쟁이 해결되지 않은 채
지속될 수도 있다(이는 그람시가 '수동적 혁명passive revolution'이라 부르는 현상이다).
[주 22] 국면에는 고정된 지속기간이 없지만, 위기가 (그리고 거기에 내재된 모
순이) 해결되지 않은 채 남아 있는 한 위기가 추가로 발생해 사회구성체
의 다양한 영역 전반으로 번져나갈 가능성도 있다. 대략 똑같은 투쟁과

모순 그리고 이를 해결하려는 똑같은 시도가 어떤 시기를 지배하는 한 이 시기는 똑같은 국면을 구성한다고 말할 수 있다. 이 책의 제목이 지칭하는 '위기' 유형은 바로 그런 것이다. "'노상강도'에 대한 반응이 영국 국가의 전반적인 '헤게모니의 위기'에서 한 측면을 구성한다"(p.215)라고 우리는 주장했다.

우리 분석의 틀을 규정한 첫 번째 국면은 제2차 세계대전이 끝난 후 노동당 집권으로 등장한 복지국가적·사회민주주의적 정치적 '타결' 혹은 '역사적 타협'(historic compromise)이다. 이 체제가 떠맡은 사항은 (남성에게) 완전 고용을 보장하고, 케인즈주의 조치를 통해 경제위기를 피해가고, 부를 재분배하고, 민간 경제의 '기간 산업'을 공적 소유로 전환하며, 전국적인 의료와 사회보장 체제를 조성하는 것이었다. 이 시기는 영국 사회의 부와 권력 재분배에서 획기적인 계기였다.

복지국가는 늘 타협된 사회구성체일 수밖에 없으므로 여기서는 기업 이윤과 공공의 선, 민영화된 '풍요'와 집단적인 사회적 대비책이 서로 정반대 방향으로 끌어당기는 힘으로 작용했다. 이 체제는 사적 자본이 계속 성장하면서 부를 창출하고 국가가 이를 재분배하는 방식에 의존했다. 하지만 복지국가가 가져오는 재분배 효과도 과소평가해서는 안 된다. 복지국가는 현대의 가장 성공적이면서 평화로운 사회 변혁 중 하나임이 입증되었다. 이러한 이유 때문에 보수주의 성향의 반대파가 보기에 복지국가란 국가가 자본, 사유재산과 '자유로운' 개인의 특권을 무단으로 침해한 것이고, 사회적 세력 균형을 근본적으로 노동계급과 빈곤층에게 유리하게 옮겨놓으려는 시도였다. 보수주의자들은 치명적인 피해를 초래한 정책을 저지하고 그 체제를 중심으로 형성된 합의를 깨뜨리겠다며 작심하고 나섰다. 이처럼 장기간에 걸친 복수극이 여전히 오늘날의 정치 체제에까지 꾸준하게 영향을 미치고 있다고 주장하는 이도 있을 정도다.

사회민주적 복지국가의 합의 체제는 1960년대에 무너지기 시작했다. 복지국가 구축의 근거가 된 합의적 권위 양식이 버텨낼 수가 없었던 것이다. 그러나 그 후 이어진 새로운 국면의 속성은 어떤 것이었나? 〈위기 관리〉는 그 이행 과정을 '동의의 고갈'(the exhaustion of consent)로 묘사한다. 노동당 정권들은 점차 좀 더 하향식이고 기업주의적이며 '국익'에 근거한 개혁주의 정치의 변종을 채택했다. 해럴드 윌슨(Harold Wilson)은 '분규 대신에' 자본과 노동 간의 조화를 추구하면서 "테크놀로지의 하얀 열기"(the white heat of technology)[5]에 근거한 '사회적 블록'(social bloc)을 구축하려 했다. 짐 캘러헌(Jim Callaghan)은 새로운 '사회계약'을 출범시켰다. 노동당 정권은 국가 주도의 소득 정책을 통해 '불법파업'(wildcat strikes)과 '비공식적 임금 상승'(wage drift)을 억제하려 애썼으나 결국 실패했다. 그러나 경제가 근본적으로 취약했는데도 '풍요'와 소비자주의는 이 사실을 은폐하려는 경향이 있었다. 생산성과 채산성은 심각할 정도로 떨어졌고, 공적 부문의 적자는 급증했다. 1970년대 중반 재무장관은 IMF에 지원을 요청하고 화폐 평가절하를 단행할 수밖에 없었다.

　　이 전선, 저 전선에서 사회구성체가 균열을 보이기 시작했다. 학생 시위와 점거, 전 세계적인 베트남 전쟁 반대운동, 젊은 층을 '체제'와의 일체감으로부터 분리시킨 저항문화의 대안적 라이프스타일, 안정된 패턴과 도덕적 준거점의 혼란, 향략적이고 '관용성'(permissive)의 청년문화를 중심으로 하는 사회적 불안감 심화, 전국시청자청취자협회(the National Viewers and Listeners Association)[6] 같은 조직들의 도덕적 수호운동 부상, 외설 출판 혐의

5　이는 해럴드 윌슨(1964-70, 1974-76년 사이에 수상으로 재임)이 1963년 스카버러의 노동당 모임에서 한 연설에서 따온 구절이다. 이 연설은 영국 사회가 낡고 구시대적인 전통에서 벗어나 새로운 과학혁명의 잠재력을 받아들여 사회를 혁신해야 한다는 주장을 담았다. 구체적으로 내각 과학부서 창설, 방송대학 도입, 교육 혁신, 두뇌 유출 방지 정책 등 과학 발전을 위한 혁신적인 방안을 제시했다. 이 연설은 선거 패배와 당내의 이념 갈등으로 혼란에 빠져있던 노동당 내부를 결집하는 데 큰 도움이 되었다. 과학에 초점을 둔 미래 혁신 방향을 제시해 당내에서 수정주의 우파와 사회주의 좌파 간의 이념적 격차를 넘어선 통합이 가능해진 것이다. 또한 전후 풍요의 시대와 숙련노동자층의 부상으로 노동당의 지지기반이 변화하고 있던 현실을 인식하고, 공식적 자격과 기술적 전문성의 중요성을 강조해 이들을 다시 지지층으로 끌어들이려는 전략과도 관련이 있었다. 이 연설 후 이듬해 노동당은 재집권에 성공했지만, 실제 정책에서는 과학부 신설 외에 혁신 기반의 정책을 좌초시키는 등 일관성 없는 정책을 펼쳐, 결국 일시적 인기 전략에 불과했다는 비판도 받았다. ─ 역주

6　전국시청자청취자협회는 1965년 영국에서 메리 화이트하우스(Mary Whitehouse)가 설립

로 〈오즈(Oz)〉7 잡지의 재판 회부 등 이 모든 사례에서 '1968년'은 클라이 맥스에 해당하는 그 무엇인가가 되었다. 국가는 위기를 저지하기 위해 점차 법에 더 의존하게 되었다. 연좌농성에는 불법침입 규제법 강화로 대응했고, 노동투쟁의 과격함에는 노사관계법(the Industrial Relations Act)으로, 북아일랜드 '소요사태'에 대해서는 비상사태권한법(the Emergency Powers Act)과 '저강도 작전'(low-intensity operations)으로, IRA 폭탄 투척 공격에는 '피의 일요일'(Bloody Sunday)8로 맞섰다. 분노의 여단(the Angry Brigade)9이 등장하고 납치와 테러리즘에 대한 새로운 공포가 싹텄으며, 공적 부문 파업과 주 3일 근무 방식의 태업 사태가 일어났다. 이 어느 시점에서 에드워드 히드(Edward Heath) 씨는 나라가 '통치불능' 상태임을 선언했다.

인종 전선에서도 이에 상응하는 온갖 사태가 전개되었다. 이녹 포웰 (Enoch Powell)의 연설은 흑인 이민의 결과 '피의 강물'이 길거리에 흘러넘치게 될 것이라고 예언했다. 흑인의 존재는 영국식 삶의 방식에 대한 위협을 상징한다는 인식이 퍼졌다. 시민권을 재규정하고 이민의 흐름을 제한하는 법률이 통과되었다. 미국에서 일어난 반아파르트헤이드(anti-apartheid) 운동, 민권운동, '블랙 파워'(black power) 운동의 효과로 흑인의 의식은 고양됐다. '흑인 정체성'의 긍정에 기반을 두어 저항성을 띠고, 레게에서 영감을 얻었으며, 흑인을 표현하는 문화가 번창했다. 흑인 청년 사이에는

한 미디어 감시 목적의 단체다. 주로 미디어 내용 중에서 폭력성, 인종, 신념, 성적 지향에 대한 증오 표현, 외국인 공포증, 신성모독 등의 내용을 감시하고 비판하는 활동을 했다. 이 단체는 2001년 미디어와치 UK(Mediawatch-UK)로 이름을 바꾸었다. — 역주

7 〈오즈〉는 1960년대 저항문화와 밀접한 관련이 있던 대안적 지하 잡지였다. 1963년 호주 시드니에서 처음 창간되었고, 1967년 런던에도 같은 이름으로 자매지가 생겼다. 그러나 두 곳 모두 논란 끝에 외설죄로 기소되었으며, 런던의 〈오즈〉는 1973년에 폐간되었다. — 역주

8 피의 일요일은 1972년 1월 30일 북아일랜드 데리(Derry)의 보그사이드(Bogside) 지역에서 일어난 대학살을 지칭하는데, 보그사이드 대학살(Bogside Massacre)이라 불리기도 한다. 당시 IRA 관련 용의자 324명을 재판도 없이 대거 구금한 조치에 항의해 시위 중이던 비무장 시위대에 영국 군대가 발포해 14명이 사망하는 참사가 빚어졌다. — 역주

9 '분노의 여단'은 1970년과 1972년 사이 영국에서 활동하던 극좌파 무장투쟁 집단이다. 이들은 소규모 폭탄을 이용해 은행, 대사관, 방송시설, 보수정치인 자택 등에 테러를 가했는데, 영국 경찰은 무려 25회의 폭탄 테러가 이들의 소행이라고 추정했다. — 역주

'라스타'(Rasta)10와 '자메이카 루드 보이 음악'(rude boy)11의 물결이 번졌다. 인종주의적 실천에 대응해 반인종주의 저항운동이 지속적이고 대중적으로 전개되었는데, 특히 경찰이 '거동수상자 검문검색법'(sus laws)12을 적용해 흑인 청년을 검문 수색하는 데 반대하는 운동, '흑인 집단 거류지' 구역에서 흑인의 삶과 문화가 감시받고 '범죄자 취급을 당하는' 데 대한 저항 운동도 등장했다. 전반적으로 "20세기 최대 규모의 범죄 물결"(p.270)에 대한 병적 집착도 나타났다.

　　1970년과 1974년 사이에는 사회적 규제가 동의에서 강제로 옮아갔고, 국가는 반사적으로 '법'의 행사에 의존했으며, 헤게모니의 전면적인 위기가 시작되었다. 국가는 권위주의적 통치 수단뿐 아니라 "일반 공중이 사회에서 상실되었다고 느끼는 바로 그 '방향감각'"(p.315)까지 제공했다. 이 과정은 악몽 구축에 의해 크게 고양되었는데, 바로 산발적인 여러 구역을 하나의 넉넉하고 총괄적이며 모든 변화무쌍하면서도 보이지 않는 '적'으로 위치 규정하는 수법이었다. 대법원장(the Lord Chancellor)13은 온갖

10　라스타는 '라스타파리'(Rastafari) 혹은 라스타파리안(Rastafarian)으로도 불리며, 1930년대 카리브해 자메이카에서 탄생한 종교운동이자 사회운동이다. 중심적인 권위를 갖춘 조직이 없어 매우 다양한 형태를 띠긴 하지만, 기본적으로 기독교 성서의 독특한 해석을 기반으로 하는 유일신 종교다. 자메이카에서 당시 지배적이던 영국 식민지 문화에 대항해 아프리카인 중심의 이데올로기로 형성되었다. 아프리카를 약속된 시온의 땅이라 믿고 아프리카 귀환 운동을 주장하기도 하고, 에티오피아의 하일레 셀라시에 황제를 선지자 혹은 예수의 재림으로 보는 견해도 있었다. 밥 말리(Bob Morley)를 비롯해 라스타에서 영감을 받은 레게 음악이 유행하면서 전 세계에 알려졌다. ─ 역주

11　루드 보이는 1960년대에 유행한 자메이카 길거리 음악의 한 종류를 말한다. 이 음악은 모드족과 스킨헤드족의 하위문화에도 큰 영향을 미쳤고, 이후 현대 스카 펑크 음악으로도 계승되고 있다. ─ 역주

12　'거동수상자 검문검색법'(sus laws) 조항은 1824년 부랑자법(Vagrancy Act) 4조를 말하는데, '거동이 수상한 자'(suspected person)에 대해 검문, 검색, 체포를 할 수 있는 광범위한 권한을 경찰관에게 부여했다. ─ 역주

13　여기서 대법원장은 공식적으로 내각에서 수상보다 서열이 높은 고위직으로 영국에 특유한 직책이다. 이는 원래 상원(House of Lords) 의장과 최고법원 수장 기능, 하급심(Hight Court of Justice) 재판관 등 광범위한 기능을 포괄하는 자리였다. 그러나 2005년 헌정개혁법(Constitutional Reform Act)이 통과되면서 상원의장, 대법원 수장, 하급심 재판관 등의 기능은 별도의 직책으로 이관되고 상징적 지위로 성격이 바뀌었다. ─ 역주

사례를 법과 질서의 주제와 연결시켰는데, "'젊은 훌리건 집단'에 의한 법원 심리 방해", 총기 사용 증가, '청년 집단'의 치명적인 폭력 구사, "길거리 훌리건"이 경찰을 대상으로 "야간에 가하는 욕설, 모욕, 도발", "법 체제 자체에 대한 도전"(pp.269-70) 등이 이에 속한다. 포웰은 영국에서 파업에 참가한 교사, "대학을 '파괴'하고 도시를 '공포에 빠뜨리는' 학생", "'현대적 형태'의 군중의 위력", 시위, 남아프리카공화국 크리켓 투어 기간 동안 반아파르트헤이드 운동의 경기 방해에 정부가 굴복한 사건, "무질서 조성의 성공", "정부를 '전율'에 빠뜨리기", "북아일랜드 민간정부를 붕괴시킬 뻔했던 사건" 그리고 "'또 다른 부류'의 '가연 물질'(즉 인종) 축적" 등을 지목하면서 이 사례들을 하나의 그림, 즉 "적과 그의 위력"(pp.270-1)으로 [압축해] 규정했다.

〈위기 관리〉는 이처럼 "1960년대 말의 통제 강화가 1970년의 완전히 억압적인 '봉쇄'로 이행한 현상"(p.256)을 "법과 질서형 사회"(the Law-and-Order Society)로의 표류 혹은 더 간단히 "'예외적 국가'(Exceptional State) 지향"(p.268)이라고 불렀다. 이 변화는 "위에서 주도한 '법과 질서' 지향, 법적 장치 강화 … [그리고] 영국의 '골칫거리'에 대한 음모론적 해독의 꾸준한 확산이 결합해 발생한 효과"(p.274)였다. 이 변화는 더 이상 동의에 의해 생산될 수 없는 효과를 구현하는 수단으로 "법, 강제와 법적 권력에 의존"(p.273)하게 된 현상을 정당화했다. "[이러한 변화는] … 국가 권력이 억압적 측면을 광범위하게 행사하는 데에 사회가 익숙해지도록 훈련시켰다. 그리고 이러한 통제의 일상화를 정상적이고 자연스러우며 정당하고 불가피하게 만들었다. … 국가에겐 '전쟁을 벌일' 의무가 있다며 정당성을 부여했다."(p.273)

마지막 절에서 이 책은 노상강도 현상에서 늘 환기되곤 했던 주된 인물이나 수사에 초점을 맞추었는데, 바로 흑인 청년이다. 위기의 정점에서 한 언론인은 미국과 영국의 흑인 범죄를 비교하면서 "할렘이 핸즈워스에 상륙하고 마는가?"라는 질문을 던졌다. 이 질문은 자기충족적인 예언이 되고 말았다. 오늘날 미국에서 인종, 범죄와 폭력을 함축하는 의미로 사용되는 '노상강도'라는 용어는 1972년 다음과 같이 현대 영국의 범죄를 기술하는 데 처음으로 사용되었다. 즉 "우리 경찰에게 이는 공포스러운 새로운 범죄 유형이다."(p.7) 〈위기 관리〉 집필의 계기가 된 버밍엄 폭행 사건은 1973년에 발생했다.

우리는 이 흑인 노상강도범이란 인물이 갖는 상징적 무게감을 간파하고 있었다. 그러나 흑인의 구조적 위치는 어떠했으며, 흑인들의 투쟁과 의식은 어떤 정치적 형태를 취하고 있었는가? 마지막 장에서는 주장을 더 심층적인 수준으로 끌고 가려 시도했다. 여기서는 노동과 '실업' 그리고 일부 흑인의 생존 전략인 범죄와 '협잡질'(hustling)의 위치를 분석했다. 여기서는 흑인의 표현 문화가 상징적 저항을 가동시키는 한 형태로서 수행하는 역할을 살펴보았다. '프롤레타리아' 중 인종적으로 세분화된 하나의 층위로서 흑인 이주민의 계급적 위치에서 어떤 내부적 구분이 이루어지는지, 이 위치가 어떤 상호연계 메커니즘을 통해 재생산되는지도 살펴보았다. 또한 당시 널리 사용되던 룸펜 프롤레타리아(lumpenproletariat) 명제도 검토했다. 마지막으로, 마르크스주의 시각 내에서 흑인의 위치를 어떻게 해석해야 하는지에 관해 제시된 두 가지 견해를 비교해 보았다. 이 중 하나는 "노동 예비군"이라는 시각이고, 다른 하나는 흑인이 '제1' 세계와 '제3' 세계의 착취구조에 동시에 편입되어 있는 층위라는 시각이다. 세부 사항에서 이 접근방식들은 이미 오래전에 극복됐다. 그러나 이 접근방식들이 근거로 삼은 시각의 시사점까지 완전히 고갈되지는 않았다.

바로 이 부분에서 책은 끝났지만 이야기까지 끝난 것은 아니다. 1970년대의 위기 후에는 "사회란 것은 존재하지 않는다"라는 선언으로 세계를 흔들어놓은 마거릿 대처(Margaret Thatcher) 여사의 정치적 집권이 등장했고, 사회 근간에 대한 '대처리즘'(Thatcherism)의 대공세가 뒤를 이었다. 대처리즘은 권위주의와 신자유주의, 강한 국가와 자유 시장의 추진력을 동시에 갖춘 모순된 존재였다. 이처럼 이중적 성격으로 각인된 원형은 그 후 여러 변형된 형태로 영국 사회와 정치를 지배했다(이는 보수당이든, 신노동당이든, 연립정권에서든 마찬가지였다). 대처리즘 등장이 역사적 전환점이었다고 믿은 사람은 거의 없었다. 사람들은 대처리즘을 늘 보던 정치적 대세 이동으로만 규정했다. 낡은 국면이 해체되는 흉측한 소리를 들었고, 위기가 전개되는 것을 지켜보았으며, 위기의 대중주의적 뿌리와 장기적 헤게모니 프로젝트를 이해한다면 현상을 달리 파악할 수밖에 없었다. 그리고 이렇게 해서 〈위기 관리〉가 제기한 마지막 주장에 도달하게 되었는데, 수많은 위대한 사회학적 분석 작업과 달리 이 책은 실제로 그리고 전반적으로는 정확한 예측력을 발휘했다. 다른 게 아니라 이 점만으로도 이 책은 오늘날 여전히 읽고 생각해볼 가치가 있다.

이 책이 현재의 독자들에게 던지는 한 가지 질문은 두 가지 국면이 어떤 중요한 차이가 있는가이다. 우리 분석에서 확인한 사회 통제의 기본적 모습은 여전히 지속되고 있는가? 우리는 여전히 일종의 '예외적 국가'를 향해서 나아가고 있는가? 혹은 이후에 등장한 신자유주의 '시장 국가'는 존재양식에서 근본적으로 차이가 있는가? 만일 그렇다면 자유시장과 '권위주의적 대중주의'(authoritarian populist)의 추진력이 번갈아 힘을 발휘하면서 지속되는 현상에 어떻게 대처해야 하는가? 이 책은 1978년에 출판되었기에 아마 이 질문을 제기할 수 없었을 것이다. 그러나 만일 이 책의 재간행이 단지 오랜 질문의 재탕이 아니라 새로운 질문의 제기를 유발하게 된다면, 제2판을 내기로 한 결정은 옳았음이 밝혀질 것이다.

스튜어트 홀, 채스 크리처, 토니 제퍼슨, 존 클라크, 브라이언 로버츠

주와 참고문헌

[1] H. Becker, *Outsiders: Studies in the Sociology of Deviance* (New York: The Free Press, 1963).

[2] J. Young, *The Drugtakers* (London: Paladin, 1971).

[3] S. Cohen, *Folk Devils and Moral Panics* (London: MacGibbon & Kee, 1972).

[4] S. Hall and T. Jefferson eds, *Resistance through Rituals* (London: Hutchinson, 1976; 2nd edn, London: Routledge, 2006).

[5] S. Hallsworth, 'Street Crime', Crime, Media, *Culture* 4(1), 2008: 137-43을 보라.

[6] P. Atkinson, A. Coffey, S. Delamont, J. Lofland and L. Lofland, 'Editorial Introduction', in *Handbook of Ethnography*, ed. P. Atkinson, A. Coffey, S. Delamont, J. Lofland and L. Lofland (London: Sage, 2001: 6).

[7] P. Bourdieu and L. Wacquant, 'The Purpose of Reflexive Sociology (The Chicago Workshop)', in *An Invitation to Reflexive Sociology*, P. Bourdieu and L. Wacquant (Cambridge: Polity, 1992: 113).

[8] C. Sumner, 'Race, Crime and Hegemony', *Contemporary Crises*, 5, 1981: 28.

[9] Ibid.

[10] K. Pryce, *Endless Pressure* (Harmondsworth: Penguin, 1979).

[11] P. Willis, *Learning to Labour* (Farnborough, Rants.: Saxon House, 1977).

[12] D. Hebdige, *Subculture* (London: Methuen, 1979).

[13] I. Chambers, *Urban Rhythms* (Basingstoke: Macmillan, 1985); D. Hebdige, *Cut 'n' Mix* (London: Methuen, 1987).

[14] A. McRobbie, *Feminism and Youth Culture* (Basingstoke: Macmillan, 1991).

[15] A. Gramsci, *Selections from the Prison Notebooks* (London: Lawrence & Wishart, 1971: 323).

[16] Ibid.: 55, n5.

[17] P. Gilroy, *After Empire* (London: Routledge, 2004).

[18] K. Marx, *Grundrisse* (Harmondsworth: Penguin, 1973: 101).

[19] Gramsci, *Selections from the Prison Notebooks*, pp. 177-9.

[20] L. Althusser, *For Marx* (Harmondsworth: Penguin, 1969: 249).

[21] Ibid.: 99; 강조부분은 원문의 것임.

[22] Gramsci, *Selections from the Prison Notebooks*, pp. 105-20.

책 부제에서 주 제목으로 이어지는 흐름을 포착한 눈썰미 좋은 독자라면 이미 눈치챘겠지만, 이 책은 '노상강도'에서 출발하지만 전혀 다른 곳에서 결말을 짓는다. 대다수의 독자가 예상할지도 모르는 그러한 의미에서라면 이 책은 어쨌든 '노상강도'에 관한 내용을 다루지 않는다. 실제로 그 단어를 삭제할 수만 있다면, 그러한 선택이야말로 우리가 추구하는 ─아마도 우리의 유일한─ '실질적인 제안'이 될 수 있었을 것이다. 엉뚱한 것들이 선정적인 주목을 끌게 하고 더 심층적인 원인을 은폐하고 신비화했다는 점에서 이 단어는 헤아릴 수 없을 정도로 큰 해악을 끼쳤다. 특히 정치인, 판사, 경찰, 범죄통계학자, 매스 미디어 그리고 도덕적 수호자들에 의해 극도로 의심스러운 용도로 활용되었기에, 이제는 이 단어 사용에 대해 파산 선고를 내려야만 한다. 불행하게도, 사회적 모순에 부착되는 이름표를 제거하는 방식으로는 그 모순을 해결할 수 없다. 이 책은 그 이름표 배후로 파고들어 그 속에 은폐성으로 투영된 모순된 사회적 내용을 밝히려 한다. 그렇지만 이 책은 왜 어떤 개인들이 개인적으로 노상강도에 빠져드는지를 다루지는 **않는다**. 노상강도 발생을 통제하거나 감소시키려면 어떤 실질적인 조치를 단계적으로 취해야 하는지도, '노상강도'라는 범죄가 얼마나 흉악한 것인지도 다루지 않는다. 이 책은 사례 연구도, 실질적인 매뉴얼도, 도덕적 분노의 표출도 아니다. 단순히 준거틀을 뒤집어놓는 데 그치지도 않는다. 즉 '노상강도'가 얼마나 흥분되거나 혁명적인지에 관해 '긍정적으로' 평가하는 연구도 **아니다**. 모두 다 그럴 필요야 없겠지만, 이러한 주제 중 일부는 앞으로 책으로 집필할 필요가 있다. 그

러나 우리는 이런 문제와는 다른 곳에서 출발해 '노상강도' 현상과 영국
사회의 관계에 관해 전혀 다른 개념을 발전시키고, 이를 통해 전혀 다른
부류의 책을 만들어냈다. 이런 식으로 표현한 이유는 바로 지금까지 '사
회문제' 관련 서적의 집필 방식에 관해 통용된 견해를 반박하기 위해서
다. 지금까지 책이란 연구자가 그냥 길거리로 나가 범죄나 사회에 관해
아무런 사전인식도 없이 '경험적 사실'을 액면 그대로 관찰하고 그 사실
배후에서 우연히 밝혀지는 아무 '문제'나 찾아내 그 문제의 존재를 거듭
강조하는 식으로 집필했다. 이 책은 그런 부류의 책이 아니다. 비록 현재
그러한 모습으로 횡행하는 책도 충분히 넘쳐나긴 하지만 사회에 관해 그
처럼 순진무구한 유형의 책을 쓸 수가 있을지는 회의적이다.

　　우리는 '노상강도'에 관심을 **두지만**, 이 관심은 특정한 길거리 범죄
형태보다는 사회 현상으로서의 노상강도에 관한 것이다. 우리는 '노상강
도'의 사회적 원인이 무엇인지 파악하고자 한다. 그러나 이는 '노상강도'
이야기의 절반―심지어 그 이하―에 불과할 뿐이라고 주장하고 싶다.
이보다 더 중요한 문제는, 1970년대 초반이라는 바로 그 역사적 국면에서
드러났던 것처럼 영국 사회가 왜 노상강도 현상에 그렇게 극단적 방식으
로 **대응했는가** 하는 점이다. 단순한 사실성 측면에서도 동의할 수 없는 부
분이긴 하지만, 영국의 길거리에서 노상강도가 갑자기 등장한 것이 사실
이라면, 사회가 '노상강도'에 **대한** 도덕 공황에 진입했다는 점 역시 사실
이다. 이 공황은 1960년대 내내 증가해 온 '꾸준한 강력 범죄 증가율'에
관해 생겨난 더 광범위한 '공황'과 관련되어 있다. 이 두 가지 공황은 범
죄 자체보다는 다른 것을 대상으로 발생한다. 당시 사회는 범죄 일반, 구
체적으로는 '노상강도'를 사회 질서 해체의 지표이자 '영국식 삶의 방식'
이 무너지고 있다는 징후로 지각하게 된다. 그러니까 이 책은 일종의 **위
기**로 접어들고 있는 사회를 다룬다. 왜, 어떻게 해서―'노상강도'라는 이
미지에 농축된―**인종, 범죄, 청년**이라는 주제들이 위기의 표현이자 위기
의 이데올로기적 전도물 구실을 하게 되는지를 다룬다. 또한 이 주제들이
어떻게 해서 권위주의적 합의, 보수주의의 반격을 구축하는 메커니즘 기

능을 했는지도 논의하는데, 이 반격을 '부드러운' 법과 질서형 사회를 향한 경향의 완만한 강화라고 부르고자 한다. 그렇지만 다음과 같은 질문도 던진다. '노상강도'를 중심으로 조성된 공포에 힘입어 '규율 사회'를 향한 추세가 강화하고 있는데, 이 추세는 진정 어떤 사회적 모순을 지칭하는가? '법과 질서' 이데올로기는 어떻게 구축되었는가? 이러한 구축에 의해 어떤 사회 세력이 규제와 제약을 받게 되는가? 여기서 어떤 세력이 이익을 얻을 것 같은가? 국가는 이러한 구축에서 어떤 역할을 했는가? 이 구축은 어떠한 실질적인 공포와 불안을 조성하는가? 이 질문들은 사회 현상으로서의 '노상강도'라는 용어로 우리가 의미하는 바의 일부다. 바로 이 때문에 '노상강도'를 연구하면서 필연적으로 1970년대 영국에서 일어난 일반적인 '헤게모니의 위기'를 다루게 된 것이다. 이 책은 바로 이러한 근거 위에서 출발한다. 우리 주장의 논리를 거부하는 사람이라면 **이 근거에 대해** 이의를 제기해야 할 것이다.

'노상강도'를 이런 식으로 재정의하게 된 것은 이 책이 출발하게 된 계기와 작업이 수행된 방식과 관련이 있다. 이 연구를 시작하기 전까지 범죄는 우리가 딱히 관심을 둔 분야는 아니었는데, 1973년에 일어난 심각한 사건을 계기로 실질적으로 이 문제에 관여하게 되었다. 당시 버밍엄의 핸즈워스에서 술집에 들렀다가 귀가하던 한 남성이 공터 한 귀퉁이에서 '노상강도'를 당해 재물을 강탈당한 후 중상을 입었는데, 인종적 배경이 다양한 세 [용의자] 청년에게 법정은 각각 10년과 20년의 형을 선고했다. 우리가 보기에 형은 불필요하게 가혹했고, 이 사건을 초래한 원인 측면에서 보면 원인이 아니라 결과만 주목했다는 점에서 논점을 벗어난 조치였다. 그러나 우리는 또한 법정이 제대로 처리하지 못한 일을 하고 싶었다. 즉 우리에게 모순된 감정을 불러일으킨 문제를 파악하고자 하는 것이었는데, 여기엔 판결에 대한 분노, 불필요한 희생자를 향한 슬픔, 스스로 조성하지도 않은 운명에 연루된 청년들에 대한 연민 그리고 이 모든 사태를 조장한 여건에 대한 당혹감이 섞여 있었다. 한 가지 점에서만 보면 이러한 출발점이 결국 적합했음이 밝혀졌다. 왜냐하면 핸즈워스 사례로 '노상

강도' 문제를 시작할 경우, '노상강도'를 **단순히** 영국 대도시 빈곤층 구역
에서 일부 빈곤층 청년이 일부 빈곤층 피해자를 대상으로 벌이는 행위를
지칭하는 용어로만 파악하는 식으로 사고의 함정에 빠질 가능성은 없어
지기 때문이다. '핸즈워스'는 분명 본보기성 판결, 즉 징벌적 효과뿐 아니
라 사회적 효과를 노린 판결**이기도** 했다. 판결이 의도한 것은 공포와 불
안감의 진정이기도 했다. 핸즈워스는 **대대적인** 언론보도이자 지역 주민,
전문가, 논평가의 반응, 이에 뒤따르는 종말론적 예언이며 '노상강도' 구
역의 특정 주민층을 겨냥한 경찰 동원이기도 했다. **이 모든 것**이 '핸즈워
스 노상강도' 사건이었다. '노상강도'를 하나의 사실이 아니라 관계, 즉
범죄와 범죄에 대한 대응 간의 관계로 인식하고 나면, '노상강도'에 관해
평소 갖고 있던 전통적 지혜는 무너지고 만다. 만일 이 관계를 (단지 평범한
사람들에 대한 위험이라는 관점보다는) 사회적 세력과 그 관계 속에 축적된 모순
의 관점에서 파악하거나, 범죄가 발생하는 더 넓은 역사적 맥락 측면에서
(즉 단순히 달력 위의 날짜가 아니라 역사적 국면이라는 측면에서) 본다면 문제의 전
체 지형은 성격이 바뀌게 된다. 범죄 패턴뿐 아니라 사회적 대응의 성격
까지도 이전의 역사를 담고 있다. 이 전사는 단일한 사건에 초점을 맞춘
기존의 모든 통념적 지식에서는 놀랄 정도로 결여된 존재 조건이다. 이
둘은 언뜻 '범죄 현장'과는 한참 떨어져 있는 것처럼 보이지만 제도적 과
정과 구조 속에 위치한다. 덧붙이자면 이러한 결정적 조건은 정말 눈여겨
보는 사람이 아무도 없다. 범죄는 사회적 근원과 유리된 채 표류해 온 셈
이다. 무엇인가 이러한 '존재 조건'이 현상의 일부로 다뤄지는 것을 방해
하고 있다. 그리고 이 깨달음을 방해하는―즉 이를테면 범죄가 단순하고
도 자명한 사실인 것처럼 구성하는―것의 일부가 바로 '노상강도'라는
이름표 자체다. 이 이름표가 그 모든 상식적 자명함으로 방해가 되도록
내버려 둘 수는 없다. 이는 해체되어야 한다. 이 모순된 사회 세력들과의
폭넓은 관계라는 측면에 비추어 해체되어야만 한다. 우리 연구는 바로 이
경로를 선택했다. 이 책의 구조와 주장에서는 독자들을 위해 바로 이러한
경로를 재구축하고 **재추적**하고자 노력했다. 바로 이 때문에 '노상강도'로

논의를 시작하지만, 사회가 '그 위기를 관리하는'(policing its crisis) 방식으로
마무리했다. 만일 독자 여러분이 이 흐름을 파악할 수 있다면 여기서 책의
구조가 어떤 방식으로 전개되는지 이해하기도 어렵지는 않을 것이다.

　　최종적인 질적 수준은 거기에 미치지 못했지만, 이 책은 오랜 준비
과정을 거쳤다. 이처럼 지체가 발생한 데에는 부분적으로는 다른 일—작
업, 강의, 연구—을 진행하면서 집필할 수밖에 없었던 사정도 원인이다.
하지만 또한 이 책을 하나의 집단 작업으로서 연구하고 집필하고 토론하
고 수정하고 편집하고 체험하면서 만들어냈기 때문이기도 하다. 이 작업
을 수행한 공간인 버밍엄의 현대문화연구소가 비판적인 사회연구를 좀
더 집단적인 지적 실천으로 발전시키는 데 지적 노력과 노고를 기울였다
는 점에도 이 책은 빚을 지고 있다. 이 책은 집단 작업으로 수행하는 데
따른 보상과 대가를 반영하고 있다. 우리는 무수한 한계점도 인식하고 있
는데, 무엇보다 우리가 제시한 주장과 입장 일부는 어쩔 수 없이 미완성
상태로 마칠 수밖에 없었다는 한계점을 들 수 있다. 그러나 그 오류를 집
단 저술 탓으로 돌려서는 안 된다. 만일 이 집단 작업이 어설픈 시도였다
면, 한 사람이 썼을 경우 아마 더 어설픈 결과가 나왔을 것이다.

　　이제 적어도 잠정적으로는 작업을 마무리했다고 선언할 수 있게 되
었지만, 우리가 쓴 책이 긍정적인 측면에서 어떤 사람들의 **마음에 들지** 상
상하기 어렵다. 만일 이들의 마음에 들 수 없다면—더 중요한 부분인—
납득은 시킬 수는 있을 것이라는 희망으로 만족하기로 했다. 법원, 경찰,
내무부(the Home Office)는 분명 이 책이 자신들의 (완곡하게 표현하자면) 부정
적 역할을 지나치게 과장하고 범죄자, 선동자와 말썽꾸러기들에게 변명의
여지없이 '유화적'이라고 여길 것이다. 미디어는 이 책이 편향적이라고
말할 것이다. 학자들은 이 책이 너무 균형감이 부족하고 가치 지향적이라
생각할 것이다. 적어도 모든 사람 중에서는 형벌 제도 개혁이나 인종관계
개선의 대의를 위해 활동하는 자유주의자, 선의를 지닌 사람들이 그나마
마음에 들어 할 것이다. 이는 아마 이들이 좀 더 너그러운 기대치를 갖고
이 책을 대하기 때문일 것이다. 균형감 부족에 이들은 우려할 것이고, 개

혁주의 비판은 경직되고 분파주의적이며, 실질적 해결책의 부재는 무책임하게 비칠 것이다. 아마 독자 대다수는 특히 마지막 사항에서 우려를 표할 것이다. 분석이야 모두 괜찮지만 해결책이나 실질적 개혁방안은 어디 갔냐는 것이다.

　　이 마지막 비판에 관해 밝히자면, 우리는 몸소 발견한 결과 때문에 태도가 오히려 더 단호해졌음을 고백한다. 분석을 행동과 분리하고, 분석을 결코 오지 않을 '장기적' 심급에 할당하고, 행동만을 '단기적으로 실용적이며 현실적인 것'으로 남겨두는 식의 자세는 널리 퍼져 있지만 치명적인 함정, 정확히 말해 '자유주의적 의견'의 함정에 해당한다. 이처럼 가장 '영국적인' 논리와 정반대로, 궁극적으로는 '옳은' 일을 하기 위해 결연히 맞서도록 일부라도 설득할 수도 있을지 모른다는 희망하에 단기적으로는 '비현실적'으로 되기로 결심했다. 따라서 누군가 "그렇군요. 그렇지만 현재 여건을 감안할 때 지금 무엇을 해야 하죠?"라고 묻는다면, 우리는 "'현재 여건'에 대해 무슨 일이든 하시오"라는 답변밖에 할 수 없다. 유일한 해법은 빈곤의 여건 자체를 철폐하는 조치뿐인데도, 빈곤층의 운명을 완화하거나 빈곤층이 자신의 여건을 좀 더 기품 있게 견뎌내도록 하려면 무엇을 할 수 있는지 질문하면서 개혁가가 시간을 낭비하는 것은 말도 안 된다고 오스카 와일드(Oscar Wilde)는 말했다.

　　문제는 빈곤층을 빈곤하게 (혹은 범죄자가 범죄를 저지르게) 만드는 '현재의 여건'은 부자를 부자로 만드는 (혹은 개별 범죄자를 가혹하게 처벌하면 범죄의 사회적 원인이 사라질 것이라고 준법정신 투철한 사람들이 믿도록 만드는) 바로 그 여건과 **똑같다**는 것이다. 우리에겐 개인적 효과를 생산하는 모순된 사회 구조에서 개인적 결과를 추상화해내는 재주가 있는데, 이러한 능력에는 무언가 철저하게 '영국적인' 부분이 있다. 그러니까 '실질적 해결책'에는 어떤 집단의 편을 들어 모순과 투쟁하는 행위가 포함된다. 이 냉엄한 진실을 깨닫고 이 책에서 분석한 결과를 낳는 구조와 여건을 변화시키려는 투쟁에 **이미** 몸담은 일부 사람에게는 이 책이 실망스러울 수도 있다. 우리는 **이러한** 노선을 따라 주장을 더 진전시킬 정도의 능력을 갖추지 못한

데 대해 크게 유감스럽게 느낀다. 그렇지만 우리가 쓴 글이 실천적 투쟁에 깨달음을 주고, 그 투쟁을 심화하고 강화하는 데 도움이 되기를 바란다. 이 사람들이 이 책을 우리가 기술하려 한 대로, 즉 비록 사상의 전쟁에 대한 개입에 불과하긴 하지만, 그래도 하나의 **개입**으로 해독하기를 희망한다.

유명하지만 의외로 잘 읽지 않은 책이 간혹 있다. 문화연구 분야에서는 〈위기 관리〉가 그런 책이 아닌가 한다. 내용이나 문장 자체가 복합하고 난해할 뿐 아니라, '국면 분석'이란 연구방법의 특성 때문에 1950－70년대 영국의 구체적 상황을 잘 모르면 내용을 이해하기 어렵기 때문이다. 분량이 상당히 많고 시장성이 높지 않아 일반 출판사에서 선뜻 소화하기 쉽지 않은 탓에 그동안 번역서로도 나오지 않았다. 그러나 한국연구재단의 명저번역 지원사업 덕분에 문화연구의 지성사에서 공백으로 남아 있던 오랜 숙제 하나를 해결하게 되어 마음이 홀가분하다.

번역은 반역이라고들 한다. 그만큼 번역자의 노력과 창의적 작업이 필요하다는 뜻이다. 이 책은 다양한 갈래의 이야기가 서로 얽히고설켜 읽기 좋게 풀어내기가 쉽지 않았다. 그래서 가독성을 높이는 데 중점을 두고 일단 길고 복잡한 문장을 짧게 나누어 읽기 쉽게 바꾸었다.

이 저술은 이론서가 아니다. '국면 분석'이라는 접근방식이 시사하듯이 이론에 근거하기는 하지만 이론은 배후에 물러서 있고 구체적인 상황에 대한 세밀한 검토와 분석이 주를 이룬다. 그래서 수많은 사건과 인명, 지명, 일화가 역사적 맥락과 얽혀 있어 이에 대한 해설이 꼭 필요한 부분에는 200여 군데 역주를 붙였다. 또한 구체적인 맥락 분석에 주력하다 보니 책에는 수많은 고유명사가 등장하는데, 비슷한 이름들을 혼동하지 않도록 가능하면 완전하게 표기하는 것을 원칙으로 했다.

막상 번역을 해놓고 보니 책 분량이 예상보다 많아졌다. 그래서 편의상 1부와 2부는 1권으로, 3부와 4부는 2권으로 나누어 출판하게 됐다.

문화연구를 공부하는 사람들에게 도움을 주기 위해 번역을 시작했는데, 정작 도움을 가장 많이 받은 사람은 번역자인 듯하다. 번역을 하면서 개인적으로도 많은 공부가 됐다. 어떤 이론 공부든지 고전을 읽는 과정은 필수적이지만, 특히 이론과 현실 분석이 어우러진 책이라면 한국 현실에 비추어 이해하는 데 좀 더 유익할 것이다. 이 책은 1970년대 영국 사회의 맥락에 대한 구체적인 분석이지만, 현재 한국 사회에도 시사하는 부분이 적지 않다. 이 번역이 그러한 방향으로 기여하는 바가 조금이라도 있었으면 한다.

임영호

▌ 스튜어트 홀은 누구인가?

스튜어트 홀(Stuart Hall, 1932-2014)은 카리브 연안 지역인 자메이카에서 태어나 영국에서 활동한 마르크스주의자이자 문화연구자, 정치운동가였다. 그는 리처드 호가트(Richart Hoggart), 레이먼드 윌리엄스(Raymond Williams) 등 과 더불어 영국 문화연구(British Cultural Studies)에서 대표적인 이론가이자 창시자 중 한 사람으로 꼽힌다. 홀은 제2차 세계대전 이후 유럽 좌파의 전반적인 흐름을 따라 탈소비에트 마르크스주의를 추구하는 과정에서 독 특한 이론적, 정치적 방향을 제시했다는 점에서 영국 좌파의 진화사에서 도 하나의 이정표에 해당하는 인물이다.

이론적으로는 경제 결정론적 마르크스주의에서 탈피해 알튀세르나 그람시 등 다양한 이론을 수렴해 (영국식) 문화연구라는 새로운 이론 영역 을 구축했다. 특히 개인 차원의 저술에 그치지 않고 버밍엄대학교 현대문 화연구소(Centre for Contemporary Cultural Studies, CCCS)를 통한 조직적인 활동 으로 문화연구를 학계에서 영향력 있는 영역으로 정착시키는 데 크게 기 여했다. 실천가로서는 전통적인 좌파가 추구하던 노동계급 중심의 정치에 서 탈피해 미디어, 범죄, 인종, 계급 등 다양한 사회적 주제를 아우르는 새로운 현실 개입 전략을 모색했다. 자메이카 출신 흑인 이주민의 시각에 서 영국 사회의 특수한 모순을 예리하게 진단했고, 이 관찰을 이론적, 실 천적 작업으로 발전시켜 이후의 문화연구에 큰 영향을 미쳤다. 이 때문에 다른 문화연구자와 달리 정치 영역에서의 후퇴가 아니라 '문화의 정치학'

이라는 새로운 실천 영역과 전략을 발굴한 학자로 평가된다(손유경, 2014). 홀은 이론가이면서 이론을 현실 개입의 수단으로 활용한 정치적 전략가였다는 점에서 그람시가 말한 진정한 유기적 지식인의 전형이었다.

　해외 학계에서는 홀이 문화연구의 역사에서 차지하는 비중에 비해, 그의 연구를 체계적으로 정리, 평가하는 작업이 부족했다는 인식하에, 최근 그의 저술을 새롭게 정리해 출간하고 그의 지적 유산을 다각도로 조명하는 작업이 활발하게 전개되고 있다. 특히 2014년 홀이 타계한 후 오래전 절판된 그의 저술이 해제가 붙은 개정판 형식으로 다시 출판되고 미출간 원고나 구술자료를 출간하는 작업도 이루어졌다(Hall, 2016/2021, 2017; Hall & Schwarz, 2017; Hall & Whannel, 2018). 홀은 저서보다 영향력 있는 논문이나 비평 형태의 글을 주로 남겼는데, 최근 들어 이를 주제별로 다시 선별, 편집한 책도 활발하게 간행되고 있다(Hall, 2017, 2019a, 2019b, 2021a, 2021b, 2021c). 홀의 이론적, 정치적 의미를 다양한 시각에서 평가, 정리한 연구서도 대거 쏟아져 나왔다(Alexander, 2011; Davis, 2004; Gilroy, et al, 2000; Henriques, et al, 2017; Jensen, 2014; Morley & Chen, 1996; Procter, 2004/2006; Rojek, 2003; Roman, 2018; Scott, 2017). 2010년대 이후의 시기는 스튜어트 홀 르네상스라 할 정도로 그에 대한 조명이 활발했다.

　국내에서도 스튜어트 홀의 유명세를 타고 일부 대표작이 번역되어 나왔다. 홀의 글 중에서 이론적으로 대표적인 논문들은 〈스튜어트 홀의 문화이론〉(임영호, 1996)과 〈문화, 이데올로기, 정체성: 스튜어트 홀 선집〉(임영호, 2015) 등의 편역서 형태로 출간되었고, 홀의 역사적 국면 분석 글 모음집인 〈대처리즘의 문화정치(The Hard Road to Renewal: Thatcherism and the Crisis of the Left)〉(Halll, 1988/2007)와 강연록인 〈문화연구 1983: 이론의 역사에 관한 8개의 강의(Cultural Studies 1983: A Theoretical History)〉(Hall, 2016/2021) 등의 단행본도 번역, 소개되었다. 홀에 관한 2차 문헌이 부족한 실정에서 짧은 소개서이긴 하지만 제임스 프록터의 〈지금 스튜어트 홀(Stuart Hall)〉(Procter, 2004/2006)도 번역서로 출간되어 문화이론가로서 홀의 전반적 면모를 한국의 독자에게 알리는 데 기여하였다.

그렇지만 홀의 사상적 기조를 체계적으로 파악하기 위해서는 무엇보다 연구서 단위의 저작이 중요한데, 정작 이 핵심 저작들은 국내에 소개되지 않았다. 특히 〈의례를 통한 저항: 전후 영국의 청년 하위문화(Resistance through Rituals: Youth Subcultures in Post-war Britain)〉(Hall & Jefferson, 1976)나 〈위기 관리(Policing the Crisis)〉가 대표적인 저술이다. 이 중에서도 가장 체계적이고 방대하며, 이론과 현실 분석이 잘 결합된 연구의 사례로는 바로 〈위기 관리: 노상강도, 국가, 법과 질서(Policing the Crisis: Mugging, the State and Law & Order)〉를 들 수 있다.

▌ 노상강도와 위기 관리

〈위기 관리〉는 1970년대 초 영국 핸즈워스라는 소도시에서 일어난 강도 사건과 그에 대한 영국 사회의 반응, 그 사건의 사회적 의미를 다룬다. 1972년 핸즈워스에서 유색인종 청년 세 명이 백인 노동자를 폭행하고 금품을 강탈한 사건이 발생했다. 이 범죄는 영국 사회의 도심 빈민 지역에서 일상적으로 발생하는 사건의 하나에 불과했다. 그러나 당시 이 '평범한' 범죄 사건에 대한 미디어, 경찰, 법원, 여론의 반응은 이례적일 정도로 엄청났다. 홀을 비롯해 다섯 명의 연구자들은 바로 이 사건을 계기로 발생한 '도덕 공황'이라는 반향의 이례성에 주목해 6년에 걸친 분석과 집필 작업 끝에 〈위기 관리〉를 1978년에 출간하였다.

〈위기 관리〉는 노상강도라는 사건을 전후의 영국 사회라는 특수한 역사적, 정치적 맥락 속에 배치하고 다양한 정치적, 경제적, 이데올로기적 수준에서 입체적인 현상 분석을 전개한다. 이 책은 1972년 핸즈워스에서 유색인종 청소년들이 자행한 강도 사건의 재판 진행 과정과 언론보도 등의 미시적 사건 분석에서 시작한다. 이 사건에 논란의 여지가 큰 특정한 방식의 이름 붙이기가 행해지고, 이를 통해 민중의 악마(folk devil)가 창조되면서, 실제 범죄율 증가 여부와 무관하게 과도한 '도덕 공황'(moral panic)이라는 대중적 여론의 대응이 어떻게 해서 조성되는지 추적한다. 전후 영국 사회의 체제 위기로 조성된 사회적 불안감이 어떻게 해서 구체적인 범죄사건 보도를 계기로 '의미화 나선' 과정을 거쳐 위협적인 정치 현실로 구성되는지를 치밀하게 분석해 들려준다.

미디어 조직 수준에서는 이러한 인종주의적 의미화 과정이 어떻게 해서 아무런 외부적 통제나 압력 없이도 의도적인 왜곡이 아니라 뉴스 생산과정에 내재화한 무의식적 구조를 통해 직업 관행화하는지도 분석한다. 미디어를 통해 조성된 도덕 공황은 흑인 이주민 청년에 대한 희생양 만들기를 통해 전후 영국 사회 내부에서 광범위하게 조성된 불안을 투사하는 '전이' 과정을 거친다. 홀을 비롯한 연구자들이 보기에 흑인 청년의 범죄사건을 통해 조성된 도덕 공황은 범죄라는 원인의 '결과'가 아니라 단지 영국 사회 내부의 심층적 문제들을 드러내는 '징후'에 불과할 뿐이었다. 연구자들은 이 징후의 의미를 단지 범죄라는 개별 사건이 아니라 전후 영국 사회의 더 넓은 사회적 맥락 안에서 독창적으로 파악하고 해석한다.

하지만 홀 등은 이러한 이데올로기적 현실구성과 의미화 과정 분석에서 더 나아가 전후 영국 자본주의 체제의 축적 양식과 국가 기능 변화라는 역사적이고 거시적인 흐름 분석과 접목시킨다. 전성기의 영국 자본주의 단계에서는 자율적인 국가 주도로 동의와 포섭에 근거한 헤게모니 체제가 작동했으나, 전후 독점 자본주의 생산양식의 위기(영국 자본주의의 국제 경쟁력 하락, 불경기, 실업률 증가 등)라는 경제적 토대의 변화를 계기로 어떻게 이러한 '동의' 기반의 체제가 점차 해체되고 다시 권위주의적 '강제'에 근거한 통치방식이라는 흐름으로 전환하는지를 역사적 분석을 통해 보여준다. 노상강도 사건에 대한 도덕적 공황이라는 집단 정서적 대응은 바로 권위주의 국가의 대응방식 변화라는 거시적 맥락에서 접근하면, 체제 '위기 관리'의 한 수단으로 볼 수 있다는 것이다. '위기 관리'(policing the crisis)라는 용어 자체도 바로 이처럼 미시적 경찰 활동과 체제 위기 관리의 거시적 역할이라는 중의적인 의미를 담고 있다.

▌국면 분석

〈위기 관리〉가 문화연구의 지적 작업에서 이정표적인 작품으로 꼽히는 데는 몇 가지 이유가 있다. 우선 이 책에서 흥미로운 부분은 흑인 청년의 범죄라는 연구 주제 자체보다는 이 현상을 접근하는 독특한 방법에 있다(Clarke, 2008, 2010). 분석 소재만 놓고 보면 〈위기 관리〉는 1970년대 영국에서 일어난 매우 구체적이고 국지적인 사건에 대한 분석이다. 하지만 이 사건을 둘러싸고 작동하는 다양한 사회적 수준의 분석을 통해, 당시 영국 사회의 국면적 특성을 읽어낸다. 책의 서술은 범죄 사건에서 시작했지만 예상치 못한 영역으로 확장되어 종합적인 진단으로 마무리된다. 말하자면 특정한 강도 사건을 계기로 삼아 출발했지만 전후 시기 이래로 영국의 다양한 사회적 세력과 여건이 작용해 빚어낸 특수한 흐름과 상황의 의미를 분석하는 데에 '국면 분석'이라는 접근방식이 어떤 유용성을 갖는지 잘 보여주었다는 점에 이 책의 가장 큰 장점이 있다.

1970년대 영국 사회의 국면은 역사적으로 급변기에 해당하긴 하지만 단순히 단일한 특정 단계에서 다른 단계로의 근본적인 이행을 의미하지 않는다(Clarke, 2008, p.125). 〈위기 관리〉는 어떤 역사적 계기에 작동하는 복수의 세력, 경향, 압력을 식별하고 어떤 체제의 모순 해결책 모색을 위해 세력의 '균형'이 어떻게 가동, 형성, 모색되는지 분석하는 데 주력했다(Clarke, 2008, p.125). 국면은 이처럼 이질적인 복수의 세력으로 구성되기에 '복합적 시간성'을 특징으로 한다. 국면의 관점에서 보면 다양한 시간대에 속하는 사회적 요인과 모순이 농축, 연루되면서 해당 국면의 위기를 구성하게 된다. 국면 개념은 이처럼 다양한 농축의 계기, 즉 이질적인 경향, 세력, 적대와 모순이 축적된 계기를 분석하기 위해 고안된 것이다(Clarke, 2010, p.341). 그리고 그람시의 헤게모니 개념에서 강조하는 것처럼 이 국면은 복합적 세력 간의 잠정적 균형에 불과하기에 유동성과 역동성을 특징으로 한다. 따라서 전통적 마르크스주의에서처럼 교과서적인 틀은 사회 현상 분석에 도움이 되지 못한다.

홀 등이 보기에 1970년대 영국이라는 역사적 국면은 경제적, 정치적, 이데올로기 수준에서 다양한 위기가 농축된 현상이다. 말하자면 경제적으로는 전후 영국 자본주의의 위기가 있고, 정치적 수준에서는 이 경제적 수준에서의 균열에 의해 생성된 '사회적 세력 관계'의 위기, 즉 정치적 투쟁, 정치기구, 정당의 위기, 국가의 위기가 있다. 그리고 이데올로기 수준에서는 정치적 정당성, 사회적 권위, 헤게모니의 위기가 있다(Hall, et al., 1978, pp.317-319). 〈위기 관리〉는 이 위기 중에서 주로 세 번째 위기, 즉 정치적 정당성, 사회적 권위의 위기에 분석의 초점을 두지만, 궁극적으로 이 분석을 통해 영국 사회의 국면을 구성하는 다양한 계기 간의 역동적 작용 메커니즘을 입체적으로 진단하고자 한다(Clarke, 2010, p.343).

〈위기 관리〉가 시도한 국면 분석은 그동안 문화연구에서 두드러진 한계로 지목되는 미시성을 넘어서는 장점을 지닌다. 영국 문화연구의 정착 이후 전 세계의 수많은 문화연구자들은 행위자의 주관성 영역, 즉 의미투쟁 위주로 흘러 정치 경제적 구조의 모순이나 거시적인 구조적 맥락 문제를 도외시하는 경향이 있다는 비판도 받았다. 하지만 홀 등의 〈위기 관리〉는 전후 영국 자본주의 체제의 단계 이행과 국가의 성격 변화라는 '거시적' 흐름과, 조직 관행의 수준, 사건 보도와 의미구성 등 '미시적' 수준의 흐름 등 다층적 수준을 넘나드는 종합적이고 치밀한 분석을 제시한다. 이는 그가 그람시의 아이디어를 수용하여 국면 분석을 구상하면서도 이러한 분석이 가능하도록 정교한 분석틀을 잘 구현한 덕분이라고 할 수 있다.

▌이론 없는 이론가

〈위기 관리〉를 통해 드러난 홀의 두 번째 이론적 특징은 이론적 명제가 아니라 구체성을 추구했으며, 동시에 실제 분석을 통해 이러한 접근 방식의 장점을 잘 예시했다는 것이다. 로렌스 그로스버그의 평가처럼 홀은 '이론 없는 이론가'였다(Grossberg, 2015, p.4). 홀은 근본적인 이론에 대한 물신 숭배, 즉 이론이 현실에 필요한 해답과 처방을 제시할 수 있다는 가정을 철저하게 거부했고, 그러한 태도를 생애 내내 고수했다.

홀은 보편적 이론이 아니라 구체적 국면에 적합한 특수한 문제를 제기하고 특수한 상황 분석을 통해 현실 극복 전략을 모색하려 했다. 홀이 구상한 문화연구는 말하자면 맥락적 연구를 추구했는데, 이는 연구자가 제기하는 질문과 분석 도구 역시 연구자가 처한 현실 국면의 특수성에 의해 규정된다고 파악한 것이다. 따라서 문화연구가 다른 사회나 문화의 맥락에서 도출된 이론과 문제의식을 그대로 모방 답습하거나 수입해 '적용'하려는 시도는 옳지 않다고 보았다(Grossberg, 2015, p.9). 홀이 즐겨 사용한 표현을 빌리자면 그의 작업은 '보장 없는'(without guarantees) 이론과 실천을 추구했다. 홀이 보기에 사전에 주어진, 혹은 보장된 이론적 해결책, 정치적 해법은 문화연구자가 추구할 길이 결코 아니었다(Grossberg, 2015, p.9).

홀이 구상하는 이론 개념은 국면 분석이라는 접근방식에 이미 내장되어 있다. 홀 등이 〈위기 관리〉에서 분석 대상으로 삼은 노상강도라는 현상은 다양한 계기의 의미를 농축, 접합하고 이를 구체적인 환경에서 작동시킨다. 그래서 노상강도로 드러난 1970년대의 구체적 국면 역시 그 특성이나 방향을 미리 마련된 이론적 틀에 비추어 파악할 수도 없고, 이론적으로 명제화하기도 어렵다. 이 특성은 오직 구체적 분석 작업을 통해서만 드러날 수가 있다. 복잡성, 우연성, 변화는 현상을 이해하는 기본요소였다(Clarke, 2008, p.125; Grossberg, 2015, p.6).

그런데 역설적인 부분은 이러한 구체적 접근이 1970년대 영국의 정치 상황이라는 구체적 시점에 대한 진단을 넘어서 역사적 추이와 미래를 예측하는 설명력을 입증했다는 점이다. 〈위기 관리〉에서 제기한 구체적 질문과 분석 결과는 당대 영국의 문제 진단에 그치지 않고, 이후에도, 또한 다른 사회적 맥락을 이해하는 데도 유효한 시사점을 지속적으로 제공하였다. 홀 등이 〈위기 관리〉에서 보여준 시대적 흐름 분석은 책이 나온 후 얼마 지나지 않아 대처리즘이라는 '권위주의적 대중주의'(authoritarian populism) 체제의 등장으로 현실화한다. 이는 홀의 국면적 분석을 통한 현실 진단이

라는 작업이 실제 시대 흐름을 정확히 예측하는 역사적 안목을 갖추었음
을 보여준다. 더구나 〈위기 관리〉가 예리하게 지적한 영국 사회 제체의
'위기'는 아직 완전히 해소되지 않았다. 1970년대의 도덕 공황이 사라진
이후 '법과 질서형' 사회는 더 확고하게 자리 받았고, 대처리즘 이후에도
다른 형태의 더 강화된 '통제 문화'는 현재 진행 중이다(Clarke, 2008, p.127).
이 점에서 지적 작업이자 정치적 프로젝트로서 〈위기 관리〉의 생명력 역
시 아직 소진되지 않았다.

　　홀이 보편적 이론의 제시를 학술적 작업의 목표로 거부했다는 것은
이론을 현실 개입의 한 방안으로 보았다는 점과 떼놓고 파악할 수 없다.
그는 이론만으로 정치적 개입과 투쟁에 필요한 국면을 이해할 수 있다는
가정을 부인했다(Grossberg, 2015, p.5). 홀에게 문화연구는 단순히 하나의 학
문 분야의 설립이 아니라 정치적 프로젝트 추구의 일환이었다. 홀은 기성
학계의 관습, 가치, 규범에 굴복하지 않으면서도 철저하게 현실에 시사점
을 주는 지적 작업을 추구했다. 홀은 다른 지식인처럼 추상적 이론의 체
계화와 학문 영역의 정착에 안주하지 않고, 끊임없이 현실 속의 현안 진
단을 통해 살아 있는 문화연구를 지향했다. 그는 단순히 '학문적 작업'
(academic work)이 아니라 '지적 작업'(intellectual work)을 추구했다(Ang, 2016).
그의 저술은 이론의 체계화에 그치지 않고 현실의 세밀한 진단과 실천 전
략 모색과 결합되어 있다. 홀의 작업은 문화연구라는 이론적 작업이면서
동시에 현실 참여 프로젝트, 실천 전략이었다.

　　〈위기 관리〉는 영국 문화연구에서 제시한 추상적 이론이 현실에 어
떻게 구체적으로 적용되는지를 보여준 심층 연구서의 한 예일 뿐 아니라,
달리 보면 홀의 문화 '이론' 자체가 이러한 분석 사례를 통하지 않고는 이
론의 의미나 함의를 파악하기 어렵다는 사실을 보여준다. 또한 홀이 주장
한 이론의 타당성은 추상적 논의 수준에서가 아니라 그것을 실제로 현실
에 접목하고 맥락화한 구체적인 분석 사례에서 잘 드러난다. 이 책이 시공
간의 차이를 넘어 현대를 살아가는 한국 독자들에게 현실을 읽는 매우 유
용하면서도 필수적인 지침서가 될 수 있다고 보는 이유는 여기에 있다.

▌ 학제적 집단 연구의 실험과 가능성

〈위기 관리〉의 세 번째 특징은 홀이 이론적, 실천적 전략으로서 평생 추구한 학제적인 집단 작업의 성격을 잘 보여주었다는 데 있다. 홀은 문화연구 내에서의 위상이나 전 세계적인 유명세에 걸맞지 않게, 주로 짧은 논문이나 비평 중심으로 글을 남겼을 뿐 본격적인 연구서 분량의 저술은 많지 않고, 그나마 집단 연구 형태로 이루어진 저술이 주류를 이룬다. 이는 이론과 학술적 작업을 대하는 홀 특유의 태도와 관련이 있다. 홀은 다양한 분야의 연구자와 젊은 학생들과 집단 작업 형태의 저술을 추구했다. 〈위기 관리〉는 당시 버밍엄 연구소의 젊은 전임 교원이던 홀 외에 다양한 전공의 대학원생 네 명이 참여해서 수행한 연구 결과였다.

물론 이러한 공동 작업이 반드시 원래 구상대로 이질적인 참여자 간의 완벽한 조화로 이어지는 것은 아니다. 〈위기 관리〉 역시 국면의 다양한 계기에 대한 분석마다, 분담 집필한 장마다 연구자 개인의 관심사와 글쓰기 스타일이 진하게 드러난다. 실제로 글쓰기에서도 무미건조한 서술에서 문학적인 묵시록 스타일에 이르기까지 장마다 분담 집필자의 개성이 강하게 드러난다. 그래서 이 책에 대한 서평에서 필립 슐레진저는 하나의 통일된 책이라기보다는 중심적인 주제와 관련된 여러 논문을 모은 편집서 같다고 비판했다(Schlesinger, 1979). 하지만 그러한 들쑥날쑥한 차이에도 불구하고 이 두꺼운 책 전체를 관통하는 예리한 문제의식은 일관되게 견지되었다.

이 책은 여러 면에서 공동작업이 빛을 발한 희소한 사례 중 하나로 꼽을 수 있다. 홀은 작업 전체의 방향과 얼개를 주도했고, 다른 젊은 연구자들은 장별로 조사와 집필을 분담했다. 특히 크리스 크리처는 공동 작업 이전부터 핸즈워스에서 공동체 운동에 관여하고 있었기에 작업의 출발점이 된 사례 연구에 크게 기여할 수 있었다. 그러면서도 역할 분담과 무관하게 집단적 토론과 협의 과정을 거쳐 결론이 도출되었기에 모든 장은 연구 참여자의 진정한 집단 작업의 산물이었다.

　하지만 이 책에서는 무엇보다 홀의 주도적인 역할이 두드러져 보인다. 책 전반에는 홀의 개인적 경험에서 나온 관심사와 문제의식이 진하게 배어 있다. 홀을 제외한 나머지 네 명은 모두 백인 지식인이었기에 인종 문제를 다루는 데는 어느 정도 한계가 있었다. 〈위기 관리〉의 문제의식은 식민지 자메이카 출신의 흑인으로서 여러 측면에서 이방인인 홀이 바라본 영국 사회의 문제점 진단에 근거한다. 다양한 수준의 분석과 접근방법을 포함하는 방대한 작업 과정에서 이러한 문제의식을 일관되게 견지하고 개성이 강한 여러 젊은 연구자를 조율해 성과를 도출한 것 역시 홀의 뛰어난 학문적 리더십을 잘 보여준다. 따라서 〈위기 관리〉라는 방대한 저술 작업은 홀 없이는 수행할 수 없는 연구였겠지만, 홀 혼자서도 할 수 없는 일이었다(Connell, 2015).

　〈위기 관리〉는 홀이 평생 추구한 학제적인 공동 연구의 전형적인 성공 사례를 보여준다. 이는 파편화된 전통적인 학문 분과 형태로는 사회 현상에 관한 온전한 지식을 생성할 수 없다는 홀의 인식에 근거한다. 홀이 구상한 문화연구에는 영역 구분 넘어서기가 필수적이다. 이 점을 예시하듯이 〈위기 관리〉는 현재의 세분화된 학문 분과 구분에서 어느 항목에도 딱 들어맞지 않는다. 범죄 현상에 대한 비판적 분석에서 출발했다는 점에서 비판적 범죄학(critical crimilology) 연구에 속한다고 볼 수도 있지만, 미디어 연구, 이데올로기/헤게모니 분석, 국가이론, 사회사 등 다양한 영역과도 연계되어 있다.

　홀 특유의 학제적 공동 작업 방식에는 불리한 점도 있다. 〈위기 관리〉가 문화연구 분야의 고전으로 꼽히면서도 정작 이 분야의 각 연구 영역에서는 그동안 그다지 주목받지 못하는 주변적 위치에 있었다는 사실은 뜻밖이다. 국내에서도 〈위기 관리〉는 문화연구자라면 대다수가 잘 아는 기념비적 텍스트로 통하면서도 이 기획에서 시도한 문제의식과 연구 방식을 실제 연구에 접목하거나 핵심 쟁점을 조명한 연구가 의외로 많지 않았다(이기형, 2019, p.75). 여러 학문적 접근을 망라하는 학제적 성격 때문에 오히려 구체적인 학문 영역에서 적용, 활용되는 과정에서는 소외되는 경향이 있다. 아마 이 책은 문화연구의 다양한 갈래에 시사점을 주면서도 오늘날처럼 세분화된 개별 연구 영역에 딱 들어맞지는 않기 때문일 것이다. 이러한 경향은 문화연구가 기존의 학문 분과 구분의 한계에 대한 인식에서 출발했지만, 홀이 경계한 바와 달리 전 세계적으로 발전, 확장되면서 또 하나의 영역으로 굳어져가고 있음을 보여준다.

〈위기 관리〉가 추구한 장기간의 학제적 공동 연구 진행 방식은 기존 학문 세계의 관행과도 잘 맞지 않는다. 개인 단위의 단기적 성과가 학문적 성공의 지표로 굳어진 학계에서 장기적이고 집단적인 연구 방식은 여러 모로 비효율적이다. 그럼에도 불구하고 이처럼 대세를 거스르는 실험적 탐색이 실현된 것은 1960년대의 진보적 사회 분위기에서 특히 버밍엄대학교 현대문화연구소라는 독특한 공간이었기에 가능한 일이었을 것이다(Clarke, 2008, p.126). 이들의 작업은 1968년 이후 영국 사회의 진보적 분위기 속에서 버밍엄 현대문화연구소가 추구한 학술 작업 방식의 전형적인 특성을 보여준다. 이 연구자들은 학문적 작업 방식에도 민주적인 집단주의를 수용했고, 그 결과 집단 작업은 공동 연구이자 정치적 참여 형태의 성격을 띠었다. 〈위기 관리〉는 여러모로 집단 작업에 대한 홀의 의지와 수행 능력을 잘 보여주는 역작이다(Grossberg, 2015).

지금처럼 학문의 칸막이 경향이 점차 강화되는 시대에, 이 모든 난관에도 불구하고 〈위기 관리〉가 학문적 제도의 경계를 초월한 학제적 작업을 추구한 것은 역설적으로 다양한 학문에 시사점을 제공할 만한 가치가 있음을 말해준다. 홀의 저술은 제도화된 일부 세부 분야에 그치지 않고, 여러 학문에서 두루 활용되고 있다. 국내 학계에서 홀의 문헌을 인용하고 수용한 패턴을 보면 문학연구, 역사, 지역연구, 철학 등의 인문학에서 시작해 언론학, 정치학, 사회학, 예술, 심지어 컴퓨터 공학에 이르기까지 홀의 저술은 엄청나게 폭넓은 분야의 저널에서 인용되고 있다(Im, 2017), 이는 홀의 저술이 특정한 학문 분과의 계보에 속하는 전문적인 문헌에 머물지 않고, 다양한 학문 분야에서 연구자들의 사고에 두루 영향을 미치는 살아 있는 '현대의 고전' 기능을 하고 있음을 보여준다. 홀의 이론적 개념

과 접근방식이 종합적으로 압축되어 나타나는 〈위기 관리〉는 이 점에서
가깝게는 언론학, 범죄학, 국가이론, 인종 연구, 영국사 등의 분야에서 두
루 활용할 만한 가치가 있다. 〈위기 관리〉의 이번 번역서 출간을 계기로
홀 등이 추구한 영국문화연구의 지적 유산이 국내에서도 좀 더 생산적 방
향으로 두루 활용될 수 있기를 바란다.

참고문헌

손유경 (2006). 세 개의 눈으로 들여다본 스튜어트 홀. 제임스 프록터 (2004/2006). 〈지금 스튜어트 홀〉, 앨피, 5-15.

이기형·이종명 (2019). 문화연구가 추구하는 '국면분석'의 활용과 재구성 작업의 이의. 〈한국언론정보학보〉, 96호, 73-114.

임영호 편역 (1996). 〈스튜어트 홀의 문화 이론〉. 한나래.

임영호 편역 (2015). 〈문화, 이데올로기, 정체성: 스튜어트 홀 선집〉 컬처룩.

Alexander, C. (2011). *Stuart Hall and 'Race'*. London: Routledge.

Ang, I. (2016). Stuart Hall and the Tension between Academic and Intellectual Work. *International Journal of Cultural Studies, 19*(1), 29-41.

Clarke, J. (2008). Still Policing the Crisis? *Crime Media Culture, 4*(1), 123-129.

Clarke, J. (2010). Of Crises and Conjunctures: The Problem of the Present. *Journal of Communication Inquiry, 34*(4), 337-354.

Connell, K. (2015). Policing the Crisis 35 Years on. *Contemporary British History, 29*(2), 273-283.

Davis, H. (2004). *Understanding Stuart Hall*. London: Sage.

Gilroy, P., Grossberg, L. & McRobbie, A. (Eds.), (2000). *Without guarantees: In honour of Stuart Hall*. London: Verso.

Grossberg, L. (2015). Learning from Stuart Hall, Following the Path with Heart. *Cultural Studies, 29*(1), 3-11.

Hall, S. & Schwarz, B. (2017). *Familiar Stranger: A Life between Two Islands*. Durham, NC: Duke University Press.

Hall, S. (1988). *The Hard Road to Renewal: Thatcherism and the Crisis of the Left*. 임영호 (역) (2007). 〈대처리즘의 문화 정치〉. 한나래.

Hall, S. (2016). *Cultural Studies 1983: A Theoretical History*. Durham: Duke University Press. 김용규 (역) (2021). 〈문화연구 1983: 이론의 역사에 관한 8개의 강의〉. 서울: 현실문화.

Hall, S. (2017). *Selected Political Writings: The Great Moving Right Show and Other Essays*. edited by Sally Davison, David Featherstone, Michael Rustin, & Bill Schwarz. Durham, NC: Duke University Press.

Hall, S. (2017). *The Fateful Triangle: Race, Ethnicity, nation*. Edited by K. Mercer. Cambridge, MA: Harvard University Press.

Hall, S. (2019a). *Essential essays: v.1. Foundations of Cultural Studies*. Edited by David Morley. Durham, NC: Duke University Press.

Hall, S. (2019b). *Essential essays: v.2. Identity and Diaspora*. Edited by David Morley. Durham, NC: Duke University Press.

Hall, S. (2021a). *Selected Writings on Marxism by Stuart Hall*. Edited by Gregor McLennan. Durham, NC: Duke University Press.

Hall, S. (2021b). *Stuart Hall: Selected Writings on Race and Difference*. Edited by Paul Gilroy & Ruth W. Gilmore. Durham, NC: Duke University Press.

Hall, S. (2021c). *Writings on Media: History of the Present by Stuart Hall*. Edited by Charlotte Brunsdon. Durham, NC: Duke University Press.

Hall, S., Critcher, C., Jefferson, T., Clarke, J., & Roberts, B. (1978). *Policing the Crisis: Mugging, the State, and Law and Order*. London: Macmillan.

Hall, S. & Jefferson, T. (Eds.) (1976). *Resistance through Rituals: Youth Subcultures in Post－war Britain*. London: Hutchinson.

Hall, S. & Whannel, P. (2018). *The Popular Arts*. Durham, NC: Duke University Press.

Henriques, J., Morley, D. & Goblot, V. (Eds.) (2017). *Stuart Hall: Conversations, Projects, and Legacies*. London: Goldsmiths Press.

Im, Y.H. (2017). Reception of Stuart Hall in Korean Intellectual Field. *Inter－Asia Cultural Studies, 18*(2), 218－230.

Jensen, L. (2014). *Beyond Britain: Stuart Hall and the Postcolonializing of Anglophone Cultural Studies*. London: Rowman & Littlefield International.

Morely, D. & Chen, K H (Eds) (1996). *Stuart Hall: Critical Dialogues in Cultural Studies*. London: Routledge.

Procter, J. (2004). *Stuart Hall.* 손유경 역 (2006). 〈지금 스튜어트 홀〉. 앨피.

Rojek, C. (2003). *Stuart Hall and cultural studies.* Oxford: Polity.

Roman, L.e G. (Ed.) (2018). *Hallmarks: The Cultural Politics and Public Pedagogies of Stuart Hall.* London: Routledge.

Schlesinger, P. (1979). Review: Policing the Crisis: Mugging, the State, and Law and Order by Stuart Hall, Chas Critcher, Tony Jefferson, John Clarke and Brian Roberts. *Sociology, 13*(2), 323−325.

Scott, D. (2017). *Stuart Hall's Voice: Intimations of an Ethics of Receptive Generosity.* Durham, NC: Duke University Press.

제1부

'도덕 공황'의 사회사

▌서막: 노상강도로 큰 탈이 나다

　1972년 8월 15일 나이 지긋한 홀아비 아서 힐즈(Arthur Hills) 씨는 극장에 들렀다 귀가하던 중 워털루역 부근에서 칼에 찔려 사망했다. 보아하니 살해 동기는 강탈인 듯했다. 다음날 조간신문에 게재되기엔 너무 늦은 시간이었기에, 전국지들은 이 사건을 8월 17일에야 보도했다. 여러 신문은 경찰관의 설명을 빌어 '노상강도로 큰 탈이 나다'(a mugging gone wrong)라는 제목을 붙였다. 이렇게 해서 지금까지 거의 미국의 맥락에서만 사용되거나, 영국에서 아주 일반적인 측면으로 전반적인 범죄 증가를 지칭하는 단어였던 '노상강도'가 특정 사건과 결부되어 범죄 취재기자의 용어로 굳어졌다. 또한 일부 기자들은 '새' 단어가 새로운 범죄의 도래를 예고한다고 생각하는 듯했다. 이 모든 인식은 8월 17일 자 〈데일리 미러(Daily Mirror)〉 신문의 다음과 같은 제목으로 깔끔하게 요약되었다. "강력 범죄가 급증하면서, 미국에서 흔한 단어이던 노상강도가 영국의 기사 제목에 등장하다. 영국 경찰에게 이는 공포스러운 새 범죄 유형이다."

　〈데일리 미러〉는 이 주제에서 한 걸음 더 앞서 나갔다. 사건 자체를 기술하고 단어의 정의를 제시했으며 '노상강도'와 강력 범죄 급증을 입증하는 통계 정보도 덧붙였다. 사건을 직접 목격한 증인이 없었으니 사건 기술은 기자가 상상해 꾸며낸 것임에 틀림없다. 기사에 따르면, 힐즈 씨는 20대 초반의 젊은이들에게 공격당한 듯했다. 이 청년들이 재물을 강탈하려 했는데, 힐즈 씨가 저항하다가 이어진 싸움에서 칼에 찔리고 말았다. 단어의 정의에 관한 한, 이 단어는 미국에서 왔고 "손쉬운 희생자인 노상강도 피해자(mug)에 대한 공격" 같은 구절에서 유래했다고 신문은 언급했다. 미국의 경찰은 "이를 피해자의 머리를 가격하거나 목조르기로 목을 공격하거나, 무기를 사용하든 않든 일정 정도의 폭력으로 강탈 목적으로 자행하는 공격 행위로 기술"한다고 〈데일리 미러〉는 덧붙였다. 그리고 나서 통계치도 제시되었는데, (1) 10년간 미국에서는 노상강도가 229% 증가했고, (2) 런던 지하철에서는 지난 3년 동안 매년 150건의 '노상강도' 신고가 접수된다는 것이다. 〈데일리 미러〉는 이 통계치의 함의를 다음과 같이 해석했다. "서서히 노상강도가 영국에 상륙하고 있다."

　'노상강도'는 새로운 범죄 유형이었는가? 이 질문은 겉으로 보이는 것처럼 그리 단순하지 않다. 몇 주 후 (1972년 10월 20일) 〈더 타임스(The Times)〉 기사에서 왕실 고문 변호사(Queen's Counsel)[1]인 루이스 블롬 쿠퍼(Louis Blom-Cooper)는 다음과 같은 견해를 밝혔다. "이 세상에서 새로운 것은 없으며, 노상강도 역시 옥스퍼드 영어사전에 등재되지 않았다는 점만 빼면 새로운 현상이 아니다. 100여 년 전 런던 길거리에서도 폭력적인 강도가 발생했다는 아우성이 들렸다. 이 범죄는 '목조르기 강탈'(garrotting)이라 불렸는데 강도 피해자의 숨통을 조이거나 목을 조르려는 시도였다." (노상강도와 목조르기 강탈은 오직 공격 무기만 다를 뿐이다) 블롬 쿠퍼가 이 범죄가 오랜 전통을 지닌다고 강조한 것은 옳은 것 같다. 물론 미국의 경찰서장은 "무기를 사용하든 않든"이라고 말했으므로, 블롬 쿠퍼가 공격 무기 사용을 기준으로 '노상강도'와 '목조르기 강탈'을 구분하려 한 것은 미국 경찰이 제시한 정의에는 들어맞지 않는다. 무기 문제보다 더 중요한 것은 미국의 '노상강도' 정의와 영국의 '목조르기 강탈' 현상 간의 공통점이다.

1　원래 QC는 17세기 영국에서 시작된 제도로, 법정에서 국왕을 대변해 법적 문제를 대변하는 공식적 직책이었다. 하지만 지금은 변호사 중에서 15년 이상의 경력자로 탁월한 업적을 달성한 극소수(10% 이하)에게 주어지는 칭호로 권위와 명예의 상징으로 변했다. 법정에서도 별도의 좌석에 배정되며, 다른 변호사와 달리 '실크'로 된 별도의 법복을 입는다. 국왕이 남성일 때는 King's Counsel(KC), 여성일 때는 Queen's Counsel(QC)로 불린다. ─ 역주

즉 이 둘 다 '숨통 조이기', '목 조르기', '피해자의 머리를 가격하거나 목 조르기로 목을 노리는 … 공격 행위'를 가리킨다. 영국 언론은 '노상강도' 를 명쾌하게 정의하려는 취지에서 미국을 언급했지만, 둘 사이의 유사점 을 보면 미국인들이 처음으로 '노상강도'를 정의했을 때 살짝이라도 영국 사례를 참고했음을 알 수 있다.

사실 역사적 병행관계를 살펴보면 볼수록, 이전의 수많은 범죄와 노 상강도 간의 유사성은 더욱 두드러진다. 길거리 범죄는 당연히 19세기 전반에 걸쳐 도시 범죄의 일반적 패턴에서 익숙한 일부를 이루었다. 해 가 떨어진 후 마차를 타고 한적한 런던 거리를 통과하는 부유한 여행자 는 솜씨 좋은 '마차 날치기꾼'(dragsmen)에게 더러 가방을 도둑맞곤 했다. 홀로 여행객은 간간이 공범인 직업 매춘부의 꼬임에 빠져 뒷골목 털이꾼 (foodpad)의 갑작스러운 습격과 강탈에 당할 수도 있었다. 켈로우 체스니 (Kellow Chesney)는 '폭력적 강도'(rampsmen)가 저지르는 '몽둥이 털이'(propping) 혹은 '방망이 휘두르기'(swing the stick) 등 다양한 이름으로 알려진 폭력성 강도 형태를 환기해 준다. 1850년대에는 맨체스터와 런던에서 모두 '목조 르기 강탈'이 무수하게 발생했고, 1862−3년 런던에서 일어난 악명높은 '목조르기 강탈'은 마치 유행병 같은 반응을 유발했다.[주 1] 그렇다 할지라 도 '목조르기 강탈' 자체가 새로운 현상은 아니었다. "피해자의 목을 잡아 채는 폭력 강도인 초키 빌(Chokee Bill)은 이미 지하세계 인물 유형(type)으 로 확고하게 자리 잡았다." 하지만 1862년 여름에 발생한 '목 조르기 강 탈' 공격의 대담성과 잔혹함은 새로운 경각심까지 유발했다. '노상강도'에 비해 두드러진 부분은 단지 목 조르기 사례가 갑자기 빈발했다는 사실이 아니라 공중이 보여준 반응의 속성과 특징이 달랐다는 데 있다. 〈콘힐 매 거진(Cornhill Magazine)〉이 1863년에 기술한 방식은 토씨 하나 바꾸지 않고 1972년에 옮겨놓아도 될 만한 내용이었다. "다시 한번 런던 거리는 낮이 든 밤이든 안전하지 않게 되었다. 공중의 두려움은 거의 공황으로 바뀌었 다." 런던에서 사건이 발생한 후 랭카스터, 요크셔, 노팅엄과 체스터에서 도 비슷한 보도가 잇따랐다: "담벼락 뒤 어둠 속에 숨어 있다가 혼자 걸

어가는 사람 뒤를 재빨리 쫓아오는 목조르기 강도가 전국적인 공포의 대
상이 됨에 따라 … 신뢰성이 사회적 의무사항이 되었다, … 외모는 투박
하지만 나쁜 의도는 없는 남성들이 목조르기 강도라는 의심을 받고 공격
대상이 되었다." 목조르기 강도 대비 단체가 넘쳐났다. 그러고 나서 대응
이 시작되었다. "잔혹한 법규가 폐지된 이후 그 어떤 해보다도" 더 많은
사람이 1863년에 교수형에 처해졌다. 유행이 어느 정도 수그러든 7월 범
죄자에게 태형을 허용한 〈목조르기 강도법(Garrotting Act)〉이 통과되었다.
이러한 처벌 조치 중 몇몇은 실제로도 가차없이 시행되었다. 결국 유행은
마치 처음 등장했을 때와 마찬가지로 신비롭게 사라지기 시작했다. 비록
강도법과 극단적 처벌이 범죄 쇠퇴와 관련이 있었을지는 모르나 체스니
의 논평은 달랐다. 이는 "정답이 없는 질문으로 남아 있다. … 목조르기
강탈 공포가 정말 의미심장했던 것은 이 때문에 자극과 홍보효과가 발생
해 사람들이 효율적이고 전 국가적인 법 집행의 요구(그리고 비용)를 더 기
꺼이 수용하게 되었고, 덕분에 공적 질서의 전반적인 개선이 가속화했다
는 점이다."[주 2]

　'노상강도'란 이름표가 그 나름대로 공중의 상상력과 공식적 상상력
을 장악하기 전 그 수많은 이름표 때문에 범죄의 전통적 속성이 은폐되
는 데에 대해서는 경찰 자신도 경계했던 것 같다. 런던광역경찰청장(The
Metropolitan Police Commissioner)2은 1964년 〈연례보고서(Annual Report)〉에서
'강도 혹은 강탈을 위해 의도적으로 자행한 고의적 공격'이 30% 증가한
사실에 관해 논평하면서, "런던은 과거 노상강탈범(highwaymen)이나 뒷골
목 털이꾼 시절보다 훨씬 더 오래전부터 늘 강도 현장이었다"라는 사실을

2　런던광역경찰청은 런던의 32개 구(borough)를 관장하는 지역 단위 경찰을 말한다. 관할 구
　역에는 현재의 런던이 대부분 포함되지만 도심의 1평방 마일 정도 크기(2.9㎢)인 런던 시티
　(the City of London)는 제외된다. 이 기관은 런던이라는 행정 단위의 경찰 업무 외에도 대
　테러리즘, 왕실과 내각, 대사관 등의 전국적 업무도 담당한다. 스코틀랜드 야드(Scotland
　Yard)라는 애칭으로 불리기도 하는데, 1890년 이전까지 본부가 소재하던 화이트 플레이스
　(White Place) 뒷문이 그레이트 스코틀랜드 야드(Great Scotland Yard)라는 거리에 있어
　이런 이름이 붙었다. ─ 역주

분명하게 언급했다. 1964년에 증가하던 강도 숫자는 1860년대의 '목조르기 강탈'이나 1970년대의 '노상강도'와 같았는가(혹은 달랐는가)? 영국에서 '강도'와 '사람으로부터의 절도'(larceny)는 법적으로 늘 구분되었다. 강도란 개인이 면대면 상황에서 무력이나 무력의 위협에 의해 재물을 탈취당하는 행위라는 사실에 이 구분은 근거한다. 1968년의 〈절도법(Theft Act)〉이전 시기에는 '사람으로부터의 절도'가 '소매치기' 혹은 '쇼핑 가방으로부터의 절도', 즉 절도를 포함하긴 하지만 폭력이나 위협이 따르지 않는 상황으로 규정되었다. 〈절도법〉이 통과되어 절도가 재분류된 뒤에도, 강도는 다른 사람의 재물을 빼앗기 위해 무력을 사용하거나 무력으로 위협한다는 점에서 별도의 범주이자 '중요' 범죄로 남게 되었다.[주 3] 비록 '노상강도' 공포가 정점에 달한 시기에 경찰이 역사 감각을 상실하기는 했지만, 결국 범죄로서 '노상강도'라는 법적 범주는 존재하지 않는다는 사실을 상기할 필요가 있다(물론 런던광역경찰청장은 1972년 〈연례보고서〉에서 그 범죄 발생 통계를 1968년까지 거슬러 올라가 재구성해내긴 했다). 실제로 내무장관은 경찰 수장들에게 '노상강도' 발생 통계를 집계하도록 요청하면서 명쾌한 설명을 위해 자기 나름대로 정의를 제시했지만(이렇게 해서 상황의 모호함을 암묵적으로 인정한 셈이다),[주 4] 이 범죄는 적절한 법적 지위를 끝내 획득하지 못했다. 사실상 '노상강도'는 '강도', '강도 의도로 자행된 공격' 혹은 다른 유사한 전통적 혐의 등의 죄목으로 기소되었다.

　비록 런던광역경찰청장이 1964년 〈연례보고서〉를 작성했을 때 '노상강도'라는 편리한 이름표는 붙이지 않았지만, 무엇인가 특이점 때문에 이 범죄 영역에 경계심을 품고 그 역사적 선례를 언급하게 되었다는 점을 유념할 필요가 있다. 경찰청장을 당혹게 한 것은 1964년에 흔히 '전과가 없는', 즉 경찰이 파악하지 못한 훨씬 더 많은 젊은이가 이 부류의 강도질에 뛰어들고 있었다는 사실이다. 나아가 이 추세와 더불어 폭력 구사 경향도 증가했는데, 청장은 이 경향이 자체 통계로는 입증되지 않는 사실이어서 당혹스러웠다고 실토했으며, 소년범과 범죄가 서로 연계되고 있다는 점을 우려했다.

1972년 내무장관 로버트 카(Robert Carr)가 여러 수하 경찰 수장에게 '노상강도'의 새로운 조류에 관해 추가로 통계 정보 제출을 요청했을 때, 사우탬턴(Southampton) 소속 주 경찰 고위 간부가 답신에서 이 범죄는 이름만 새로울 뿐 이미 오래전부터 존재했다고 다시 한번 언급했다. "선원들을 '털어먹던'(roll) 오래전의 전통적 범죄와 노상강도를 구분하기 매우 어려웠다"[주 5]라고 이 간부는 말했다. 흥미롭게도 영국에서 가장 널리 알려진 '노상강도' 사례인 1973년 3월의 세 핸즈워스 청년의 재판에서 피고는 술 취한 피해자에게 '노상강도'가 아니라 '털어먹기'를 할 의도였다고 밝혔다.[주 6] '노상강도' 공포가 진행되는 동안 언론은 그 범죄의 진기함을 포착해 점차 역사적 선례를 재발굴하기 시작했다. 핸즈워스 사건에 대한 반응으로, 〈데일리 메일(Daily Mail)〉의 1973년 3월 20일 자 사설은 '범죄는 죄악 자체만큼이나 오래됐다'라면서 범죄를 역사적 맥락에서 완전히 분리해 자연의 영역으로 승격시켰다.

엄연한 사실은 이름표 자체를 제외하면 '노상강도'에서 정확히 새로운 점이 무엇인지 찾아내기가 극히 어렵다는 것이다. 이 점은 우리 연구에 엄청난 의미가 있다. 힐즈 씨의 '노상강도' 사건을 다음 사건들과 비교해 보자. 한 보수당 하원의원이 하이드 파크에서 청년 네 명에게 공격당해 안면과 갈비뼈에 발길질을 당한다. 가해자들은 9파운드와 금시계를 갖고 달아난다. 이 하원의원은 '노상강도'를 당한 것인가? 물론 이 사례에서 '노상강도'라는 단어는 사용되지 않았다. 범행 날짜는 1968년 12월 12일이고 〈데일리 미러〉가 보도한 사건이다. 두 번째 예를 들어보자. 〈데일리 텔리그래프(Daily Telegraph)〉는 '노상강도로 큰 탈이 나다'라는 제목의 힐즈 씨 살해 보도에서 4년 전 20대 초반의 두 실업자 남성이 길거리에서 쇼 씨에 총격을 가해 살해한 사건과 이 사건을 직접 비교했다. 기소된 남성들은 자신들이 '빈곤층 처지'인데 비해 쇼 씨가 '너무 잘 차려입어서' 범행 대상으로 선택했다고 밝혔다.[주 7] 그런데 범인들이 피해자 위협용으로 들고 있던 총기가 우발적으로 발사되었다. 살인 의도는 없었다는 탄원을 검사는 수용했지만, 판사는 방아쇠를 당긴 남성에게 '종신형'을 선고하고 공범에게는 12년 형을 선고했다. 무기 선택의 차이를 제외하면 쇼 사건은 힐즈 살해 사건과 동일한데, 바로 실수로 의도치 않게 치명적 결과를 초래한 어리숙한 강도라는 점이다. 하지만 쇼 사건은 '노상강도'로 불리지 않았다. 당시에는 어떤 의도나 목적에 비추어보든 이 사건이 '새로운 범죄 유형'이라고 여기지 않았다. 아마 〈데일리 텔리그래프〉가 힐즈 사건과 비교용으로 부활시켰기에 '새로운 범죄 유형'이 된 것인가? 아마 1973년 런던광역경찰청이 카 장관 제출용으로 1968년까지 거슬러 올라가 '노상강도' 숫자를 사후적으로 집계하는 바람에, '증가하는 노상강도 통계'에 포함된 것일까? 쇼 사건은 1972년에는 '노상강도' 사건이었으나 1969년에는 아니었던 것인가? 사안을 더 복잡하게 만드는 부분이 있는데, 〈가디언(The Guardian)〉이 1969년에 이 두 명의 운 나쁜 가해자들의 진술을 인용한 바에 따르면 이들은 쇼 씨를 '털어먹으려' 했다는 것이다.

　우리가 갖고 있는 증거가 시사하는 바는 이렇다. 영국의 맥락에서 적용된 '노상강도'라는 이름표는 1972년 8월에는 새로운 것이었지만, 그 이름표가 기술하려 한 범죄 자체는 새롭지 않았다는 것이다. 이 범죄 발생 건수는 증가했을 수도 있고 아닐 수도 있다(잠시 후에는 통계적 증거를 검토할 것이다). 그 범죄의 사회적 내용은 변화했을 수도 있으나 '새로운 범죄 유형'이었다는 견해를 뒷받침하는 증거는 없다. 언론은 그 범죄의 '진기함'을 강조하는 데 어느 정도 이해관계를 갖고 있었음에 틀림없다. 미국의 경험을 준거로 용어를 사용했다는 사실은 분명히 뭔가 아주 새로운 것이 대서양을 건너 영국에 등장했다는 믿음을 조성했을지도 모른다. 힐즈 사건을 '큰 탈이 난 노상강도 사건'으로 부른 경찰이 미국 방문 조사를 마치고 막 돌아온 사람이라는 점은 단지 우연의 일치였을 수도 있다. 따지고 보면 우연성도 역사 전개에서 역할을 수행하니 그렇게 될 여지도 남겨두어야 한다. 하지만 '노상강도' 공포에 관한 사실은 1862년의 '목조르기 강탈 공포', 수많은 다른 범죄에 대한 '대공포' 그리고 이전의 '위험한 계급'에 대한 공포와 마찬가지로 이보다 우연성은 더 적고 중요한 의미는 더 갖고 있다.

▌ 연대기

1972년 8월과 1973년 8월 말 사이의 13개월 동안 '노상강도' 범죄는 범죄 기사, 피처, 사설, 경찰, 판사, 내무장관, 정치인, 여러 저명한 공기관 대변인의 성명 형태로 언론에 대대적으로 보도되었다. 이 보도를 자세히 살펴보기 전에, 13개월 동안 이 범죄에 대한 공적 관심이 어떻게 전개되었는지 연대순으로 간략히 훑어보고자 한다.

1972년 8월 힐즈 씨 살해에 '큰 탈이 난 노상강도'라는 이름표가 붙은 후 잠깐 침묵이 뒤따랐다. 폭풍 전야의 이 고요함은 9월 말, 10월과 11월 초 언론의 대대적인 보도로 깨졌다. 이 기간은 1972년 동안뿐 아니라 13개월 전체 기간 중에서도 언론보도의 '정점'에 해당했다. 이 정점을 촉진했을 뿐 아니라 언론 논평의 상당수를 지속시킨 특징은 '본보기성'(exemplary) 형량 적용이었다. (항상 '노상강도'로 지칭되지는 않더라도) 어느 정도 강제력이 포함된 강도 혐의로 기소된 젊은이라면 거의 예외 없이 '억제적' 형량을 받았다. 심지어 10대 범행자에게도 3년 형이 '표준'이 되었다. 전통적인 소년범용 교정 시설(가령 보스탈Borstal3과 청소년 구류소detention centres)에는 보내지 않았다. 이처럼 가혹한 판결을―그리고 많은 판사도 이 판결이 전례 없는 일이었음을 인정했다―정당화한 근거로는 흔히 '공익'이나 '길거리 안전 유지'의 필요성이나 더 단순하게는 '억제'의 명분이 제시되었다. 공중의 안전 유지라는 필요성에 비해 교정은 부차적인 고려사항이었다.

요컨대 사법부가 노상강도범에게 '전쟁'을 선포한 셈이다. 신문 사설도 재빨리 보조를 맞추었다. 이 중 대다수는 '본보기성' 형량의 공정성 문

---

3 보스탈은 영국과 영연방 국가에서 운영된 청소년 범죄자 수용기관이다. 이는 청소년 범죄자를 대상으로 하는 공식 인증 학교 등 다양한 수용시설을 지칭하는 포괄적인 용어로 사용되기도 한다. 그래서 법정 판결 시 공식적으로 수형기간을 '보스탈 훈련'(Borstal training)으로 부르기도 했다. 원래 21세 이하를 수용하다가 1930년대에는 연령 상한선을 23세로 확대했다. 영국에서 이 제도는 1982년 새 형법(Criminal Justice Act)에 따라 폐지되고, 그 대신 청소년 보호센터(youth custody centre)로 대체되었다. ─ 역주

제를 다루었다. 이 판결을 계기로 양형 정책 전반에 관한 검토도 빈번하게 진행되어, (억제, 보복, 공중의 안전, 교정 등) 관련 정책에 영향을 미치는 고려사항 간의 상관관계를 두루 살펴보았다. 숙련도나 정교함의 차이는 크지만 온갖 주장도 쏟아져 나왔다. 모든 사설의 결론은 결국 판사의 판단을 지지했다. 이 시기 범죄 통계 관련 보도는 모두 강력 범죄, 특히 노상강도 증가라는 측면에서 제목을 붙였기에 통계치 역시 사법부와 편집인의 주장을 입증하는 듯했다.

전임 기자나 프리랜스 기고가가 작성한 피처 기사도 이 시기에 쏟아졌다. 두 가지만 예를 들자면 이러한 기사는 '노상강도범의 탄생' 혹은 '왜 그들은 노상강도에 뛰어들었나?' 등의 주제에 관해 배경 정보를 제공하려 했다.[주 8] 대다수 기사는 풍부한 사실에 근거했고 그럭저럭 쓸 만한 정보를 제공했다. 물론 전국지 기사가 아닌 두 건의 주목할 만한 예외를 빼면,[주 9] 기사의 설명은 그다지 설득력이 없었다고 해도 좋다. 또 다른 예외는 (앞서 언급했듯이) 왕실 고문 변호사 루이스 블롬 쿠퍼가 작성한 피처 기사였는데, 이 기사는 시각은 달랐지만 유일하게 사법부의 가혹한 대응을 반대한 외로운 '광야의 목소리'였다.[주 10]

경찰과 정치인도 의회가 취한 조치를 따랐다. 런던 경찰은 공원에서 마약 복용자, 매춘부, 노상강도범을 추방하기 위한 '왕립공원 정화'(clean-up-the-Royal-Parks) 캠페인을 벌였다.[주 11] 지역 의회도 전통적인 공원 관리인 대신에 '차량, 무선 교신기, 때로는 경비견으로 무장한 초고속 노상강도 대응 순찰대'를 편성해 대세에 동참했다.[주 12] 경찰은 노상강도 '일제 단속'용 특별단속반도 설치했고, 런던 교통경찰(London Transport)은 지하철역에 순찰대를 추가로 배치했다.[주 13]

조치가 시작된 지 얼마 되지 않은 1972년 10월 22일 〈선데이 미러(Sunday Mirror)〉는 영국이 노상강도범과의 '전쟁'에서 이미 전과를 거두고 있다고 추산했다. 그러나 실제로는 이 전쟁이 전혀 범죄 감소로 이어지지 않았다. 나흘 후 신임 왕립경찰청장(Chief Inspector of Constabulary)은 '노상강도'와 다른 강력 범죄를 근절하기 위해 전면적인 공세를 약속했다. 그리

고 '노상강도'가 '최우선 순위'라고 밝혔다.[주 14] 6일 후 내무장관이 잉글
랜드와 웨일즈의 모든 지역 경찰국장(Chief Constables)4에게 최근의 노상강
도 현황 제출을 요구하는 문서를 보냈다고 알려졌다. 내무장관이 내린 노
상강도 정의―"공개된 장소에서 홀로 걷고 있는 사람을 대상으로 두 명
이상의 젊은이 무리(gang)가 저지르는 강도 행위"―도 이 무렵 공개되었
다.[주 15] 이 정의에 대해 즉시 몇 가지 질문이 쏟아져 나왔다. 적어도 '젊
은이'(youths)와 '공개된 장소에서'와 같은 용어는 모호할 뿐 아니라 '무리'
개념은 개별적 '노상강도범'의 가능성을 아예 배제하는 것처럼 보였다.

에딘버러 공(the Duke of Edinburgh)은 왕립일반의협회(Royal College of
General Practitioners)5 행사 연설에서 노상강도는 반드시 치료법을 찾아야
하는 공동체의 질병이라고 언급했다.[주 16] 그 후 그해 나머지 기간에는
'노상강도'에 관한 미디어 보도가 확연히 감소했다. 하지만 법정에서는
계속해서 3년 형이 거의 표준적인 관행으로 유지되었다. 다양한 노상강도
대응 장치의 실효성 여부에 관한 기사도 간간이 나왔다.[주 17] 그러나 아마
이 시기 동안 가장 중요한 보도는 〈데일리 메일〉(1972년 11월 10일)에 실린
여론 조사 결과일 것이다. 인터뷰 대상자의 90%가 더 엄격한 처벌을 원
하고, 70%는 정부가 이 문제를 더 시급하게 받아들이기를 원한 것을 보
면, 노상강도는 공중의 의식에서 아주 민감한 부분을 건드린 듯했다. 더
구나 이미 가혹한 대응조치가 이루어졌음에도 이러한 결과가 나왔다.

1973년 1월의 미디어 보도 수준은 12월보다 높았지만 그리 의미 있
는 차이는 아니었다. 내무장관은 하원에 보낸 서면 답변서에서 '전쟁' 상
황이 '더 이상 악화하진 않았으며' '일부 지역에서는 개선'되는 것 같다고
밝혔다.[주 18] 조심스러우면서도 낙관적으로 전망한 것이다. 그렇지만 그해

4 런던과 런던 광역행정 지역과 기타 특수 목적 경찰을 제외하고, 영국 전역의 45개 각 지역
   단위 경찰의 최고위직을 말한다. ─ 역주
5 왕립일반의협회는 영국에서 일반의나 가정의를 대표하는 직업단체이다. 주로 회원의 자격증
   교부, 교육과 훈련, 연구, 임상기준 등을 마련하는 데 목적을 둔다. 1952년에 설립되었으며
   회원은 5만 명에 달한다. ─ 역주

3월 많은 전국지에 실린 기사 제목[주 19] — '런던의 노상강도는 지난 4년간 129% 증가' — 은 그러한 낙관론을 산산조각내는 것처럼 보였다. 여러 흑인 공동체 지도자에 따르면 특별단속반은 잠재적 '노상강도범'으로 의심한 흑인 젊은이를 계속 괴롭히고 위협했다.[주 20] 그리고 나서 카 씨의 낙관론에 확실한 결론을 내려주는 사건이 발생했다. 1973년 3월 19일 핸즈워스 사건의 세 청년 중 한 명이 20년 형, 나머지는 10년 형을 받은 것이다. 이 사건은 '억제적' 형량 주장에 대한 관심을 부활시켰고, 관련 피처 기사도 다시 등장했다. 그러나 변화한 게 있다면 준거틀이 다소 바뀌었다는 점이다. 런던 지하철역의 보안요원 배치도 강화됐다.[주 21] 4월에는 런던 노상강도에 관한 똑같은 통계치를 다시 인용하면서, "런던의 노상강도가 하루 네 건에 달하다", "런던의 노상강도에 대해 경찰은 '당장 조치가 시급하다'고 요구하다"[주 22]와 같은 제목의 기사가 등장했다. 5월에 열린 노인연금수령자 행사(the Old Aged Pensioners' Conference)는 훌리건(hooligans)6을 좀 더 과감하게 조치하라고 촉구하는 결의문을 채택했다. 어쩔 수 없이 카 씨는 이전의 낙관론을 철회하고 10대 노상강도범 대상의 전쟁을 '강화'하라는 특별 지침을 경찰 수장들에게 발령했다.[주 23]

5일 후 핸즈워스 경찰 지부는 노상강도범 대상의 전쟁에서 '기세를 장악'한 것으로 알려졌다. 아마 '민간인 옷차림의 노상강도단속반'이 승기를 잡은 듯했다.[주 24] 그러나 4일 뒤인 5월 15일 당시 런던 경찰 수장이던 로버트 마크 경(Sir Robert Mark)은 "범죄, 특히 노상강도 단속을 위해 모든 동원 가능한 인력을 다시 현장에 투입한" 것으로 알려졌다.[주 25] 런던은 로버트 경이 만족스러워 할 정도로 '승기를 장악'하지 못한 것이 틀림없

---

6 영국에서 훌리건은 19세기 말 이전까지 거슬러 올라갈 정도로 오래된 용어이지만, 현대적으로는 주로 스포츠 경기에서 팬들의 집단 난동과 파괴, 폭력 행위를 지칭한다. 특히 1970년대 축구 훌리건주의가 유명하지만 세계 각지에서도 유사한 현상을 발견할 수 있다. 이 현상의 원인은 다양한 관점에서 설명할 수 있지만, 맥락적, 사회적 요인들이 작용한다고 본다. 특히 축구 훌리건주의에서 볼 수 있듯이 사회구조적 긴장, 박탈감, 낮은 사회경제적 지위 등이 작용해서 폭력에 관대한 집단 내 정서가 형성되고, 이 정서가 경기에서 집단적 폭력과 외부인에 대한 배타적 태도의 양상으로 나타난다. — 역주

었다. 약 17일이 경과한 5월 23일 로버트 카는 다시 '낙관적' 태도로 바뀌었다고 보도되었다. 로버트 경은 보수당 여성당원 행사에서 1,200명의 여성 참석자에게 영국 경찰이 '승리'를 거두고 있다고 말했다.[주 26] 노상강도를 겨냥한 전쟁에서 이러한 대세 '변화'에도 불구하고 뉴스거리로서의 '노상강도'는 쇠퇴하기 시작했다. 7월과 8월에는 '노상강도' 기사가 한 건씩만 실렸다. 이처럼 미디어 가시성이 감소하고 나자 뒤이어 전쟁 상황에 관한 논쟁 역시 결론이 나왔는데, 마침내 '승리'를 거두었다는 것이다. 7월 29일 수상은 온 나라가 진전을 거두고 있다며 자축했는데, 그러한 '진전'의 예로 노상강도와 전반적 범죄 감소를 언급했다.[주 27] 1973년 10월 1일 '노상강도' 대신에 사기(fraud)가 '공공의 적 1번', 즉 '영국에서 가장 심각한 골칫거리 범죄' 자리를 차지했다.[주 28] '노상강도'란 유행병은 잠시 끝난 셈이다.

노상강도 현상의 부침 이야기는 이쯤 해두자. 관심사의 변화무상한 추이를 관통하는 핵심 요소는 바로 그 시기 동안 강력 범죄, 특히 '노상강도'가 엄청나게 증가했다는 인식이었다. 이보다 덜 가시적이고, 어떤 심급에서는 살짝 비치는 정도이긴 하지만 내내 존재한 것은 다른 두 가지 핵심 주제였다. 하나는 범죄자가 너무 쉽게 풀려나고 법원이 너무 '유화적'으로 바뀌었다는 인식이고, 다른 하나는 (사실 '유화적' 판결의 당연한 귀결인데) 유일한 대책은 '강경 대처'뿐이라는 인식이다. 등식으로 표현하자면 이 주장은 이렇게 전개된다. 강력 범죄의 급격한 증가+'유화적' 선고 정책=전통적인 '강경한' (혹은 억제적) 조치로 되돌아갈 필요가 그 등식이다. 이제는 '범죄율 증가' 등식에 포함된 이 요소들을 살펴보고자 한다.

▍'범죄율 증가' 등식

'범죄율 증가' 등식은 이른바 '관심사의 등식'(equation of concern)에 '노상강도'를 대입한 것이다. 이 등식은 암묵적으로 다음과 같은 논증의 사슬에 근거했다. 강력 범죄율이 증가했는데, 이 증가는 (국가 전체로는 '관용적' 태도의 결과일 뿐 아니라) 법원이 '범죄자에게 유화적인' 정책을 펼치는 바람에 촉진된 추세다. 이 문제를 해결하는 유일한 방안은 전통적인 '강경' 정책으로 되돌아가는 것이며, 이 정책은 강력 범죄의 유혹을 효과적으로 억제하는 확실한 방안이다. 이 주장에서 각 요소를 하나씩 검토하겠지만, 우선 통계치에 대한 주의사항을 들려주는 데서 시작한다.

범죄율이든 여론 조사든 통계는 이데올로기적 기능을 수행한다. 통계는 유동적이고 논란의 여지가 있는 인상을 엄정하고 반박 불가능한 숫자의 토양에 **고정시켜** 주는 것처럼 보인다. 미디어와 공중 모두 '사실', 즉 **엄정한 사실**(hard facts)에 대해서는 엄청난 존경심을 갖는다. 두 숫자 사이의 백분율 차이가 아니라 해도 숫자만큼 '엄정한' 사실도 없다. 범죄 통계에 관한 한 이 숫자는 사람들이 생각하는 것처럼 자행된 범죄량의 확실한 지표도 아니고 아주 의미 있는 지표도 아니다. 심지어 범죄 통계를 가장 많이 활용하는 경찰 자신도 오래전부터 이 점은 인정했다. 그 이유는 파악하기 어렵지 않다. (1) 범죄 통계는 오직 **신고된 범죄**만 지칭하며, '드러나지 않은 숫자'는 계량화하지 못한다. (2) 지역마다 통계를 집계하는 방식이 다르다. (3) 경찰이 특정 범죄를 선택하고 '표적'으로 삼아 관심을 기울이고 해결에 애쓸수록 경찰이 파악하는 숫자는 늘어나며, 공중이 신고하는 숫자도 마찬가지로 증가한다. (4) '강조되는' 특정 범죄에 공중이 불안을 느낄수록 '과잉 신고'도 늘어난다. (5) 범죄 통계는 (사회학적 범주가 아니라) 법적 범주에 근거하며, 따라서 자의적이다. 좀 더 의미있는 지표를 개발하기 위해 공식적인 퍽스 위원회(Perks Committee)[주 29]7가 머리를 짜냈고 캠브리지대학교 범죄학연구소(Cambridge Institute of Criminology)[주 30]에서도 노력을 기울였지만, 이 한계는 바뀐 게 없다. (6) 법이 개정되고 난 후에는(가령 1968년의 〈절도법〉) 시간 경과에 따른 엄격한 추이 비교가 어려워졌다.[주 31]

---

7 정식 명칭은 내무부 범죄통계위원회(Departmental Committee on Criminal Statistics)로 윌프레드 퍽스(Wildfred Perks)가 의장을 맡아 범죄 통계 집계방식 개선과 관련된 논의 결과를 정리해 1967년 보고서로 냈다. ─ 역주

일반적으로 범죄 통계가 (경찰에 의해) 어떻게 **해석되는지**, 그다음엔 이 해석이 (미디어에서) 어떻게 **보도되는지**에 모든 것이 달려 있다는 점도 유념해야 한다. 앞서 인용한 통계는 정확하든 정확하지 않든 노상강도 범죄 유행의 존재를 확인하고 이에 대한 공중의 대응을 정당화하는 데 활용되었다. 윌리엄 I. 토머스(William I. Thomas)는 한때 "사람들이 진실이라고 믿으면 결과적으로도 진실이 되고 만다"라고 말했다.[주 32] 그러니까 노상강도 통계는 공식적 대응이나 공중의 반응 측면에서 정말 확실한 효과를 낳은 셈이다. 따라서 숫자의 현실적 근거를 따져보기 전에 **일단** 숫자가 정확하다고 가정하고 수치를 '액면 그대로' 따져볼 필요가 있다. 그러나 먼저 이러한 통계적 우회를 하는 이유를 다시 한번 밝혀야겠는데, 말하자면 1972년 **최초의** '노상강도' 공황의 통계적 근거를 살펴보고자 한다. 이러한 이유로 여기서는 1972-3년까지의 통계 정보만 제시한다. 그 이후 연도에 관심 있는 독자용으로는 이 절 끝부분에서 간략히 관련 정보를 정리할 예정이다.

범죄 통계와 그 수치가 보여주는 추이를 살펴보면 몇 가지 흥미로운 사실이 부각된다. 첫째는 전반적으로 범죄는 (균등하게는 아니지만) **20세기의 대부분 기간 동안**, 즉 사실은 1915년 이후 매년 증가했다는 점이다(이 기간 동안 유일하게 1949-54년 사이의 시기에만 순수하게 감소했다). 일반적으로 범죄가 가장 많이 증가한 시기는 1955-65년 사이였는데, 이때 증가율은 연평균 10%였다.[주 33] 1966-72년 사이의 7년 동안은 증가율이 감소해서 평균 증가율이 5% 수준이었다.[주 34] 그렇다면 통계적으로 볼 때 1972년 무렵에는 범죄 증가율이 가장 높은 시기가 이미 지나갔다. 이 무렵은 여러 공기관 대변인이 강변한 것처럼 '범죄 유행'의 정점이 아니라 다소 애매하고 뚜렷하지 않은 시기였던 셈이다. 요컨대 1972년에는 증가가 딱히 새롭지도 급작스럽지도 않았다. 이 수치 증가는 거의 20세기 기간만큼이나 오래된 현상이었다. 어쨌든 통계적 측면에서 그해에는 일시적으로나마 수치가 정점을 지났다. 이전 추세에 비교해볼 때 특히 경계할 만한 수준도 아니었다.

그러나 공기관 대변인들이 '범죄의 물결'을 외쳤을 때 대개 범죄가 전반적으로 증가했다는 뜻으로 말한 것은 아니었다. 그보다는 구체적으로 '심각한' 범죄 증가, 특히 '강력 범죄' 증가라는 뜻이었다. 이 증가는 새로운 현상이었을까? 통계적으로 볼 때에는 결코 그렇지 않다. 레지널드 모들링 (Reginald Maudling)은 내무장관 임기 중이던 1967년과 1971년 사이에 '강력 범죄'가 61.9%가 증가했다면서 우려를 표했다.[주 35] (10년 전인) 1957−61년 사이의 숫자를 보면 증가율은 심지어 **더 높아져** 68%에 달했다.[주 36] (출처를 밝히지 않은 채 공인과 언론이 통계를 인용할 때 발생하는 문제점은 주지의 사실이다. 하지만 바로 그러한 공식적 성명―공식 통계를 널리 알린 행위―이야말로 이후 행동에 대한 통계적 '뒷받침'이 되었다는 점에서, 이처럼 다소 오만한 태도에는 의도가 없지 않다. 사실 측면에서 이 진술문을 공식 통계로 확인해 보았다. 그 결과 첫 번째 수치는 〈왕립경찰청장 보고서(Report of Her Majesty's Chief Inspector of Constabulary)〉에서 따온 것으로―런던광역경찰청 관할 구역을 제외하고―잉글랜드와 웨일즈의 수치만 포함한 통계로 보이는 반면, 두 번째는 〈1969년판 간추린 연례통계(1969 Annual Abstract of Statistics)〉에서 가져온 수치로 잉글랜드와 웨일즈 외에 북아일랜드와 스코틀랜드의 수치를 합산한 것이다. 그 결과 미세하게 불일치하는 부분은 있었다. 하지만 두 시기는 통계적으로 상당히 유사해 전반적 요지는 여전히 타당하다) 따라서 심지어 '강력 범죄'라는 특수한 영역에서도 증가는 극적일 정도로 새로운 현상이 아니었다.

이제 구체적으로 특히 '노상강도'에 가장 가까운 범죄 통계 범주이자 분명히 대다수의 '노상강도범'이 기소되는 죄목인 '강도 혹은 강도를 목적으로 한 의도적으로 자행되는 공격'의 범주를 살펴보자. 이 범주에서의 증가는 노상강도에 대한 대응이 시사하는 것처럼 극적이었나? 이에 대한 대답 역시 아니라고 해야 할 것이다. 1955년과 1965년 사이의 10년 동안 '강도'는 354% 증가했다.[주 37] 하지만 1965년과 1972년 사이에 이 수치는 98.5%만 증가하는 데 그쳤다.[주 38] 백분율로 표시했을 때 1955년과 1965년 사이에는 연간 평균 증가율이 35.4%였지만, 1965년과 1972년 사이의 7년간은 14%에 그쳤다. 만약에 널리 인용되는 수치만을 활용해, 즉 1968−72년 사이의 4년간 런던의 노상강도 건수 증가율인 129%에 근거해 '노상강도' 통계를 추산한다고 치더라도,[주 39] (32%라는) 연간 평균 증가율은 **여전히** 1955−65년 사이 10년간의 일반적인 강도 범죄 증가율 (35%)

보다는 **낮은 수준임**을 볼 수 있다. 따라서 심지어 노상강도에 대한 반응과 가장 밀접하게 관련된 통계, 즉 강도와 노상강도 통계조차도 전후 시기에 전례가 없지 않은 것은 확실하다. 대략 '노상강도'로 범주화할 수 있는 범죄와 관련된 상황은 1972년이 1955-65년 사이의 기간보다 결코 더 나빠지 않았음은 확실하며, 통계적으로는 오히려 다소 개선되었다고까지 주장할 수 있다. 따라서 전반적인 '강력 범죄' 숫자든, 아니면 좀 더 구체적으로 '강도'나 '노상강도'를 지칭하는 숫자든, 어떤 통계를 동원하든 1955-65년 시기보다 1972년에 상황이 극적으로 나빠졌음을 입증할 수는 **없다.** 다시 말해 오직 객관적이고 계량화할 수 있는 통계적 사실에 근거한 주장으로 노상강도에 대한 가혹한 대응을 '설명'할 방도는 없다. 마지막으로 주의할 사항이 있다. 우리는 통계적 증거 중 상당 부분을 프레데릭 맥린탁(Frederick McClintock)과 N. 하워드 에이비슨(N. Howard Avison)의 자료[주 40]에 의존했는데, 이 자료가 대규모의 권위 있는 준공식적 연구이자 확실히 이 나라에서 수행된 그러한 부류의 조사로는 가장 완벽한 것이기 때문이다. 그 후 린 맥도널드(Lynn McDonald)는 저자들에게 방법론적 근거 문제에 관해 일깨워주었는데, 특히 대다수 분석을 1955-65년 사이의 기간에 국한하는 데서 발생하는 문제점을 지적했다. 맥도널드는 시간 간격을 좀 더 길게 잡으면 (1948-1958) 맥린탁과 에이비슨이 발견한 수치보다 증가율이 상당히 줄어든다는 점을 설득력 있게 보여준다. 범죄 통계 문제에 진지하게 관심을 둔 사람이라면 누구든 맥도널드의 중요한 텍스트를 참고해야 한다는 점은 분명하다. 하지만 우리의 목적은 범죄 증가율을 좀 더 타당하게 계산하는 방법의 모색이 아니라 노상강도에 대한 반응을 정당화하는 데 사용되는 단순한 통계 부류를 검토하는 데 있기에, 짧은 시간 단위를 사용해도 무방하다고 생각한다. 사실 미디어에 극적으로 제시되어 범죄에 대한 우려를 부추기고 정당화하는 것은 바로 어떤 범죄의 **연간** 증가율을 나타내는 통계치다.

등식에서 두 번째 요소인 법원의 '유화적' 자세는 어떤가? 이 주장은 통계적으로 어느 정도 근거가 있었는가? 여기서 관련된 갈래로는 두 가지가 있는데, 하나는 '무죄 대 유죄 판결 비율'이고 다른 하나는 양형 정책이다. 형법개정위원회(the Criminal Law Revision Committee)의 권고안 일부 그리고 로버트 마크 경처럼 열렬한 개정 지지자의 발언 배후에 깔린 주요한 가정은 직업 범죄자가 너무 쉽게 '무죄' 판결을 받는다는 것이었다. 로버트 마크 경의 주장은 '무죄' 판결을 받는 피고자 중 약 절반이 배심원에 의해 풀려난다는 가정에 근거했다.[주 42] '무죄 비율'의 증거는 범죄 통계 관련 증거만큼 입수하기 그리 쉽지 않지만, 그나마 있는 증거조차도 이 판단을 지지하지 않는 경향이 있다.

옥스퍼드형사연구단(Oxford Penal Research Unit)의 새러 맥케이브(Sarah McCabe)와 로버트 퍼브스(Robert Purves)가 무죄 사례를 검토해 본 결과, 그중 3분의 1(173건 중 53건)은 기소 증거가 너무나 부실해서 판사가 사건을 배심원에 넘기지도 않은 채 무죄를 **지시했음**을 발견했다.[주 43] 두 번째로 상급 법원 무죄 판결 중 대다수는 심지어 피고가 유죄 판결 경력이 있는 경우에도 상대적으로 **경미한** 범죄와 관련된 사례였을 뿐이라는 것이다. 스튜어트 엘그로드(Stuart Elgrod)와 줄리언 류(Julian Lew)는 1964년에서 1973년 사이 런던 어느 법무법인의 기록을 재검토했는데, 배심원이 내린 무죄 판결 비율은 일정한 수준을 유지해 결국 평균치가 31%로 나왔다는 사실을 밝혀냈다.[주 44] 다시 말해 많은 현직 변호사가 '무죄'를 주장하는 사람 세 명 중 한 명꼴로 무죄 비율이 된다는 의견을 제시하는데, 이 발견은 이들의 견해를 뒷받침할 뿐 아니라 로버트 마크 경의 주장에도 근거가 없음을 보여준다.

그렇다면 무죄 비율은 근년에 거의 변하지 않았고, 주로 '경미한' 범죄자에게만 영향을 미치며, 무죄 주장자의 50%보다 훨씬 낮은 수준에 불과해 보인다. 그러나 아마 법정의 '강경함'과 관련해 '유화적'이라는 인식보다 더 중요한 것은 양형 정책일 것이다.

실제로 강력 범죄에 대한 형량은 갈수록 더 강화되었다. 리처드 스파크스(Richard Sparks)는 '연말' 수치를 활용해 7년 이상의 확정 형기를 복역 중인 수감자(이 중 대다수는 강력 범죄로 유죄 판결을 받았다)는 1960년과 1967년 사이에 숫자가 '대략 두 배로' 늘어났고, 10년 이상 복역하는 수감자는

'세 배로 늘어났다'[주 45]는 사실을 발견했다. 이 발견은 왕립문서발행소 (HMSO) 보고서인 〈수감자들(People in Prison)〉의 내용과 완전히 다르다.[주 46] 두 문서 사이에 한 가지 핵심적인 차이가 있다면, HMSO 보고서가 주로 한 해 동안의 **입소자 수**를 대상으로 했다는 점이다. 이 수치에 근거해 이 문서는, 주로 사형제가 폐지된 결과 14년 이상의 확정 형기를 복역하는 숫자의 증가를 제외하면 '중간' 형기는 거의 변화가 없었다고 주장한다. 반면에 스파크스는 통계를 좀 더 정교하게 사용하여 (그리고 〈수감자들〉이 통계를 '단순하게' 이용했다고 비판하면서) 전혀 다른 그림을 찾아낸다. 즉 1960년 에서 1967년 사이의 기간 내내 '장기복역' 죄수(7년 이상, 10년 이상, 14년 이상 그리고 '무기'로 복역하는 죄수)가 증가했고, 1967년에 이르면 사실상 모든 죄수가 '강력' 범죄로 유죄 판결을 받았다. 사형제 폐지 이후 '종신형' 복역자 숫자가 증가했고, 마찬가지로 형량의 평균 연수도 늘어났다.[주 47] 더구나 1950년과 1957년 사이는 '관대한' 형량의 시기로 강도 범죄가 두 배로 증가한 반면, 1957년과 1966년 사이에는 반대로 양형 정책이 강화되었지만 강도 범죄 수는 오히려 **세 배로** 늘어났다는 주장이 나왔다. 레온 라지노비츠(Leon Radzinowicz) 교수는 1950년에서 1957년 시기의 관대한 정책에서 벗어나 1960년에 일어난 변화에도 주목한다.

> 최근 들어 법원은 더 엄격한 견해를 취하는 것으로 보인다. 1960년의 양형 기준은 1950년의 기준으로 되돌아갔다 … 형량 강화 추세는 소년범과 초범에 훨씬 더 가혹해진 형량에도 나타난다.[주 48]

이 발견들은 법원이 점차 '유화적 정책'을 취하고 있음을 보여주는 지표가 전혀 아니다.

이 정책들이—우리 등식에서 세 번째 요소인—억제 효과를 내고 있는지는 또 다른 문제다. 맥린탁과 에이비슨[주 49]은 저서의 '상습 범죄자'라는 장에서 1955년과 1965년 사이 기간을 살펴보면서, 재범 숫자가 160% 증가했고 미성년자 상습범(14-21세) 비율은 심지어 더 높아졌다고 주장한다. '심각한' 상습범(중죄로 유죄 판결 5회 이상)의 재범 비율은 다른 상습범보다 더 높았다. 미성년 강도범의 3분의 1은 '높은' 상습 범행(이전에 2회 이상 중죄로 유죄 판결 받은 사람) 비율을 보였다. "'심각한' 상습 범행 중에서는 강도와 주거침입(breaking) 범죄의 비율이 가장 높았다."

　　때마침 구체적으로 '노상강도'에서 가혹한 형량과 억제 효과 간의 관계에 관해 도출한 중요한 증거가 **존재한다**. 내무부 연구원인 로버트 백스터(Robert Baxter)와 크리스 넛올(Chris Nutall)은 핸즈워스 '노상강도' 사건의 세 청년에게 선고된 가혹한 장기형이 이후에 미친 '억제' 효과를 검토했다.[주 50] 두 사람은 이 책 저자들과 마찬가지로 '노상강도'의 합당한 통계적 근거를 찾는 데 어려움을 겪었다. 그러나 '강도 혹은 강도를 목적으로 고의로 자행된 공격'을 '노상강도'의 통계적 기준으로 삼았을 때(그리고 이 숫자가 '노상강도' 외에 다른 범죄들'도 포함할 것이라고 간주할 때), 저자들은 다음과 같은 결론을 내릴 수밖에 없었다: "조사 대상 경찰 구역 중 형량이 신고된 강도 건수에 예상대로 효과를 미친 곳은 없었다." 첫 범죄가 자행된 버밍엄에서는 원래 강도 범죄율이 계속해서 유지되었다(즉 '해당되는 두 해 동안에는 상대적으로 낮았다').

　　요컨대 우리가 갖고 있는 부류의 통계는 '범죄율 증가' 등식을 지지하지 **않는다**. 폭력적인 강도 범죄의 '전례 없는' 증가는 1972년에 새로운 현상이 **아니었다**. 심각한 범죄에 대한 형량은 줄어든 게 아니라 점차 **늘어났고**, 그러한 형량의 대상자도 더 **많아졌으며**, 무죄 선고 비율도 변화가 **없는** 듯했다. 그리고 이 강경책은 저지 효과를 발휘하지 **못했다**. 사실 만약 1960년대 내내 법정에서 취한 '강경함'을 '[범죄] 억제 실험'으로 간주한다면, 범죄와 상습범 비율의 증가는 형사 정책 수단으로서 억제 정책의 실적이 얼마나 형편없었는지 보여준다. 심각한 범죄 전반에 적용되는 이 일반적 그림은 '노상강도'에도 적용됐다.

　　하지만 노상강도 통계라는 구체적인 사례에서 좀 더 심층적으로 파고 들어가 볼 여지는 여전히 있다. 조금 전 백스터와 넛올이 '노상강도' 숫자 관련 작업에서 통계적 근거를 추출하는 데 애를 먹었다고 언급했고, 우리 역시 비슷한 어려움을 겪었다고 말했다. 이 점 때문에 추가적인 논의사항이 생겼다. 런던 '노상강도'가 1968년에서 1972년 사이의 4년간 129% 증가했다면서 널리 주목을 끈 1973년의 여러 신문 기사는 〈런던광역경찰 구역 내의 강도와 유사범죄, 1968－72(Robbery and Kindred Offences In the Metropolitan Police District, 1968－72)〉에 근거를 둔 것으로 보인다.[주 51] 그 수치의 정확한 출처는 내가 보기에 여전히 수수께끼로 남아 있다. 우리도 그 수치를 '해독'해 보려고 노력했으나 성과가 없었다. 법적으로 '노상강도'라 불리는 범죄는 없으니, 이 숫자를 〈연례보고서〉에서 직접 인용했을 리가 없다. 내무장관이 1968년 숫자 제출을 요청했을 때, 몇몇 지역 경찰국장도 '노상강도' 항목에 어떤 수치를 포함할지에 대해 의문을 표했다(물론 1972－3년 시기 이후로는 비록 느슨하긴 하지만 가해자의 종족적 정체성에 관한 일부 숫자와 더불어 '노상강도' 범주 아래에 자세한 설명을 붙여 지역별 범죄 숫자를 **집계했다는** 증거는 있다). 그러므로 1973년 〈보고서〉의 그래프는 과거 추산치임에 틀림없다. 그렇지만 무슨 근거로 추산했을까? 지금까지의 '강도' 숫자는 1968년 것이든 다른 연도 것이든 그 어떤 것도 재구성된 '노상강도' 수치와 일치하지 않으므로, 이 수치는 전반적인 '강도' 수치 안에 있는 다양한 하위범주의 수치를 선택적으로 조합한 것임에 분명하다. 그러나 어떤 하위범주 숫자를 어떤 비율로 합산한 것인가? (우리도 머리를 짜내 이리저리 계산해 보았으나 산출에 실패했다) ('노상강도' 공황이 정점에 달한) 1973년, 그리고 과거 이름표 자체가 사용되지 않은 1968년 한 해를 대상으로 '노상강도'라는 이름표 아래에 이처럼 선택적으로 긁어모은 수치에 대해 어떤 통계적인 확인이 이루어졌을까?

이상의 통계치에 대해 약간의 전반적인 업데이트로 마무리할 것이라고 앞서 언급했다. 이 작업이 요점을 훨씬 더 명확하게 해줄 것이라는 기대에서라기보다는 완결성을 위해 이 수치를 제시한다. 1973년에는 실질적으로 전반적인 범죄 수치에 아무런 변동이 없었는데, 강도 수치는 상당한 비율로 **감소**했고, '강력 범죄'는 전반적으로 상당한 비율로 **증가**했으며, 사람으로부터의 절도 수치는 어떤 일관된 패턴도 보이지 않았다(런던에서는 비율이 12.5%로 대규모로 증가했고, 지역에서는 8.4%로 다소 크게 감소했다).

1974년에는 전반적인 범죄와 강도가 더 높은 비율로 증가했고, 사람으로
부터의 절도는 대규모의 비율로 늘어났지만(런던에서는 71%, 지역에서는 42%),
'강력 범죄' 전반은 소폭으로 증가했을 뿐이다. 1975년에 범죄 전반은 더
낮은 비율로 증가하는 데 그쳤지만, 강도는 더 큰 비율로 증가세를 보였
다(런던에서는 41.2%, 지역에서는 24%). '강력 범죄' 범주는 훨씬 더 큰 비율 증
가를 보였지만, 사람으로부터의 절도의 백분율 증가는 여전히 크긴 해도
1974년보다는 덜 극적인 수준이었다. 그렇다면 이 시기의 패턴은 전반적
으로 '일관성이 없어' 보이지만, 신고된 범죄의 통계적 추이에 관심 있는
사람에게는 성폭행을 제외하면 1974년과 1975년 동안 런던과 지역에서
모두 **모든** 범죄 범주가 증가세를 보였다는 점은 흥미로울 수도 있다. 이
는 아주 이례적인 현상이다.

　　우리는 노상강도 통계를 마지막까지 유보했는데, 이 통계는 늘 그렇듯
이 대단히 복합한 부분이다. 1973년 통계 담당반(Statistical Unit)이 1968-72
년 기간의 런던 수치를 집계했고, 이 수치가 1972년 런던광역경찰청장의
〈연례보고서〉에 다시 수록된 후, 런던경찰청장의 1975년도 〈연례보고서〉가
발간될 때까지 어떤 해의 〈연례보고서〉에도 별도의 '노상강도' 통계는 다시
등장하지 않는다. 1975년도 〈보고서〉에는 1972년 〈연례보고서〉 자료와 동
일한 표가, 즉 범죄 상황에 근거해 더 작은 범주로 세분화된 강도 범죄 표
가 실려 있다. 이 범주 중 하나, 즉 공개된 장소에서의 공격에 따른 강도는
노상강도 통계가 분명하다. 왜냐하면 1972년 〈연례보고서〉에서는 이 특정
한 범주가 대중적으로 '노상강도'로 알려져 있다고 밝혔고, 1971년과 1972
년의 범주와 수치가 모두 1972년 〈연례보고서〉 내용과 일치하기 때문이다.
따라서 이름표 사용에서 드러나는 경찰청장 측의 애매한 태도에도 불구
하고(그리고 강도 통계의 범주를 세분화하기로 한 최초의 결정은 청장이 내렸거나 재가한
사항임에 분명하다는 사실에도 불구하고 그렇다), 적어도 그 기준이 무엇이든 1972
년에 집계한 수치와 똑같은 기준에 의해 1975년 수치를 수집했다고 확신
할 수 있다. 이 수치를 분석해 보면 노상강도는 1972년의 극적인 32% 증
가 후에 1973년에만 (20.7%나) **감소**했을 뿐 1974년에는 18.7%, 1975년에는

35.9%가 **증가**한 것으로 나타날 것이다. 1973년에 감소한 원인이 무엇이든, 이 감소가 일시적인데 불과했다는 사실은 확실하다. 그리고 이 범죄들에 대해 법원 선고 형량이 분명 전혀 가벼워지지 않았고—높은 관심사였다는 점에 비추어보면—경찰 활동도 줄어들지 않았을 것이므로, 이 수치는 차단과 억제 정책의 파산을 다시 한번 확인해주는 증거라고 볼 수 있다.

하지만 이 시기 동안 이 숫자와 관련된 통계적 상황은 좀 더 헷갈리기는 해도 더 흥미로워진다. 런던광역경찰청장의 1972년 〈보고서〉에서는 1974년 〈보고서〉의 완전히 새로운 범죄 범주 생산으로 이르는 사태 진전이 시작되고 있음을 볼 수 있다. 하나의 결과물로 노상강도 통계를 산출할 수 있도록 '강도' 범주가 세분화되었다고 앞서 언급했다. '사람으로부터의 절도'도 비슷하게 세분화되었고 특정한 한 범주—'날치기'(snatchings)—도 '1968-72년 사이의 대표적 강력 범죄'의 증가를 보여주는 표에 포함되었다. '날치기'가 거기에 등장한 것은 날치기와 강도가 거의 구분되지 않기 때문이라고 들었다. 두 가지가 표에 포함되었다는 사실은 두 범주에 공통된 요소가 '폭력'이라는 점을 시사한다. 그런데 1973년 〈보고서〉에 따르면 **"피해자가 가해자에게 협박을 받지도 않고 부상을 입지도 않는다는 점만 다를 뿐"** '날치기'는 "강도와 유사하다"라고 한다(강조점 필자 추가). 전년도의 대표적인 강력 범죄를 보여주는 표에 날치기가 등장했고, 강도와 절도를 구분하는 기준은 **바로** 폭력의 요소라는 점에 비추어볼 때, 실로 이는 아주 기이한 진술이다. 하지만 1973년 수치에는 또 하나의 '수수께끼'가 존재한다. 앞서 이 해에는 강도와 노상강도 숫자가 급격하게 하락했다고 언급했다. '날치기'는 이 패턴을 따랐다. 그러나 '사람으로부터의 절도'(가령 '소매치기')는 **대규모 증가세**를 보였다. 이러한 중구난방식 추세를 어떻게 설명하나? 이 모든 범주를 둘러싼 모호성이 존재했고 범주 분류 기준도 구체적으로 공개되지 않았다는 점을 감안할 때, 꼭 음모론을 주장하지는 않더라도 적어도 다음과 같은 가능성을 생각해 보는 것이 설득력이 있지 않을까? 즉 1972년에는 '노상강도'로 파악하고 분류했던 범죄를 1973년에는 다른 방식으로, 예컨대 좀 더 평범한 소매치기 같은 범죄로 파악하고 분류한 게 아닐까? 그러한 선택적 지각 그리고 그에 따른 노상강도 통계 감소는 분명히 [그 과정에서] 시행된 통제 조치를 사후적으로 정당화할 수 있게 될 것이다.

처음에는 공식적인 법적 분류 체계도 내무부의 분류 체계도 만족스럽지 못했지만, 1974년과 1975년 〈보고서〉에 이르면 내무부의 분류 외에 완전히 새로운 부류의 '상황적'(circumstantial) 범주들(즉 범죄의 상황을 반영한 범주)이 고안되어 등장했다. 우리에게 주로 흥미로운 부분은 '강도와 기타 폭력적 절도' 범주의 도입이었다. 물론 여기서도 어떤 절도가 '폭력적'인지 판별하는 기준은 명시되지 않았다. 이전에 경찰청장의 분류가 '사람으로부터의 절도'를 세분화한 데 비추어보면, '날치기'는 마침내 결합 통계의 도입이 필요할 정도로 ('비폭력적'인데도 불구하고) 절도와 너무나 비슷하게 되었다. 1975년에는 그러한 '강도와 기타 폭력적 절도'가 7,959건 발생했고(43% 증가), 공식적인 강도가 4,452건(41.2% 증가), '노상강도'는 1,977건 있었다(35.9% 증가). 물론 경찰청장의 분류 체계에서는 공식적인 '사람으로부터의 절도'에 해당하는 범주는 없었다. '강도와 기타 폭력적 절도'라는 새로운 범주를 어떻게 파악해야 하나? 폭력적 절도는 분명히 강도와 비슷했다. 그래서 결합 통계가 필요하다고 치자. 하지만 공식적인 강도는 결합 통계를 전혀 언급하지 않은 채 더 세분화되었다. 이는 노상강도 통계가 '폭력적 절도' 범주를 참고하지 않은 채 생산되었다는 뜻이다. 하지만 처음에 강도 수치를 세분화하면서 하나의 결과로 일련의 '노상강도' 수치가 집계된 것인데, 이 범주들의 도입이 — 처음에는 '날치기', 그다음엔 '폭력적 절도' — 이 조치와 전혀 관련이 없다고 믿기는 어렵다. 특히 '사람으로부터의 절도'를 세분화하면서 제시한 바로 그 이유가 좀 더 '강도와 비슷한' 유형을 나머지로부터 구분하기 위한 것이었다는 점에서 그렇다. 이러한 추론 과정을 감안하면 런던 노상강도 통계가 불러일으킨 현재의 대대적 홍보와 우려를 순수하게 통계적 근거에서 이해하기란 매우 어렵다. 1975년 수치를 보면 '강도와 폭력적 절도' 중에서 단 25%만이 실제로 '노상강도'였다는 점에서도 그렇다. 마지막으로 경찰청장 〈보고서〉

는 항상 공식적 분류 체계를 고수해, 이러한 통계적 건강부회 중 그 어떤 것도 여기에 영향을 미치지 못했다는 점도 강조해야겠다. 여기서 나온 한 가지 중요한 결과는, 이 보고서들이 노상강도에 대해 심각한 우려를 표현했음에도 불구하고(1973년도 〈보고서〉를 참고하라), **지역 단위 노상강도의 규모와 증가율에 관해서는 어떤 수치도 제시되지 않았다**는 것이다. 그렇다면 만일 노상강도에 대한 대응이 통계치를 직접 참조해서 설명할 수 없는 것이라면, 어떻게 달리 설명할 수 있겠는가?

　　만일 어떤 사람이나 집단, 일련의 사건에 대한 공식적인 반응이 실제 위협과 **균형이 전혀 맞지 않는다면**, 경찰 수장, 사법부, 정치인, 편집인 형태의 온갖 '전문가'가 거의 동일한 관점에서 위협을 **지각하고** 비율, 진단, 예견, 해결책에 관해 '한목소리'로 말하는 것처럼 보인다면, 미디어 재현이 냉철하고 현실적인 평가가 유지될 수 있는 범위를 훌쩍 넘어서 보편적으로 (관련된 수치나 사건의) '갑작스럽고 극적인' 증가와 '진기함'을 강조한다면, 그때는 **도덕 공황**이 시작되었다고 해야 마땅하다고 믿는다.

　　스탠 코언은 '모드족'과 '로커족'에 관한 연구인 〈민중의 악마와 도덕 공황(Folk Devils and Moral Panic)〉에서 도덕 공황을 이렇게 정의했다.

　　　사회는 시기에 따라 간혹 도덕 공황에 휘둘리는 것처럼 보인다. 어떤 여건, 일화, 사람, 집단이 갑자기 사회적 가치와 이해관계에 대한 위협으로 정의되기 시작한다. 그 속성은 매스 미디어에 의해 양식화되고 스테레오타입화되어 제시된다. 편집인, 성직자, 정치인 그리고 다른 올바른 사고를 갖춘 사람들이 달려들어 도덕적 방어막을 치게 된다. 사회적으로 공인된 전문가가 나름대로 진단과 해결책을 외친다. 극복 방안은 새롭게 창안되기도 하고 (더 흔하게는) 옛 방식이 부활되기도 한다. 그러자 여건이 사라지거나 잠수하거나 악화하거나 더 가시적으로 떠오른다. 가끔은 공황의 대상이 아주 새로운 것이기도 하고 다른 때에는 아주 오래 존재해오다 갑자기 주목을 받는다. 때로는 공황이 지나가 버리고 잊혀진 후 민속과 집단 기억 속에만 남기도 한다. 다른 경우에는 더 심각해져, 오래 지속되는 반향을 낳고 법과 사회 정책 혹은 사회가 자신을 인식하는 방식까지 바꿔놓을 수도 있다.[주 52]

이 연구에서 우리는 1972-3년에 '노상강도'에 대한 **도덕 공황**이 발생했다고 주장한다. 이는 모든 세부적인 사항에서 코언이 위의 구절에서 기술한 과정에 들어맞는 공황이다. 지난 몇 년 동안 일어난 사건에서 (또한 거의 확실히 적어도 한 세기 동안) 개개인이 길거리에서 갑작스레 공격당하고 두들겨 맞았으며 강도를 당했다는 점을 부인하고자 하는 것은 아니다. 하지만 이처럼 다소 전통적인 길거리 범죄의 버전이 1970년대 초의 일정한 시점에서 어떻게 그리고 왜 '새로운 범죄 유형'으로 지각되었는지는 반드시 설명이 필요하다고 생각한다. 그러한 사건의 숫자는 실제로 올라갔을 **수도 있으나** 공개되어 입수 가능한 통계적 증거로 그렇게 판단하기란 사실상 불가능하다. 그 점에 비추어 왜 그리고 어떻게 해서 빈약하고 혼동스러운 통계적 증거가 그처럼 엄정하고 대대적으로 홍보된 사실과 숫자로 전환되었는지는 꼭 설명이 필요하다고 생각한다. 어떻게 그리고 왜 이 '사실'이 본질적 부분, 즉 '강력 범죄' 비율이 급격하게 증가했다는 일반적인 믿음에 대한 실로 대단히 강력한 증거의 일부로 규정되었는지도 설명이 필요하다. '강력 범죄', 특히 '노상강도'가 늘어났다는 인상은 언론의 대대적이고 철저한 보도, 공기관과 준 공기관 대변인의 발언, 법원에서는 형량의 점진적 강화 등을 초래했다. 요컨대 '노상강도'는 길거리 노상강도를 당한 사람의 숫자와 무관하게 현실 세계에도 효과를 미쳤다. 그리고 이 효과는 실제로 일어났다고 알려진 것보다는 오히려 이 반응의 특성, 규모, 강도와 더 관련이 있어 보인다. **이 모든 다른 측면도 '노상강도' 현상의 일부다. 이 측면 역시 설명이 반드시 필요하다.**

이러한 지적은 전통적인 범죄 연구에서 벗어나 초점을 상당히 이동하는 것을 의미한다. 코언은 **일탈 행위**(즉 '노상강도')를 고립된 상태에서 다루는 데서 벗어나 **일탈 행위와 그 행위에 대한 공중과 통제 기구의 반응 간의 관계**로 초점을 이동한다는 측면에서 범죄를 정의한다.[주 53] 이러한 초점 이동은 설명할 필요가 있는 '대상' 혹은 현상의 속성을 변화시킨다. 이른바 상식적 견해에 따르면 1970년대 초 어느 때쯤 '노상강도'라는 극적이고 예기치 못한 유행병이 영국의 여러 도시를 휩쓸었다. 경찰은 이 사건에 대응해, 경계심을 품은 언론, 공중의 불안과 직업적 의무감에 자극받아 '바이러스'를 차단하고 열병을 다시 통제하기 위해 재빨리 조치를 취했다. 법원은 강한 접종효과를 가져올 만한 용량으로 약을 투여했다. 범죄는 등장할 때만큼이나 재빠르게 갑자기 12개월 이내에 사라졌다. 등장할 때만큼 신비롭게 떠나갔다. '상식적' 견해에 따르면 적어도 첫 번째 단계에서는 이 짤막한 사건의 시퀀스가 '노상강도' 현상이었다. 반면에 이 밖에도 언론에 의한 대대적인 홍보 열풍이 불고, 새로운 '이름표'가 사용되고, 공중의 언급과 불안이 확산하고, 강력하고도 철저한 공식 대응도 뒤따랐다. 더구나 이 반응의 규모와 강도는 그 반응 대상인 위협의 규모와 그다지 조화가 되지 않는다. 따라서 노상강도에 대한 '도덕 공황'의 강력한 증거가 존재하는 셈이다. 이 '도덕 공황' 역시 '노상강도' 현상 자체의 의미에 중요한 부분이라고 주장하고자 한다. 원인이 무엇이었고 효과가 무엇이었는가 하는 문제뿐 아니라 행동과 반응을 포괄하는 이 모든 것의 복합체는 반드시 설명해야 할 필요가 있다. 어떤 사건이 생산되고 인식되고 분류되고 설명되고 반응을 유발하는 사회적 과정과 상관없이 그냥 단순하게 이해하기만 하면 되는 그런 '사건'은 존재하지 않는다고 우리는 주장한다. 이 전체 복합체를 자세히 살펴보면 볼수록, '노상강도' 등장 자체보다는 '노상강도'에 대한 '도덕 공황'에 먼저 주목해야 한다는 사실이 더욱 확실해 보인다.

그렇다면 다음 장에서는 '노상강도'에서 지금까지 소홀히 해 온 측면 중 몇몇에 초점을 맞춘다. 가령 '도덕 공황'이 법정에서 표현된 방식, 경찰이 공황에 대해 보여준 반응 등이 그렇다. 요컨대 1972년 8월과 1973년 후반부 사이에 '노상강도'에 대한 '도덕 공황'이 어떻게 성장해서 가시화하고 지속성을 띠게 되며 사법부와 통제 기구를 거쳐 가게 되는가 하는 문제다.

하지만 이 문제를 다루기 전에 원래 출발점으로 되돌아가 우회할 필요가 있는데, 바로 '새로운 범죄 유형'을 확인한 이름표의 등장이란 문제다. 바로 이 이름표 사용이야말로 '노상강도'에 대한 도덕 공황의 도약에 자극제가 됐다. 하지만 '노상강도'라는 이름표는 어떻게 탄생해 이후의 변화 단계를 밟아가게 되었는가?

▌ 이름표의 커리어

뉴욕시는 … 공상과학물의 미래 메트로폴리스이자 … 악의 본산이며 새로운
시대의 모든 영광과 참상이 실험적 형태로 시도되는 곳이다 … 사회학자 네이
선 글레이저(Nathan Glazer) 교수는 이렇게 언급한다. "우리는 전 사회 조직
의 파괴라는 위협을 받고 있다."

우리 사회의 분위기는 바로 미국에서 유래하는 것으로, 지배적인 문화적 경
향은 똑같은 도전과 위협을 대서양 건너 유럽으로 가져오고 있다 … 전망은
그리 우호적으로 보이지 않는다 … 내가 1966년 마지막으로 뉴욕을 조사했을
때에는 시민 중 50만 명이 복지 수당으로 연명했다. 지금 이 숫자는 백만에
달한다 … 바로 지난주 주 의회는 빈곤층 지원을 대대적으로 삭감했는데, 제2
차 세계대전 이후 처음 있는 일이다. …

뉴욕의 심각한 문제점은 이처럼 광범위하게 퍼진 빈곤으로 범죄, 반달리즘,
폭동과 마약 중독 증가라는 필연적인 결과가 발생하고 있다는 것이다. 이미 강
력 범죄의 70% 이상을 21세 이하의 미성년자가 저지른다. 여기서 범죄는 그냥
범죄이지 그 이상도 이하도 아니다. 12시간마다 살인이 발생하며, 이 중 상당수
는 특별한 이득을 얻겠다는 생각도 없이 자행하는 동기 없는 폭력 행위다. …

… 뉴욕시 안내서는 … 도둑에 대처하는 법, 이중 잠금장치와 문과 창문 보
안장치 설치하는 법, 그리고 다음과 같은 일반적인 경고사항에 한 절 전체를
할애한다. "길거리에서는 조명이 잘 되어 있고 행인이 다니는 곳만 걸어 다니
시오." … [뉴욕의 '병폐'를 보여주는] 한 가지 징후는 도시 공공 재정의 파산
위험이 심각해졌다는 점이다.

여기서 발생하는 최악의 결과는 … 주민 중 한 집단이 다른 집단을 증오하
고 멸시하게 되었다는 것이다 … 런던 시민이라면 독일군 공습을 당연히 받아
들이듯이, 이곳 주민은 … 뉴욕의 위험을 당연히 여긴다. (Alan Brien, 'New
York Nightmare', *Sunday Times*, 6 April 1969)

크게 생각할 용기가 없는 것인가? 마샬 플랜(Marshall plan)8을 고안해낸

---

8 마샬 플랜은 공식적으로는 유럽부흥계획(European Recovery Plan)이라 불리는데, 제2차
세계대전으로 폐허가 된 유럽 동맹국 재건을 지원하기 위해 1947년 미국에서 수립한 원조
계획을 말한다. 공식적으로는 연합국 소속 국가에 모두 개방되었으나 실질적으로는 소련을
중심으로 한 공산주의의 성장을 저지하기 위한 목적도 있었다. 계획을 추진한 국무장관 조
지 마샬(George Marshall)의 이름을 따서 마샬 플랜으로 불렸다. ― 역주

나라가 자신을 위해서는 똑같이 할 수 없었던 것인가? 인종과 복지 제도에 대한 편견이 해외에서의 거창한 구출 작전에는 전혀 방해가 안 되지만, 국내에서는 그러한 비전을 완강하게 가로막는 힘으로 작용하기 때문인가? 왜 기술적으로는 미국의 무기, 화력과 기동력이 훨씬 뛰어난데도 북베트남 같은 작은 나라가 초강대국을 저지할 수 있는 것일까?

오늘날 미국인의 관심사는 바로 그러한 질문이다. 이러한 관심사는 모두 대다수가 미국에 대해 갖고 있는 믿음과 신뢰를 해치는 의심과 불안의 징후다.

미국인은 국내에서 흑인과 백인, 강경파와 온건파, 지식인과 비지식인, 젊은층과 노년층, 법과 시위자 사이의 전면적인 대결에 경악한다. 일찍이 미국 사회의 수많은 분파가 오늘날처럼 심하게 분열된 적이 있었는지 의심스럽다. 이 분열은 질병 이상의 것으로, 어찌 된 일인지 미국의 정신은 일시적으로 혼란에 빠져 있다.

미국인은 밤에 길거리를 걷다가 공격당할까 봐 두려워한다. 이 공포는 이전의 그 어느 때보다도 크다. 만약 존슨 대통령의 베트남 정책에 대한 대안으로 공화당 대통령 후보가 방안을 제시하지 못한다면, 길거리 범죄는 이번 선거 캠페인에서 큰 이슈가 될 것이다. (Henry Brandon, 'The Disunited States', *Sunday Times*, 10 March 1968)

로버트 르준(Robert Lejeune)과 니콜라스 알렉스(Nicholas Alex)는 이렇게 말한다. "**노상강도**라는 용어는 [미국에서] 1940년대에 현재의 의미를 갖게 되었다. 범죄나 경찰 전문 용어에서 유래한 것으로, 시시껄렁한 직업적 사기꾼이나 도둑이 흔히 3명이나 그 이상으로 떼 지어 몰려다니면서 피해자를 강탈하거나 강탈하고 구타하는 식의 특정 범죄를 지칭한다."[주 54] 이 설명은 '노상강도'라는 용어의 고전적인 의미다. 이 용어가 미국에서 발생했다는 사실은 당연히 중요하다. 이전의 용례가 어쨌든[주 55] 이 용어는 바로 미국에서 결정적으로 현대적 정의를 갖게 됐다. 그리고 1960년대와 1970년대에 이르러 바로 이러한 미국의 맥락에서 '재수입'되어 영국식 용례로 굳어졌다.

이름표는 극적인 공적 사건에 적용될 때 특히 중요성이 커진다. 이름표는 그 사건의 위치와 정체성을 부여하며 사건을 맥락 속에 배치한다.

그 후 이름표 사용은 모든 연상되는 의미와 함축으로 **이러한 전체적인 지칭적 맥락**(referential context)을 가동시킬 가능성이 크다. 영국 언론이 이 용어를 선택해 영국의 배경에 적용하기 시작했을 때 '차용된' 것은 바로 이처럼 폭넓고 좀 더 함축적인 용례였다. 그러므로 미국에서는 이 용어의 폭넓고 맥락적인 준거의 장이 무엇이었는지, 혹은 어떻게 굳어졌는지 반드시 유념할 필요가 있다. 1960년대에 이르면, 미국에서 '노상강도'는 더 이상 특정한 부류의 도시 범죄를 기술하고 지칭하는 용어로만 사용되지 않았다. 노상강도는 범죄와 공적 무질서에 관한 공적 토론 전반을 지배했을 뿐 아니라 미국의 사회 정치 풍토 전반을 따라다니는 수많은 긴장과 문제점을 나타내는 중심적인 **상징**이 되었다. '노상강도'는 '미국 사회의 위기'가 투영되는 여러 사회적 주제의 복합체 전체를 **함축**할 수도 있기에 이러한 지위에 도달했다. 이 주제에는 다음과 같은 사항이 포함되었다. 흑인과 마약중독자의 범죄 연루, 흑인의 사회적·정치적 호전성 증가와 함께 흑인 게토 확장, 도시의 위기와 붕괴 위협, 범죄 공황과 '법과 질서'에 대한 호소 등이 그 예다. 이외에도 1960년대의 정치적 긴장과 저항 운동 격화는 닉슨과 애그뉴(Nixon–Agnew)가 '말 없는 다수'에 호소해 1968년 대통령 선거에서 승리했다는 사실의 원인이기도 하고 결과이기도 했다. 이 소재와 주제는 제목이 암시하는 것처럼 서로 뚜렷이 구분되지는 않았다. 공적 논의에서 이 소재는 서로 결합해 갈등과 위기라는 전반적인 시나리오의 모습으로 나타나는 경향이 있었다. 중요한 측면에서 '노상강도'의 이미지는 궁극적으로 이 모든 것을 포괄하고 표현하게 되었다.

　　1960년대 미국에서 노상강도의 주된 공간은 흑인 게토였다. 대도시의 게토 구역은 대부분 과거에도 높은 범죄율과 연관되어 있었다. 1960년대 중반 흑인 '게토 폭동'의 여파로, 그리고 게토 흑인 사회와 가족 '해체'의 성격에 관한 열띤 토론을 배경으로, 흑인 범죄 이슈는 지속적이고 주요한 관심사로 부상했다. 범죄는 도시 흑인층 사이의 영구적인 긴장 상태를 보여주는 지표로 통했다. 추정컨대 인종적 긴장이 생성되고 표현되는 수단으로도 해석되었는데, 이러한 선입견은 분명히 미국의 모든 강력 범죄 중 강도만이 높은 **인종 간** 요소를 갖고 있다는 사실로 뒷받침된다.[주 56] 폭력적 강도와 흑인 간의 이 등식은 1950년대와 1960년대에 걸쳐 대다수의 대도시에서 게토 확산으로 강화되었다. 흑인 범죄는 뚜렷하게 게토 지역 경계 내부에 국한될 때에도 충분히 골칫거리였다. 그러나 '주택가'에까지 게토가 확장되고 이전에는 백인 주거지역이던 곳에까지 흑인 인구가 침투하게 되자 훨씬 더 광범위하고 일반화된 위협으로 느껴지는 중심적 관심사가 되었다. 이러한 '침투'(spill-over)의 효과(이는 어쨌든 미국 대도시의 수많은 다른 심각한 문제를 악화시켰다)에 대해서는 백인 주민 중 분파마다 경험하고 인지하는 방식이 천차만별이었다. 흔히 종족적 기원이 뚜렷한 노동계급 백인은 '흑인의 침입'을 훨씬 더 지위가 낮은 집단이 자신의 한정된 경제적, 사회적, 지리적 공간으로 침입한 것인 양 심각히 여겼다. 이두 집단 간에는 긴장이 상당히 높아져, '백인 종족'은 종종 흑인과 (불공정하게 흑인에게만 유리하게 적용된다고 보고) 빈곤 지원 제도에 대한 백인의 반발에서 첨병 구실을 했다. 이 집단은 의심의 여지없이 닉슨의 '말 없는 다수'에 대한 호소가 겨냥한 대상이자 '법과 질서' 캠페인에 적극 동참한 핵심 분파 중 하나였다. 백인 중간계급 주민은 흑인의 침공 범위에서 더 오랫동안 벗어나 있었다. 그러나 지금까지 '안전'하다고 여기던 도시 구역이 위험하거나 안전하지 않은 영역으로 다시 규정됨에 따라, 게토 (그리고 이와 관련된 모든 것의) 확산은 점차 여기에도 영향을 미치기 시작했다. 도시의 계급적, 종족적 구성이 변화하고 백인 중간계급 '도시 생활'의 정취와 분위기 전체가 변모하자, 이에 따라 백인은 급격하게 공황에 빠져 도시에서 꾸준히 빠져나가기 시작했고(이른바 '교외 주거지역suburbs으로의 탈주'), 전반적인 보호와 방어 조치를 줄줄이 도입하게 되었다. 인종 간 강력 범죄의 실제 발생 건수보다는 백인 도시 거주자 측에서 일반적으로 느끼는 공포와 불안이 더 심각했다. 실제로 피해자가 되지는 않더라도 더 많은 사람이 스스로 **잠재적** 피해자로 간주하게 되었고 '신뢰'와 안전 의식은 확실히 타격을 입었다. 르준과 알렉스는 백인 사이에서 생겨난 이 정서를 '방어적 멘털리티'(defensive mentality)의 성장이라 부르면서 매우 섬세하게 묘사한다.

[주 57] 그리고 도시 어둠 속에서 튀어나와 전혀 예상치 못한 폭력적 공격을 가하거나 아파트 구역에 바로 침투해 들어오는 '노상강도'의 이미지는 많은 점에서 사실상 인종 이슈 전반에 대해 더 큰 공포와 불안이 형성되도록 하는 촉진제가 되었다. 그 후 1960년대 말에 이르면 '노상강도'라는 용어는 미국 사회의 전반적 표류에 대한 태도와 불안의 이 복합체 전체를 지칭하는 상징으로 자리 잡았다. 즉 베트남전과 관련된 정치적 갈등 증가, 학생운동의 강경성과 블랙 파워 성장으로 더 시급해진 관심사의 원인이 되었다.

　　이제 1960년대 미국 사회의 이 '위기'는 영국 언론에서 널리 그리고 생생하게 보도되었다.[주 58] 이 위기는 영국 미디어의 전체적인 '주목 구조'(structure of attention)와 잘 들어맞았다. 미국의 보도는 영국 미디어의 외신 보도에서도 항상 중요한 역할을 했다. 왜냐하면 역사적이고 현대적인 이유로 미국은 서구 세계, 특히 영국에서 미래의 추세와 경향을 나타내는 일종의 모범 사례로 통했기 때문이다. 1950년대에 미국은 풍요로운 성공의 상징이었고 그렇게 보도되었다. 1960년대에는 '위기'에 처한 현대 산업 자본주의 사회의 상징처럼 되었다. 두 사례에서 모두 영국 미디어의 '미국' 재현은 선택적 과장이라는 한계를 갖고 있었다. 미국은 항상 '실물보다 더 크게' 제시되는 것처럼 보여, 영국의 비교 대상보다 항상 더 화려하고 더 기발하고 더 기이하며 더 선정적이다. 그리고 미국 사회가 심각한 곤경에 처하기 시작하면 이 곤경 역시 과장되어 제시되었다. 더 나아가 인종과 범죄 같은 미국의 사회문제를 영국이 보도할 때에는 미국에서 이미 만들어진 문제점의 정의를 그대로 옮겨놓았다. 영국 언론이 미국의 도시에 관해 보도할 때에는 흑인 소동, 인종 간 긴장, 게토 확산과 범죄 간에 이미 생성된 연계관계가 그 형태대로 되풀이되는 경향이 있었다(물론 '선택적 과장'이 몇몇 느슨한 연계관계를 강화했다는 데는 의심의 여지가 없다). 따라서 영국의 '노상강도'가 영국 매체에 등장하기 훨씬 오래전 영국이 '노상강도'를 미국적인 범죄로 제시한 것은 **'노상강도'의 전체 맥락**을 미국의 배경에서 이미 규정된 대로 옮겨놓았기 때문이다. 즉 **미국식 노상강도 개념**

을 영국에서의 소비용으로 옮겨놓은 것이다(이 절 시작 부분의 발췌문을 참고하라).
'노상강도를 두 번 당해본' 헨리 페어라이(Henry Fairlie)가 이 시기에 영국
독자를 위하여 미국의 문제에 관해 〈선데이 익스프레스(the Sunday Express)〉
에 기고한 생생한 기사 역시 이러한 부류에 속하는 보도의 매우 구체적인
예다.[주 59] 이 시기 영국에서도 유사한 종류의 보도를 언론의 스펙트럼 양
극단에서 모두 발견할 수 있다. 예를 들면, 헨리 브랜던(Henry Brandon)이
〈선데이 타임스(Sunday Times)〉에 실은 기사와 밀레바 로스(Mileva Ross)가
〈선데이 익스프레스〉에 쓴 '나는 환락의 도시에서 범죄와 더불어 산다'가
있다.

우리 집 가정부는 어느 날 아침 워싱턴의 흑인 게토 바로 안에 있는 자택
앞에서 한 남자가 노상강도를 당해 털리는 장면을 직접 목격하고는 새파랗게
질린 채 출근했다.
　　워싱턴에서 범죄는 마치 거의 스포츠처럼 된 것 같고, 돈을 노린 강도질은
장보기처럼 쉬워 보인다. … [하루 동안의 무장 강도] 사건 중 80%에서 흑인
은 가해자이면서 피해자였다. 나머지는 백인이 흑인의 피해자가 된 사례였다.
　　케네디 대통령은 … 워싱턴이 문화적으로 낙후되었다는 평판에 우려했다.
닉슨 씨는 범죄에 관해 걱정하면서 "수도에서 공포로부터의 자유를 회복하겠
다"는 선거 캠페인 공약을 어떻게 지킬 것인지 고심 중일 것이다. … 피해자가
지갑 소매치기나 노상강도에게서 가까스로 벗어나고 범인이 유유히 달아나는
소름 끼치는 이야기는 공황은 아닐 지라고 공포를 자극했다. … 그러나 런던
주민이 독일군 공습과 더불어 사는 법을 깨친 것과 거의 비슷하게, 많은 워싱
턴 주민은 범죄와 공존하는 데 익숙해졌다. 노상강도를 만족시킬 정도로만 현
금을 갖고 다녀야 한다. … 도난 경보나 감시견을 마련한다. … 밤늦게 돌아다
니지 않는다. … 개인용 총기를 마련한다. … 백인은 인구의 67%가 흑인인 이
도시에서 점차 안전을 위협받을까 봐 두려워한다. … 과거 이곳 신문들은 범인
의 인종을 명시하는 것을 꺼렸다. … 지금은 아주 드러내놓고 명시한다는 사실
역시 … 범죄 물결 때문에 어떻게 과거의 진보적 원칙이 점차 사라졌는지 보
여준다. (Henry Brandon, 'Living round the Crime-Clock,' *Sunday Times*,
26 January 1969)

오늘날 미국에서는 범죄 건수가 너무나 많아서 … 닉슨 대통령은 … 적어도 새로 입주한 관저 부근에서만이라도 워싱턴 시민에 대한 최근의 파상 공격을 저지하기 위해 … 백악관 마당의 모든 조명을 밤새 켜두라고 지시했다.

지금까지 … 닉슨이 대통령 선거에서 내건 [이] 공약은 … 확연하게 실패했다 … 워싱턴과 뉴욕에서 업무에 찌든 경찰관에게 [강도] 사건은 … 이제 거의 주차 위반만큼이나 일상적인 일이다. … 뉴욕에서 나 자신이 겪은 경험은 … 미국인이 '노상강도'라고 부르는 범죄의 고전적인 사례였다. 무슨 말이냐 하면, 내 뒤에서 뛰어든 비무장 가해자에게 강도를 당했다. … 내 친구들도 이런 일을 무수히 겪었다.

나의 직접 경험은 … 어느 초저녁에 일어났다. … 나는 [공격을 받고는] 뒤로 돌아 키 큰 흑인 청년을 …. 똑바로 쳐다 보았다.

며칠 지나지 않아 우리는 마치 범죄 홍수 바로 위에서 사는 것처럼 느끼게 됐다. … 몇 주가 지난 후 건물 관리인은 … 매일 저녁 … 수위가 근무할 것이라는 … 안내문을 붙여놓았다. 나는 모든 중요한 서류를 … 가방에서 꺼내놓았다. 지갑에는 현금을 최소한으로 갖고 다녔다. … 어느날 밤 바깥에서 들리는 끔찍한 소음에 잠이 깼다. … 알고 보니 피해자는 나이 많은 의사였는데, … 중상을 입었다 … 추측건대 가해자는 마약중독자였던 것 같다. … 다음 날 아침 새집을 구하러 나갔다. … 그리고 찾고 있던 집을 발견했다. … 수위 두 사람이 24시간 근무한다. 야간에는 로비에 무장 경비원도 있다. 건물에 들어서는 모든 사람이 검문을 받는다. 수위는 방문자를 올려보내기 전에 인터폰으로 연락을 한다. … 이제 나는 이 모든 보안장치를 정상적 삶으로 받아들이고 있다. (Mileva Ross, 'I Live With Crime In The "Fun City": Spotlighting the rising tide of violence in America,' *Sunday Express*, 23 February 1969)

이 두 범죄 기사의 상당 부분을 인용했는데, 하나는 워싱턴에서, 다른 하나는 뉴욕에서 온 기사다. 〈선데이 익스프레스〉 기자가 매우 개인화되고 극적인 설명을 제공한다면, 〈선데이 타임스〉는 좀 더 일반적인 설명을 제시해 서로 차이가 있었다. 하지만 스타일의 명백한 차이에도 불구하고, 두 기사는 똑같은 이미지와 연상작용을 불러일으킨다. 전체적인 '메시지'는 거의 동일하고 다른 해석의 여지도 없으며 '다면적'이면서도 명쾌하다. 여기서 언급한 범죄 문제는 '화이트칼라' 사기와 탈세 문제가 아니고 전문적인 조직범죄, 전설적인 마피아 문제도 아니다. 이 보도에서 범죄의 '의미'는 완전히 다르다. 즉 갑작스러운 공격, 잔인한 폭행, **뻔뻔스러운 협박**이기도 하고, 현금이나 돈 되는 물건에 필사적인 '어설프고' 거칠고 오만한 젊은 흑인, 마약 중독자와 길거리나 아파트에서 '면대면'으로 부딪치는 일이기도 한데, 한마디로 이 기사에서 범죄 문제란 **노상강도**를 의미한다. 두 기사에서 언급된 다른 요소들의 '일차적' 원인으로 맥락화되는 것은 바로 **이것**이다. 즉 범죄는 급증하고, 법 집행 요원과 시민 모두 이 상태를 '체념한 채' 수용하고, 평범한 시민은 공포에 빠지고 방어적으로 바뀌고 '안전에 민감'해지며, 닉슨 대통령이 선거 공약으로 언급한 후에는 이 모든 것에 대한 인식이 전국적인 정치 이슈를 구성하게 되었는데, 이에 대한 진보의 대응은 신통치 않은 것으로 밝혀졌다.

초기 기사로 예시되는 부류의 보도는 이 시기 영국 언론이 다룬 무수한 미국 관련 보도와 유사한 것으로, 이후 영국의 용례에 '준비 단계' (scene-setters) 역할을 했다. 이러한 보도는 영국의 독자에게 '노상강도'에 친숙해지도록 했는데, 단순한 용어 고안에 의해서가 아니라 '노상강도'를 골치 아픈 주제와 이미지의 전체적인 맥락의 일부로 제시해 그렇게 한 것이다. 이 보도는 영국 독자에게 '노상강도'의 **전체적인 이미지** 같은 것을 전달했다. 어떤 점에서는 모두 합쳐질 때 단일하고 다소 공포스러운 시나리오를 이루게 되는 서로 연결된 주제들의 복합체 중심부에 미국의 '노상강도'가 있는 것처럼 제시했다. 이리하여 그 후 영국 언론의 보도는 '노상강도'라는 용어를 아무런 문제의식 없이 사용한다. 노상강도가 지칭하는 범죄는 이미 영국 독자에게 친숙할 뿐 아니라 **그 맥락 역시 그렇다**. 바로 이러한 복합적 이미지 전체가 적극적으로 번역되었다. 그리고 이는 [영국의] 특이점을 설명하는 데 도움이 된다. 우리가 파악한 바로는 1972년 중반까지는 '노상강도'라는 용어가 영국의 특정한 범죄에 적용되지 **않았다**. 그 대신 일찍이 1970년에만 해도 이 용어는 영국에서 싹트고 있던 일종의 '법과 질서' 붕괴, 강력 범죄와 무법성의 전반적인 증가를 기술하는 데에 **일반적으로** 그리고 **특정한 지칭 대상 없이** 적용된다.[주 60] 통상적으로라면 그러한 이름표는 더 광범위하고 더 일반화된 적용 이전에 먼저 구체적인 사례에서 적용되는 게 맞을 것이다. 여기서는 그 정반대를 볼 수 있는데, 그 이름표는 **먼저 광범위하고** 함축적인 의미에서 영국에 적용되고, 그리고 난 후에야 뒤이어 구체적인 사례가 발견된다. 이러한 현상이 가능한 이유는 단 하나뿐이다. 이 용어는 이미 미국으로부터 **좀 더 포괄적인 의미로** 전유되어 길거리 범죄, 법과 질서 붕괴, 인종과 빈곤, 무법과 폭력의 전반적인 증가와 같은 일반적인 주제를 의미하게 되었기 때문이다. 좀 역설적이긴 해도 단순히 표현하자면 이렇다. 영국 독자에게 '노상강도'란 **첫째** '전반적인 사회 위기와 범죄 증가' 그리고 두 번째이자 더 나중에는 영국의 길거리에서 일어나는 특정한 종류의 강도를 **의미했다**. 바로 이러한 역설은 영국에서 '노상강도' 이름표가 구체적인 '사건'—즉 워털루 역 부근의 힐즈 살해—에 처음으로 적용되던 방식의 독특한 성격을 설명해준다. '진지한' 신문뿐 아니라 대중지에서도 보았듯이 '노상강도'가 영국 독자에게 아주 친숙해지긴 했지만, '노상강도'란 이름표를 런던 거리의 구체적인 사건에 **구체적으로 적용**하는 것은 먼저 그 이름표를 채택한 신문에게도 논란의 여지가 크고, 언론인 측에서도 새로운 정의를 살펴보는 약간의 '작업'이 꼭 필요해 보인다. 이 용어를 처음 사용한 경찰은 거기에 —'**큰 탈이 난** 노상강도' 식으로(강조는 필자 추가)— 단서를 붙인다. 상당수의 신문은 '노상강도'란 단어 주위에 인용표를 사용한다. 일부 신문(예컨대 〈데일리 메일〉)은 정의를 제시한다. 이러한 이용 양식은 영국에서 '노상강도'라는 이름표를 전유하는 방식에서 두 번째의 의미 있는 계기에 해당한다. 미국의 주제를 영국의 보도에 재현해 '노상강도'와 그 맥락을 영국 수용자에게 번역해주는 것이 첫 번째 단계다. 그러나 일반적인 방식으로가 아니라 구체적인 범죄 사례를 기술하는 구체적인 방식으로 이 이름표를 영국의 사건에 적용하는 것은 적용에서의 변화를 나타내며, 여기엔 새로운 설명과 맥락화의 조치가 반드시 필요하다. 이는 단지 '노상강도'라는 개념의 출처를 미국의 경험에서 찾아내는 것이 아니라 이름표를 하나의 사회적 배경에서 다른 배경으로 구체적으로 **이전**하는 계기에 속한다. 그 이름표를 영국의 토양에 맞게 **귀화**(naturalisation)시키는 계기인 셈이다.

미국의 노상강도에 관한 영국의 보도는 1973년 3월 4일에 정점에 달했다(역설적이게도 이는 핸즈워스 사건이 일어나기 단 2주 전이었다). 이 보도는 조지 파이퍼(George Feiffer)가 〈선데이 타임스〉에 실은 '뉴욕: 세계에 주는 교훈'(New York: a Lesson for the World)이라는 장문의 피처 기사였다. 이 기사는 컬러 삽지에 실렸는데, 잡지 1면에는 '살인자, 강도, 마약: 공포 속의 도시'(Thugs, Mugs, Drugs: City in Terror)라는 제목의 〈뉴욕 데일리 뉴스(New York Daily News)〉 1면을 그대로 옮겨 실었다. 이 제목은 뉴욕의 폭력적 쇠퇴와 타락을 자세하게 기록한 기사 내용을 압축해서 파악하는 데 다소 도움이 되었다. 18개 면에 걸쳐 실린 기사는 너무 길어서 여기서 자세히 소개할 수는 없다. 이 기사는 생생한 예시를 덧붙였으며, 미국의 '노상강도'와 관련된 모든 주요 주제를 종합한 심층 분석도 실었다. 즉 남부 흑인의 유입, 게토 확산, 다양한 백인 인구 분파의 반응, 복지 지원 제도 실패, 마약 문제, 교육 체제 붕괴, 경찰 부패와 범죄 증가에 대한 무능한 대처, 그리고 핵심적으로는 길거리 폭력의 심각한 위협 등이 이에 속한다. 다음 발췌문이 예시해주듯이, 길거리 폭력의 위협은 의심의 여지없이 뉴욕의 가장 치명적인 문제점으로 인식되었다. 범죄 문제와 '노상강도' 문제 간의 등식은 그 어떤 곳에서보다 바로 여기서 뚜렷하게 그 정수에 도달한다.

사실상 만장일치 수준으로 합의한 바로는, 뉴욕의 해결 불가능해 보이는 위기 중에서도 가장 치명적인 부분은 범죄다. 범죄 일반이 아니고, 심지어 마피아의 불법적 운영과 이전엔 합법적이던 사업에 대한 고질적인 착취도 아니다. 요란한 기사 제목에도 불구하고 뉴욕의 총체적인 무법천지라는 맥락에서는 마피아의 거대한 비리조차 사소한 일일 뿐이라고 느끼는 관찰자도 많다. 지난해 첫 9개월 동안 발생한 1,346건의 살인 — 이는 대략 영국 전체 살인 건수의 10배에 해당한다 — 중 갱에 의한 살인은 미미한 비율에 불과하기 때문이다. 이는 도시를 괴롭히는 새로운 종류의 범죄이지만, 더 정확하게는 고대로부터 이어진 투박할 정도로 단순한 유형, 즉 암흑시대로의 회귀로 인식되는 격세유전에 해당한다.

넓은 독자층을 거느린 전문가 로저 스타(Roger Starr)는 "뉴요커를 괴롭히는 것은 소득세 탈세나 심지어 기업으로부터의 횡령이 아니다"라고 말했다. "수백만 달러 치의 사기가 흔히 공직자와 공모하에 꾸준히 발생하지만, 이 중산층 범죄는 그 누구도 공포에 떨게 하지는 않는다. 나에게 두려운 일은 주변 거리에서나 거주지 엘리베이터 안에서 누군가에게 강도를 당하는 것이다. 가난에 찌들고 절박한 사람이라면 가장 가까이 있는 피해자의 지갑을 노리고 그냥 죽이거나 찌르거나 폭행을 가하는데 이게 무섭다. 이 공포에서 완전히 자유로운 사람은 아무도 없다."

대체로 '노상강도'가 이처럼 미국의 배경에서 영국의 토양으로 서서히 번역되어 수입되는 과정이 영국과 미국의 미디어 간에 존재하는 이른바 '특별한 관계'에 의해 어떻게 형태가 지워지고 구조화되었는지 여기서 소개해 보면 도움이 될지도 모르겠다. 일반적으로 이 보도는 미국에서 일어나는 일이 여기서도 일어날까 하는 식의 지속적인 **병행 사례**(parallels)와 **예측**(prophecies) 찾기에 의해 지속된다. 어느 유명한 기사 제목의 표현을 빌리자면 '할렘은 핸즈워스에 상륙할 것인가(Will Harlem Come to Handsworth)?'가 그 예다. 이는 흔히 다음과 같은 **시차** 개념에 의해 상쇄된다. 그렇다. 영국은 대체로 미국의 양상을 따르지만 더 이후에 더 천천히 그리한다. 이른바 '전통에 따른 유보'(reservation on traditions)도 작용한다. 영국은 더 안정적이고 전통적인 사회이며, 그래서 **만약** 즉시 시급히 조치를 취한다면 미국의 경험이 여기서 반복되지 않도록 하는 저지대나 방어막이 어느 정도 **될 수도 있을** 것이라고 가정된다. 만일 필요하다면 미리 예측해서 교훈을 얻어야 한다. 미국은 '민주주의의 실험실'이자 '서구 민주주의의 문제점'의 미리 보기를 제공한다는 관념은 헨리 페어라이가 1968년 9월 22일 자 〈선데이 익스프레스〉에 쓴 다음 기사에서 분명하게 발견할 수 있다. "미국에서는 올해에 미래의 정치도 내다볼 수 있다. 다른 곳과 마찬가지로 영국의 정치에 대해서도 그렇다." 그렇다면 '내부의 적'(The Enemy Within)에 관한 앵거스 모드(Angus Maude)의 장문 기사는 영국이 어떻게 '교훈을 얻을' 수 있을 것인지 더 완벽하게 보여준다.

　　미국의 광경을 관찰한 사람이라면 누구든 미성숙한 청춘기의 불안정한 시절에 돈을 주체하지 못하고 마치 어른처럼 행동하도록 충동질 당하는 버릇 없는 어린이 세대가 앞으로 어떻게 될지 궁금해졌을 것이다. 폭력과 반달리즘, 마약, 성적 난잡성 등의 확산, 요컨대 문명화된 사회적 기준에 대한 점진적인 거부가 해답을 제시했다. 두 가지가 이 추세에 기여했다. 첫째는 번창하는 10대용 시장을 상업적으로 착취하기 위해 완전히 물질적인 가치 기준을 주입하려는 시도가 이루어졌다는 것이다. 둘째는 청년 해방의 바람직성과 필연성을 설파하는 '진보적' 지식인의 선전 탓이다. 지금까지 늘 듣던 유혹의 목소리이지만 이 나라에서는 심지어 더 노골적으로 변해가고 있다. 우리가 미국에서의 주 수입품, 즉 폭력, 마약 복용, 학생 소동, 히피 컬트, 포르노그라피 등을 극복하려 애쓰는 동안, 이 나라의 관용주의 좌파는 이 모든 것이야말로 진보의 기호라면서 환영했다. 우리 자신의 전통적 기준도 똑같은 부류의 공격을 받고 있으므로, *지금 미국의 교훈을 배우기 시작하는 편이 좋겠다*[강조는 저자 추가]. 여기서도 권위와 규율이 조롱당하고 위축되는 상황에서 부모들은 스스로 무엇을 책임져야 할지 곤혹스러워하고 혼란스러워한다. 미국의 급진적 지식인은 그 누구보다도 더 앞장서 미국인끼리 서로 불화하게 조장하고는 애국심을 거부하고 조국과 역사에 대한 자부심과 모든 전통, 과거 유산을 거부하라고 설교했다. 무정부 상태를 부추기는 똑같은 복음이 여기서도 전파되고 있다. 우리 영국인에게는 어떤 이점도 있다. 우리에겐 문명화된 삶의 더 오랜 전통, 과거로부터 물려받은 아름다움과 역사의 더 위대한 유산이 있다. 이 유산을 소중히 여기고 지킬 각오를 해야 한다. 동시에 우리의 미래 번영을 위해 투쟁해야만 하고, 지금 미국에 필요한 것보다 더 열심히 일하고 더 힘차게 진취적으로 우리에게 닥친 도전과 대면해야 할 것이다. 그렇지만 의지만 갖는다면 우리에겐 이겨낼 능력이 있으므로, 이 도전은 우리에게는 구원일 지도 모른다. 만일 우리가 실패한다면 내부로부터의 파괴, 즉 지상에서 가장 부유하고 강력한 국가를 파괴하려고 최선을 다한 그 똑같은 부류의 인간에 의한 파괴 공작 탓일 것이다. (Angus Maude, 'The Enemy Within,' *Sunday Express*, 2 May 1971)

　　여기서는 '특별한 관계'의 윤곽을 부분적이긴 하지만 의미심장하게 묘사한다. 미국은 모범과 귀감('똑같은 부류의 인간' 등)의 원천일 뿐 아니라 다양한 사회적 질병을 우리에게 '수출'하는 좀 더 적극적인 역할도 수행하는 것처럼 보인다. 이 역할은 그 자체로도 관계의 또 다른 두드러진 요소일 수도 있는데, 다만 1968년 이후 더 활발하게 작용했을 뿐이다. 이역할은 미국이 '지상에서 가장 부유하고 강력한 국가'라는 지위 덕분에 다른 모든 '근대화 과정의 사회'처럼 영국이 따라 할 모범을 제시할 뿐 아니라, 직접적인 문화적 영향은 아닐지라도 모방과 예시의 위력으로 우리 사회에 모범이 되는 측면을 적극적으로 **강요**할 수도 있다고 강조한다.

    미국에 잠재하는 이미지와 미국이 영국과 맺는 '특별한 관계'는 영국에서 '노상강도' 저지 캠페인이 전개된 방식을 이해하는 데 핵심적이다. 이 관계는 '노상강도'라는 이름표가 미국에서 영국으로 이전되는 세 단계에서 주된 역할을 했기 때문이다. 첫째, '특별한 관계'라는 개념은 미국의 용어가 영국 상황에 **이전**되는 것을 정당화했다. 둘째, 이러한 이전 때문에 영국의 사건은 **태생적으로** '미국적' 특성을 지닌다고 규정할 수 있게 됐다. 셋째, 미국을 '잠재적인 미래'로 보는 시각은 그 후 '노상강도'를 통제하는 데 필요한 조치를 요구하고 채택하는 것을 **정당화**하는 용도로 활용될 수 있었다.

    '핸즈워스' 노상강도 사건에서 극도로 무거운 형량이 선고된 후 이어진 공적 토론에서, 억제적 양형 정책을 지지하기 위해 미국의 이미지가 다시 한번 명시적으로 소환되었다. 〈버밍엄 이브닝 메일(Brimingham Evening Mail)〉의 1973년 3월 20일 자 사설은 판결에 관해 이렇게 논평했다. "물론 무고한 사람은 길거리에서 공격으로부터 보호받아야 한다. **영국이 너무 위험할 정도로 미국식 도시 범죄 양상에 근접해 가는 듯한** 시점에서는 특히 그렇다" [강조점은 필자 추가]. 버밍엄 지역구 하원의원인 질 나이트(Jill Knight) 여사의 (같은 날 〈버밍엄 이브닝 메일〉에 인용된) 다음 진술에 의하면, 미국의 위협은 좀 더 본격적으로 발전된 형태로 등장했으며 노상강도와 길거리 안전을 좀 더 부각했다.

    내가 보기에 우리나라 도시에서 노상강도의 급증세를 차단하는 일은 절대적으로 중요하다. 노상강도가 넘쳐나는 미국에서 어떤 일이 벌어지는지 나는 목격했다. 미국의 국토 동쪽 끝에서 서쪽 끝까지 모든 대도시에서 해가 지면 사람들이 감히 가지 못하는 구역이 있다는 것은 말할 수 없이 공포스러운 일이다. 그러한 상황이 결코 영국에는 상륙하지 못하게 되기를 간절히 갈망한다.

미국식 상상의 가동이 궁극적으로 실효를 본 부분은 거의 형식적 수준의 절차를 거쳐 범죄 문제에 대한 극단적인 (사회적, 법적, 정치적) 대응을 정당화하는 토대를 마련했다는 점이다. 이 마지막 예에서 사용된 언어는 법과 질서에 호소하는 암울한 레토릭를 구사한다는 점에서 거의 고전적이다. 즉 '노상강도 급증세'라는 상투적인 선정주의와 '동쪽 끝에서 서쪽 끝까지'라는 식의 과장을 약간 가미한 상투적 수법으로 조용한 다수를 동원하고 자극해 연설에 동참시킨다. 마지막으로 십자군을 가동하기 위해 이 이름표를 붙이는데, 여기에 반미주의의 희미한 흔적이 부가된다는 것은 결코 무심코 넘길 일이 아니다.

'노상강도'라는 이름표는 '노상강도'에 대한 도덕 공황이 전개되는 데 핵심적인 역할을 수행했고, 미국은 사실상 이름표 자체뿐 아니라 연상과 준거의 장까지도 제공해 용어에 의미와 실체를 부여했다. 여기서 매스미디어는 연결 고리를 형성하고 용어가 한 맥락에서 다른 맥락으로 이행하는 틀을 형성해주는 핵심적 장치였다. 이는 물론 단순한 짝짓기에 그치지 않는다. 첫째, 미국 전체가 경험하는 '노상강도'가 존재하고, 그 후 미국에서 이미 완전히 정교화된 골치 아픈 주제가 영국 언론에 의해 채택되어 재현되는 방식이 있다. 이러한 재현은 영국의 수용자가 용어에 친숙해지도록 할 뿐 아니라 미국의 맥락에서 이 용어가 의미하고 의미작용하고 나타내게 된 내용에도 익숙하게 해준다. '노상강도'는 처음에는 미국적 현상으로 영국에 상륙하지만 완전하게 주제화되고 맥락화되어서 온다. 이 현상은 수많은 서로 연결된 프레임 속에 뿌리를 두는데, 인종 갈등, 도시 위기, 범죄 증가, '법과 질서' 붕괴, 자유주의자의 음모론, 백인의 반발 등이 이러한 프레임이다. 단순히 미국의 범죄 관련 사실만 보도하는 데 그치지는 않는다. 나아가 미국 사회의 본질과 딜레마에 관한 역사적 구성

전체를 함축한다. 영국의 미디어는 이처럼 함축적 준거사항의 군집 내에
서 미국의 '노상강도'를 수용한다. 이 용어는 지표적이다(indexical). 즉 단
순히 이름표를 사용하기만 하면 현대 미국의 사회사 전체를 즉시 생생하
게 요소요소에 자리 배치할 수도 있다. 그렇다면 이 이름표는 영국의 상
황에 **전유되어** 적용되는 셈이다. 중요한 점은 이 용어가 영국에서 먼저
바로 그 함축적 차원 속에서 적용된다는 것이다. 말하자면 런던 어떤 구
역의 길거리 범죄 증가, '법과 질서'의 전반적인 붕괴를 지칭하기 위해 느
슨하고 불특정하게 사용된다. 오직 그렇게 하고 난 후에야 마지막으로 이
용어는 특정한 범죄 형태에 적용된다. 그러나 이 후반부의 더 정교한 용
례 **역시** 이미 강력하고 위협적인 사회적 주제를 함께 포함하고 있다. 그
리고 점차 영국의 '노상강도' 물결이 절정에 있는 기간 내내 미국에서 이
이름표 사용에 이미 잠재하던 주제들이 영국에서도 '노상강도'의 의미에
서 본질적인 부분으로 다시 부상한다. 따라서 '노상강도'라는 이름표는
미국의 '노상강도' → 영국 미디어 속의 미국 '노상강도' 이미지 → 영국의
'노상강도' 등의 순으로 **커리어**를 거쳐 간다. 이 노상강도의 수입은 갑작
스러운 이식이 아니라 **점진적인 귀화**(progressive naturalisation) 과정이다. 그
리고 이 과정은 미국과 영국 사이에서 존재하면서 이름표의 단계 이행을
지지해주는 역할을 하는 좀 더 일반적인 관계―우리는 이를 '특별한 관
계'라고 불렀다―에 의해 틀 지워지는데, 이 관계는 미디어에서 범죄 외
에 다른 많은 영역에서도 흔히 존재한다.

    이처럼 **수출-수입식 사회적 이름표 거래**는 영국에서 '노상강도'가 이
해되는 방식에 영향을 미쳤을 뿐 아니라, 그 현상이 도착했을 때 미디어
가 취급하는 방식에도, 그에 대한 반응이 급격하고 격렬하고 철저해지게
된 방식과 이유에도 영향을 끼쳤다. 이러한 거래는 영국의 공중과 공직자
집단의 마음속에 '노상강도'가 여기로 다가오는 중이라는 예상을 심어주
는 데 기여했을 수도 있다. 그리고 미국에서 그랬던 것처럼 만일 그 현상
이 도착한다면 인종, 빈곤, 도시 황폐화, 무법성, 폭력과 범죄 물결 같은
다른 이슈와도 관련을 맺게 될 것이라는 예상도 포함된다. 따라서 이 이

름표는 영국의 공중에게 범죄에 따르는 골치 아픈 사회적 특징에 대한 경
각심을 불러일으키는 데 도움이 되었을 뿐 아니라, 미국에서도 그랬다고
알려진 것처럼 범죄가 영국의 거리에서 일상적 사건이 되어 도저히 저지
할 수 없게 될 것이라는 기대치를 조성하는 데도 기여했다. '휴면' 기간인
1972년 8월 이전 당국이 취한 대응의 속도와 방향에도 영향을 미쳤을지
도 모른다. 이때에는 주로 경찰과 특별 교통경찰 노상강도단속반이 저지
의 최전선에 있었다. 그리고 그 후에는 법정에서, 미디어에서, 경찰, 정치
인과 도덕적 수호자 사이에서 '노상강도'를 대상으로 한 공개적인 전면전
이 대대적으로 전개되었다. 나아가 이 이름표는 '노상강도'를 공중의 관
심사로 최대한 유지하는 데 기여했을 수도 있다. 미국의 배경지식에 비추
어보면 영국의 '노상강도'는 아무튼 대다수의 영국 도시에서 오랫동안 접
해 온 그런 유형의 길거리 강도를 지칭하는 기술적 용어로서의 커리어는
전혀 거치지 **않았다**. 영국에서는 이 이름표의 기원 차제가 **선정성과 거리**
가 먼 것도 아니었다. 애초부터 복합적이고 사회적인 주제였다. 말하자면
이미 철저하게 선정적이고 선정화된 형태로 확립된 채 영국에 도착했다. 이
러한 이전 역사를 감안하면 이 이름표가 즉시 자기 나름대로 선정적 소
용돌이를 촉발했다는 점은 전혀 놀랄 일이 아니다. 덧붙이자면 영국 언론
의 미국 재현은 '노상강도'에 대한 비공식적 반응의 성격을 형성하는 데
도 기여했을지 모른다. 만일 미국의 '노상강도'가 인종, 범죄, 폭동과 무
법 상태에 대한 미국 전체의 공황에 구속된 채 도착했다면, **반**(anti-)**범죄**,
반흑인, 반폭동, 반진보, '법과 질서'의 반발에 완전히 구속된 채 도착한
것도 사실이기 때문이다. 따라서 영국은 미국의 이식을 거쳐서 '노상강도'
만 채택한 게 아니라 '노상강도'에 **대한** 공포와 공황, 그리고 이 공포와
불안에서 야기된 반발성 반응까지도 받아들인 셈이다. 만일 1972년 중반
까지 영국에서 '노상강도'가 빈민가, 도시, 무고한 시민, 대낮의 강도를
의미했다면, 진보적 정치인 대 사회적으로 번듯한 백인, 닉슨-애그뉴 연
합, 1968년 〈범죄통제법(Crime Control Act)〉, '법과 질서'의 정치와 '말 없는
다수'도 의미에 포함됐다. 그 이름표의 커리어가 특정한 부류의 사회적

지식을 영국에 널리 보급했다면, 특정한 부류의 반응도 완전히 예측 가능하게 만들었다. '노상강도'가 무슨 뜻인지 이미 알고 있었고 등장하기만 기다리고 있었다는 듯이 경찰 순찰대가 미리 설쳐대고 판사가 앞장서 훈계를 늘어놓는 것도 놀랄 일은 아니다. 말 없는 다수가 신속한 행동, 가혹한 형량과 보호 강화를 요구하며 목소리를 높이는 것도 놀랄 일은 아니다. 오랫동안 예비된 그 범죄가 시간 맞춰 등장할 때에 대비하면서 사법적, 사회적 반응의 토양은 이미 잘 갈아놓은 상태에 있었다.

주와 참고문헌

[1] K. Chesney, *The Victorian Underworld* (Harmondsworth: Penguin, 1972).

[2] Ibid.: 162-5; 또한 J. J. Tobias, *Crime and Industrial Society in the Nineteenth Century* (London: Batsford, 1967: 139-40)도 보라.

[3] F. H. McClintock and E. Gibson, *Robbery in London* (London: Macmillan, 1961: 1); J. W. C. Turner, *Kenny's Outline of Criminal Law* 17th edn (Cambridge University Press, 1958: 291-2)을 보라.

[4] *The Times*, 1 November 1972를 보라.

[5] *Sunday Telegraph*, 5 November 1972.

[6] *Daily Express*, 20 March 1973을 보라.

[7] 당시의 범죄 보도로는 *Guardian*, 17, 19, 23 April 1969.

[8] *Sunday Times & Sunday Telegraph*, 5 November 1972.

[9] S. Ross, 'A Mug's Game', *New Society*, 5 October 1972; C. McGlashan, 'The Making of a Mugger', *New Statesman*, 13 October 1972.

[10] *The Times*, 20 October 1972.

[11] *London Evening News*, 7 October 1972.

[12] *Sunday Mirror*, 15 October 1972.

[13] *Guardian*, 3 November 1972.

[14] *Daily Mail*, 26 October 1972.

[15] *The Times*, 1 November 1972를 보라.

[16] *The Times*, 2 November 1972.

[17] 예를 들면, *Daily Mail*, 7 December 1972.

[18] *Daily Mirror*, 25 January 1973을 보라.

[19] *Guardian*, 8 March 1973을 보라.

[20] *The Times*, 12 March 1973.

[21] *London Evening Standard*, 30 March 1973.

[22] *Daily Telegraph*, 17 April 1973; *London Evening Standard*, 16 April 1973.

[23] *Daily Mail*, 4 May 1973; *Sunday Mirror*, 6 May 1973.

[24] *London Evening Standard*, 11 May 1973.

[25] *Daily Mail*.

[26] *Daily Mirror*, 23 May 1973.

27 *Observer*, 29 July 1973.

28 *Daily Mirror.*

29 *Report of the Departmental Committee on Criminal Statistics* (Perks Committee) Cmnd 3448 (London: H.M.S.O., 1967).

30 예를 들면, McClintock and Gibson, *Robbery in London;* F. H. McClintock ed., *Crimes of Violence* (London: Macmillan, 1963).

31 범죄 통계 집계와 범죄율 증가의 문제점에 관해 좀 더 자세한 논의로는 P. Wiles, 'Criminal Statistics and Sociological Explanations of Crime', in *Crime and Delinquency in Britain*, ed. W. G. Carson and P. Wiles (London: Martin Robertson, 1971); N. Walker, *Crime, Courts and Figures* (Harmondsworth: Penguin, 1971); L. McDonald, *The Sociology of Law and Order* (London: Faber, 1976).

32 W. I. Thomas, *The Unadjusted Girl* (Boston: Little, Brown, 1928).

33 F. H. McClintock and N. H. Avison, *Crime in England and Wales* (London: Heinemann, 1968: 18-19).

34 *Annual Reports* of the Metropolitan Police Commissioner and the Chief Inspector of Constabulary.

35 *Guardian*, 30 June 1972.

36 *Guardian*, 13 February 1970.

37 데이터 출처는 F. H. McClintock; N. Fowler, 'The Rewards of Robbery', *The Times*, 7 April 1970에서 재인용.

38 데이터 출처는 *Annual Reports* of Metropolitan Police Commissioner and the Chief Inspector of Constabulary.

39 *Guardian*, 8 March 1973.

40 McClintock and Avison, *Crime in England and Wales.*

41 McDonald, *The Sociology of Law and Order.*

42 예를 들면, Sir Robert Mark, 'The Disease of Crime - Punishment or Treatment', paper delivered to the Royal Society of Medicine; *Guardian*, 21 June 1972에 보도됨; Sir Robert Mark, *The Dimbleby Lecture*, broadcast on B.B.C., 5 November 1973을 보라.

43 S. McCabe and R. Purves, *The Jury at Work* (Oxford: Blackwell, 1972); *Guardian*, 17 July 1972의 비평 기사.

44 S. J. Elgrod and J. D. M. Lew, 'Acquittals - a Statistical Exercise', *New Law Journal* 123(5626), 6 December 1973; *Sunday Times*, 9 December 1973의 비평 기사.

45 R. F. Sparks, *Local Prisons: The Crisis in the English Penal System* (London: Heinemann, 1971).

46 *People in Prisons*, Cmnd 4214 (London: H.M.S.O., 1969).

47 *The Regime for Long-Term Prisoners in Conditions of Maximum Security: Report of the Advisory Council on the Penal System* (Radzinowicz Report) (London: H.M.S.O.,

1968); S. Cohen and L. Taylor, *Psychological Survival: The Experience of Long-Term Imprisonment* (Harmondsworth: Penguin, 1972: 15-17).

48 L. Radzinowicz, 'Preface' to McClintock and Gibson, *Robbery in London*, p. XVI.

49 McClintock and Avison, *Crime in England and Wales*.

50 R. Baxter and C. Nuttall, 'Severe Sentences: No Deterrent to Crime?' *New Society*, 2 January 1975.

51 Metropolitan Police District Statistical Unit, *Robbery and Kindred Offences*, 1968~72 (London: Metropolitan Police, 1973).

52 Cohen, *Folk Devils and Moral Panics*, p. 28.

53 Ibid.

54 R. Lejeune and N. Alex, 'On Being Mugged: The Event and Its Aftermath', paper presented at the 23rd Annual Meeting of the Society for the Study of Social Problems, August 1973; 또한 D. W. Maurer, *Whizz Mob* (New Haven, Conn.: College & University Press, 1964: 171); G. Myrdal, *An American Dilemma* (New York: Harper, 1944)도 보라.

55 E. Partridge, *A Dictionary of Historical Slang* (Harmondsworth: Penguin, 1972)을 보라.

56 National Commission on the Causes and Prevention of Violence, *Final Report* (New York: Award Books, 1969)를 보라.

57 Lejeune and Alex, 'On Being Mugged'.

58 Henry Brandon, 'America in a State of Rebellion', *Sunday Times*, 27 October 1968; Andrew Kopkind's review of 'Wallace-Mania', *Sunday Times*, magazine, 3 November 1968; 'The Year the World Swung Right', *Sunday Times*, magazine, 29 December 1968을 보라.

59 *Sunday Express*, 3 March 1968, 17 August 1969, 28 September 1969를 보라.

60 예를 들면, 'Mobbing and Mugging', *Daily Sketch*, 25 June 1970 (editorial); 또한 'Violent Crimes', *Daily Telegraph*, 25 August 1971 (editorial)도 보라.

제2장

사회 통제의 기원

'노상강도'라는 새로운 이름을 붙이자 어떻게 '새로운 범죄 유형'이 극적으로 등장하게 되었는지 살펴보는 작업으로 앞서 논의를 시작했다. 엄격한 의미에서 '범죄'도, 범죄의 이름표도 새로운 것은 아니라는 사실도 지적했다. 하지만 통제 기구와 미디어 양자 모두 이 현상이 '새롭다'는 절대적인 확신을 갖고 접근했다. 이 점 자체도 반드시 설명이 필요하다. 물론 '진기함'은 관습화된 뉴스가치다. 그러나 '새롭고 다른 무엇인가'로 공중의 주목을 끌려고 한다 해도 언론이 완전히 새로운 범주를 고안해낼 필요는 없다. 더구나 분명히 그러한 문제에 해박할 직업인과 전문가 기관 사이에서도 진기함이라는 이름표와 진기함에 대한 확신은 지배적이었던 것 같다. 엄격히 말해 경찰과 미디어가 '새로운' 범죄로 묘사했지만, 그 범죄와 관련된 사실은 새롭지 않았다. 그 이름표가 범죄의 일반적 장을 해체해서 재범주화하는 데 기여한 방식이자 그 이름표가 사회적 시각의 장을 가로질러 설치한 이데올로기적 프레임만 새로웠을 뿐이다. 기관들과 언론이 반응 대상으로 삼았던 것은 단순히 사실의 뭉치가 아니라 새로운 **상황 정의**, 즉 범죄라는 사회적 현실의 새로운 구성이었다. '노상강도'는 조직화된 반응을 유발했는데, 이는 부분적으로는 전반적인 범죄 비율이 경악스러운 수준이라는 폭넓은 **믿음** 그리고 이 증가하는 범죄가 더 **폭력적으로** 변하고 있다는 공통된 **인식**과 노상강도가 연계되었기 때문이었다. 노상강도의 의미에는 이러한 사회적 측면도 추가되었다. 우리는 이미 '사물로서의 사회적 사실'이라는 엄정한 사실의 세계에서 상당히 멀리 벗어났다. 그 대신 사실과 '현실'의 이데올로기적 구성 간의 관계라는 영역에 진입했다. 그다음으로는 이러한 사건 재구성의 통계적 근거를 검토했다. 이 근거는 검토를 그다지 잘 버텨내지 못할 정도로 허술한 상태다. 처음으로 이 결론에 도달했을 무렵에만 해도 이 주장은 다소 논란의 여지가 있고 심지어 경향성을 띠는 발견에 불과했다. 그러나 점차 '노상강도' 통계의 의심스러운 성격을 아주 널리 확인할 수 있게 되었다. 신뢰성이 떨어지는 통계를 통해 재구성해낼 수 있는 어떤 실질적인 위협 수준에 비해 '노상강도'에 대한 반응이 전혀 균형이 맞지 않는다는 결론을 이러한 검토에서 도출해냈다. 그리고 이 반응은 적어도 부분적으로는 실제 위협에 대한 반응이 아닌 것처럼 보였으니, 통제 기구와 미디어가 느낀 사회에 대한 **지각된 혹은 상징적** 위협, 즉 '노상강도'라는 이름표가 **재현한** 현실에 대한 반응이었음에 틀림없다. 그러나 이 때문에 현재 노상강도에 대한 사회적 반응이 '노상강도' 자체보다 더 큰 논란거리라고는 말할 수 없을지 몰라도 적어도 노상강도만큼은 논란거리가 되었다. 만약 위협과 반응, 지각과 지각 대상 사이에 그러한 불일치가 발생한다면 이데올로기적 대체(displacement)가 작용하고 있다고 주장할 만한 증거는 충분하다. 우리는 이러한 대체를 **도덕 공황**이라 부르며, 이는 전체 주장에서 중요한 전환점에 해당한다.

공중은 범죄에 대한 직접 경험이 아주 적고 '노상강도'를 당해본 사람은 극소수이니까, 미디어는 노상강도의 지배적 정의를 공중 전반에 퍼뜨린 데 대해 어느 정도 책임을 져야 한다(제1장을 보라). 그러나 미디어의 이러한 핵심적 역할을 그 자체만 떼놓고 다룰 수는 없다. 이 역할은 '노상강도' 드라마에서 다른 기구 집단, 즉 국가의 중심적인 사회통제 기구인 경찰과 법원과 함께 고려할 때에만 분석할 수 있다. 먼저 이 사회통제 기구를 살펴보고, 각 기구의 전략이 생겨나게 된 맥락을 다루고자 한다. 제3장에서는 권력층의 행동 근거나 지배 이데올로기가 어떻게 해서 통제 문화의 폐쇄적인 제도의 세계에서 벗어나 사회 전체의 장으로 완전히 이행할 수 있게 되는지 이해하기 위해 이 기구들이 어떻게 미디어와 접합하게 되었는지 살펴볼 것이다.

1972년 8월에서 이듬해 8월 말까지 13개월 동안 60건의 다양한 사건이 '노상강도'로 보도되었다(사건 발생 후의 '추적follow-up' 보도를 포함해 하나의 노상강도 사건을 지칭하는 모든 보도를 하나로 계산할 경우 그렇다). '노상강도' 사건이 **어떻게** 보도되었는지 구체적으로 살펴보면, 가장 눈에 띄는 구분은 '노상강도 사건'을 보도한 기사와 노상강도 사건의 법정 재판에 **관한** 기사인 듯하다(표본의 정확한 근거로는 제3장을 보라).

'정점'에 해당하는 달인 1972년 10월엔 엄청난 양의 보도가 법정 재판을 다룬다. 1월과 2월에는 사건이 압도적이지만, 핸즈워스 재판이 보도를 장악한 3월과 4월에는 법원 재판이 다시 압도적으로 많았다. 전반적으로 '노상강도' 사건 뉴스 보도는 법정에서 '노상강도'의 심문과 선고에 관한 보도 다음으로 많다. 기사의 상대적 크기와 위치를 포함해서 계산할 경우 이 점은 **훨씬 더 압도적으로** 그렇다. '노상강도' 사건이 그다음 날 언론에 보도될 때에는 훨씬 더 간결하고 눈에 덜 띄는 위치에 게재되며 제목도 더 짧고 작아진다. 특히 선고일에 판사의 판결문 인용을 포함할 경우 법원 보도는 더 자세하고 길고 극적으로 다루어지며 눈에 더 잘 띄는 위치에 실린다. 판사의 훈계와 판결 요지와 더불어 '선고'는 이 시기 동안 **실제로** 언론이 가장 주목한 부분이다. 법원 재판 보도는 사람들이 추정하는 것처럼 단순히 이전에 보도한 사건의 '자연스러운' 후속 기사가 아니다. 대다수의 소송 사건에서 법정보도는 언론이 사건에 관해 **가장 먼저** 언급하는 부분이다. 소송 사건은 범죄자의 행동이나 발언보다는 판사의 발언이나 조치 내용 때문에 부각된다. 엄격히 말해 이 보도는 '노상강도'에 관한 보도가 아니라 이른바 노상강도 '범죄 물결'에 대한 공식적 반응의 성격, 정도, 심각함에 관한 보도다.

발생 무렵 언론에 보도되는 대다수의 범죄는 이후에 전혀 추적 보도되지 않는데, 이는 부분적으로 범죄자가 체포되지 않는 사례가 있어 그런 것이 아니라 재판 보도가 '뉴스가치'를 갖지 않기 때문이다. 범죄와 범죄 재판 과정은 **일상적**(routine)이고 세속적이다. 이는 법적 질서를 위반하긴 하지만 '정상적' 방식으로 위반한다. 일반적으로 경찰과 법원, 언론이나

표 2.1
노상강도 사건과 법원 재판의 언론보도 (1972. 8.-1973. 8.)

연월	법원 재판 보도	사건 보도
1972/08	1	1
1972/09	4	0
1972/10	15	8
1972/11	1	1
1972/12	2	2
1973/01	1	4
1973/02	1	3
1973/03	4	0
1973/04	4	1
1973/05	1	0
1973/06	2	3
1973/07	0	0
1973/08	0	1
계	36	24

공중이 범죄에 대해 갖고 있는 규범적 틀을 위협하거나 정착된 기대치를 깨뜨리지 않는다. 범죄가 아동 강간처럼 특히 가증스럽게 느껴지거나 대열차강도(the Great Train Robbery)[1]처럼 특히 극적일 때, 아니면 이 세계에서 크레이(Krays),[2] 리처드슨(Richardsons),[3] 메시나(Messinas)[4] 급의 인물이 ─ 즉

---

1 1963년 8월 8일 글래스고에서 런던으로 향하던 우편화물 열차를 15명의 강도단이 습격해 260만 파운드를 강탈한 사건을 말한다. 범죄 참여자들은 대부분 체포되어 기소되었고, 주동자는 30년 형을 선고받았다. 그러나 강탈당한 돈은 대부분 회수되지 않았다. ─ 역주

2 로널드와 레지널드 크레이라는 쌍둥이 형제를 말하는데 1950년대와 1960년대에 런던 이스트 엔드를 기반으로 한 조직범죄로 악명을 떨쳤다. 정치인이나 연예인까지 연루된 대규모 사업을 벌였을 뿐 아니라 텔레비전 인터뷰에 등장할 정도로 명사였다. 1968년에 체포되어 이듬해 종신형을 선고받았다. ─ 역주

3 1960년대 남부 런던을 기반으로 활동한 '리처드슨 갱'(Richardson Gang)을 지칭한다. 이들은 가학적이고 잔인한 폭력으로 악명을 떨쳐 '고문 갱'(torture gang)으로도 불렸다. ─ 역주

4 1930년대부터 1950년대까지 런던을 기반으로 활동하던 5명의 메시나 형제들을 말한다. 이들의 부친은 이탈리아계로 시칠리아에서 출생했으나 몰타로 이주했고 15명의 형제는 이집트에서 활동하던 중 태어났다. 이들은 국제적 규모의 매춘 사업으로 악명을 떨쳤다. ─ 역주

전문가가 — 법정에 출두할 때에는 사정이 달라진다. 이러한 인물도 '정상적' 범죄 세계의 일부임에는 틀림없지만 법정과 미디어에서는 이른바 병리적 범죄 멘털리티 혹은 채택한 수단의 극악무도함 때문에 일상적인 범죄와 뚜렷하게 구분되어 등장한다. 이 범죄자들은 우리 사회에서 '정상의' 범위 바깥에, 심지어 범죄에서도 '정상적'인 범죄의 범위 바깥에 있는 존재로 묘사된다.

　　이 특출한 범죄와 범죄자에 관한 언론보도에서는 그들의 기이하거나 극악무도하거나 위협적인 측면이 집중적으로 부각될 것이다. 만일 유죄판결이 나오면 이 범죄자는 법이 허락하는 한에서 가능하면 가혹하게 다루어질 것이다. 더 의미심장한 부분으로, 그러한 재판 사건에서 장황한 훈계나 질책 없이 선고를 내릴 판사는 거의 없을 것이다. 피고나 범죄에서 유별난 점을 짚어서 대개 사회가 봐줄 만한 부분이거나 도저히 용납 못할 부분이라는 측면에서 평가를 내리고, 결론적으로 선고한 형량에 대한 약간의 정당화를 제시할 것이다. 법정과 미디어에서는 그러한 범죄자와 그들의 범죄를 의식적으로 사회 나머지 부분과 별도로 구분해 취급하게 된다. 판사의 발언에서 이유이자 핵심이 되는 것은, 바로 범죄에서 예시되듯이 '정상'과 '비정상' 간의 구분 내리기나, 달리 표현하자면 사회질서가 범죄에 의해 어느 정도 근본적으로 강력하게 도전받거나 위협당하거나 침해당했다고 스스로 표현하는 정도의 차이다.[주 1] 그리고 실제로 선고하는 형량만큼이나 이 의례적인 수행 행위 때문에, 요컨대 단순히 범죄만이 아니라 **범죄에 대한 사법적 대응** 때문에 미디어는 그러한 법정 재판사례를 '뉴스가치가 있는' 것으로 취급한다. 무엇보다도 미디어의 취급에서 초점이 되는 것은 바로 이 요소다. '노상강도'도 이 규칙에 전혀 예외가 아니다.[주 2]

　　이처럼 판사의 요란한 의례적 행위는 죄인이 악명높고 범죄가 위중할 때뿐만 아니라, 은행털이든 가게 좀도둑이든 어떤 종류의 '범죄 물결'이 일어나고 있다는 증거가 있을 경우에도 두드러진다. 그러한 소송 사건에서 판사의 질책은 특정한 범죄나 해당 범죄자에게만 국한되지 않는다.

특정한 범죄 '유행'의 폭넓은 사회적 중요성이라든지, 범죄에 대한 사회의 혐오 그리고 이에 따라 본보기성 형량에 대한 사회적 합리화 등도 직접 환기된다. 법원의 이러한 규탄과 의례적인 비하 행위는 이들이 **지각한** 범죄 사건의 '물결'에 대한 가시적 반응이자 당연히 그 **일부**이기도 한데, 이는 이 행위가 '도덕 공황'에서 한 요소를 이루기 때문이다. 신문이 보기에 도덕 공황의 정점에서는 이 공식적 반응이야말로 범죄 물결을 구성한다고 알려진 '실제' 사건만큼이나 뉴스가치가 있다. 따라서 언론의 '노상강도' 보도가 '사건'에서 '법정 소송 사건'으로 갔다가, 이후에 '오로지 사건'으로 되돌아간 것은 뒤죽박죽인 게 아니었다. 첫 번째는 '정점'에 해당하고, 두 번째는 '도덕 공황' 자체의 쇠퇴를 의미한다.

사법부의 이러한 질책은 피고를 대상으로 한 만큼이나 (미디어를 경유해서) 의도적으로 공중을 겨냥한 것이었다. 법원은 이 질책을 한 가지 수단으로 삼아 '범죄'의 이데올로기적인 구축에 기여한다. 의미심장하게도 판사의 마무리 발언은 보도된 36건 '소송 사건' 중에서 26건에 실렸다. 미디어가 '소송 사건'에 집중함에 따라 판사가 '노상강도', 특히 '노상강도 물결'의 공적인 정의를 규정하고 구조화할 수 있는 여지가 생겼다. 판사들의 발언은 놀랄 정도로 유사해 보인다. 똑같은 어조, 언어, 이미지가 내내 반복해서 등장하는데, 이 획일적이고 무게감 있는 사법적 정의는 '도덕 공황'에 대한 공중의 지각을 구조화하는 데 실로 매우 강력한 효과를 발휘했다. '도덕적 분노' 의식은 그 본질을 가장 잘 포착한 것이다. 판사의 판단에서 저변을 관통하는 공통된 주제는 대개 선고 형량 증가의 필요성에 대한 **합리화**다. 이에 따라 다양하게 제시된 암묵적인 설명은 모두 똑같은 기본 주제가 변용된 형태로 나타났는데, 바로 **외부** 공중의 감정, 관심과 압력에 대해 재판정 **내부**에서 사법부가 보인 반응이라는 것이다. 이하에서는 공황 절정기(1972년 10-11월)에 노상강도 물결에 대해 사법부가 공통적으로 내린 정의의 분위기를 제대로 느껴볼 수 있도록, 언론에 보도된 두 판사의 언급을 선택해서 **요약없이 그대로** 인용한다.

이 범죄는 혼자 있던 어떤 사람이 혈기 넘치는 세 젊은이에게 습격을 당했는데, 범인이 강탈을 목적으로 칼로 폭력을 행사하려 한다는 인상을 주었다는 점에서 심각하다. 너무나 심각한 부류의 범죄라서, 법정은 이 범죄를 차단할 절대적인 필요성이 존재한다는 견해를 택하게 됐다. 재판관으로서 취할 수밖에 없는 경로가 젊은이들 개개인에게는 최선이 아닐지 모르나 공익을 위해 어쩔 수 없다고 생각한다. (Judge Hines, *Daily Telegraph*, 6 October 1972)

내가 오랫동안 다뤄본 소송 사건 중 최악의 하나다. … 이 나라의 모든 사람은 이 부류의 범죄―노상강도 범죄―가 증가하고 있고 공중은 보호되어야 한다고 생각한다. 이는 소름 끼치는 사건이다 … 이 사건에서는 형을 경감할 만한 어떤 특별한 사유도 찾을 수가 없다. 끔찍한 일이다. 피고들이 나이가 더 많았다면 아마 형량은 곱절이 되었을 것이다 … [나중에 이 판사는 다음과 같이 말했다] 나는 범인에게 관대했다고 생각한다. 형량이 그나마 줄어든 것은 피고의 나이가 어리기 때문이다. 범인이 20살이나 21살이었다면 복역 기간을 두배로 늘렸을 것이다. 폭력은 증가하고 있고, 유일한 저지 방안은 더 가혹한 형을 부과하는 조치뿐이다. 가혹한 형은 다른 사람의 행동을 저지한다. 다른 판사들과도 노상강도 문제로 상의해 보았는데, 모두 노상강도에 대해 대단히 우려하고 있었다. (Judge Gerrad, *Daily Mail*, 29 March 1973)

이처럼―똑같은 내용을 똑같은 방식으로 이야기하고 상대방을 주도하며 상대방의 의견을 상호 보강하는―'판사들 간의 합의'는 대안적 정의(counter-definitions)의 부재로 더 설득력 있게 되었다. 대안적 정의는 오직 청년들 자신, 피고의 변호사 혹은 피고를 옹호하는 사람에게서만 나올 수 있을 것이다. 이 대안적 정의들은 모두 존재하지 않는다는 점에서 두드러졌다(전체 기간 동안 전국지에서 찾아낸 바로는 '노상강도' 인터뷰는 〈데일리 메일〉 1972년 9월 27일 자와 〈데일리 익스프레스〉 1973년 4월 6일 자에 딱 두 번 실렸을 뿐이다). 유일한 예외는 핸즈워스 사건이었는데, 그때는 형량이 지나치게 가혹한 바람에 대안적 존재가 필요했다. 이 예외를 무시한다면(이 사건은 나중에 자세히 다룰 것이다) 피고 변호사의 발언은 다섯 번만 인용되고, 부모는 두 번만 인용되었는데, 그나마 피고는 전혀 인용되지 않았다(예외가 딱 한 번 있는

데, '오벌 4인방^{Oval 4}'**5**에 대한 선고가 내려졌을 때 피고가 피고석에서 외친 다음 말은 인용되었다고 한다. "우리가 출소하면 이 만행에 대해 복수할 거야").[주 3] 심지어 이 인용문조차도 실질적인 대안적 정의에는 이르지 못했다. 피고 측 변호사의 발언 중 인용된 부분은 피고를 일방적으로 옹호하는 내용에다 갈피를 못 잡고 어찌할 바를 모르는 듯해 의뢰인을 위해 적극적인 주장을 펴기 어려워 보였기 때문이다.

▌법의 지엄한 위력

　　언론의 '노상강도' 보도에 관한 우리의 설명이 풍부하게 보여주듯이, 언론의 궤적을 파악하는 일은 크게 보면 판사가 '노상강도'에 관해 공개적으로 발언하고 생각을 피력하는 데 귀 기울이는 것과 똑같다. 앞서 지적했듯이 특정한 '노상강도' 사건을 보도하고 '노상강도' 현상 전반을 다루는 데 있어, 언론은 재판 진행과 사법적 과정에 방향을 맞추고, 판사가 재판 중인 범죄의 폭넓은 의미에 관해 법정에서 한 발언을 특권화된 출발점으로 취급하는 경향이 있었다. 사법적 행위의 맥락(그리고 사법 행위와 '노상강도 공황'의 관계)을 완전히 이해하려면, 다음 장에서 더 자세하게 다룰 미디어와 사법부 간의 이데올로기적 상호의존성을 넘어서, 사법적 '세계' **내부** 조직에 특유한 과정을 살펴볼 필요가 있다. 즉 사법적 기구 자체를 살펴보고 그 일상적 실천의 배후를 들여다보며 '노상강도' 등장이 임박했던 무렵의 '사법부 분위기'를 재구성해 보아야 한다. 이러한 재구성의 과

5　1972년 3월 런던 오벌 지하철역에서 소매치기와 경찰관 공격 혐의로 체포된 윈스턴 트류(Winston Trew), 스털링 크리스티(Sterling Christie), 조지 그리피스(George Griffiths), 콘스탄틴 '오마르' 바우처(Constantine 'Omar' Boucher) 등의 네 사람을 일컫는 용어다. 이들에게는 2년 형이 선고되었다가 이후 8개월로 감형되었다. 몇 년 후 사건의 전모를 뒤집는 놀라운 사실이 밝혀진다. 당시 경찰관으로서 4인방을 체포하고 증인으로 법정에 섰던 데릭 리지웰(Derek Ridgewell)이 절도죄로 7년 형을 선고받고 수감 중 사망했다. 이에 따라 리지웰이 담당한 범죄 사건에 대한 재조사도 이루어졌는데, 상당수의 사건이 증거조작을 통해 무고한 사람을 투옥한 것으로 드러났다. 이에 따라 오벌 4인방 사건도 재조사의 목소리가 높아졌는데, 그중 두 사람은 행방조차 알려지지 않았다. ─역주

업은 쉽지 않은 일이다. 공식적으로 법은 국가의 정치과정 바깥에, 일반 시민들의 위에 존재한다. 법의 의례와 관습은 법의 작동을 적나라한 대외 노출과 공적 비판의 힘으로부터 보호하는 데 기여한다. '사법부에 관한 허구'는 모든 법관이 추상적이고 불편부당한 세력으로서 '법'을 공정하게 구현하고 대표한다는 것이다. 다양한 법관 간의 개인적 태도와 견해 차이는 보통 공중의 감시가 미치지 못하도록 은폐되고 체계적인 연구나 집필의 대상도 거의 되지 않았다. 여론과 공식적, 정치적, 행정적 의견이 만들어낸 세력의 장 내에서 공통된 사법적 시각이 형성되고 사법부의 일반적 방향이 정해지는 비공식적 과정도 마찬가지다. 사법부는 상대적으로 익명적 존재이고, 자연인이기보다는 제도적 실체로 재현되며, 최후 수단으로는 법정모독이란 위협을 통해 보호받으면서 국가 내에서도 폐쇄적인 제도적 영역으로 남아 있다. 그러므로 이 분석에서는 다소 단편적인 정보와 공적 진술문을 통해 사법적 맥락을 재구성하는 방식에 의존할 수밖에 없었는데, 이 자료는 간간이 나온 언론보도에서, 정책 이슈에 관한 발언 인용문에서, 그리고 판사가 법정 선고에서 제시한 공적 의견 등에서 구한 것이다.

　이 시기에 '사법부의 태도' 형성에서 가장 중요한 요인은 '사회적 관용성'(social permissiveness) 증가에 대한 불안이었던 것 같다. 이는 세 가지 방식으로 사법부에 영향을 미쳤다. 첫째, 전반적으로 사회가 점차 더 느슨해지고 관용적으로 바뀌어감에 따라 허용되는 행위와 불법적 행위 간의 경계가 점차 흐려졌다. 도덕적 제약의 쇠퇴는 직접 법에 맞서지 않는다 해도 결국에는 법 자체의 권위 약화를 촉진할 것이라는 느낌이 일부 사회 집단에서 확실히 존재했다. 구체적으로 로이 젠킨스(Roy Jenkins)의 내무장관 재직 기간 동안 의회가 사회적 장에서 수많은 '관용적' 법률을 제정했을 때에는 실제로 그렇게 되었다. 여기서 사회적 관용성의 조류는 두드러지게 공식적인 형태를 띠게 되었음을 볼 수 있다. 둘째, '관용성'에 대한 우려는 범죄 증가, 특히 젊은 범죄자의 '폭력 범죄'에 대한 집착이 점점 더 심해진 요인 중 하나였다. 범죄 증가는 이러한 도덕적 권위 약화의 필연적인 결과로 묘사되었다. 젊은이들은 이 과정에서 가장 큰 위험에 처한 집단이었고, 폭력은 이러한 취약성을 가장 가시적으로 측정할 수 있는 지표였다. 셋째, 이 추세는 '관용성' 확산과 '범죄 증가'에 직면해 법원이 강경해지긴커녕 **더 유화적으로** 변했다는 통념과 우연히 시기를 같이했다. 1960년대 중반부터는 이러한 인식에 대응해 범죄, 폭력과 양형 정책에 대한 사법부의 태도가 오히려 더 강경해졌다는 뚜렷한 증거가 있다.

1969년 10월은 사법부로부터 예측적인 선언이 유난히 풍성하게 쏟아져 나온 달이었는데, 여기서부터 이러한 태도 전환을 정리해 보기 시작하려 한다. 예컨대 10월 9일 프레데릭 로턴(Frederick Lawton) 판사는 다음과 같이 말했다고 〈가디언〉은 보도했다. "만일 폭력이 신체 상해나 더 끔찍한 피해를 다른 사람에게 입힌다면, 경찰은 그러한 사건을 모두 재판에 넘겨야 할 시점이 온 것인지 아주 조심스럽게 검토해야 한다." 그후 21세 남성이 어떻게 해서 폭력 범죄로 치안판사(magistrates)6에게 보호관찰 처분과 벌금형을 선고받았는지 듣고는, 로턴 판사는 다음과 같이 덧붙였다.

> 오늘날 젊은이들이 탐닉하는 이 모든 폭력을 감안할 때, 젊은이에 대한 관대함이 과연 공중에게 최선인지 의심스럽다. 내 견해로는, 길거리에서 타인에게 가해지는 이러한 부류의 폭력은 보호관찰, 벌금 혹은 주간 청소년 보호관찰소(day attendance centres) 등으로는 치유되지 않을 것이다. 이 부류의 범죄를 저지르는 사람은 누구든 자유를 박탈당해야 할 것이라는 소식을 퍼뜨려야 한다.

6　치안판사(magistrate 혹은 justice of the peace)는 영국 사법부에서 1심 재판부에 해당하는 치안재판소(the magistrate's court)를 담당하는 재판관을 말한다. 영국의 1심 재판은 크게 경미한 범죄를 맡는 치안재판소와 중범 재판을 담당하는 형사재판소(Crown Court)로 구분된다. 치안판사는 지역 민간인 중에서 선출되며 무료 봉사직이다. 재판은 대개 3명의 치안판사로 구성되는 합의심인 '벤치'(bench) 형식으로 진행된다. 이들이 법률 문제에 문외한이었기에, 법률 전문가인 법원 서기(justice clerk)를 두어 전문적인 법률 자문과 지원을 담당하도록 한다. 1심 법원은 아마추어인 치안판사 외에도 직업 법조인인 지방법원 판사(district judge)에 의해 단독심으로 운영되기도 한다. 치안판사 제도는 잉글랜드에서 적어도 1327년 이전부터 존재한 고대의 관습으로, 정상적인 상식과 윤리를 갖춘 시민이라면 법률적 판단을 내릴 수 있다는 인식에 근거한다. — 역주

여기서 특히 흥미로운 부분은 '소식을 퍼뜨릴' 필요성을 표현했다는 점이다.

같은 날 고등법원 고위직인 유스터스 로스킬(Eustace Roskill) 판사는 런던의 치안판사협회(the Magistrates Association) 연례총회에서 연설했다. 로스킬 판사는 강력 범죄 피의자, 특히 젊은이에게 가혹한 형을 선고하는 데 망설이지 말라고 치안판사들에게 당부했다. 그는 '여론'을 언급하고 '법원이 공중의 존경과 신뢰를 상실하지 않도록 할' 필요성을 거론하면서 이러한 견해를 정당화했다.[주 4] 그달 말 로턴 판사는 22세 남성에게 폭력 범죄로 18개월을 선고하고는, 폭력으로 기소된 사람은 벌금형보다 감옥형에 처하라고 치안판사들에게 거듭 촉구했다.[주 5]

다시 1971년 6월로 가보면, 이러한 주제들이 유지되면서도 경찰·사법부·미디어 네트워크에 의한 보강과 확대 비슷한 현상도 나타나고 있음을 엿볼 수 있다. 윌리스 판사(Mr. Justice Willis)는 요크셔 순회재판에서 발언하면서, 강력 범죄가 급증한다면 판사는 '이전의 전통적인 대처'로 되돌아갈 수밖에 없다고 말했다. 이 발언은 〈더 타임스〉와 〈가디언〉 1971년 6월 10일 자에 보도되었는데, 런던광역경찰청장과 요크셔, 북동 요크셔 경찰 국장의 비슷한 발언이 언론의 주목을 받은 바로 다음 날이었다. 이러한 수렴을 우연의 일치라고 착각하지 않도록 할 작정인지 판사 자신도 요크셔 경찰국장의 실제 표현('이전의 전통적인 대처')을 그대로 사용했고, 한 신문은 둘 사이의 연계관계를 아주 명확하게 지목했다. 〈더 타임스〉의 제목은 "판사는 처벌에 관한 경찰수장들의 의견을 지지한다"라고 되어 있었다.

현재와 과거 간의 질적인 대비라는 개념은 (이후 '노상강도' 물결이 번지던 시기에 그랬듯이) 이 무렵 판사들의 상당수 발언에서 하나의 특징이 되었다. 예를 들면, 로턴 판사는 ('난투극을 벌인' 죄로 2년 형을 선고받고는 불복해) 항소 제기 신청을 한 두 남성에 대해 '부적절'하다고 기각하면서, 15년 전에만 해도 ('복수'를 위해 칼과 총을 사용한) 그러한 공격은 사실상 들어본 적도 없는데 이제는 아주 흔한 일이 되었다며 개탄했다.[주 6] 그다음 사례는 1972년 5월

의 것이다. 고등법원 판사인 레이먼드 힌치클리프 경(Sir Raymond Hinchcliffe)
은 법원서기협회(Justice Clerks' Society)7의 요크 행사에서 연설하면서, '관용
적 입법'을 싸잡아 비판했다. 그리고 그러한 법이 범죄율, 이혼 남발, 마
약 투약, 외국인 여성의 낙태 증가 등과 관련성이 있다면서 과거의 '관용
과 친절'이 오늘날의 '불친절, 불관용, 탐욕, 만인과 만사에 대한 신뢰 상
실'로 대체된 데 대해 비판을 늘어놓은 후, 두 가지 강도 유형의 증가를
언급했다. 하나는 '대규모 강도를 자행하는 전문 범죄자'고, 다른 하나는
젊은 '아마추어'가 저지르는 소규모 폭력성 강도였다. 힌치클리프는 법원
에게 후자에 대해 '유화적인 노선'을 취하지 말라고 경고했고, 치안판사
들에게는 미디어의 '근거도 없고 잘못된 정보에 기반한' 비판을 두려워하
지 말라고 촉구했다. 그리고 치안판사들에게 더 큰 재량권과 판결 권한을
요구하면서 발언을 끝냈다.[주 7] 힌치클리프의 발언은 오늘의 '아마추어'가
내일의 '전문 직업꾼'이라는 인식을 전제하고 '아마추어'로 초점을 옮길
필요가 있다고 지적한 것 같다. 런던광역경찰청장이 발간한 1972년 〈연
례보고서〉를 보면, 1973년 무렵에 후자의 인식을 더 구체화한 것 같다.
사법부의 이러한 분위기 변화를 계량화할 수는 없지만, 적어도 보수적인
판사 사이에서는 '불안'과 '우려'의 분위기가 점차 증가했다고 말하는 게
맞을 것 같다.

　　1960년대 말에는 수많은 '관용적 법률'이 제정되었다. 사법부 분위기
의 변화와 가장 직접 관련된 부분은 사법적 기능 행사 자체, 특히 잠재적
인 미성년 강력 범죄자와 관련된 부분에 영향을 미치는 '관용적 법률'이
었다. 후자 중에서는 가석방 위원회(Parole Board)(1968)에 영향을 미치는
법률, 〈아동청소년법(Children and Young Person's Act)〉(1969), 〈형법(Criminal

---

7　법원 서기(justice clerk)는 법률 자문관으로도 불리며 치안판사의 재판 진행을 자문하고 지
　　원하는 직책이다. 영국의 1심 법원은 주로 비전문가인 치안판사에 의해 재판이 진행되므로,
　　그 한계를 보완하기 위해 법원 서기를 둔다. 법원 서기는 치안판사를 보조하는 지휘선상에
　　있기는 하지만 직업적 독립성을 유지하는 직책이다. 전문적인 변호사 자격을 갖춘 인물로서,
　　치안판사의 자문, 지원 기능 외에도 소환장 발부, 보석 연장, 부실한 증거 기각 등 사법적
　　기능도 수행한다. ─ 역주

Justice Act)〉(1972)을 꼽을 수 있을 것이다. 이 일련의 법률들은 그 '유화적 성격'을 공통점으로 한다. 가석방 체제는 일부 죄수를 조기에 석방하려는 목적을 갖고 있어서 그렇고, 〈아동청소년법〉은 청소년 범죄자를 가급적 재판에 회부하지 않으려는 취지여서, 〈형법〉은 일부 범죄자에게 투옥 대신에 더 기발한 비감호적 대안을 제공하는 데 목적이 있어서 그렇다. 비록 이 법률 제정의 영향이 실제로는 미미했고,[주 8] 실제 양형 정책의 추이도 **특히** 강력 범죄자에 대해서는 더 장기간의 형 선고를 지향했지만, '통제 문화' 옹호자들은 틈만 나면 이 법 개정을 (관용성의) '증거', (자유주의적 '사회개량론'의) '결과', ('강경 대응'을) '정당화하는 근거', ('범죄 물결'의 등장을) '설명해주는 근거'로 삼는 데 활용했고, 요컨대 이미 충분히 강력한데도 그렇지 못하다는 잘못된 인상을 뒷받침하는 데 써먹었다.

　〈아동청소년법〉 배후의 취지는 '(다른 이유로 곤경에 빠진 아동과 마찬가지로) 수많은 청소년 범죄자'를 일종의 처벌이나 규율 형태보다는 보살핌과 치유가 필요한 존재로 취급하는 데에 있었다.[주 9] 1970년 보수당 정권이 다시 집권한 후 '그 법률에서 동의할 수 없는 부분은 시행하지 않을 것'이라고 선언했다.[주 10] 그 결과 치안판사의 권한에 영향을 미치는 부분에 관한 한 변화는 미미했다. 15세나 16세의 범죄자는 여전히 형사법원(the Crown Court)에 보내 보스탈과 구류소 수감형에 처할 수도 있었고, 아동을 인가된 학교(지금은 '커뮤니티 홈Community Home'이 되었다)로 직접 보내도록 명령할 수 있는 권한만 폐지되었다. 이제 치안판사는 아동을 지역 당국의 관할하에만 위탁할 수 있게 되었기에 이 권한 상실을 심각하게 받아들였다. 아동을 커뮤니티 홈으로 보낼지 판단할 권한은 많은 치안판사가 보기에 그러한 결정을 내리기 꺼려하는 '유화적인' 기관인 사회복지부(Social Services Department)에 있었다.

　하지만 해당 법률에는 법원의 '권한 상실'을 보완할 수 있는 조항이 있었다. 예를 들면, 해당 법 23조 2항은 "만일 아동이 '대단히 통제 불능의 성격이어서 지역 당국의 보호하에 안전하게 위탁할 수 없는' 경우에는 … 17세 이하의 아동을 감옥이나 구류소로 보낼 권한"을 치안판사에게 부여

했다.[주 11] 따라서 만일 지역 당국이 안전한 수용을 보장할 수 없다고 하
거나, 치안판사가 보기에 수용이 충분히 안전하지 않다고 판단하거나, 아
동이 너무 통제불능이거나 외골수 범죄자라고 판단할 경우에는 감옥이나
구류소 수용 조치가 여전히 선고될 수도 있었다. 치안판사들이 이 '선택
안'을 점차 더 많이 채택했다는 증거는 넘친다.[주 12]

　　〈아동청소년법〉을 이렇게 사법적으로 해석하는 방식이 '노상강도'와
어떤 관련이 있는지는 지금쯤 명확해졌을 것이다. '사람으로부터의 절도'
나 '강도' 혐의를 받는 17세 이하의 청소년을 '유화적인' 사회복지사로부
터 '구출'해서 감옥 맛을 보여주기 위해 보스탈 수감을 권고한 사례가 얼
마나 되는지 우리는 알지 못한다. 하지만 1972년 가을 이후 이 또래의 많
은 청소년이 그러한 범죄로 형사법원에서 재판을 받은 후 장기간 보호감
호 처분을 받거나 보스탈 수감을 선고받았다는 사실은 **잘 알고** 있다. 만
일 보스탈이 16세 '노상강도범'에게 적절했다면, 17세에서 21세 사이의
나이에는 더 가혹한 조치가 반드시 필요했다. 그 조치는 투옥이 될 수밖
에 없다. 그러나 일단 투옥으로 결정하고 나면 사법부는 3년이나 그 이상
의 형을 선고하는 것 외에는 다른 대안이 거의 없었다. 1972년 〈형법〉에
서 유예의 의무화 조항이 폐지되었는데도 만일 6개월 단기형을 받았다면
유예조치가 따랐을 것이다. (18개월에서 2년 사이인) 중간 강도의 형은 선고
할 수가 없었다(젊은 범죄자 취급 분야 전반에 대한 검토가 진행되던 동안에도, 1961년
〈형법〉에 구현된 3년 형기의 의무화는 폐지 압력에도 불구하고 여전히 유효했다는 사실을
블룸 쿠퍼는 환기해준다).[주 13] 따라서 청소년 '노상강도범'에 대한 보스탈 형,
나이가 더 많은 범죄자에 대한 3년 징역형은 '유화적인 법률 제정'에 대
한 반동으로 사법부의 분위기에서 생겨난 결과일 뿐 아니라, 법정에서 법
률이 강경하게 집행되고 있는 현실과도 밀접하게 연결되어 있었다. 이 현
실이 '형법의 철학과 정신에 분명히 어긋난다'라는 데는 치안판사들도 수
긍했다.

　　'유화적 태도'에 대한 사법부 반발의 또 다른 측면은 심각한, 상습적,
구제불능성 범죄자와 불운한, 실수한, 어리석은, 부패한 '부적응자'를 구

분하고 '사악한 자와 빈곤한 자'를 구별하려는 욕망이었다. 가석방위원회
의 준거틀을 살펴보면 '죄수의 이익'을 '공동체의 이익'에 비추어 판단하
는데, 정책의 핵심에 이 구분이 작동하는 것을 발견할 수 있다.[주 14] 〈아
동청소년법〉을 집행하는 치안판사들은 실제로 경미한 범죄자를 '통제불능
인' 심각한 상습범과 구분하려 작정한 듯한데, 이는 해당 법의 취지를 근
본적으로 저해하는 것이었다(앨리슨 모리스Allison Morris와 헨리 길러Henri Giller가 적절하
게 주장했듯이 좀 더 전통적인 범죄관이 점차 공식 집단 내에서 이 주제 관련 논의를 지배
하고 있다는 점도 간과해서는 안 된다).[주 15] 1972년 〈형법〉이 '부적응자'에 대해
비보호감호식 대안의 여지를 마련했는데도, 그 이전에 나온 형법개정위원
회 보고서는 경찰과 법원이 소수의 상습적 직업 범죄자에게 유죄 판결을
내리기 쉽고, 더 가혹한 형량을 선고하기 편리하도록 하려는 시도였다는
것이 중론이다.[주 16] 이렇게 해서 법률은 극단적 형태로 사악한 자와 빈곤
한 자 간의 구분을 구체화했다. 흔히 '골수 범죄자'와 '어리석은' 범죄자
간의 구분은 주로 소수의 사악한 범죄자를 겨냥한 억제적 형량의 근거를
제시하는 데 사용된다. 그러나 이 구분은 이 시기에 사회적 일탈에 관해
전개된 더 폭넓은 논쟁의 특징이기도 했다.[주 17] 물론 사악한 자 대 빈곤
한 자 패러다임이 유지되면서도 양자의 내용은 바뀔 수도 있다. 일단 사
법부가 '폭력'을 중요한 한계치로 지목하고 나면, 폭력 사용의 기미가 보
이는 범죄는 **어떤 것이든** '심각한' 범죄로 재규정되고, 범죄자는 '사악한
자' 범주로 분류될 가능성이 크다. 이러한 극단성의 정점은 1972년 9월
젊은 **소매치기들**(최소한의 신체적 접촉이 필수적인 기술이라서 정의상 '비폭력적'이다)
에게 3년 형을 선고하고 '폭력', '악당', '짐승' 등의 레토릭을 구사한 사
건에서 발견할 수 있다.

　　1972-3년의 '노상강도' 공황 기간 동안 사법부는 극도로 주목을 끄
는 위치에 있었다. 그러나 더 긴 관점에서 보면 사법부는 공황이 정점에
달했던 초기뿐 아니라 공황이 **시작**되는 데에도 적극적으로 기여했다. 사
법부는 공중과 마찬가지로 '관용성'에 대한 불안감을 공유하는 듯했다.
그래서 자신들이 해석하기에 너무 '유화적'인 법률을 집행할 때에는 강경

한 노선을 취했다. '강력 범죄'에 대한 몇몇 진술을 통해 초기에는 우려를 조성하고 그다음에는 '노상강도' 탄압을 낳는 데 힘을 보탰다. 다음 장에서 살펴보겠지만, 실로 후반부 단계에서는 억제적 형량을 정당화하는 근거로서 첫 번째 단계에서 자신들이 초점을 맞추고 표현하고 일깨운 공중의 불안을 거론했다.

┃ 면대면 통제: 증폭자로서의 경찰

사법부 '세계'가 관습과 관행으로 꽉 막힌 곳이라면, 경찰의 '세계'는 계획과 의도에 갇힌 곳이다. 로버트 마크 경 재직 시기에 경찰은 미디어에 더 익숙해졌고 미디어에 대처하는 기술도 늘었다. 그러나 범죄 예방과 통제라는 일상적 임무는 분명 공중의 정기적인 감시를 받지 않았다. '노상강도' 시기에 경찰은 '범죄와 폭력'에 관한 우려 섞인 성명을 미디어에 발표해 계획된 홍보 효과를 얻었다. 이 조치는 통제 전략의 핵심 부분이었다. 논란의 여지가 더 큰 부분은 경찰이 오히려 전술적으로 무분별한 행위에 더 가까워 보이는 '강경 조치'의 전반적 필요성을 역설하며 강하게 당파성을 띠는 진술을 내놓았다는 점이다. 그렇지만 특별반 혹은 노상강도단속반 설치와 지침 같은 내부적 경찰 활동의 가동은 '사후에' 드러나거나 외부에 공개되도록 혼신의 힘을 다해 노력하지 않는다면 파악하기 어렵다.

'노상강도'를 겨냥해 시행된 어떤 부류의 캠페인에서든 경찰은 미디어와 비슷한 역할을 하지만 주기에서는 **더 이른** 단계에서 활동을 시작한다. 경찰도 '구조화'하고 '증폭'하는 일을 한다. 그리고 범죄의 전체적인 그림을 두 가지 서로 연관된 방식으로 '구조화'한다. 예를 들면, 5파운드이하의 소액 절도 역시 기록되고 중앙에서 집계되지만 공식 통계에는 더이상 포함되지 않는다. 사소한 범죄가 일상적 범죄의 대다수를 차지하기에, 이 비공식적 실천은 기록에 **잡히는** 더 심각한 범죄를 선정적으로 부각하는 데 기여한다. 또한 다른 범죄를 희생한 채, 부각되는 특정 범죄 측면에만 경찰 자원을 할당하는 데에는 선별성도 필연적으로 작용한다.

　　경찰의 효율성을 평가하는 한 가지 객관적 척도는 '검거율'이다. 인력과 자원 문제와 함께 검거율을 고려하면, 경찰은 이를테면 사실상 해결이 불가능한 도심 차량의 소액 물품 도난 사건을 포기하고 해결 가능성이 높은 범죄에 집중하는 것이 논리적 선택이다. 그러나 이처럼 논리적인 실천은 구조화하는 행위이기도 하다. 이는 선별된 범죄의 양을 증폭시키기도 한다. 자원을 더 집중할수록 기록되는 숫자도 늘어나기 때문이다. 역설적인 부분은 선별된 범죄에 대한 경찰의 선택적인 대응이 거의 확실하게 그 숫자를 **증가시키는** 데 기여한다는 점이다(이는 '일탈 증폭의 나선deviancy amplification spiral'이라 불린다).[주 18] 또한 이 선택적 대응 때문에 군집 형태의 범죄 혹은 '범죄의 물결'이 증가하는 경향이 나타난다. 그후 '통제 캠페인'을 정당화하려고 '범죄의 물결'을 환기하게 되면 '자기충족적 예언'(self-fulling prophecy)이 실현되고 만다. 물론 특정한 범죄에 대한 공중의 우려도 경찰의 집중적 대응의 원인이 될 수 있다. 그러나 공중의 우려 자체가 (경찰이 미디어를 위해 생산하고 해석하는) 범죄 통계 그리고 새로운 종류의 범죄 '물결이 줄지어' 다가온다는 인상에 강하게 영향을 받아 형성된 산물이다. 물론 경찰 자체가 범죄 물결의 구성에 기여하는 부분은 사실상 드러나지 않는 반면에, '범죄 물결'에 범죄자가 기여하는 부분은 너무나 뚜렷하게 보인다.

　　이 모델을 '노상강도'에 적용해 보자. 1972년 9월과 10월에 '노상강도'라는 이름표가 붙은 비슷한 사건이 동시에 무더기로 법정에 등장했다면, 이는 6개월이나 8개월 전까지의 경찰 활동과 체포의 결과물일 수밖에 없다. 1972년 1월부터 경찰이 '노상강도범'을 징발해왔기에 8월에 비로소 미디어와 법원은 '노상강도'를 공적 이슈로 전용할 수 있었다. 초기의 두 '노상강도' 사건을 살펴보자. 6명의 10대가 연루된 첫 번째 사건에서 카멜 판사(Judge Karmel)는 "노상강도가 두려워 … 점잖은 시민들이 늦은 밤에 지하철 이용을 두려워한다"라는 내용의 발언을 했고, 이 발언은 '노상강도'에 대한 사법부의 비판으로 미디어에 기록된 첫 번째 사례다.[주 19]

석간신문의 보도는 이렇게 덧붙였다. "티모시 데이비스(Timothy Davis) 검사는 [지하철] 북부 노선에 대한 집중 단속 후 영국교통경찰이 특별순찰단을 설치했다고 말했다. 2월 18일 밤 11시 직전 데릭 리지웰(Derek Ridgewell) 경사는 스톡웰 역에서 텅 빈 객차에 올라탔고 갱이 뒤따라 왔다." 그후 '주모자'는 리지웰을 칼로 위협하면서 돈을 요구했다. 갱이 다가왔고 리지웰은 안면에 주먹으로 강타당했다고 경사는 주장했다. 리지웰은 그후 다음 객차에서 대기하던 동료 경찰에게 신호를 보냈다. 격투가 이어졌고 10대들은 체포되었다. 다섯 명은 '강도 미수'에서 '강도를 목적으로 한 고의적 공격'에 이르기까지 다양한 죄목으로 유죄 판결을 받았고, 형량도 5개월 구류에서 3년 징역형까지 다양했다. 신문 보도는 이 범인들이 서인도 출신의 '갱'이었고 경찰 자신들만이 유일한 증인이었다는 사실은 언급하지 않았다.

두 번째는 20세에서 25세 사이의 서인도인들이 연루된 사건이었다. 이 사건은 '오벌 4인방' 사건으로 알려졌다. 재판은 중앙형사재판소(Old Baily)에서 23일간 지속되었는데도 전국지들은 마지막 날, 즉 판결과 선고일의 재판만 택해서 보도했다. '사건 관련 사실'은 늘 그렇듯이 검사의 진술 인용을 통해 재연되었다. 검사는 이렇게 말했다. "올해 3월 16일 런던 교통경찰은 오벌역을 유심히 관찰하다가 4명의 피고가 어슬렁거리는 모습을 발견했는데, 승객 호주머니를 털려는 의도를 갖고 있는 게 분명했다." 〈이브닝 스탠다드(The Evening Standard)〉는 다음과 같이 덧붙였다. "범인들이 노린 피해자는 두 사람이었는데 모두 노인이었다. 이 중 한 사람은 승강장에서 몸을 부딪쳤고 주머니 속에 손이 들어왔지만 아무것도 뺏기지는 않았다. 다른 사람은 에스컬레이터에서 비슷한 경험을 했다."[주 20] 10대 2의 다수결로 배심원은 4명에게 모두 '절도 미수'와 '경찰에 대한 공격' 혐의로 유죄를 선고했지만, 판사는 "강도 공모와 절도 공모의 죄목으로 내린 평결"을 무효화했다. 가장 어린 범인은 보스탈에 유치되었고, 다른 세 명은 각각 2년 징역형을 선고받았다. 피고 중 한 명은 이렇게 말했다. "우리가 출소하면 이 만행에 대해 복수할 거야." 또한 신문은 "흐느끼는 친척과 친구로부터 거친 항의"가 있었다고 언급했다.

　　이 사건을 수많은 대안적 사실(하지만 이 사실은 '대안적 언론'만이 보도했다)의 맥락에서 보면 피고의 분노에 찬 발언은 훨씬 더 이해가 잘 된다. 〈타임 아웃(Time Out)〉은 다음과 같은 점을 우리에게 환기해 주었다.[주 21]

(1) 이 네 사람은 남부 런던 흑인 정치 조직인 파심바즈(the Fasimbas) 회원이었다.

(2) 문제의 그 날 밤 평복 차림의 형사 여럿이 먼저 피고들을 폭행했고 욕을 했으며 신분증도 제시하지 않은 채 폭행 혐의로 이르게 된 싸움을 먼저 시작했다.

(3) 피고들은 경찰서에서 폭행을 당했으며 자백서에 서명을 강요당했다고 주장했다.

(4) 체포 순찰대를 담당한 경찰관은 데릭 리지웰 경사였다.

(5) 검사 측의 유일한 증인은 다시 말해 경찰관 자신들뿐이었다.

(6) 도난당한 재물은 피고에게서 발견되지 않았다.

(7) 어떤 '피해자'도 경찰에 의해 확보되거나 '증거로' 제시되지 않았다.

(8) 판사는 "이 진술이 사실 리지웰 경사가 꾸며낸 허구"에 불과한지 세심하게 검토하도록 배심원에게 지시했다.

(9) 강도와 절도 공모라고 주장한 혐의에 대한 배심원의 평결은 판사 자신에 의해 무효화되었다. 따라서 문제되는 날 밤 경찰이 목격했다고 주장하는 절도 미수와 경찰 폭행만 유죄 판결을 받았다.

(10) 네 사람이 자백했다고 경찰이 주장한 것과 달리, 중부 런던 시장과 지하철역 주변에서 여러 차례 핸드백과 지갑을 절도한 행위와 관련된 혐의는 인정되지 않았다.

(피고들은 그후 8개월의 형기를 마친 후 항소 결과에 따라 석방되었다).[주 22]

1972년 2월과 3월의 이 두 사건은 '노상강도' 공황이 등장하기 여러 달 **전에** 일어났다. 하지만 이미 경찰은 지하철에서 특별순찰을 시작하였다. 조직적인 현장 대응은 공식적으로 사법부나 미디어가 공중의 불안을 표현하기 훨씬 오래전에 시행됐다. 경찰은 당시 상황에서는 신속하고 철저하며 특별한 조치가 필수적이라고 규정했다. 11월에 이르러 '노상강도의 급격한 증가'로 간주된 현상은 사실 바로 여기서 시작된다.

이듬해 4월 인품과 평판이 좋은 인물이자 옥스퍼드의 한 단과대학에서 사회복지를 공부하던 로데시아 출신 두 흑인 학생의 재판을 판사가 기각하면서 다음과 같이 언급했다. "승강장에서 두 남성의 동작과 관련해 6명의 경관마다 모두 진술이 다를 정도로 일관성이 너무나 부족했다. … 여기 런던에서 경찰관이 신분도 밝히지 않은 채 대중교통 이용자를 두들겨 팰 수 있다는 사실이 경악스럽다."[주 23] 지하철역에서 발생한 사건에서 유래한 이 소송은 혐의와 주장, 제시된 변론이 모두 '오벌 4인방' 사건과 놀랄 정도로 유사했다. 경찰은 피고를 '절도 미수'와 '경찰 폭행' 혐의로 기소했다. 피고들은 신분증도 제시하지 않은 다섯 남성에게 공격을 당했다고 주장했다. 이어진 싸움 후에 두 남성은 체포되었다. 어떤 '피해자'도 제시되지 않았다. 경찰을 제외하면 다른 어떤 증인도 없었다. 관련된 집단은 교통경찰 특별단속반이고 작전 역시 리지웰 경사가 주도했다.

여기서 패턴이라 할 만한 것이 있었는가? '오벌 4인방' 사건 담당 판사는 피고의 진술을 믿지 않았고, 옥스퍼드 사건 담당 판사는 믿었다. 그럼에도 불구하고 패턴은 뚜렷하다. 바로 **'집중적인 경찰 대응'**의 패턴이다. 이름이 붙게 된 정확한 날짜는 확실하게 알려지지 않았지만, 교통경찰 특별단속반은 이후 다른 조직의 원형이 된 '노상강도 단속' 특별반으로 불리게 되었다. 아무래도 상관은 없다. 이 경찰 순찰대는 자신이 어떤 종류의 말썽거리를, 즉 누구를 어디서 찾는지 잘 알고 있었다. 세 가지 사건에서 모두 등장하는 경찰의 일상적 관행을 설명하는 요인으로는 예측적 열정(anticipatory enthusiasm)의 흔적 이상의 것이 존재한다. 현장에서, 지하

철 승강장에서는 면대면으로 혹은 텅 빈 지하철 객차에서 '노상강도' 공
황은 시작되었다. 전국인권회의(NCCL),8 〈오늘의 인종〉, '오벌 4인방 수호
위원회'(the Oval 4 Defence Committee) 등은 '노상강도단속반' 활동에 대한
조사를 내무부에 요구했다. 이후에는 노동당 인종 문제 대변인인 존 프레
이저(John Fraser) 하원의원도 비슷한 내용의 요구서를 내무부에 보냈다. 리
지웰 경사를 계급을 유지한 채 다른 직책으로 이동시키는 조치가 있었을
뿐 다른 공식적인 답변은 없었다. 런던광역경찰청 구역의 통계담당반이
출판한 통계에 따르면 "1972년에는 이 유형의 범죄가 역사상 최대치의
성장률을 기록했다."[주 24] '노상강도범'의 활동이 1972년에 활발해졌다는
뜻이다. 그러나 1972년 내내 (그리고 법원이나 미디어에서 범죄 물결이 공개되기 이
전에도) 경찰 역시 런던에서 '노상강도범'에 대응해 대단히 적극적으로 활
동했음이 분명하다. 경찰과 노상강도범 간의 전쟁에 **이미** 참전한 상태였
다는 것이다.

　　'노상강도'가 공적 이슈로 떠오르기 **이전** 시기에 경찰이 이미 '노상
강도범'에 대해 경계심을 갖고 대처를 위해 가동되고 적극적으로 활동했
다는 사실을 일단 알고 나면 다음과 같은 질문을 던져 보아야 한다. 혹시
바로 이 가동이 이후에 법원과 미디어에 등장하는 '노상강도' 범죄 물결
을 **만들어내고**, 이에 따라 공중의 우려를 압도할 조짐을 보이면서 결국 거
의 한 해 동안 다른 모든 범죄 관심사를 대체하게 되는 데 어떤 식으로든
기여하지 않았는가 하는 질문이다. 과연 경찰 활동이 '노상강도'를 **증폭시
켰는가?**

　　한 가지 가능성 있는 증폭 요인은 무엇보다 바로 특별단속반을 설치
하기로 한 결정이다. 특별 '노상강도단속반'이 더 많은 '노상강도 범죄'를
생산해낼 것이라는 점은 거의 확실했다. 의도는 아니었겠지만 전문가 동
원의 필연적인 결과인 셈이다. 그다음에는 이 특별단속반이 겨냥하는 가

8　NCCL은 전국인권회의(National Council of Civil Liberties)의 약칭으로 1934년 영국 런던
　에서 설립된 인권운동 단체이자 정치적 압력 단체다. 영국 사회에서 인권 보호와 신장을 위
　해 활동하고 있다. 1989년에 리버티(Liberty)로 이름을 바꾸었다. ─ 역주

동 대상이 무엇인가 하는 문제가 있다. '오벌 4인방'과 '로데시아 유학생' 사건에서 노상강도단속반은 '절도 미수', 즉 소매치기 혐의를 제기했다. 소매치기는 '강도'가 아니라 '경미한 절도'의 예로서 무력이나 무력의 위협을 동반하지 않는다. 하지만 노상강도단속반이 집단으로 급습해 이들을 소매치기로 기소하고 '노상강도 갱'의 일원으로 의심한다면 상황은 아주 달라진다. 여기서 '경미한 절도'는 '노상강도'라는 새로운 이름표가 붙으면서 성격이 격상되었다. 더구나 이 초기 사례에서는 이 노상강도단속반이 자신들의 임무 수행을 기소로까지 끌고 가려는 동기가 너무나 강해, 조크 영이 '이론적 죄와 경험적 죄'라고 부른 두 유형 간의 간격을 뛰어넘으려는 경향에 빠질 수도 있다. 이 사례는 모두 '행정적 효율성'을 빌미로 행해지는 일로서[주 25] 때때로 '선제적 경찰 활동'(pre-emptive policing)이라 불리는 관행이다.[주 26] 그 후 〈선데이 텔리그래프〉 1972년 10월 1일자에 '노상강도범과의 전쟁'(War on Muggers)이라는 제목으로 실린 기사에서는 경찰이 "노상강도범이 작업에 들어가기 **전에** 공격 무기 소유, 배회, 불법침입 그리고 바람직하지 못한 인물이라는 혐의로 체포하려 했다"(강조점은 필자 추가)라고 주장했다. 콜린 맥글래션(Colin McGlashan) 역시 예견적 체포에 대해 똑같은 감정을 표현하면서, 신분을 밝히지 않은 '고위경찰관'의 설득력 있는 몇몇 발언을 인용해 자기 주장을 뒷받침했다. 이 경찰관은 브릭스턴특별순찰단(Brixton Special Patrol Group)을 "피에 굶주린 용병 집단"으로 지칭했는데, 그에 따르면 이 순찰단원들은 "늘 숫자를 의식하고", 검문, 체포, 검거 숫자에 신경을 쓰며, '의심', '고의적인 배회' 등의 혐의로 많은 사람을 체포했다는 것이다.[주 27] 물론 그다지 신뢰성을 인정받지 못하긴 했지만 흑인 공동체의 수많은 대변인도 몇 개월 후 열린 경찰·이주민관계특별위원회에서 똑같은 내용으로 증언했다.[주 28] 이는 1973년 3월 '흑인과 법과 질서의 세력'에 관해 남부 런던에서 개최된 아주 열띤 회의의 주된 주제이기도 했다.[주 29] 하지만 〈타임 아웃〉이 런던 교통경찰 노상강도단속반 활동에 관해 추가 정보를 얻으려고 접촉하자 대변인은 이렇게 답변했다. "우리에게도 이 문제점을 처리하는 방법이 있어요.

그러나 공개하지는 않습니다. 자칫 엉뚱한 사람들에게 도움을 줄 수 있기 때문이죠."[주 30]

　　경찰 활동은 대응 대상자에게 미치는 효과 측면에서도 '노상강도'를 증폭시키는 데 기여할 수 있다. 낙인찍히거나 일탈적인 집단의 행동이, 통제 기구가 그 집단에 대해 이미 갖고 있는 스테레오타입에 점차 부합하게 되는 과정을 조크 영은 "판타지가 현실로 번역되는" 과정이라고 부른다.[주 31] 예를 들면, 경찰의 행동은 의심 대상인 집단에게 이미 의심받고 있는 행동을 유발할 수도 있다. '오벌 4인방' 사건에서 네 사람에게 접근한 경찰은 평복 차림에 신분증도 제시하지 않았다. 젊은이들은 나중에 경찰 폭행 혐의로 기소되었다. 그러나 정치적으로 깨어 있는 흑인 청년 집단이 예상치 않은 체포에 저항했다는 사실은 남부 런던에서 흑인과 경찰 간에 존재하는 상호 불신 상태에 관해서도 시사하는 바가 있다. 이 상황은 젊은이들이 노상강도의 '의도를 갖고 어슬렁거렸다'라는 사실을 입증하지 못한다. 공식적 대응이 '자기 충족적 예언'이 되어버리는 이 과정은 실제 체포 과정에서 상호작용을 포함할 수도 있다. 상당수의 사회 통제 활동은 규칙 집행을 위해서라기보다는 존경을 얻기 위한 것이라고 베커는 주장한다.[주 32] 경찰이 극도로 촉각을 곤두세우는 시기 동안 '존경' 문제는 특히 중요해진다.[주 33] 그러나 존 램버트(John Lambert)가 주장했듯이, "경찰 관계는 이주민 측에서 보면 경찰이 흥분 잘하고 거만하게 행동할 것이라는 예상 위에서, 또한 경찰 폭력에 대한 이주민들의 예상 위에서 틀 지워진 것 같다."[주 34] 따라서 '오벌' 사건 장면은 흑인과 경찰이 상대에 대해 갖고 있는 상호 기대치를 통해 사건을 유발하도록 이미 사전 설정되어 있었다. 일탈 증폭은 사람들이 실제로 하는 행동 못지않게 이처럼 **지각된** 행위 수준에 의존할 수도 있다.

　　이미 살펴보았듯이 반노상강도 캠페인은 일단 공식적으로 시작되자마자 (공식적인 경찰 동원 측면에서) 엄청나게 빠른 속도로 확장되었다. 현장에서는 '노상강도'를 겨냥한 활동도 강화되었다.[주 35] 잉글랜드·웨일즈 경찰청장이 노상강도가 '최우선 순위'라고 선언하면서 이 물결은 정점에 달했다.[주 36] 그다음엔 행정적, 정치적 지휘 계통의 더 고위층으로 올라가 내무장관이 모든 지역 경찰국장에게 '노상강도'에 관한 세부사항 보고를 요청했고, 그다음엔 현장에 더 많은 특별 노상강도단속반을 투입하는 조치를 포함해 추가로 '특별 조치'가 취해졌다.[주 37] 1973년 5월 내무장관은 경찰 수장들에게 또 다른 특별 지시를 내렸다.[주 38] 로버트 마크 경이 새로 주도한 정책은[주 39] 즉시 어느 정도 효과를 보게 됐다.[주 40] 10월이 되면 〈데일리 미러〉는 사기가 영국의 새로운 '최우선 순위', 즉 "영국의 가장 큰 골칫거리 범죄"[주 41]로 떠올랐다고 보도하게 됐다. 하지만 당장은 범죄 예방-범죄 뉴스의 나선이 또 다른 소용돌이에 말려 들어갔다.

▌경찰 '캠페인'의 기원

우리는 '노상강도'에 대한 경찰의 대응을 살펴보고, 사실 '노상강도' 발생 방식에 관한 '상식적' 견해와 반대로, 범죄가 **두 가지** 구분되는 단계를 거쳐 발생하는 것으로 보아야 한다는 점을 알게 되었다. 첫째는 '노상강도와의 전쟁' 준비 기간으로, 홍보는 거의 혹은 전혀 이루어지지 않고 현장에서 철저한 경찰 동원이 이루어지는 단계다. 이 단계에서는 도시의 특정 취약 지역(런던에서는 지하철역과 기차 객실)과 경찰이 보기에 '잠재적 노상강도범'으로 지목된 특정 집단, 무엇보다 흑인 청소년 집단을 표적으로 삼는다. 비공개이지만 경찰 대응 강화가 전개되는 이 시기에는 '노상강도'에 대한 제도적 규정이 이미 작동하지만, 그 효과로 **두 번째** 단계를 **낳게 되는** '공적' 규정은 아직 이루어지지 않는다. 두 번째 단계에 이르면 법정 소송 사건, 신문 사설, '노상강도'에 관한 내무부 공식 조사, 공적 캠페인 전개, 공개적인 전쟁 등이 전개된다. 첫 단계 전체는 지금까지 대개 '노상강도의 역사' 속에 은폐되어 있었다. 부분적으로는 이 단계가 공중의 공황 **이전에** 발생하기 때문이고, 경찰의 폐쇄적인 제도적 세계에 국한된 반응인 데에도 일부 이유가 있다. 그렇다면 이 이전의 시기를 파악하려면 '노상강도'에 대한 경찰 대응의 이전 역사를 재구성해야만 한다. 공황 대응의 기원은 이전의 이 제도적 동원 속에 파묻힌 상태로 남아 있다.

여기서 우리의 관심사는 특정 사건에서 특정 경찰관에 의한 경찰력의 개인적 남용이 **아니라** '노상강도'와의 폭넓은 관련 속에서 경찰대 자체의 조직 구조와 사회적 역할에서 발생하는 효과에 있다. 최근에는 경찰부패 사례가 증가했고, 거기에 따르는 홍보도 늘어났다. 로버트 마크 경의 지휘하에 경찰이란 통에서 '썩은 사과'를 걷어낼 수 있도록 설계된 새로운 A10 '반부패' 특별반이 매우 활발하게 활동하고 있는데, 여기서도 적절한 홍보가 뒤따랐다. 경찰 부패도 중요한 문제이지만 여기서 우리의 관심사와는 다른 문제다. 노상강도단속반의 개별 구성원은 '노상강도'가 공적인 형태를 갖추기 오래전부터 일정한 영역에서 집중적으로 활동해왔다. 그러나 단속반 개별 구성원은 큰 틀 안에서 나름대로 개인 주도적인 작업을 해왔지만, 크게 보면 개인을 초월한 조직 틀 내에서 활동했다. 남부 런던과 다른 모든 곳의 상황이 이 전문가 경찰관에게 이미 아주 명쾌하게 규정되어 있어 그냥 '노상강도' 홍수를 기대하거나 예견하기만 하면 되었다.

그렇다면 경찰은 왜 그렇게 민감해졌고 어떻게 해서 그리되었는가? 상황은 왜 이미 그렇게 정의되었는가? 만일 노상강도단속반의 개별 구성원이 이론적 죄와 경험적 죄 사이의 까다롭고도 애매한 경계를 넘어갔다면, 이는 그러한 구분이 이미 심각하게 흐려진 상황에서 일하고 있었기 때문이라고 주장하고 싶다. 이러한 제도적인 경찰 동원이 처음 등장한 곳이 **어딘지도** 눈여겨봐야 하는데, 다름 아니라 남부 런던 지역과 지하철역이다. 아니면 노상강도단속에서 '소탕' 대상으로 **누가** 선택되는지도 마찬가지인데, 바로 누구보다도 흑인 젊은이 집단이다. 그러니까 '노상강도'를 겨냥한 구체적인 표적 설정은 비록 똑같이 강력한 감정이 배어 있지만 더 포괄적인 또 다른 맥락과 아주 밀접하게 연계되어 있는데, 바로 1970년대 내내 경찰과 흑인 공동체 간에 심각한 정도의 관계 훼손이 '공동체 관계'(community relations)의 특징이었다는 사실이다. 경찰이 '노상강도' 문제에 민감해진 것은 '경찰력과 흑인' 관계라는 또 다른 난감한 대하드라마와 과연 전혀 무관한 것인지 진지하게 질문해 볼 필요가 있다. 리지웰 경사의 이름은 여러 예견적 '노상강도' 사건에서 아주 두드러지게 부각된 바 있는데, 바로 이러한 각도에서 그의 발언을 살펴보도록 하겠다. 리지웰은 단속반 전술의 현장 지휘자이자 로데시아 경찰 출신이었다. 리지웰은 두 로데시아 유학생 재판에서 '유색인종 젊은이'를 콕 짚어서 찾아내려 하는지 질문을 받자 "지하철 북부 노선에서는 그렇다는 데 동의하겠습니다"[주 42]라고 대답했다. 이 답변은 다른 출처에서 경찰 태도와 관련해 나온 상당수의 증거와 일치한다. 런던 지역의 **많은** 경찰은 특히 '유색인종 젊은이'를 찾아내려 애썼으며, 일단 발견하면 백인이었을 때에 비해 다소 차별적으로 취급했다는 사실을 이 증거는 시사한다.

데릭 험프리(Derek Humphrey)[주 43]와 존 램버트[주 44]는 방식은 다르지만 모두 이 시기 경찰−흑인 간의 뒤틀린 관계에 관한 이야기를 조사했다. 험프리의 책은 흑인이 경찰에게 부당하게 피해를 입은 자세한 사례 연구를 포함한다. 램버트의 책은 경찰−이주민 관계에 관한 좀 더 일반적인 개관이자 좀 더 사회학적 성향을 갖추었으며 이주민과 관련된 경찰 활동의 저변에 흐르는 구조적 여건을 밝히는 데 더 주력한다. '경찰과 인종 관계'에 관한 장은 인종차별반대운동(Campaign Against Racial Discrimination)9의 〈인종차별에 관한 보고서(Report on Racial Discrimination)〉(1967)를 근거로 삼아 초창기 경찰의 잔혹성을 보여주는 일부 증거를 소개했을 뿐 아니라 기본적으로 경찰관의 직업적 **역할**이 이주민에 대한 태도에 어떻게 영향을 미치는지 보여주는 데 주력한다. 이 시각은 다음과 같이 편견을 '사회적'으로 보는 관점에 근거한다. "만일 이 '사회적' 편견이 시민 전반의 태도

---

9 인종차별반대운동은 1965년에 영국의 인종차별주의를 반대하고 인종 평등을 추구하기 위해 결성된 사회단체다. 영국에서는 2차대전 후 대규모 이주민이 유입됐는데 주로 서인도, 인도, 파키스탄 출신이 많았다. 이는 기존 백인층의 반발을 초래해 고용, 주거, 복지 등 다양한 분야에서 인종 차이에 따른 갈등이 발생했다. 1964년 미국의 인권운동가 마틴 루터 킹 목사가 노벨상 수상을 위해 스톡홀름으로 여행 중이었는데, 서인도 출신 운동가인 마리온 글린(Marion Glean)이 그를 런던의 운동가 모임에 초대했다. 이를 계기로 이듬해 1월 10일 다양한 이주민 단체가 단합해 조직 간의 연대 조직 형식으로 이 단체를 출범시켰다. ─역주

라면, 시민으로서의 경찰관도 그러한 태도를 공유할 것이라고 예상할 수 있다. 제기된 질문은 그러한 편견이 어떻게 경찰관의 직업 역할에 영향을 미치는가 하는 것이다."[주 45] 편견을 설명하기 위해 경찰관 개개인을 우선 일반적인 사회적 틀 내에, 둘째로는 그의 구체적인 조직 역할에 배치하는 이러한 관점은 경찰−흑인 관계를 구조적으로 설명하는데, 우리는 바로 이러한 부류의 설명을 채택하고자 한다.

　이 시기에는 경찰과 흑인 공동체 간의 관계가 너무나 급격히 악화해서, 앞서 살펴본 대로 이 문제에 관한 증거 수집을 위해 의회 특별위원회(Select Parliamentary Committee)까지 설치되었다. 여기서 제시된 증거는 당시 하원의원들이 이 증거에서 도출한 특정한 함의보다 더 중요하다.[주 46] 서인도 상설회의(West Indian Standing Conference)10를 대표해 클리포드 린치(Clifford Lynch)는 "흑인에게 체계적으로 잔혹 행위가 가해지고" 경찰은 "협박, 마약 주입, 혐의 날조, 물리적 폭력"을 자행한다고 말했다.[주 47] 노팅힐(Notting Hill)의 여러 증인은 경찰이 특히 젊은 서인도인을 학대한다는 주장을 입증해준다.[주 48] 버밍엄의 증언에는 지방의회 의원인 세일라 라이트(Sheila Wright) 여사의 자료도 포함되었는데, 라이트는 다음과 같이 몇몇 사례를 언급했다. 자신이 아는 세 경찰관은 "일부러 유색인 공동체를 선택"해 괴롭혔다고 했고, 경찰관의 이주민 처리에 관한 불만은 '아주 소수'만 접수되었다고도 했다. [증언에 포함된] 존 램버트는 "흑인이 경찰에게 제기하는 불만 중 엄청난 다수가, 심지어 대다수가 정당하다"라고 말했다.[주 49] 이슬링턴공동체관계위원회(Islington Committe for Community Relations)가 제출한 메모에 따르면, 이슬링턴의 흑인 젊은이들은 "경찰의 괴롭힘을 두려워한다"라고 했다. 북런던서인도협회(North London West Indian Association)와 웬즈워스공동체관계위원회의 제프 크로포드(Jeff Crawford)도 유사한 내용의 메모를 제출하였다.[주 50]

10　영국에서 1958년 아프리카계 카리브인 공동체의 이익을 대변하기 위해 느슨한 우산 조직 형태로 설립된 단체를 말한다. —역주

합산하면 48개 공동체관계위원회 중 25곳만이 지역관계가 양호하다고 보고했는데, 이 지역들은 주로 중소 규모의 도시였고 서인도인 구역보다는 사실상 아시아인 위주의 구역이었다.[주 51] 디즈 보고서(The Deedes Report) 자체도 다음과 같은 사항을 인정할 수밖에 없었다. "모든 증인, 경찰, 공동체 관계 위원회와 기타 기구, 그러나 주로 서인도인 자신에 의하면, 경찰과 젊은 서인도인(16세와 25세 사이라는 뜻이다) 사이의 관계는 위태롭고, 때로는 폭발 직전의 수준이라는 사실이 분명해졌다."[주 52]

전국인권회의 파일에서 파악한 이 시기 관계의 전모도 비슷하다. 이 기관의 〈1971년 연례보고서〉는 '경찰-이주민' 관계를 지목해 다음과 같이 특별히 언급했다. "이주민 괴롭힘의 의혹을 받는 건수는 이 나라에서 이주민이 차지하는 비율을 훨씬 능가한다는 사실은 파일을 보면 분명해진다."[주 53] 이 기관이 특별위원회에 제출한 증거는 경찰과 흑인 공동체 간의 '관계 악화' 양상을 언급했다. 이 관계 악화는 "실로 아주 심각했다 … 일부 지역에서는 위기 수준의 비율에 도달했다. 거기서 소통과 신뢰 붕괴는 총체적이다"[주 54]라고 증인들은 말했다. 증거에서 특히 두드러진 사례인 루이셤(Lewishan) 경찰서 사건 조사 요구가 나왔을 때, 경찰은 이 비난이 '스테레오타입에 근거한 것'이라고 일축했다.[주 55] 더 경악스럽게도 전국인권회의 산하 단체들이 전년도에 적어도 15건을 신고했다고 밝혔는데도 **불구하고**, 경찰 대변인은 경찰에 대한 불만과 관련해 어떤 조사도 진행된다는 사실을 들은 바 없다고 공개적으로 밝혔다.[주 56] 1971년 5월에는 전국여론조사(National Opinion Polls)가 인종관계에 관한 대규모 조사를 실시했다. 조사에서는 다음과 같은 결과가 나왔다.

> 유색인종이 경찰에 너무나 비판적이라는 사실은 다소 당혹스럽다. 브렌트(Brent)의 서인도인들은 경찰이 대체로 유색인종만 지목해서 잡아내고 자신들을 지역에서 공정하게 대하지 않는다고 생각하면서 특히 비판적이었다. 우리가 받은 인상은 상상력이 만들어낸 허구라고 보기에는 이러한 비판이 너무나 널리 퍼져 있다는 것이다.

이 조사에서 인터뷰한 백인의 80%는 경찰이 도움이 된다고 생각한다. 인도인과 파키스탄인의 무려 70%도 그렇게 생각하지만, 서인도인은 절반 이하만 그러한 견해에 동의한다. 사실 서인도인의 무려 5분의 1이 경찰은 적극적으로 비협조적이라고 생각하는데, 이 견해는 특히 젊은 노동계급 서인도인 사이에서 강하게 나타났다.[주 57]

마지막으로 일링(Ealing)의 경찰·이주민관계 공동체관계위원회(Community Relations Council on Police/Immigrant Relations)가 발주한 특별 보고서 역시 이 그림을 더욱더 입증해주었다.[주 58]

이처럼 경찰−흑인 관계가 전반적으로 악화하면서, 양측에 모두 적대심과 상호 의심이 증폭됐다. 경찰 '측'에서 보면, 이 관계 악화는 특히 '이주민'이 밀집된 지역에서는 '골칫거리'마다 그리고 이에 따라 당연히 '범죄'에서도 필연적으로 흑인의 연루 가능성에 더욱 민감해지고 그렇게 예상한다는 뜻이었다. 이주민이 밀집되고 복합적으로 낙후된 이 도시 구역들은 물론 통계적 사실 측면에서는 '범죄' 구역, 즉 범죄 비율이 평균 이상인 구역이었지만,[주 59] 당시 이 '범죄' 구역에서 흑인 이주민의 범죄 비율은 오히려 **더 낮았다.**[주 60] 경찰과 흑인 사이의 상호 의심과 적개심은 이러한 종류의 '엄정한' 증거에 근거하지 않았다. 국가 전반적으로 인종 관계가 악화하고 흑인의 호전성과 정치화가 강화됨에 따라, 또한 일자리를 찾지 못한 흑인 청년의 숫자가 급증함에 따라(1974년 6월의 최근 추정치에 따르면, 15세와 19세 사이의 영국 흑인 청년의 21%는 실업 상태다),[주 61] 흑인 공동체의 경찰은 점차 흑인 주민을 '법과 질서'에 대한 잠재적인 위협이자 잠재적으로 적대적인 존재, 잠재적인 사고뭉치, 잠재적인 '평화 훼방꾼' 그리고 잠재적인 범죄자로 인식하게 되었다.[주 61] 어떤 시점에 이르러 흑인 청년이 '잠재적 노상강도범'으로 인식된 것도 결코 놀랄 일은 아니다. 결과적으로 이러한 인식은 리지웰 경사가 이야기하는 내용이었다.

'노상강도' 유행이 정점에 이르게 되는 시기와 그 이후 시기에 경찰−흑인 관계의 상태라는 요인을 고려하면, '노상강도 퇴치' 캠페인 자체가

시작되기도 전에 경찰이 어떻게 해서 그렇게 **사전준비를 갖출 수 있었는지**
좀 더 완전하게 파악할 수 있다. 또 다른 요인은 1960년대에 이루어진 경
찰 내부 조직 개편으로, 우리가 보기에 이것 역시 영향을 미친 것 같다.

    1960년대에 진행된 경찰 부대 내부의 변화는 경찰관의 역할을 근본
적으로 바꿔놓았다. 경찰 부대를 더 큰 단위로 통합하는 작업이 이루어졌
는데,[주 62] 이 조치 때문에 결과적으로 경찰 부대의 숫자가 1955년의 125
개에서 43개로 축소됐다. '노상강도' 맥락과 관련해 더 직접 관련이 있는
부분은, 범죄 통제의 효율성을 개선하기 위해 특수 기능을 갖춘 전담반
확장과 기술적 장비(특히 자동차와 개인 교신장비) 보급이 이루어졌다는 점이
다. 이 변화들이 결합해 결과적으로 관할 구역 경찰관의 전통적인 '독립
성'이 감소하고(덧붙이자면 이는 경찰관 위상의 중요한 원천이었다), '평화 유지자'
에서 '범죄 투사'로 역할 이동이 가속화했으며, 경찰과 공동체 간에 남아
있던 연계는 소원해졌다. 이제 '전형적인' 경찰관은 더 이상 평화를 유지
하고, 이를 통해 범죄를 **예방하고**, '담당' 공동체에 해박하고 공동체의 일
부 가치를 공유하며, '현장에서는' 직속 상급자로부터 상당한 정도의 독립
성을 행사하던 친절하고 도움이 되는 '친근한 동네 경관'(bobby)이 아니었
다. 경찰관의 역할에서 점차 사라진 이 요소들을 복원하는 데 일부나마
도움을 주려는 취지에서 1967년 단위 관할구역 경찰제(Unit Beat Policing)11
와 1969년 공동체 관계 개선 계획(Community Liason Scheme)이 도입됐다. 그
럼에도 불구하고 오늘날의 '전형적인' 경찰관은 전문적인 '캅'(cop)이자 범
죄와의 전쟁 팀 구성원으로, 이들과 관할 구역 주민 간의 문화적 접촉은
최소화되어 있다. 새로운 경찰상은 더 '차량 지향적'(car-bound)이고, 덜

---

11 이는 약칭 UBP로 불리는데 제2차 세계대전 이후 스코틀랜드에서 도입된 팀 순찰 제도가
    진화된 한 형태다. UBP는 전통적인 도보 순찰과 자동차 순찰을 결합한 형태로 운영된다. 즉
    하나의 단위는 각기 도보 순찰로 운영되는 3개 구역(foot beat)과 차량으로 순찰하는 넓은
    차량 순찰 구역(car beat)으로 구성된다. 전통적으로 영국 경찰은 공동체와의 관계를 중시
    해, 경찰이 도보 순찰을 통해 지역 주민과 지역 사정을 잘 파악할 경우 범죄 예방 효과가
    크다고 보았다. 반면에 미국식 차량 순찰은 주민과의 접촉은 약해지지만 기동성과 대응시간
    단축이라는 상점이 있는데, UBP는 양자를 결합한 방식인 셈이다. ― 역주

'관할구역 지향적'(beat-bound)이고, 현장에서 상주할 가능성은 적으며, 이 제는 도처에 널린 '워키토키'(walkie-talkie)와 차량 교신기의 출현으로 상급자와의 접촉은 물론, 당연히 그에 대한 의존도 상시적으로 바뀌었다. 비록 이처럼 간단한 묘사는 지나치게 단순화된 것이긴 하지만, 변화가 어떤 **방향**을 지향하는지는 분명하다.[주 63]

이처럼 범죄 예방과 통제에서 개별 경찰관의 역할이 더욱더 직업적인 일상 절차화해 가는 추세는 경찰 부대 내부의 **전문화 강화**에서도 영향을 받았는데, 바로 특정한 범죄 영역에 대처하기 위해 특별전담반을 설치하는 경향이 더 강화된 것이다. 이 중 최초로 설립된 것은 1964년 특정한 '심각한' 범죄를 다루기 위해 설립된 **지역범죄전담반**(Regional Crime Squads)이었다. 전국적인 조정을 거치고 범죄정보국(Criminal Intellegience Bereaux)을 '지원' 장치로 둔 후, 광역지구지역범죄전담반(Metropolitan Regional Crime Squad)은 '우발적인' 범죄 담당(1964)에서 '조직' 강력 범죄 전담(1965)으로. 그러고 나선 범죄 대응 위주에서 벗어나 파악된 전문 범죄자 '감시' 중심으로 재빨리 초점을 옮겼다.[주 64] 하지만 이들의 기본적 중요성은 구체적으로 범죄의 **한 가지** 측면에 재량껏 집중할 수 있고, 이와 더불어 **그 어떤** 범죄나 범죄자 대상으로든 신속하게 동원될 수 있는 잠재력, 즉 필요하다면 언제 어디든 신속하게 이동할 수 있다는 데 있다.

이와 관련된 두 번째의 진전은 이후의 진전에 '모델' 구실을 하기도 했는데, 바로 1965년 런던광역경찰청이 특별순찰단(the Special Patrol Group, SPG)을 설치했다는 것이다. (고위 경찰 간부에 따르면) 특별순찰단은 '엘리트 부대'로 설치되었는데, 이후 고위층에서 이에 부담을 느끼게 되면서 '다시 통제하에' 들어왔다고 한다.[주 65] 오늘날 런던경찰청에서는 특별순찰단이 '부대 내부의 부대'가 아니라고 우기긴 하지만, 이 기구는 원래 그런 식으로 발전해 온 것 같다. 특별순찰단은 "어떤 구역에서 근무하든 직속 상관과 완전히 별도의 지휘 체계를 따르고 독자적인 무선 커뮤니케이션 망도 갖추었다." 오늘날에는 6개 단위 부대가 존재하고 모두 200명의 '엄선된 경찰 요원'이 속해 있다. 이 단체의 기원은 1961년 "영국에서 '제3

의 경찰 별동 부대'의 필요성 여부를 탐구하기 위해" 설립된 내무부 실무
작업단(Home Office Working Party)이었다.

    실무 작업단 출범 전에 나온 제안을 뒷받침하는 논리는 군대와 우리의 경
    비 부대, 그리고 (어쨌든 인원 부족 상태인) 민간경찰의 역할과 실천 간에는
    틈새가 존재한다는 점이었다. 실질적인 측면에서 이 틈새는 영국에서 계급 간
    의 경제적, 사회적 격차가 커지면서 과격한 산업 분규 증가, 정치 저항 격화,
    인종 폭동의 가능성, 해외로부터의 위협, 즉 '테러리즘', 사회적 갈등 격화의
    가능성을 누가 맡아서 대처해야 하는가 하는 문제였다.[주 66]

    실무 작업단은 준군사적인 '제3의 부대'라는 개념을 검토하고는 10
년이나 시간을 끌다가 결국 폐기했다. 그렇지만 그사이에 런던광역경찰
청 고위 간부들은 자체적으로 '제3의 부대'를 창설했다. 기본적으로 특별
순찰단은 '예비 지원' 부대다. 예를 들면 '중부런던 담당팀'(central London
commitment)(특별순찰단 2개 단위)은 "경호 임무 중의 경찰관을 [지원]하고 다
른 어떤 심각한 사태에도 출동할 태세가 되어있다. … 근무 중인 '중부런
던 담당팀' 2개 단위 분대에 배치된 이동 밴 차량에는 항상 두 명의 무장
경관이 대기할 계획이다." 〈보고서〉는 이 팀의 다른 임무도 언급했다.
"'중부런던 담당팀'의 일부로서 근무 중이 아니거나, 심각한 범죄 관련 경
찰 활동 중이 아닐 때에는 특별순찰단 단위 부대는 이런저런 범죄가 늘어
나는 구역을 장악하는 데 활용된다." 몇 차례에 걸쳐 특별순찰단 단위 부
대는 실제로 노상강도를 '진압'하기 위해 브릭스턴을 '장악'했기 때문에,
이러한 '장악' 역할에서 특별순찰단은 우리 관심사와 직접 관련이 있다.
즉 핸즈워스, 버밍엄과 기타 지역에서도 비슷한 유형의 사건이 일어났다.
이렇게 해서 이 경찰 부대는 일종의 '슈퍼' 지역 범죄전담반이 되었다. 이
와 비슷한 조치가 전국 각지에서도 널리 이루어졌다.[주 67]
    이 두 가지 진전, 즉 지역 범죄 전담반과 특별순찰단이 창설된 결과,
경찰과 공동체 간의 연대감은 더 느슨해지고 말았다. 그러나 두 번째 진

전인 특별순찰단 창설은 추가적인 시사점도 갖고 있었다. 경찰과 공동체 통제라는 관습화된 패턴을 벗어나 조직되었고 대비 태세, 신속성, 기동성을 강조하게 되면서, 이들의 행태에는 군사적인 스타일과 철학이 배어들었다. 군부대 단위처럼 흔히 총기로 무장했지만 군과 달리 전통적인 경찰의 체포 권한도 행사했다. 이러한 진전이 노상강도단속반 창설에 갖는 함의는 파악하기 그다지 어렵지 않다. 부분적으로는 지역범죄 전담반과 특별순찰단을 본떠 새로운 전담반은 '노상강도' 문제에서 전문가적인 역할, 스타일과 접근방식을 추구했는데, 말하자면 골칫거리를 기대하고 예상하며 적극적인 공세를 취했다. 전통적인 영국 경찰관은 상황을 '섬세하게' 처리하여 관용과 유머로 국제적인 명성을 얻었는데, 이와는 너무나 거리가 먼 이러한 스타일을 감안할 때 어느 정도의 괴롭힘과 협박은 거의 필연적이었다.

만일 개별 경찰관이 조직의 제약을 받는다면 소속된 사회의 제약도 받기 마련이다. 공식적으로 경찰은 법을 집행, 적용하고 공적 질서를 수호한다. 이 때문에 경찰은 자칭타칭 '사회를 위해' 행동하는 존재로 통한다. 그러나 좀 더 비공식적 측면에서 경찰은 공중의 감정, 사회의 불안과 관심사 변화에도 신경 써야 한다. 경찰은 이 두 가지 '사회적' 기능을 매개하면서 스스로 "가상의 점잖은 '보통' 시민의 욕망을 대변"하는 존재로 여기는 경향이 있다.[주 68] 심지어 공식적으로 어디에다 법을 집행하고, 어떻게 어느 곳에 어떤 방식으로 할 것인지는 경찰의 핵심적인 재량권 영역인데, 이 역시 지배적인 '사회적 감정의 온도'에 영향을 받는다. '노상강도' 유행에 이르게 되는 시기에는 경찰의 작업에 직접 영향을 미치는 두 가지 맥락이 있었는데, 여기서도 공중 감정의 온도가 상승하고 있었다. 경찰은 의심할 여지없이 두 영역에서 모두 촉각을 곤두세우게 되었다. 첫 번째는 '법과 질서'의 영역이고, 두 번째는 반이민 정서의 맥락이다. ('법과 질서'에 관한 이후 장들에서 이 둘은 더 자세히 다루므로 여기서는 간략하게만 훑어본다)

'법과 질서' 영역 안에서는 세 가지 갈래를 확인할 수 있는데, 바로

청년, 공적 이슈로서의 범죄, 정치적 저항이다. '청년'의 갈래에는 당시
쏟아져 나온 청년문화 운동(테디보이$^{Teddy-Boys}$12에서 스킨헤드^{Skinheads}13까지)의
'반사회적' 행태뿐 아니라 청소년 범죄 증가, 젊은 범죄자, 반달리즘, 훌
리건주의의 증가도 포함된다. 청년들의 불안정성, 가시성, 반권위적 태도
는 흔히 요란하게 가시적인 형태를 띠면서, 공중이 의식하기에는 사회 변
화의, 그러나 더 나아가 사회 변화에서 부정적인 모든 것의 은유처럼 통
하게 되었다.[주 69] '범죄'의 갈래 내에서는 일련의 '집중적 관심사'가 존재
했는데, 강도의 규모와 전문화, 범죄 '제국'과 갱 전쟁 확산, 범죄의 기술
적 정교화, 그리고 무엇보다 총기와 폭력 사용 확대와 '막가파식' 멘털리
티 만연이 그 예다. 또한 경찰은 전문 범죄자가 유죄 판결을 피해가기
더 쉬워졌다고 믿었다는 점을 감안할 때 이 경향을 더욱 견디기 힘들어했
다.[주 70] '저항의 정치' 갈래 역시 수많은 측면을 포괄하는 폭넓은 전선이
다. 그러나 1950년대의 반핵운동 시위에서 1960년대 말의 대규모 시위에
이르기까지 경찰은 공적 질서 유지 능력을 검증받게 되었다. 1960년대의
의회 외적 정치(농성, 시위, 점거 등), '대항문화' 등장(마약, 코뮌, 학교 중퇴, 팝
페스티벌 등), 이후에는 좌파 정치 분파와 학생운동의 성장, 궁극적으로는
국내 테러리즘의 위협 때문에 경찰의 역할은 더 복잡해졌다. 다른 전선을
보자면 과격한 산업분규 증가와 국내에서 폭탄 투척을 위협하는 북아일

---

12 테디보이는 1950년대 초 런던의 10대 사이에서 형성된 하위문화를 말한다. 외모에서는 에
    드워드 시대(1901-1910)의 신사복 스타일의 복장으로 구분되었다. 원래 이 복식은 런던 남
    성복 거리인 사빌 로(Savile Row)에서 전후 복귀한 젊은 장교 층을 겨냥해 출시한 스타일이
    었는데, 인기가 없어 재고로 처분되었고 이것이 10대들에 의해 수용되면서 테디보이 스타
    일로 굳어졌다. 테디보이는 영국에서 처음으로 10대 집단의 문화로 차별화해서 등장했다는
    점에서 의미가 있다. 테디는 일부 구성원들에 의해 폭력성을 띠기도 했는데, 가장 악명 높은
    사건이 바로 1958년 노팅힐의 흑인 인구를 겨냥한 노팅힐 인종 폭동이다. ─ 역주
13 스킨헤드는 1960년대 런던에서 노동계급 청소년 사이에서 탄생한 하위문화로 곧 영국 전
    역으로 퍼졌다. 이들은 1950년대 후반과 1960년대 초까지 지배적이던 보수주의의 엄격한
    문화뿐 아니라 중간계급 중심의 히피 운동과 평화운동을 배격하고, 노동계급의 자부심과 유
    대, 문화라는 대안을 추구했다. 머리를 부분적으로 밀어버린 독특한 헤어스타일과 청바지에
    요란한 금속 장식을 특징으로 하는 옷차림으로 유명하다. 시간이 지나면서 노동계급 특유의
    패션에 자메이카 패션과 음악 요소를 많이 수용하였다. ─ 역주

랜드 위기라는 두 가지 이유로 더 강경하고 더 가시적인 경찰의 존재가
반드시 필요해진 듯했다. (역대 경찰청장의 〈연례보고서〉에서 '공적 질서'에 대한 관
여 증가는 꾸준히 언급 대상이 되었다) 이 모든 이슈와 관련해 경찰은 점차 '전
선'에, 즉 전통적인 경찰 활동의 경계 영역을 훌쩍 뛰어넘는 분야에 진입
해, 합법성과 불법성 사이의 경계가 아주 모호하고 감정이 격앙되기 쉬운
이슈를 다루게 되었다.[주 71] 경찰은 군중 통제를 "빠르면서도 **동시에** 제대
로 해야 한다"라고 어느 경찰 지휘관은 논평했다.[주 72] 이 새로운 경찰 임
무 때문에 경찰의 작업은 대외노출도가 더 커지고 취약성이 드러나, 실제
직업은 더 고되어지고, 휴일 근무가 필수화됨에 따라 노동시간도 늘어났
다. 이러한 사태 진전은 좌파 측에서 노골적인 반경찰 이데올로기가 성장
한 추세나, 경찰 사기가 전반적으로 저하하게 된 경향과 서로 직접 얽히
게 되었다.

　　1955년과 1965년 사이에 전국적으로 모든 중범죄 검거율(detection
rates)은 49%에서 39%로 떨어졌다. 해결된 전체 연간 범죄량이 108%나
증가했으니, 그렇다고 해서 반드시 효율성이 떨어졌다는 뜻은 아니다. 그
러나 검거 건수가 신고된 범죄 증가 속도를 **따라잡지** 못했다는 점은 확연
하게 드러났다. 똑같은 기간(1955-65) 동안 경찰 부대는 일관되게 '법정
정원 미달' 상태였고(1955년에는 13%, 1965년에는 14% 미달), '이직'도 갈수록
심각한 문제였다. 검거율과 마찬가지로 런던 경찰의 위상은 더 열악했다.
[주 73] 왕립경찰위원회(the Royal Commission on the Police)(1962)의 논의 결과에
맞추어 '이번 세기' 최대의 경찰 봉급 인상이 이루어졌다.[주 74] 그러나 이
조치가 갈수록 심해지는 업무상 혹사와 더불어 '범죄와의 전쟁'에서 패배
하고 있다는 좌절감을 상쇄하지는 못했다.[주 75]

　　이 시기에 경찰-흑인 관계가 악화했다는 사실은 이미 언급했다. 그
러나 경찰 노동의 사회적 맥락 측면에서 이 관계를 구조화하는 맥락, 즉
국내 반이민 정서의 성장도 언급해야겠다. 여기서 전반적인 정서의 반전
경향이 나타났다는 사실을 명쾌히 드러내는 데는 다음과 같이 일련의 핵
심 사항을 언급하는 것만으로도 충분하다. 즉 이민을 제한하는 최초의

〈영연방이민법(Commonwealth Immigration Act)〉(1962) 제정, 뒤이어 1964년 스메스윅(Smethwick) 선거구에서 반이민 공약을 내건 피터 그리피스(Peter Griffiths)[14]의 당선, 1965년 노동당의 이민 정책 철회 등이 이에 해당한다. 이 1단계는 반이민 정서에 좀 더 높은 가시성을 부여했고 공식적으로 용납할 만한 것인 양 만들었다. 그리고 나서 1968년 '포웰주의'[15](Powellism) 의 폭발, '송환' 논의 격화, 국민전선(the National Front)[16]과 보수당 내 반이민 로비의 성장, 불법 이주민에 대한 마녀사냥이 이어졌다. 이제는 흑인이 곧 '사회 문제'인 것처럼 간주하기가 점점 더 쉬워졌다. 그리고 흑인들은 '사회 문제'라는 점에서 점차 어쩔 수 없이 경찰과 접촉하게 되었다.[주 76]

"영국 사회 구성원으로서의 경찰관은 더도 덜도 말고 딱 이웃이나

---

14 피터 그리피스(1928-2013)는 보수당 정치인으로, 1964년 총선에서 당시 노동당 내각 외무장관 입각 예정자이던 패트릭 워커(Patrick Walker) 의원을 꺾어 파란을 일으킨 인물이다. 해당 선거가 노동당 압승이 확실시되던 상황이어서 이 선거 결과는 상당한 충격이었다. 그는 선거운동 중에도 반이민 정책과 인종 차별적인 언행으로 논란을 일으켜, 노동당 내각의 해럴드 윌슨 수상에게 '완전히 더러운' 캠페인이었다는 비판을 받았다. 그리피스는 자신이 '피부색 편견'을 갖고 있지 않다면서도, 당시 인종분리 정책으로 악명 높던 남아프리카공화국을 '의회 민주주의의 귀감'으로 칭송한다든지, 카리브 이민이 질병 확산의 원인이라고 주장하는 등 반이민 정서에 영합하는 발언을 일삼았다. 이 무렵 스메스윅 선거구는 잉글랜드에서 이주민 유입률이 가장 높은 곳으로 반이민주의자와 극우 인사들의 표적이 된 곳이다. — 역주

15 포웰주의는 영국 보수당 정치인이던 이녹 포웰의 정치적 견해를 지칭하는 용어다. 포웰은 보수당 의원(1950-1974)으로 활동하다가 이적해서 얼스터연합당(Ulster Unionist Party) 의원을 지냈다. 그는 영국 민족주의에 대한 철저한 신봉자로서 오직 국민국가만이 "궁극적인 정치 현실"이라고까지 주장했다. 그래서 이민과 북아일랜드 독립을 반대했고 유럽경제공동체 가입도 반대했다. 경제적으로도 국가 개입을 반대하는 시장주의자였다. 특히 1968년 4월 20일 노동당 정부의 이민 정책을 비판한 '피의 강'(Rivers of Blood) 연설로 유명했다. 이 연설은 한편으로는 인종주의라는 비판을 받았으나, 동시에 지지 세력이 열광할 정도로 반응이 엇갈렸다. — 역주

16 국민전선은 영국에서 1967년 창당된 극우 파시스트 성향의 정당이다. 생물학적 인종주의와 백인 우월주의, 인종 분리주의 등의 이념에 근거해 이민과 다문화주의 정책 전반을 반대하고, 정치적으로는 경제적 보호주의를 옹호하고 EU 가입도 반대했다. 1967년 5개 극우 단체 간의 합병으로 탄생해 1970년대 중반에 전성기를 누렸다. 한 번도 영국 의회나 EU 의회에 진출하지는 못했으나 시의회 등 지역 단위에서는 상당한 세력을 확보했다. 1970년대 중반에는 총선 득표율 4위를 기록하기도 했다. 보수당 극우 성향과 블루칼라 노동자, 자영업자들이 지지기반이었다. 초창기에는 지자체 선거에서 의석을 확보하는 등 나름대로 영향력이 있었으나 1980년대 이후 빠르게 인기를 잃었다. — 역주

동료만큼 편향을 갖고 있을 것이라 기대할 수 있다"라고 램버트는 말했는데, 이는 옳은 지적이다. 하지만 램버트가 다음과 같이 붙인 단서조항 역시 똑같이 중요하다. "그러나 직업상 경찰은 이웃과 동료보다는 훨씬 더 자주 유색인 이민과 접촉하게 된다."[주 77] **경찰 부대** 구성원으로서의 역할에서 경찰관은 대다수의 여느 공중 구성원보다는 편견이 강화되거나 부정될 기회도 더 많고, 자신의 감정에 따라 행동할 여지와 그렇게 해도 정당화될 가능성도 더 크다. "경찰은 사회적으로 격리되어 있기 때문에, 직업적 접촉 맥락을 제외하면 유색인 시민을 만날 기회가 거의 혹은 전혀 없다"[주 78]라고 램버트는 덧붙인다. 바로 이처럼 제한된 '직업적 접촉' 상황에서 이주민에 대한 경찰의 스테레오타입이 강화되었다. 대체로 경찰은 유난히 고립된 사회적 위치에 있기에 스테레오타입에 빠지기 쉽다. 즉 이 태도는 부분적으로는 스스로 유도되고 부분적으로는 유색인에 대한 공중의 양가적 태도에 의해 강제된 것으로, "도처에 널린 의심에서 노골적인 적개심"에 이르기까지 다양한 모습을 취한다고 조크 영은 말했다.[주 79] 램버트가 지적했듯이 "경찰관은 어떤 사람을 재빨리 압축적으로 파악하고 적절하게 대할 방법을 판단해야 한다."[주 80] 이주민은 그저 위기에 처한 체제에 늘 발생하는 경제적 사회적 병폐의 손쉬운 '속죄양'일 뿐이다. 똑같은 시기의 다른 익숙한 속죄양으로는 '과격파', '전복꾼', '공산주의자', '외국인 선동가' 등이 있다. 그러나 후자의 속죄양은 미디어에서 상당히 '신화적'인 존재이긴 하나 실제로는 거의 나타나지 않는 반면에, 이주민은 매우 가시적이면서 매우 취약한 대상이다.

　이러한 사회적 맥락의 가장 즉각적인 효과로, 경찰 내부에는 점차 초조함, 좌절, 분노의 증가를 특징으로 하는 독특한 '분위기'가 성장했다. 이 분위기는 범죄 '전쟁'에 관한 공적 진술문에 가장 뚜렷하게 표현되었는데, 앞서 기술한 '사법부의 분위기'와 뚜렷한 병행관계를 이룬다. 이를 표현한 진술문으로는 존 월드론 경(Sir John Waldron)이 임기 중 두 번째로 작성한 〈1970년도 런던광역경찰청장 보고서〉에서 전한 내용이 아주 유명하다.[주 81] 당시 은퇴를 앞둔 존 경은 이 보고서에서 재직 기간 동안 형법

적 제재에서 징벌성이 점점 약화하고 동시에 런던에서 강력 범죄가 점진
적으로 증가하는 것을 목격했다고 말했다. 존 경은 소수의 전문 범죄자
집단이 투옥을 거의 두려워하지 않고 가석방의 희망 위에 미래를 설계한
다고 불평했다. 또한 직업 범죄자들은 10여 년 동안 연이어 유죄 판결을
받았고, 풀려난 후에도 정직한 직업을 가지려는 노력을 전혀 하지 않았다
고 했다. 존 경은 이에 대한 '처방'으로 엄격하고 고된 조건에서 장기간의
형을 제안했다.[주 82] 여기서 경찰 사이에 지배적인 '우려' 대상이 명확하
게 드러나는데, 바로 관대함의 확대, 강력 범죄 증가, 전문 범죄자의 '면
책' 확대, 사면의 '유화적 조치' 효과와 실효성 없음 등이다. 마치 존 경
만이 이러한 견해를 갖고 있는 유일한 사람이 아님을 입증하려는 듯이,
〈더 타임스〉는 (똑같은 페이지에) 요크셔·북동 요크셔 경찰국장이 젊은이에
대한 '유화적' 조치를 비판하는 거의 동일한 내용을 실었다. 의미심장하
게도 이 경찰국장은 자신의 견해가 곧 '수많은 경찰'의 견해라고 생각한
다고 밝혔다.

　　이 전선에서 가장 신랄하고 가장 직설적이며 분노에 찬 공격은 두
달 후 런던광역경찰청 두 고위 간부의 〈더 타임스〉 특별 인터뷰에 등장했
다.[주 83] 한 걸음 더 나가긴 했으나 보도 내용은 존 경의 발언과 유사했
고, 기조는 대체로 더 간절했다. 여기서 두 사람은 강력 범죄로 기소된
범죄자에 대해 의회, 법원, 내무부가 지속적으로 관대하게 대처한다며 분
노에 차서 비난했다. 두 고위 경찰은 가혹한 수감 여건을 철폐한 데 대해
유감을 표했고, 이러한 '가혹함'이야말로 억제적 효과를 발휘한다고 주장
했다. 강력 범죄가 급격하게 증가하는 데에도 경계심을 드러냈다. 만약
단호한 조치를 취하지 않으면, 5년 후 런던 거리가 지금의 뉴욕과 워싱턴
처럼 위험해질 것이라고 장담했다. 그리고 예상대로 처방은 더 긴 형기와
더 가혹한 수감조건이던 '과거의 좋은 시절'로 되돌아가는 것이라고 주장
했다. 이 기사가 블랙풀(Blackpool) 경찰서장 살해 사건과 같은 날 지면에
실렸긴 했지만 두 사건은 관련이 없었다. (이 사건이 두 경찰의 주장을 보강한
것은 의심의 여지가 없지만) 두 사람은 단순히 분노에 차 동료 경찰 살해에 대

해 반응하는 것이 아니었다. 다음 날 〈더 타임스〉 사설은 이 진술이 갖고 있는 정치적 중요성을 환기시켰다.[주 84] 이 이견들은 "런던광역경찰 고위 간부의 집단적 견해"이자, 공중과 보수당 일부 구성원―이들은 범상치 않은 압력단체다―의 의견이라는 사실을 인용한 후, 기사는 이 진술이 "아마도 형법적 처벌의 추가 움직이려 하는 방향"을 시사한다면서 불길한 "변화의 바람"에 대한 예측을 덧붙였다(말이 난 김에, 이 관리들의 진술을 진보 언론이 직접, 혹은 저명한 진보 대변인을 통해 비판적으로 점검해본 결과 근거 부족임이 드러났다는 점도 덧붙여야겠다. 하지만 12개월 후 노상강도가 중요한 미디어 뉴스 항목으로 '터졌을' 때에는 이와 똑같은 반응이 나오지 않았다).[주 85] 이러한 정치적 중요성 외에 '런던 거리'와 런던―뉴욕 비교를 언급한 것도 시사점이 컸다. 따지고 보면 화물차 납치, 은행털이, 마약 밀수, 폭력단 갈취, 매춘, 갱단 '총격' 등의 조직화된 직업 범죄는 우연한 상황을 제외하면 거리에서 발생하지 않는다. '길거리 안전'에 **실제로** 영향을 미치는 것은 '아마추어' 범죄로, '모든 사람'이 잠재적 피해자가 될 수 있는 지갑·가방 낚아채기, 소매치기, '지갑 털이' 등이다. 여기서 미국을 언급했다는 사실도 중요한데, 이 언급이 의미하는 바는 단 하나, 즉 길거리 강도 혹은 '노상강도'뿐이다. (1년 후 최초의 '억제적' 노상강도 재판 선고 중 하나인 '지하철 단검 갱'에 대한 선고에서 카멜 판사는 이러한 연결 관계를 아주 뚜렷하게 밝혔다).[주 86] 〈더 타임스〉 인터뷰 다음 날 〈데일리 텔리그래프〉는 '강력 범죄'에 관한 '지지' **사설**을 실었다. 이 사설은 '무분별한 공격'과 '노상강도'를 분명하게 언급했다.

　　하지만 분명 지역 신문을 읽는 사람이라면 누구나 무분별한 공격으로 보이는 범죄 신고 건수가 급증했음을 알아차렸을 것이다. … 무수한 소도시 지역에는 평화로운 천변이나 공유지 초원이던 공터가 있는데, 지역 주민들은 그곳을 산책할 때 경계심을 품지 않을 수 없게 되었다. 폭력을 동반하는 노상강도와 소매치기는 런던 지하철에서 점점 더 빈번해지고 있다.[주 87]

　　이 진술과 새해 시작 사이의 어느 시점에선가 최초의 노상강도 단속

특별순찰대가 창설되었음은 거의 확실하다.

우리의 내러티브는 영국 '최초'의 노상강도 사건으로 시작했다. 그러나 이와 달리 영국 도시에서 '경찰력과 흑인' 간의 대결이라는 아마도 다소 예상치 못한 주제로 결론을 맺었다. 이 시기에 기소된 모든 '노상강도범'이 흑인인 것은 결코 아니었지만, 흑인 청년의 상황과 경험은 '노상강도' 현상 전체와는 **계열체적 관계**(paradigmatic relation)[17]에 있다고 믿는다. 책의 서술이 진전됨에 따라, 이러한 연계의 존재를 증거, 예시와 주장으로 설득력 있게 제시할 수 있기를 바란다. 그렇지만 우선 이 연계에 어떻게 도달했는지를 이 시점에서 상기해 보자. 원래 우리의 초점은 사회 문제로서 '노상강도'가 법정과 매스 미디어에서 공적으로 가시화하는 시기에서 시작해 상대적으로 '쇠퇴'하는 시점까지에 두었는데, 이는 대략 1972년 8월에서 1973년 10월까지다. 이 시기에 법원, 미디어와 '노상강도' 간의 상호교차를 찾아내기는 어렵지 않다. 그다음엔 사법부 세계의 내부 조직과 거기서 전개되는 일부 변화를 살펴보았다. 그다음이 경찰이었다. 그러나 법정과 미디어와 정반대로 경찰의 역할은 아마 놀랄 정도는 아니지만 기이하게도 '잘 드러나지 않는' 듯했다. 어떤 점에서 이러한 '비가시성'은 예상가능한 일이었을 뿐이다. 경찰은 미디어와 공적 논쟁에서 어떤 점에서는 두각을 **나타낸다**. 그러나 이와 반대로 경찰의 **내부** 조직은 보통 외부에 그다지 많이 공개되지 않는다. 범죄 탐지, 체포, 예방에서 경찰이 수행하는 역할을 감안할 때 예상된 일이긴 하지만, 경찰의 계획, 비상 계획, 현장 동원 등은 실로 아주 조용히 처리된다.

우리가 보기에 경찰 역할의 이러한 부분적인 '비가시성'은 특히 의미

---

17 계열체는 기호학에서 의미 발생 과정을 설명하는 용어 중 하나다. 기호학적 관점에서 의미는 각 구성요소의 의미선택(계열체)과 선택된 요소 간의 결합(통합체)에 의해 발생한다. 이중 계열체는 전반적인 유사성을 갖춘 단위들이 모인 범주를 의미한다. 이 단위들은 서로 구분되는 특징을 지니면서도 하나의 계열체를 이룰 정도로 유사성도 갖고 있다. 가령 가축이라는 계열체는 소와 말, 돼지 등의 단위로 구성된다. 특히 계열체 내에서 선택된 단위의 의미는 선택되지 않은 다른 단위와의 차이에 의해 결정된다는 점도 중요하다. '흑인'의 의미는 '백인'과의 차이와 관련지어 보아야 한다는 뜻이다. ─ 역주

심장한 듯했다. 왜냐하면 그나마 남은 증거를 살펴보았을 때 경찰 자원, 주목, 에너지의 대규모 동원은 '노상강도'가 법원과 미디어에 의해 절박한 사회 문제로 의미작용되기 이미 수개월 **전에** 이루어졌다는 사실이 분명하게 드러난 것 같기 때문이다. 수개월 전 바로 이 전선에서 경찰이 적극 활동하지 않았다면, 1972년 9월 실로 법정이 '노상강도' 사건으로 넘쳐나는 일은 일어나지 않았을 것이다. 이 점을 감안할 때, '노상강도' 공황에서 경찰의 역할을 다소 다른 방식으로 살펴볼 수밖에 없게 되었다. 만일 '노상강도'가 공적 영역에 전유되기도 **전에**, 현실이든 지각된 것이든, '노상강도'로부터의 위협에 경찰이 그렇게 촉각을 곤두세우게 되었다면, 이는 이 사전 활동이 일정한 범죄 종류나 패턴을 '노상강도' 물결, 즉 '새로운 범죄 유형'의 시작으로 '이르게 되는' 전조나 그러한 현상으로 '해석하는' **제도적** 정의를 전제로 삼았음에 틀림없다는 것이다. 그렇다면 경찰을 살펴볼 때에는 기사 제목과 판사의 훈계 배후로 한 발짝 더 물러나 더 이전의 '노상강도 발생 이전' 시기로 되돌아가 볼 수밖에 없다. 바로 국가의 공적 측면보다는 은폐된 측면에 속하는 활동, 경찰과 노상강도 사이의 즉각적인 교환행위 전후에 작용하는 경찰과 사회 간의 관계가 이러한 관찰대상이며, '노상강도' 유행의 언저리에서는 **그 이전사**(pre-history)가 등장하게 된다. 특히 대도시 어떤 영역의 경찰과 흑인 청년 분파 간의 관계가 두드러지게 악화하는 과정에 관한 더 길고 복잡한 이야기가 그 이전사다. 바로 이러한 맥락에서 볼 때에만 도덕 공황 생성에서 경찰이 수행한 **혁신적** 역할을 제대로 평가하고 파악할 수 있다.

여기서 논의하는 범죄 유형은 국가 내에서도 다양한 부류의 반응을 낳기 마련이다. 이 책 여러 장에서 각기 미디어, 사법부, 경찰의 역할을 살펴본 결과, 이 범죄는 엄격하게 법률적 혹은 통계적 속성보다는 **사회적** 성격을 띠고 있음을 알 수 있다. 일단 이 점을 파악하고 나면 경찰, 법원, 미디어 같은 공적 의미작용과 통제 기구를 마치 즉각적이고 단순하며 명쾌한 범죄 상황에 대해 수동적으로 반응하는 존재인 양 계속해서 간주하기 어려워진다. 이 기구들은 또한 이들의 '반응' 대상이기도 한 전체 과정의 적극적이고 지속적인 일부로 이해해야 한다. 이 기구들은 상황을 정의하고, 표적을 선택하고, '캠페인'을 시작하고, 이 캠페인을 구조화하고, 공중 전반에 대한 자신들의 행동을 선별적으로 의미작용하며, 자신들이 생산하는 상황 설명을 통해 자기 행동을 정당화하는 적극적 역할을 한다. 이들은 단순히 '도덕 공황'에 반응하는 데 그치지 않는다. 그보다는 '도덕 공황'을 발생시키는 집단의 일부가 되기도 한다. 또한 자신들이 그렇게 필사적으로 통제하려 애쓰는 것처럼 보이는 일탈을 의도적이든 아니든 **증폭**하게 된다는 것은 다소 역설적이다. 이 점은 이 기구들 역시 '도덕 공황'이란 드라마의 핵심적 행위자이긴 해도, 자신이 쓰지 않은 대본을 연기하는 존재에 불과하다는 사실을 시사하는 경향이 있다.

주와 참고문헌

1 K. T. Erikson, *Wayward Puritans: A Study in the Sociology of Deviance* (New York: Wiley, 1966: 8-19)를 보라.

2 사법부의 상징적 역할의 중요성에 관해서는 T. Arnold, *The Symbols of Government* (New York: Harcourt, Brace, 1962); S. Lukes, 'Political Ritual', *Sociology* 9(2), May 1975; 이데올로기가 의례적 실천에 근거하고 있다는 점에 관해서는 L. Althusser, 'Ideology and Ideological State Apparatuses', in *Lenin and Philosophy, and Other Essays*, L. Althusser (London: New Left Books, 1971)를 보라.

3 *Evening Standard*, 8 November 1972.

4 *Daily Telegraph*, 10 October 1969.

5 *Guardian*, 30 October 1969.

6 *Guardian*, 14 January 1972.

7 *Guardian*, 20 May 1972.

8 다음 문헌들을 보라. *Report of the Parole Board for 1972* (London: H.M.S.O., 1973); 'Conflict over Numbers in Juvenile Courts', *Guardian*, 8 February 1972; M. Berlins and G. Wansell, *Caught in the Act: Children, Society and the Law* (Harmondsworth: Penguin, 1974: 77-98); 그리고 *Criminal Justice Act*에 관해서는 *Guardian*, 30 December 1972를 보라.

9 이 법에 관한 좀 더 일반적인 평가로는 Berlins and Wansell, *Caught in the Act;* D. Ford, *Children, Courts and Caring* (London: Constable, 1975)을 보라.

10 Berlins and Wansell, *Caught in the Act*, p. 36.

11 Ibid.: 83.

12 Ibid.: 63-84.

13 L. Blom-Cooper, 'The Dangerous Precedents of Panic', *The Times*, 20 October 1972.

14 *Report of the Parole Board for 1972*, p. 8.

15 A. Morris and H. Giller, 'Reaction to an Act', *New Society*, 19 February 1976.

16 J. Paine, 'Labour and the Lawyers', *New Statesman*, 11 July 1975를 보라.

17 Young, *The Drugtakers;* J. Young, 'Mass Media, Deviance, and Drugs', in *Deviance and Social Control*, ed. P. Rock and M. Mcintosh (London: Tavistock, 1974); S. Hall, 'Deviancy, Politics and the Media', in *Deviance and Social Control*, ed. Rock and Mcintosh를 보라.

18 L. Wilkins, *Social Deviance: Social Policy, Action and Research* (London: Tavistock, 1964); Young, *The Drugtakers*를 보라.

19 *Evening Standard*, 25 September 1972.

20 *Evening Standard*, 8 November 1972.

21 *Time Out*, 27 October-2 November 1972, 17-23 November 1972, 11-17 May 1973.

22 *Sunday Times*, 5 August 1973.

23 *Time Out*, 11-17 May 1973; *Sunday Times*, 5 August 1973.

24 *Robbery and Kindred Offences, 1968-72.*

25 Young, *The Drugtakers*, p. 189; 그러나 또한 M. Stellman, 'Sitting Here in Limbo', *Time Out*, 23-29 August 1974도 보라.

26 T. Bunyan, *The History and Practice of the Political Police in Britain* (London: Friedmann, 1976)을 보라.

27 C. McGlashan, 'The Making of a Mugger', *New Statesman*, 13 October 1972.

28 *House of Commons Select Committee on Race Relations and Immigration: Police/Immigrant Relations* (Deedes Report), vol. 1: 'Report'; vols 2-3: 'Minutes of Evidence' (London: H.M.S.O., 1972)를 보라. 흑인의 증언과 관련해 위원회가 보인 구조화된 선입견에 관한 분석으로는 J. Clarke *et al.*, 'The Selection of Evidence and the Avoidance of Racialism: A Critique of the Parliamentary Select Committee on Race Relations and Immigration', *New Community* 111(3), Summer 1974.

29 *The Times*, 12 March 1973.

30 *Time Out*, 17-23 November 1972.

31 Young, *The Drugtakers*, p. 171.

32 Becker, *Outsiders.*

33 Cohen, *Folk Devils and Moral Panics*, p. 168.

34 J. Lambert, *Crime, Police and Race Relations* (London: Institute of Race Relations/Oxford University Press, 1970: 190).

35 *The Times*, 26 August 1972; *Sunday Times* and *Sunday Telegraph*, 1 October 1972; 또한 *London Evening News*, 7 October 1972; *Sunday Mirror*, 15 & 22 October 1972도 보라.

36 *Daily Mail*, 26 October 1972.

37 *The Times*, 1 November 1972; *Guardian*, 3 November 1972; *Sunday Telegraph*, 5 November 1972; *The Times*, 25 January 1973.

38 *Sunday Mirror*, 6 May 1973.

39 *Daily Mail*, 15 May 1973의 보도 내용.

40 *Daily Mirror*, 7 June 1973.

41 *Daily Mirror*, 1 October 1973.

42 *Sunday Times*, 5 August 1973.

43 D. Humphry, *Police Power and Black People* (London: Panther, 1972).

44 Lambert, *Crime, Police and Race Relations*.

45 Ibid.: 183.

46 이 증거를 재분석한 연구로는 Clarke *et al.*, 'The Selection of Evidence and the Avoidance of Racialism'.

47 *Guardian*, 28 January 1972.

48 *Guardian*, 11 February 1972.

49 *Guardian*, 9 March 1972.

50 *Guardian*, 28 April 1972 and 11 May 1972.

51 Evidence of Mark Bonham-Carter, Chairman of the Community Relations Council, to the Select Committee, *Guardian*, 12 May 1972를 보라.
52. Deedes Report, vol. 1, p. 69.

53 National Council for Civil Liberties, *Annual Report 1971* (London: N.C.C.L., 1972).

54 *Guardian*, 5 May 1972.

55 *Guardian*, 18 July 1972.

56 르위샴 경찰 '사건'(the Lewisham police 'affair')에 관한 좀 더 자세한 설명으로는 *Time Out*, 21-27 July 1972를 보라.

57 Humphry, *Police Power and Black People*, pp. 109-10에서 재인용.

58 S. Pullé, *Police Immigrant Relations in Ealing: Report of an Investigation Conducted on Behalfofthe Ealing CRC* (London: Runnymede Trust, 1973).

59 J. Rex and R. Moore, *Race, Community and Conflict: A Study of Sparkbrook* (London: Institute of Race Relations/Oxford University Press, 1967)를 보라.

60 Lambert, *Crime, Police and Race Relations*, pp. 123-4를 보라.

61 Stellman, 'Sitting Here in Limbo'를 보라.

62 이는 Royal Commission on the Police, Final Report, Cmnd 1728 (London: H.M.S.O., 1962: ch. VII)의 권고사항에 따라 생겨난 절차다.

63 M. E. Cain, *Society and the Policeman's Role* (London: Routledge & Kegan Paul, 1973)의 결론을 보라; 1964년과 1974년 사이에 경찰에서 일어난 다른 중요한 변화, 특히 컴퓨터에 의한 감시, 예방적 경찰 활동, 군과의 협력 영역에서 수행한 더 광범위한 정치적 역할의 전개에 관한 요약으로는 Bunyan, *History and Practice of the Political Police in Britain*, pp. 74-101을 보라.

64 관련 연도의 세부 내용에 관해서는 *Reports* of the Metropolitan Police Commissioner를 보라.

65 *Time Out*, 23-9 March 1973.

66 Ibid.

67 Bunyan, *History and Practice of the Political Police in Britain*을 보라.

68 J. Young, 'The Role of the Police as Amplifiers of Deviancy, Negotiators of Reality and Translators of Fantasy', in *Images of Deviance*, ed. S. Cohen (Harmondsworth:

Penguin, 1971).

69 A. C. H. Smith *et al.*, *Paper Voices: The Popular Press and Social Change, 1935-1965* (London: Chatto & Windus, 1975); J. Clarke, S. Hall, T. Jefferson and B. Roberts, 'Subcultures, Cultures and Class: A Theoretical Overview', in *Resistance through Rituals*, ed. Hall and Jefferson을 보라.

70 *inter alia*, Mark, *The Dimbleby Lecture*를 보라.

71 E. C. S. Wade and G. G. Phillips, *Constitutional Law* (London: Longmans, 1960)를 보라. P. Laurie, *Scotland Yard* (Harmondsworth: Penguin, 1972: 113)에서 재인용.

72 Laurie, *Scotland Yard*, p. 116.

73 데이터 출처는 McClintock and Avison, *Crime in England and Wales*, pp. 127, 140.

74 *Guardian* (extra) 16 January 1973.

75 T. Tullett, 'The Thin Blue Line', *Daily Mirror*, 17 February 1970; M. De-La-Noy, 'Stress and the Law: The High Cost of Being a Policeman', *Guardian*, 29 July 1974를 보라.

76 이 시기의 인종관계에 관해서는 C. Mullard, *Black Britain* (London: Allen & Unwin, 1973); D. Hiro, *Black British*, *White British* (Harmondsworth: Penguin, 1973)를 보라.

77 Lambert, *Crime, Police and Race Relations*, p. 181.

78 Ibid.: 183.

79 Young, 'The Role of the Police as Amplifiers of Deviancy, Negotiators of Reality and Translators of Fantasy', p. 39.

80 Lambert, *Crime, Police and Race Relations*, p. 183.

81 *Report* (London: H.M.S.O., 1971).

82 *The Times*, 9 June 1971.

83 *The Times*, 24 August 1971.

84 *The Times*, 25 August 1971.

85 *Guardian* and *The Times*, 25 August 1971; *Sunday Times* and *Observer*, 29 August 1971을 보라.

86 *Evening Standard*, 25 September 1972.

87 *Daily Telegraph*, 25 August 1971.

뉴스의 사회적 생산

미디어는 **본질적으로** '당연히' 뉴스가치가 있는 사건을 그냥 투명하게 보도하는 데 그치지 않는다. '뉴스'란 사회적으로 구성된 범주 묶음에 따라서 사건과 주제를 체계적으로 분류하고 선택하는 작업으로 시작되는 복잡한 과정의 결과물이다. 커티스 맥두걸(Curtis MacDougall)은 이 과정을 다음과 같이 표현했다.

> 어떤 순간이든 전 세계에서 무수하게 많은 사건이 동시다발로 발생한다. … 이 모든 사건이 잠재적으로는 뉴스거리다. 그렇지만 어떤 뉴스 전달자가 설명을 제공하기 전까지 이 사건은 뉴스가 되지 못한다. 달리 말해 뉴스란 사건에 대한 설명이지, 사건 자체에 내재한 그 무엇이 아니다.[주 1]

일상적인 뉴스 유형이나 영역을 다루기 위해 신문사에서 마련한 관행적 조직을 보면 이 선택 구조의 한 가지 측면을 파악할 수 있다. 신문은 정기적인 뉴스 생산을 전담하고 있으니, 역으로 이 조직 관련 요인은 선택되는 뉴스에도 영향을 미칠 것이다. 예를 들면, 신문은 인력 조직이라는 측면에서(가령 전문화된 취재기자와 부서, 제도적 접촉 장려 등) 그리고 신문의 구조 자체(예컨대 국내 뉴스, 외신, 정치, 스포츠 등)라는 측면에서 미리 특정한 유형의 사건과 주제에 맞추어져 있다.[주 2]

어떤 신문의 조직과 인력 배치가 일정한 항목 범주에 규칙적으로 맞춰져 있다는 점을 감안하더라도, 한 가지 범주 내의 수많은 경쟁적 항목 중에서 어떤 것이 독자의 흥미를 끌 것으로 판단해 선택할 것인가 하는 문제는 여전히 남아 있다. 어떤 것이 '좋은 뉴스'인지에 관한 **직업 이데올로기**ー뉴스 종사자의 **뉴스가치** 감각ー는 바로 여기서 과정의 구조를 결정하기 시작한다. 가장 일반적인 수준에서 여기엔 '특이한' 항목, 어떤 면에서는 사회적 삶에 관한 '정상적' 기대치를 깨뜨리는 항목을 지향하는 경향이 포함되는데, 예를 들면 예상치 못한 지진이나 달 착륙이 이에 해당한다. 아마 이는 **일차적**(primary) **혹은 원초적 뉴스가치**(cardinal news value)라 부를 수 있을 것이다. 그렇지만 어떤 신문을 훑어보든 알게 되겠지만 분명히 '특이성'만 목록에 들어있는 것은 아니다. 엘리트 인물이나 국가에 관한 사건도 있고, 극적인 사건도 있으며, 유머, 슬픔, 감성 등 본질적으로 인간적 속성을 강조하도록 개인화된 사건도 있다. 또한 부정적 영향을 미치는 사건도, 기존의 뉴스가치가 큰 주제의 일부이거나 일부인 것처럼 꾸밀 수 있는 사건도 있는데, 이것들 모두 뉴스 스토리의 가능성을 갖고 있다.[주 3] 재난, 드라마, 평범한 사건인ー우스운 것이든 비극적인 것이든ー일상적 일화. 부자와 권력층의 삶, (동계) 축구와 (하계) 크리켓처럼 매년 되풀이되는 주제 등은 모두 신문 지면에서 정규적인 자리를 차지한다. 여기서 두 가지 결론이 나온다. 첫째, 언론인은 사건의 뉴스가치를 높이기 위해 어떤 이야기에서 특이하고 극적이며 비극적인 요소 등을 **강조**하는 경향이 있을 것이다. 둘째, 이러한 뉴스가치 중 많은 항목에서 점수가 높은 사건은 그렇지 못한 사건보다 뉴스거리가 될 잠재력이 더 클 것이라는 사실이다. **모든** 차원에서 높은 점수를 기록하는 사건이라면 뉴스가치가 **너무나** 높아서 이 기사를 즉시 전달할 수 있도록ー라디오나 텔레비전의 뉴스 속보에서처럼ー심지어 다른 프로그램까지 중단하게 될 것이다. 예컨대 원래 미국은 영국 신문에서는 **반복해서 등장하는** 주제에 해당하는데, 케네디 암살사건은 그처럼 엄청난 **강대국**의 국가수반이던 **엘리트 인물**이 관련된 **인간적 비극**일 뿐 아니라 **예기치 못한 극적** 사건이자 **부정적** 영향을 미치는 사건이다.

　　나중에 노상강도 사례를 살펴볼 때 어떻게 이러한 뉴스가치가 결합해 하나의 구조처럼 작동하는 경향이 있는지 언급하게 될 것이다. 하지만

현재 목적에는 뉴스가치가 저널리즘의 일상적 작업에서 기준을 제공한다
는 점을 지적하는 것으로도 충분하다. 바로 이 기준에 의존해서 언론인,
편집인과 뉴스 종사자는 어떤 기사가 '뉴스가치가 크고' 어떤 것이 그렇
지 못한지, 어느 기사가 비중 있는 '머리(lead)기사' 거리이고 어떤 것이
상대적으로 하찮은 것인지, 어떤 기사를 싣고 어떤 것을 버려야 할지 기
계적이고 일상적으로 판단할 수 있게 된다.[주 4] 이런 기준은 어디에도 명
문화되지 않고 공식적으로 하달되거나 성문화되지도 않았지만, 뉴스가치
는 다양한 뉴스 매체 간에 두루 공유되고 (물론 나중에 이 기준이 특정한 신문에
의해 어떻게 다양하게 **굴절되는지** 좀 더 자세히 언급하게 될 것이다) 뉴스 종사자의 직
업적 사회화, 작업과 직업 이데올로기에서 핵심 요소를 이루는 듯하다.

　구체적인 유형이나 범주별로 뉴스를 생산하도록 미디어가 관료 조직
화되어 있다는 점, 뉴스가치의 구조가 이 범주 내에서 특정한 기사를 선
별하고 우선순위를 정해주도록 해준다는 점 등 뉴스의 사회적 생산에서
이 두 가지 측면 역시 전체 과정의 일부에 불과할 뿐이다. 세 번째 측면
은 뉴스 스토리 자체의 **구성**(construction)이란 계기인데, 이 역시 덜 두드러
질지는 몰라도 마찬가지로 중요하다. 여기에는 전달자가 판단하기에 수용
자로 **상정된** 집단이 납득할 수 있게 그 항목을 전달하는 작업이 포함된
다. 만약 세상을 무작위적이고 무질서한 사건의 뒤범벅으로 제시할 작정
이 아니라면, 사건은 정체성이 규정되고 (즉 이름 붙이고 정의하고 수용자에게
알려진 다른 사건과 관련지어야 하고) 사회적 맥락이 부여되어야 한다(즉 수용자에
게 친숙한 의미 틀 속에 배치되어야 한다). 이 과정, 즉 정체성 규정과 맥락화는
미디어가 사건의 '의미를 규정하는' 가장 중요한 수단 중 하나다. 어떤 사
건은 이미 알려진 사회적, 문화적 정체성 규정의 범위 내에 배치할 수 있
을 때에만 '의미가 통하게' 된다. 만일 아무리 관습화된 방식이라 하더라
도 뉴스 종사자가 사회 세계에 관해 그러한 문화적 '지도'를 구비하지 못
했다면, 아마 '뉴스가치'를 구성하는 기본 내용에 해당하는 특이하고 예
상에서 벗어나고 예측 불가능한 사건의 '의미를 [수용자에게] 전달'할 수
없게 될 것이다. 어떤 사안은 세상의 변덕스러움, 예측 불가능성, 갈등적

속성을 나타내므로 뉴스가치가 있다. 그러나 그러한 사건은 '무작위성'이라는 변방지대에 방치할 수는 없으며 '의미'의 지평 내로 끌어들여야만 한다. '의미의 지도'란 우리가 이미 갖고 있는 문화적 지식의 토대를 이루며, 사회 세계[의 의미]는 **이미** 이 속에서 '자리배치'되어 있는데, 사건을 이처럼 의미 영역으로 끌어들인다는 것은 본질적으로 특이하고 예상치 못한 사건을 이 의미 지도에 비추어 해석한다는 뜻이다. 뉴스 사건을 이러한 배경 준거틀에 비추어 사회적 정체성을 규정, 분류, 맥락화하는 근본적인 과정을 통해 미디어는 스스로 보도하는 세상을 독자와 시청자가 이해할 수 있게 해준다. '사건을 납득이 가도록 만드는' 이 과정은 수많은 구체적인 저널리즘 관행에 의해 구성되는 사회과정으로서, (대개 은밀한 형태로) 사회의 성격과 작동방식에 관한 핵심 가정을 구현한다.

그러한 배경처럼 통하는 가정 중 하나는 바로 사회가 **합의에 기반하는** 속성을 띤다는 것이다. 사건에 사회적 의미를 부여하는 **의미작용**(signification) 과정은 **사회가 하나의 '합의체'(consensus)라고 가정하고 또 그렇게 구성하도록 돕는다.** 우리가 한 사회의 구성원으로 존재하는 것은 바로 동료들과 공통된 문화적 지식을 공유하기 **때문에**, 즉 똑같은 '의미 지도'를 활용할 수 있기 때문이라고 간주된다. 우리는 모두 이 '의미 지도'를 잘 다루어서 사건을 이해할 수 있게 될 뿐 아니라, 이 지도가 구현하거나 반영하는 근본적인 이해관계, 가치와 관심사를 공유한다. 우리는 모두 기본적으로 사건에 **관해** 똑같은 관점을 유지하고 싶어 하거나 실제로도 그렇게 한다. 이 시각에서는 우리를 하나의 사회와 문화로 결집시키는 것은, 즉 그 합의적 측면은 집단이나 계급으로서의 우리를 다른 집단과 나누고 구별하는 것보다 훨씬 더 중요하다. 그런데 이제 한 가지 수준에서 문화적 합의의 존재는 분명한 진실이며, 모든 사회적 커뮤니케이션의 토대이기도 하다.[주 5] 만일 우리가 똑같은 언어 공동체 구성원이 아니었다면 글자 그대로 서로 소통할 수조차 없었을 것이다. 좀 더 폭넓은 수준에서 보면, 만일 우리가 똑같은 사회 현실 분류 체계를 어느 정도 수용하지 않았다면, '세상을 종합적으로 파악할' 수 없게 되었을 것이다. 하지만 근년에 와서 사회에 관해 이처럼 기초적인 문화적 사실은 극단적인 이데올로기 수준으로까지 격상되었다. 우리는 똑같은 사회에서 살고 대략 동일한 '문화'에 속하기 때문에, 사건에 대해서는 기본적으로 단 **하나의** 시각이, 즉 때때로 **유일무이한**(the) 문화, 혹은 (일부 사회과학자에 의하면) **유일무이한** '핵심적 가치 체계'에 의해 제공되는 시각만이 존재한다고 여긴다. 이 견해는 다양한 집단 간에, 혹은 사회 내에서 아주 다양한 의미 지도 사이에 어떤 상당한 구조적 격차가 존재할 가능성도 부정한다. 이러한 '합의적' 시각이 커뮤니케이션에서 당연시되는 토대로 활용될 때에는 심각한 정치적 결과가 빚어지게 된다. 또한 우리는 모두 사회에 대해 대략 비슷한 **이해관계**를 갖고 있고, 사회 내에서 대략 비슷한 몫의 권력도 나누어 갖고 있다는 가정이 이 시각에 깔려 있다. 이것이 정치적 합의라는 개념의 핵심이다. 사회에 대한 '합의적' 시각은 마치 여러 계급과 집단 간에 어떤 심각한 문화적 혹은 경제적 균열도 없고 어떤 심각한 이해관계의 갈등도 존재하지 않는 것처럼 사회를 묘사한다. 어떤 불일치든 발생한다면 즉시 표현하고 조율하는 정당하고 제도화된 수단이 작동한다는 것이다. 여론과 미디어의 '자유 시장'은 집단과 집단 사이의 문화적 불연속성의 조율을 보장하도록 되어 있다. 의회, 양당 체제, 정치적 대의제 등의 정치 제도는 모든 집단에게 의사 결정 과정에 대한 평등한 접근권을 보장하도록 되어 있다. '소비자' 경제의 성장은 모든 사람에게 부의 생산과 분배에서 지분을 보장할 만한 경제적 여건을 이미 조성한 것으로 되어 있다. 법의 지배는 우리를 모두 평등하게 보호한다. 이처럼 사회를 합의적으로 보는 시각은 현대의 민주적이고 조직화된 자본주의 사회에서 특히 강력하게 작용한다. 미디어는 그 실천이 가장 폭넓게. 또 일관되게 '국가적 합의'라는 가정을 전제하고 작동하는 기관에 속한다. 따라서 미디어가 의미와 해석의 틀에 비추어 사건의 '위치를 정해줄' 때, 우리는 모두 똑같이 이 틀을 보유하고 사용법도 알고 있을 것이며, 이 틀은 모든 사회 집단과 수용자가 보유한 근본적으로 똑같은 이해 구조에서 도출된 것이라고 가정된다. 물론 가령 정치나 경제적 삶에 관한 여론 형성에서 전망 차이, 의견 불일치, 주장과 반대 등의 여지는 남겨둔다. 그러나 이 차이는 더 폭넓은 의견일치(즉 '합의')의 기본 틀 안에서 발생하도록 되어 있는데, 이 틀은 모든 사람이 존중해야 하며, 모든 논쟁, 의견 불일치, 이해관계의 갈등은 대결이나 폭력에 호소하지 않고 이 틀 안에서 토론으로 조율될 수 있는 것처럼 이해된다. 이처럼 합의에 대한 호소가 갖는 장점은 1972년 광부 파업1 타결 후 에드워드 히드 수상이 내보낸 방송 내용에 생생하게 압축되어 드러났다(이는 합의에 공개적으로 호소하는 방식은 갈등이 가장 두드러질 때 특히 효과가 있음을 보여준다).

우리가 살고 있는 나라에는 어떤 부류든 '우리'나 '그들'은 존재할 수가 없습니다. 오직 '우리', 즉 우리 모두만 있을 뿐입니다. 만일 정부가 '패배'한다면, 이는 나라가 패배하는 것입니다. 정부란 '우리' 중 다수가 원하는 일을 하라고 선출한 사람들의 집단에 불과하기 때문입니다. 이는 바로 우리 삶의 본질이자 전부입니다. 피켓 라인이든 시위이든 하원이든 상관없습니다. 우리는 모두 평화적인 주장에 익숙합니다. 그러나 폭력을 사용하거나 폭력에 의한 위협이 등장한다면, 이는 우리 대다수가 올바른 일 처리 방식이라고 여기는 것에 대한 도전입니다. 나는 여러분이 그러한 일이 발생하도록 방치하라고 정부를 선출하였다고 믿지 않으며, 그러한 일이 발생할 때마다 결코 용납하지 않을 것이라고 여러분에게 약속드릴 수 있습니다.[주 6]

그렇다면 뉴스로서의 사건은 부분적으로는 이처럼 **합의**가 일상적 삶의 기본적 특징이라는 인식에서 도출되는 틀 안에서 흔히 해석된다. 이

---

1 1960년 1월 9일부터 2월 28일까지 이어진 영국광부노조(National Union of Mineworkers)의 파업을 지칭한다. 광부의 임금 인상 문제를 놓고 광부노조와 전국석탄국(National Coal Board) 사이에 벌어진 협상이 결렬되면서 전국적인 파업 사태가 이어졌다. 1950년대에만 하더라도 광부의 평균 임금은 꾸준히 상승해 1960년에는 다른 제조업 노동자에 비해 7.4%나 높았지만, 이후 임금 동결로 1970년에는 평균 3.1%가 더 낮을 정도로 열악했다. 협상 결렬 후 산별 노조 단위의 파업이 결정되자 철도와 전력 등 다른 산업 노조도 파업에 동참해 파업은 국가적인 비상사태로 번졌다. 그해 겨울은 혹독할 정도로 추웠는데, 전력이 끊기면서 시민들이 큰 불편을 겪었을 뿐 아니라 산업 전반이 마비되는 파국이 초래됐다. 더구나 파업 중 비노조원 트럭 운전사와 파업 시위대 간의 실랑이 끝에 노조원이 사망하는 사고가 발생하면서, 폭력 사태와 정치적 갈등까지 발생했다. 결국 임금 인상 합의로 파업은 끝났으나, 히드가 이끄는 보수당 내각은 이 사태에 대해 '폭력의 승리'라며 노조를 비난했다. —역주

사건들은 수용자가 사회에 대해 갖고 있을 것으로 추정되는 생각과 지식을 표현하는 다양한 '설명', 이미지, 담론을 통해 정교화된다. 최근 그래엄 머독(Graham Murdock)은 이 과정이 합의 개념을 **보강**하는 데서 차지하는 중요성을 다음과 같이 강조했다.

> 이처럼 뉴스를 이미 친숙한 틀 안에서 습관적으로 제시하는 방식은 두 가지 중요한 효과를 낳는다. 첫째, 문제되는 정의와 이미지를 재장전하여 확장하고 이미 축적된 공통된 상식적 지식의 일부로 유통시키게 된다. … 둘째, 이는 "영원히 되풀이되는 현상이라는 인상, 사회란 혁신이 아니라 움직임으로 구성되는 사회 질서라는 인상을 전해준다."[주 7] 다시 말해 사회 구조의 연속성과 안정성을 강조하고 공유되는 일련의 가정이 존재한다고 강조한다는 점에서, 상황 정의는 본질적으로 합의에 의존한다는 개념과 부합하면서 그 개념을 강화하게 된다.[주 8]

그렇다면 뉴스 제시의 틀 짓기(framing)와 해석 기능에 깔려 있는 중요성은 무엇일까? 그 중요성은 미디어가 흔히 사회 대다수의 직접 경험 바깥에서 일어나는 사건에 관해 정보를 전달한다는 사실에 있다고 우리는 주장한다. 따라서 미디어는 수많은 중요한 사건과 주제에 관해 일차적이고 때로는 유일한 정보원이 된다. 나아가 뉴스란 '새롭거나' '예측 불가능한' 사건을 반복해서 다루기 때문에, 미디어는 '논란의 여지가 큰 현실'(problematic reality)이라 할 만한 현상을 이해하기 쉽게 만드는 과업에 관여한다. 논란의 여지가 큰 사건은 우리가 공통적으로 갖고 있는 기대치를 위반하며, 따라서 합의, 질서와 관행에 대한 기대에 근거해 형성된 사회에 위협이 된다. 따라서 미디어가 논란의 여지가 큰 사건을 사회에 대한 관습화된 이해방식 내에서 위치 부여하는 것은 두 가지 측면에서 중요하다. 미디어는 대다수 사람에게 **어떤** 중요한 사건이 발생하고 있는지 정의해주면서 이 사건을 **어떻게** 이해할 것인지에 관해 설득력 있는 해석 방식도 제공한다. 이 해석에는 사건과 더불어 관련된 인물이나 집단에 대한 입장도 함축되어 있다.

▌일차적 규정자와 이차적 규정자

이 절에서는 지배적 관념이 미디어의 직업 이데올로기나 실천과 어떻게 서로 '맞아떨어지게' 되는지 설명을 시작해볼까 한다. 간혹 단순한 음모 이론에서 주장하듯이, 이러한 일치를 단순히 미디어가 (물론 그러한 소유구조가 널리 퍼져 있긴 하지만) 대부분 자본제 소유에 근거한다는 사실 탓으로만 돌릴 수는 없다. 그렇게 되면 언론인과 뉴스 제작자가 일상적으로는 직접적인 경제적 통제에서 '상대적 자율성'을 누린다는 사실을 간과하게 될 것이다. 그 대신 좀 더 관습적인 뉴스 생산 **구조**에 주목해서, 미디어가 단순한 의미에서는 권력층에 예속되지 않으면서도 어떻게 해서 '최종 심급에서는'(in the last instance) 사실상 **권력층의 정의를 재생산**하게 되는지 살펴보고자 한다. 여기서 우리는 사회적 사건의 **일차적 규정자**와 **이차적 규정자**(secondary definers)의 구분이 중요하다고 주장한다.

미디어 자체가 자율적으로 뉴스 항목을 창조해내지는 않는다. 그보다는 정규적이고 신뢰성 있는 제도적 정보원의 '신호에 대응해'(cued in) 특정한 새 주제를 다루게 된다. 폴 록(Paul Rock)은 다음과 같이 말했다.

> 대체로 언론인은 쓸 만한 분량의 보도용 활동을 정기적 간격으로 생산하는 기관에 접근할 수 있도록 자신의 위치를 설정한다. 물론 이 기관 중 일부는 극적 연출을 통해, 혹은 보도자료와 홍보 담당자의 손을 거쳐서 자신의 가시성을 높인다. 다른 기관들도 중요한 사건을 정기적으로 생산하는 것으로 알려져 있다. 법원, 경기장과 의회는 뉴스를 기계적으로 생산하고, 언론은 이를 … 소화해낸다.[주 9]

머독이 다음과 같이 지적하듯이 이렇게 되는 한 가지 이유는 뉴스 생산의 내부적 압력과 관련이 있다.

> 끊임없는 시간의 압력 그리고 그 결과 뉴스 조직에서 발생하게 되는 자원 할당과 작업 일정 조정이라는 문제점은 '사전에 예정된 사건'(pre-scheduled

events), 즉 소집자가 미리 예고한 사건을 보도하는 방식으로 감소하거나 완화할 수 있다. 하지만 일정 조정 문제에 이러한 해결책으로 대처하게 된 결과, 뉴스 종사자는 자신의 활동 일정을 사전 조정할 수 있고 기꺼이 그렇게 하려는 뉴스원에 점점 더 많이 의존하게 된다.[주 10]

두 번째 이유는 미디어 보도가 '불편부당성'(impartiality), '균형'(balance), '객관성'(objectivity) 개념을 준수하도록 되어 있다는 사실과 관련이 있다. 이 의무는 (국가가 규제 측면에 직접 관여해 거의 독점 상황이 된) 텔레비전에서는 공식적으로 강제되지만, 저널리즘에서도 유사한 직업 이데올로기적 '규칙'이 존재한다.[주 11] 이 규칙에서 나온 한 가지 결과는 '사실'과 '의견' 간에 세심하게 구조화된 구분이 존재한다는 것인데, 이에 관해서는 이후 장에서 좀 더 논의할 것이다. 우리 목적에 중요한 사항은 이러한 직업 규칙에서 특정한 직업 관행이 파생되었다는 점인데, 바로 미디어의 진술문은 가능하다면 '공인된' 출처의 '객관적이고' '권위 있는' 진술에 근거하도록 해야 한다는 관행이다. 즉 여러 주요 사회 기관의 공인된 대표자에게 끊임없이 의존해야 한다는 뜻인데, 바로 정치적 주제에서는 하원의원, 노사 문제에서는 고용주와 노조 간부 등이 이에 해당한다. 그러한 기관의 대표자는 소속 기관의 권력과 지위뿐 아니라 '대표자로서의' 신분 덕분에 '공인된' 존재다. 이들은 '국민'을 대표하거나(하원의원, 장관 등) 조직된 이익집단을 대표한다(전국노동조합연맹Trade Union Congress2과 영국산업연합CBI3은 여기에 속하는

2　전국노동조합연맹(Trades Union Congress)은 잉글랜드와 웨일즈의 다양한 노동조합을 아우르는 상위 단체로, 산하에 50개의 (업종별) 노동조합과 560만 명의 회원을 거느리고 있다. 공식적으로 노동당과 제휴 관계를 맺거나 선거에서 지지 표시를 하지는 않으나, 정당의 정책에 대한 지지/거부 선언은 가능하다. 전통적으로 영국 정치에서 노동당의 중요한 지지 기반이었다. — 역주

3　영국산업연합(Confederation of British Industry)은 영국에서 칙허장에 의해 설립된 대표적인 기업가 단체이자 로비 단체로 19만 명의 기업가를 대변하며, 기업 활동에 우호적인 환경 조성을 목적으로 삼는다. 1965년 영국산업연맹(FBI, Federation of British Industries), 영국고용주연맹(British Employers' Confederation), 전영국제조업협회(National Association of British Manufacturers)가 합병해서 탄생하였다. 자동차, 건설 등의 제조업과 IT, 재정 등의 산업뿐 아니라 농업, 창작, 교육, 전문직 등 다양한 업종을 망라하고 있다. — 역주

단체로 통한다). '공인된 출처'의 마지막 유형은 '전문가'인데, 이들은 지위나 대표성이 아니라 '이해관계를 초월한' 지식 추구라는 직업적 소명 덕분에 진술에 '객관성'과 '권위'를 부여받게 된다. 이 규칙은 미디어의 불편부당성을 유지하려는 취지에서 직업적 중립성을 더 확대하려 애쓰는 과정에서 생겨났다. 그런데 역설적이게도 바로 그 규칙은 기관의 대변인인 '공인된 출처'가 제공하는 '사회적 현실의 정의'(definitions of social reality)에 맞춰 미디어의 방향을 정하게 하는 데에도 엄청나게 기여한다.

뉴스 생산에서는 끊임없이 시간에 쫓기며 일해야 한다는 실제적 압력과 더불어 불편부당성과 객관성이라는 직업적 요구가 작용한다. 뉴스 생산의 이 두 측면이 결합해서 권력과 특권을 지닌 제도적 위치에 있는 사람들이 체계적으로 미디어에 **과도하게 접근할** 수 있게 되는 구조가 생겨난다. 따라서 미디어는 충실하고도 불편부당하게 사회의 제도적 질서에서 기존의 권력 구조를 상징적으로 재생산하는 경향이 있다. 이것이 바로 베커가 "신뢰성의 위계"(hierarchy of credibility)라고 부른 현상인데, 사회에서 권력층이나 고위층 인사는 논쟁적 주제에 관해 의견을 제시할 때 그 정의가 수용될 가능성이 크다는 것이다. 대변자로서의 이들은 특정한 주제에 관해 대다수 사람보다 더 정확하거나 더 전문적인 정보를 접할 것이라고 인식되기 때문이다.[주 12] 이처럼 미디어에서 권력층의 의견을 선호하도록 구조화된 관행의 결과, 이 '대변인'은 우리가 어떤 주제의 **일차적 규정자**라고 부르는 존재가 된다.

이 관행은 어떠한 중요성을 지닐까? 우리가 아직 다루지 않은 직업 규칙 중 하나인 '균형'이 필수요건이니, 대안적 정의도 다루어진다고 주장해야 옳을 것이다. 즉 각 '측면'은 주장을 제시할 기회를 **얻는다**는 것이다. 다음 장에서 자세히 다루겠지만 사실 측면에서는 어떤 주제를 대립과 갈등을 갖춘 논쟁 형식으로 설계하는 것은, 사건을 높은 뉴스가치를 갖도록 **극적으로 포장하는**(dramatizing) 방안이기도 하다. 미디어와 일차적인 제도적 규정자 간의 구조화된 관계에서는 제도적 규정자가 해당 주제의 최초 정의, 혹은 **일차적 해석**을 내릴 수 있다는 점이 중요하다. 그렇게 되면 이 해석은 이후의 모든 사건 처리에서 '대세를 장악'하게 되고 이후에 발생하는 모든 추가 보도나 논쟁을 끌어가는 준거틀을 설정하게 된다. 일차적 해석을 **반대하는** 주장은 '무엇이 쟁점인지'에 대해 **이미 주어진** 정의에 자신을 맞출 수밖에 없다. 이 해석틀을 출발점으로 삼아 시작해야 한다는 뜻이다. 글래디스 랭(Gladys Lang)과 커트 랭(Kurt Lang)이 '추론 구조'(inferential structure)[주 13]라고 부른 이 최초의 해석틀은 일단 자리 잡고 나면 근본적으로 변경하기가 대단히 어렵다. 예를 들면 영국의 인종 관계를 '숫자 문제'(즉 이 나라에 흑인이 몇 명이나 있는가)로 규정했다고 치자. 그렇게 되면 진보적인 견해의 대변자는 흑인 이주민 수가 과장되었음을 입증할 수야 있겠지만, 그럼에도 불구하고 논쟁이 '본질적으로' **숫자 문제**라는 견해를 암묵적으로 수용할 수밖에 없게 된다. 이와 비슷하게 제임스 핼로란(James Halloran)과 동료 연구자들은 폭력의 '추론 구조'가 어떻게 베트남전 반대시위와 그로스비너 광장(Grosvenor Square) 사건4 보도를 지배했는지 분명하게 예시해주었다. 일단 이러한 틀이 초기의 주도기에 정착되고 난 후에는 모든 일차적 증거가 이 해석을 부정하는 데도 바뀌지 않았다.[주 14] 그렇다면 결과적으로 일차적 정의는 **무엇이 문제인지에 관한 틀을 정해주기 때문에** 이후의 모든 논의의 **범위를 설정한다.** 그렇게 되면 이 최초의 틀은 이후의 모든 추가적인 사태 진전을 논의와 '관련된' 사항과 '무관한', 즉 논점을 벗어난 사항으로 가려서 이름 붙이는 기준이 된다. 이 틀에서 벗어나는 사항은 '[제기된] 문제를 다루지 않고' 있다는 비난을 받게 된다.[주 15]

　　그렇다면 미디어란 뉴스를 그냥 '창조'하지도 않고, 단지 음모론적 방식으로 '지배계급'의 이데올로기를 전달하지도 않는다. 실로 미디어는 결정적인 의미에서 뉴스 사건의 '일차적 규정자' 구실을 하지 않을 때가

4　미국 대사관은 1960년 이후 런던 그로스비너 광장 서쪽에 위치하고 있었다. 1968년 3월과 10월 미국의 베트남 참전을 규탄하는 대규모 시위가 벌어졌는데, 진압대가 투입되면서 시위는 폭력 사태로 번졌다. 미국 대사관의 위치 덕분에 그로스비너 광장은 반전 시위의 대표적인 장소로 언론보도에도 자주 등장했다. — 역주

많다고 우리는 주장한 바 있다. 그렇지만 미디어는 권력과의 구조화된 관계 덕분에, '공인된 정보원'으로서 특권적인 미디어 접근권을 마치 권리인 양 행사하는 권력층의 정의를 **재생산**하는 결정적이면서 이차적인 역할을 수행하게 되는 효과가 발생한다. 이 시각에서 보면 뉴스 생산의 계기에서 미디어는 일차적 규정자에게 구조적으로 예속된 위치에 있다.

　다름 아니라 미디어와 그 '강력한' 정보원 간의 이처럼 구조화된 관계 때문에 미디어의 **이데올로기적 역할**이라는 그간 간과된 질문이 제기되기 시작했다. 바로 이 관계야말로 "어떤 시기에 지배적인 관념은 바로 그 지배계급의 관념이다"라는 마르크스의 기본 명제에 실체와 구체성을 부여하기 시작한다. 이 계급은 물질적 생산 수단을 소유하고 통제할 뿐 아니라 '정신적 생산' 수단도 소유, 통제하므로 '지배계급'의 이러한 지배가 작동한다고 마르크스는 주장한다. 사회적 현실의 정의와 그 속에서 '일반 인민'의 위치를 자의적으로 규정하면서, 이 계급은 특정한 계급의 이익을 모든 사회 구성원의 이익인 것처럼 재현해주는 특정한 사회의 이미지를 구축한다. 이 계급은 물질적, 정신적 자원을 통제하고 사회의 주요 제도도 지배하기 때문에, 사회적 세계에 관한 정의를 통해 자신들의 '삶의 방식'을 보호하고 재생산하는 제도의 근본적인 존재 이유를 옹호하게 된다. 정신적 자원을 이렇게 통제하게 되면 사회 세계에 관해 가능한 모든 정의 중에서 이 계급이 제시한 정의야말로 확실히 가장 강력하고 '보편적인' 것처럼 보이게 된다. 이러한 보편성의 외양 덕분에 [지배계급의 정의는] 사회의 피예속 계급들 사이에서도 어느 정도 공유될 수 있게 된다. 통치하는 집단은 관념을 통해서도 통치한다. 따라서 주로 노골적인 강제를 통해서가 아니라 피예속 계급의 동의를 얻은 상태에서 통치한다. "지배적 위치에 있는 층의 사회적, 정치적 정의는 주요한 제도적 질서 속에 객관화되고, 이를 통해 전체 사회 체제의 도덕적 틀을 제시하는 경향이 있다"[주 16]라면서 프랭크 파킨(Frank Parkin)도 비슷한 지적을 한다.

　사회의 주요한 사회적, 정치적, 법적 기관에서 강제와 제약이 완전히 사라지는 일은 결코 없다. 다른 곳과 마찬가지로 미디어에서도 그렇다.

예를 들면 기자와 보도는 (예컨대 북아일랜드 사태 보도에 관해서) 좀 더 노골적
인 형태의 검열을 받을 뿐 아니라 경제적, 법적 제약도 **받는다**. 그러나
'지배적 관념'의 전파는 이보다는 **좀 더** 비강제적인 관념 재생산 메커니
즘에 의존한다. 지시와 검토의 위계 구조, 제도적 역할의 비공식적 사회화,
지배적 관념의 '직업 이데올로기' 침투 등 이 모든 것은 미디어 내에서 지
배적 관념이 지배적 형태로 지속적으로 재생산되는 데 기여한다. 이 절에
서 지금까지 지적한 것은 바로 다음과 같은 질문이다. **어떻게 해서 어떤 특
정한 직업적 실천이, 미디어가 지배 이데올로기의 지배적 장을 재생산하는 데
서 효과적이면서도 '객관적으로' 핵심적 역할을 수행하도록 보장해주는가** 하
는 것이다.

▌ 미디어의 작동방식: 재생산과 변형

　지금까지 미디어에서 '지배 이데올로기의 재생산'이 확보되는 과정
을 살펴보았다. 아마 지금쯤 분명히 전달되었겠지만, 우리가 보기에 이
재생산은 일련의 **구조적 요구사항**(structural imperative)의 결과물이지 권력층
과의 공공연한 공모의 산물은 아니다. 하지만 '잠재적인' 이야깃거리를
완성된 뉴스 상품 형태로 가공하기 위해 권력층이 제공하는 '재료'(사실과
해석)에 미디어가 스스로 **변형**을 가하는 필수적 과정을 파악하기 전까지는
'이데올로기적 재생산'의 전체 주기는 끝난 게 아니다. 앞의 절이 미디어
가 권력층의 '권위 있는' 정의를 따르는 상대적으로 수동적인 지향성을
강조했다면, 이 절에서는 뉴스 창작에서 미디어가 좀 더 자율적이고 적극
적인 역할을 수행하는 측면을 검토하는 데 주력할 것이다.

　미디어가 적극적으로 독자적인 역할을 하게 되는 첫 번째 지점은
선별성(selectivity)과 관련이 있다. 특정한 주제 측면에서 관련된 일차적 규
정자의 모든 발언이 미디어에 실릴 가능성은 없으며, 각 발언의 모든 부
분이 실릴 가능성도 없다. 미디어는 구조화된 '재료'에 대한 선별성 행사
를 통해 자체적 기준을 부과하기 시작하며, 이를 통해 그 재료를 적극적

으로 전유하고 변형시킨다. 직업적, 기술적, 상업적 제약의 혼합물인 선택 기준이 어떻게 미디어 전반을 '권력층의 정의'에 맞도록 방향을 정해주는 역할을 했는지 앞서 강조했다. 반면에 그럼에도 불구하고 모든 신문에 공통된 그러한 기준은 신문에 따라 **다르게** 전유되고 평가되고 가동된다는 사실을 여기서 강조하고 싶다. 간단히 말해 각 신문의 직업적 뉴스가치 감각, (특정한 뉴스 영역에 종사하는 언론인 숫자, 특정한 종류의 뉴스 항목에 정규적으로 할애되는 지면량 등의 측면에서) 조직과 기술적 틀, 수용자나 정규적 독자관은 다르다. 종합적으로 볼 때 그러한 차이는 신문의 아주 다양한 '사회적 퍼스낼리티'를 만들어낸다. 〈뉴스 오브 더 월드(News of the World)〉가 주로 '스캔들'과 섹스 문제를 지향하고, 〈데일리 미러〉가 기사의 '인간적 흥미' 측면을 관심사로 삼는 것은 '사회적 퍼스낼리티'의 그러한 내부적 차이를 보여주는 두 가지 자명한 사례일 뿐이다. 각 신문 나름의 '사회적 퍼스낼리티'가 작동하기 시작하는 바로 여기서 관련된 변형 작업이 시작된다.[주 17]

　　'미디어 작업'에서 이보다 더욱더 중요한 측면은 사건을 완성된 뉴스 항목으로 변형시키는 활동이다. 이 변형은 미디어에 의해 어떤 항목이 특정한 언어 형태로 **기호화되는**(coded) 방식과 관련이 있다. 방금 주장한 것처럼, 각 신문은 나름대로 특정한 조직 틀, 뉴스 감각과 독자층을 갖고 있듯이, 각기 나름대로 정규적이면서 개성 있는 **말 걸기 양식**(mode of address)도 개발할 것이다. 무슨 뜻이냐 하면, 똑같은 주제, 정보원, 추론 구조가 심지어 유사한 시각의 신문들 안에서도 차별화되어 나타나게 될 것이다. 말 걸기 레토릭의 차이가 원래 항목을 굴절시키는 데 결정적인 효과를 발휘할 것이기 때문이다. 특정한 말 걸기 양식 채택을 결정하는 데서는 독자 스펙트럼 중에서 신문이 스스로 관습적으로 대상으로 여기는 특정한 부분, 즉 표적 수용자층(target audience)이 어디인지가 특히 중요하다. 따라서 실제로 채택한 언어는 **신문이 스스로 주 대상으로 삼는다고 여기는 공중의 언어**가 될 것이다. 이는 신문이 수용자가 공유한다고 상정하고, 따라서 생산자—독자 간의 상호성에 토대가 된다고 보는 수사, 상상, 근간이 되는 공통 지식이기도 하다. 이러한 이유로 뉴스 창구마다 다른 이러한 말걸기 형태를 미디어의 **공적 관용어법**(the public idiom)으로 부르고자 한다.

여기서 신문마다 **차별화**된 언어를 강조하긴 했지만, 이러한 강조를 너무 확대 해석하면 곤란하다. 종종 미디어가 대변하도록 되어 있는 사항은 방대한 범위의 다원적 목소리가 아니라 **어떤 뚜렷한 이데올로기적 한계 안의** 범위에 국한된다. 각 신문은 신문 읽는 공중 중에서 나름대로 차별화된 부문을 대상으로 삼는다고 (혹은 다양한 신문 유형이 공중의 다양한 부문을 놓고 경쟁할 것이라고) 스스로 인식할 수는 있겠지만, 모든 공적 언어 형태에 깊숙이 스며든 '가치의 합의'는 공적으로 '사용 중인 언어' 형태의 다양성이라는 표현이 시사하는 것보다는 **훨씬 더 제한적인 데 그친다.** 아무리 차별화되었다 할지라도 이 신문들이 대상으로 삼는 공중은 '합리적 인간'이라는 아주 폭넓은 스펙트럼 안에 머물러야 한다고 간주되고, 독자 역시 광범위하긴 해도 이러한 측면에서의 대상으로 한정된다.

뉴스 항목과 주제를 공적 언어의 변종으로 기호화하는 방식은 뉴스를 완성된 형태로 변형시키는 과정에서 변종이 생성되도록 하는 중요한 요소가 된다. 그러나 이전의 '객관성'과 '불편부당성'에서 보았던 것처럼, 이러한 변종 생성이 우리가 '이데올로기적 재생산'이라 부른 과정과 반드시 구조적으로 갈등을 빚지는 않는다. 뉴스 항목을 공적 언어의 변종으로 옮겨놓는 것은 **일차적 규정자의 진술과 견해를 공적 관용어법으로 번역하는** 데에도 도움이 되기 때문이다. 공식적 견해를 이렇게 공적 관용어법으로 번역해놓으면 이 공식 견해를 무경험자가 이해하기 더 '쉬워질' 뿐 아니라 이 견해에 대중적 설득력과 공감을 부여하고 다양한 공중의 이해 지평 안에서 자연화하는 효과도 발생한다. 다음 사례가 하나의 예시가 될 수 있을 것이다. 1973년 6월 14일 자 〈데일리 미러〉는 경찰청장의 〈연례보고서〉 발표 내용을 보도했는데, 여기서 청장은 "잉글랜드와 웨일즈에서 강력 범죄가 증가하는 바람에 공중의 우려가 커졌다는 증거가 있다"라고 주장했다. 이 사례에서 〈데일리 미러〉는 젊은 층 강력 범죄의 증가에 대한 청장의 우려를 "공격적인 영국: 거친 청년들의 '어리석은 폭력'이 경찰 최고위직의 우려를 자아내다"(AGGRO BRITAIN: 'Mindless Violence, of the Bully

Boys Worries Top Policeman)라는 뉴스 제목처럼 좀 더 극적이고 함축적이며 대중적인 형태로 **번역하는** 작업을 한 것이다. 이 제목은 무미건조한 〈보고서〉에 극적인 뉴스가치를 부여한다. 〈보고서〉의 진지한 관공서 언어를 좀 더 뉴스가치가 있는 수사로 바꿔놓은 것이다. 그러나 이러한 변형은 또한 이 진술문을 오랜 경험을 통해 확립되고 축적된 대중적 상상에 **삽입**하는데, 여기에는 이 신문이 이전에 '공격적인' 축구 훌리건과 스킨헤드 '갱'의 활동을 보도하면서 형성된 용례도 포함된다. 따라서 이처럼 공적 관용어법으로 옮겨놓을 경우, 이 용어는 신문과 공중이 공유하는 지식 속에 이미 배어든 이미지와 함축을 활용해 **외부적인 공적 준거**(external public reference)와 타당성을 갖게 된다. 이러한 외부적인 공적 준거점은 공적 쟁점을 **객관화하는** 데 기여한다는 점에서 중요하다. 다시 말해 어떤 이슈를 미디어에서 홍보하게 되면, 이 이슈는 단지 전문가와 특수 분야 관계자의 보고서에서만 다루었을 때보다도 **진짜**(real) (타당한) 공적인 관심사로서 좀 더 '객관적인' 지위를 갖게 될 수 있다. 미디어의 주목이 집중되면 강조되는 이슈에게 높은 공적 관심사의 지위가 부여된다. 대체로 이 문제는 모른 사람에게 '시급한 현안'으로 인식된다. 이는 미디어의 **의제 설정**(agenda-setting) 기능의 일부를 이룬다. 의제 설정은 현실 확인 효과도 낳는다.

'의제 설정'에서 공적 관용어법 사용이 중요한 이유는 일상적 커뮤니케이션의 언어를 **다시 합의로 접목**시킨다는 데 있다. 물론 '일상적' 언어에는 이미 온갖 지배적 추론과 해석이 깊숙이 배어있는 것이 사실이긴 하지만, 정형화된 공식적 정의를 일상적 대화의 용어로 지속적으로 옮겨놓는 과정은 두 담론 사이의 연계를 은폐하는 동시에 강화한다. 다시 말해, 미디어는 공중의 언어를 취한 후 매번 **지배적, 합의 기반적 함축으로 오염된** 언어로 만들어 공중에게 되돌려준다.

이처럼 좀 더 '창조적인' 미디어 역할이 완전히 자율적으로만 이루어지지 않는다는 것은 분명하다. 그러한 번역은 어떤 이야기가 번역할 만한 잠재력(뉴스가치)이 있는지, 친숙하면서도 오래된 관심사(훌리건주의, 군중 폭력, '공격적' 갱 활동 등)와 연관성이 있는지에 따라 달라진다. 이 과정은 완전

제3장 뉴스의 사회적 생산 111

히 자유롭고 제약없는 상태에서 이루어지는 것도 아니고 단순하고 직접적
으로 재생산되는 것도 아니다. 이는 변형이며, 그러한 변형에는 미디어 측
의 적극적인 '작업'이 반드시 필요하다. 그럼에도 불구하고 그 작업의 전
반적인 효과는 친숙지 않은 것을 친숙한 세계로 옮겨놓음으로써 권력층의
정의가 공중의 당연시되는 현실의 일부로 바뀌는 순환과정을 완결짓는 데
기여한다는 데 있다. 이 모든 것은 결국 언론인이 '공중에게 사안을 전달
하는' 법을 가장 잘 안다는 지나치게 단순한 공식 때문에 발생한다.

▮ 미디어와 여론

지금까지는 **뉴스 보도**의 생산이라는 문제를 다루었다. 다음 장에서는
뉴스 유형, 피처 기사, 사설 간의 차이를 좀 더 면밀하게 살펴보게 될 것
이다. 이번 단계에서는 그냥 신문의 '공적 관용어법'과 편집 노선(editorial
voice) 간의 관계에 주목하고자 한다. 지금까지는 일차적 규정자의 진술을
일상적 언어로, 즉 그 신문이 관습적으로 사용하는 의미규칙이나 말 걸기
양식, 다시 말해 '공적 관용어법'으로 바꿔놓는 과정과 관련된 변형 문제
를 논의했다. 그러나 신문은 주요 관심사인 주제에 관해 사설을 싣거나
자유롭게 의견을 표명할 수도 있다. 이는 자신의 '의미규칙'을 통해 권력
층의 진술을 '재생산'하는 데 국한되지 않는다. 그런데 한 가지 흔한 의견
표명 방식은 신문이 **자신의** 생각을 말하고 **자신이** 어떤 견해를 갖고 있는
지 밝히되 **공적 관용어법으로 표현하는** 것이다. 다시 말해, 어떤 사건에 관
한 신문 **자신의** 진술과 생각—편집상 판단의 결과—은 일차적 규정자의
진술과 마찬가지로 신문의 공적 언어로 재현된다. 두 과정은 아주 비슷하
다. 어떤 행동 노선을 찬성하든 반대하든, 구사하는 언어는 특정한 신문
이 관습적으로 사용하던 바로 그 언어다. 하지만 추가적인 변형을 가미하
는 두 번째 유형의 사설도 있는데, 바로 **공중을 대변한다고** 적극적으로 주
장하는 사설이다. 이 사설은 단지 **공적 관용어법으로 자신의 견해를** 표현
하는 수준을 넘어 실제로 **공중의 견해를 표현한다고 주장한다.** 이처럼 좀

더 적극적인 과정을 (단순히 **공적 관용어법을 사용하는 것**과 반대로) **공중의 목소리 취하기**라고 부르고자 한다. 몇몇 그러한 사설 상의 의견 표현은 너무나 독특해서 (가령 〈더 타임스〉) 이를 신문 **자신의** '목소리'라고 해야 더 정확할지 모르겠다. 그러나 편집자가 인식하는 '공적 관용어법'에 관한 레토릭에서 그러한 목소리가 수용자로 상정된 층으로부터 완전히 자유로울 가능성은 거의 없다. 이 장 후반부에서 노상강도 관련 몇몇 사설을 간략히 살펴볼 때 예시하겠지만, 차이의 본질은 '우리는 …라고 믿는다'라는 사설과 '공중은 … 라고 믿는다'라고 말하는 사설 사이의 차이에 있다. 이처럼 '공중의 목소리를 취하는 것', 이처럼 절대다수 공중의 생각처럼 보이는 것을 표현하는 형식, 신문 **자신이** 표현하는 견해에 이처럼 공적 정당성을 동원하는 방식은 미디어가 수행하는 가장 적극적인 **캠페인** 역할로서, 미디어가 가장 적극적이고 공개적으로 여론을 형성하고 구조화하는 지점에 해당한다. 이러한 부류의 사설은 대개 이미 취해진 어떤 대응 행동을 지지하거나, 아니면 좀 더 빈번하게는 대다수가 요구한다는 이유로 강력한 조치를 시행해야 **한다고** 요구하는 형태를 취한다.

어떤 의견 표명 형태를 띠든, 미디어는 사회 통제 장치와 공중 사이를 매개하는 중요한 연결고리를 제공한다. 언론은 다양한 방식으로 통제자의 행동을 정당화하고 보강할 수 있다. ('공적 관용어법으로') 나름대로 독립된 주장을 통해 공중에게 제안된 행동을 지지하도록 영향을 행사할 수도 있다. 아니면 ('공중의 목소리를 취해') '더 강력한 조치가 필요하다'라는 자신의 견해를 지지하는 방향으로 '여론'을 정리해 통제자에게 압력을 행사할 수도 있다. 그러나 어떤 경우든 사설은 공식적 행동을 정당화하거나 여론을 동원하는 데 활용될 수 있는 객관적이고 외부적인 준거점을 제공하는 것처럼 보인다. 이처럼 (추정된) 여론을 권력층에게 유리하게 재생하는 행위는 앞서 기술한 것처럼 지배적 정의를 (추정된) 공적 관용어법으로 번역하는 것과 정반대인데, 이 두 가지 행위는 모두 실제로는 공중을 배제하면서도 공중을 중요한 준거점으로 삼는다(정당화). 그리고는 **통제자**는 여기에 추가로 솜씨를 발휘해 종종 이러한 여론 재현을 공중이 실제로 믿고 원하는 것에 대한 '불편부당한' 증거처럼 동원하곤 한다. 이 마지막 심급에서 작용하는 증폭의 나선은 특히 정교하고 치밀하다(나중에 '노상강도'에서 도출한 몇몇 사례를 살펴볼 것이다).

여기서 다루고자 하는 부분은 여론을 적극적으로 형성하는 과정에서 미디어가 일반적으로 수행하는 역할이다. 상당수의 주민이 자신의 삶에 영향을 미치는 핵심적 결정에 직접 접근할 수도 없고 권한도 행사하지 못하며, 공식적 정책과 의견은 집중되고 대중적 의견은 분산된 사회에서 미디어는 여론 형성에서, 또한 그 여론을 권력층의 행동과 견해와 조율하는 데서 핵심적인 매개, 연결 역할을 수행한다. 미디어는 사태 진행에 관한 일차적 정보원으로 '사회적 지식'을 거의 독점할 뿐 아니라 '식자'층과 일반 공중의 구조화된 무지 간의 이행도 좌지우지한다. 미디어는 자체적으로 참고하는 정보원뿐 아니라 자신이 대변하는 '공중'으로부터도 모두 공식적으로나 구조적으로나 **독립되어** 있다는 바로 그 사실 덕분에 이러한 연결, 매개 역할 수행에서 위상이 약해지기는커녕 강화된다. 이러한 그림은 이제 지배적 이데올로기의 자유로운 통용이 영구적으로 보장되는 '완벽한 봉쇄'(perfect closure) 상황을 시사하는 경향으로도 보일 수 있다. 그러나 이처럼 치밀한 공모의 이미지는 정확하지 않으며, 여기서 드러나는 단순성과 매끄러움도 경계해야 한다. 하지만 그러한 '완벽한 봉쇄'를 저지하는 핵심적 요인은 기술적, 공식적 통제 문제도, 우연의 무작위성도, 전문직의 양식과 양심 문제도 **아니다**.

만일 사건의 지배적 정의를 조장할 수 있도록 다양한 장치가 서로 구조적으로 연계되기 때문에 이데올로기적 봉쇄를 향한 경향─지배적 경향─이 지탱된다면, 반대 경향 역시 **대항적** 상황 정의를 생성할 만큼 조직화되고 정교한 정보원의 존재에 의존해야 한다(뤼시앵 골드만Lucien Goldman이 언급했듯이[주 18] 사회 집단과 집합체는 늘 이데올로기뿐 아니라 대항 이데올로기의 하부구조이기도 하다). 이는 대항 이데올로기와 설명을 생성해내는 집합체가 사회에서 강력한 반대 세력인지, 그 집합체가 조직된 다수나 실체적인 소수파를 대변하는지, 그리고 체제 내에서 어느 정도 정당성을 갖추었거나 투쟁을 통해 그러한 위치를 확보할 수 있는지에 어느 정도는 달려 있다. [주 19] 미디어에서 혹은 미디어를 통해 활동하는 일차적 규정자가 논쟁적 이슈의 정의에 대해 완벽한 봉쇄를 달성하기는 어려울 것이다. 이를테면 노사관계 이슈에서는 노동조합의 대변인이 제시한 대안적 정의를 다루지 않을 수 없을 것이다. 이제 노동조합은 산업 현장에서 제도화된 협상 체제의 일부로 인정받았고, 자신의 상황과 이해관계를 명확하게 파악하고 있으며, 경제적 갈등과 합의가 논쟁과 타협 대상으로 다뤄지는 지형에서 '정당성'을 **획득**했기 때문이다. 하지만 새로 등장하는 수많은 대항적 규정자는 정의 과정에 전혀 접근할 수 없다. 심지어 노동조합의 공식 대변인처럼 정규적으로 접근대상이 되는 규정자조차 일차적 규정자와 특권화된 정의에 의해 사전에 정해진 **조건에 따라** 대응해야만 하며, 바로 그러한 합의의 한계 내에서 주장을 펼 경우에만 과정에 의견을 개진하고 영향을 미칠 기회를 그나마 더 얻는다. 전국노동조합연맹의 사무총장은 비공식적인 파업 행동 등을 옹호하기보다는 고용주의 합리적인 주장에 대응해 '합리적인' 노동조합의 주장을 펼 경우에, 또 규칙 안에서 주장하고 토론하고 협상할 경우에 접근하기 더 쉬워진다. 만일 이들이 게임의 규칙 안에서 행동하지 않으면, 대안적 대변인은 (합리적인 반대의 규칙을 깨뜨렸기 때문에) 논쟁의 정의에서 배제되고 '과격파'나 '비합리적 세력' 혹은 불법적, 위헌적 행동을 벌이는 존재라는 이름표가 따라붙을 위험을 감수해야 한다. 심지어 이 정도로 제한된 접근권조차 확보하지 못한 집단은 존재감 상실 때문에 정기적으로 그리고 체계적으로 '과격파'로 낙인찍히고, 이들의 행동은 '비합리적'이라는 이름표가 붙으면서 진정성을 체계적으로 부정당한다. 파편화되고 상대적으로 표현에 서툴고 합리적인 요구와 실질적인 개혁 실행계획이란 측면에서 '목표'를 설정하는 것을 거부하는 집단에 대해서는 최초의 정의를 둘러싸고 주제의 봉쇄를 달성하기가 훨씬 더 수월하다. 목적을 달성하고 의견을 전달하고 이해관계를 옹호하기 위해 극단적인 대안적 투쟁 수단을 선택한 집단에 대해서도 마찬가지다. 어떤 집단이 이러한 특징 중 일부라도 갖추었을 경우, 특권화된 규정자는 이들에 대해 더 손쉽게 마음대로 이름을 붙이고 그들의 대안적 정의를 고려 대상에서 배제할 수 있게 된다.

따라서 미디어는 주제가 구조화되는 최초 단계에 권력층을 적극적으로 참여시키는 방식으로뿐 아니라,[주 20] 특정한 주제 설정 방식을 선호하거나 일정한 전략적 침묵 영역을 유지하는 방식을 통해서도, 권력층에 유리한 상황 정의를 재생산하고 유지하는 데 기여한다. 이처럼 구조화된 커뮤니케이션 형태는 너무나 흔하고 자연스러워 보이고 당연시되며, 채택되는 커뮤니케이션 형태 바로 그 자체에도 깊숙이 배어 있다. 따라서 의도적으로 다음과 같은 질문의 제기를 시작하지 않는다면 이것들은 전혀 이데올로기적 구성물로 보이지 않게 된다. '이 문제에 관해 제시된 내용 외에 어떤 발언이 **가능할까?**', '어떤 질문이 생략되었을까?', '왜 항상 특정한 종류의 답변을 가정하는 질문이 이러한 형태로 그렇게 자주 반복해 등장할까?', '왜 다른 특정한 질문은 전혀 제기되지 않을까?' 예를 들면 노사 분규 영역에서 존 웨스터가드(John Westergaard)는 최근 다음과 같이 말했다.

> 더 폭넓은 이슈의 배제는 그 자체가 노동조합과 고용주 사이에 형성된 전반적인 '권력 균형'의 결과로, 그러한 제약의 틀 안에서 벌어지는 특정한 분규의 결말보다는 상황 분석에 훨씬 더 중요한 것이다. … 권력의 근원은 갈등 영역을 규정하고 효과적으로 분규에 투입되는 대안의 범위를 제약하는 한계 안에서 주로 찾아야 한다. 실제로 [이 한계가] 너무나 엄격하게 설정되는 바람에 대안의 여지가 전혀 존재하지 않는 일도 흔히 있다. 그렇게 되면 정책은 너무나 자명해 보이므로 아무런 '의사 결정'도 필요 없게 된다. 이것들은 모든 잠재적 대안을 은폐해버리는 가정 덕분에 그냥 도출된다. … 그래서 일상적 갈등의 척도 바깥 지점에서 보지 않으면 권력의 근원은 드러날 수가 없다는 결론이 나오는데, 이는 이 척도가 내부에서는 거의 보이지 않기 때문이다.[주 21]

이 절에서는 뉴스 생산과 관련된 미디어의 **일상적 구조와 실천**이 어떻게 해서 사건을 지배적인 해석 패러다임 안에서 '틀 짓기'하고, 이에 따라 존 어리(John Urry)의 표현으로는 '똑같은 부류의 범위'(the same sort of range)[주 22] 안에 의견을 결집하는 데 기여하는지 지적하고자 했다.)

미디어는 제도적으로 다른 국가 기구들과 구분되므로 국가의 지시를 자동적으로 수용하지는 않는다. 실로 사회의 권력 복합체 내부의 이 기관들 **사이에는** 대립이 발생할 수도 있고 실제로도 빈번하게 일어난다. 미디어는 또한 여느 국가 부문과는 다른 제도적 동기와 근거에 의해 움직인다. 예를 들면 '가장 먼저 뉴스'를 발굴하려는 경쟁 동력은 국가에 단기적으로는 이익이 안 되거나 유리하지 않을 수도 있다. 미디어는 종종 일차적 규정자가 은폐했으면 하고 바랄 만한 사건도 찾아내려 한다. 정치인―특히 노동당 정치인―과 미디어 사이에 반복해서 발생하는 갈등은 미디어와 일차적 규정자의 목표가 항상 일치하지 않는다는 점을 보여준다.[주 23] 하지만 이러한 유보조항에도 불구하고, 미디어에서 **지배적인 경향**은 **모든 모순이 존재하는 가운데서도** 권력층의 정의와 지배적 이데올로기의 재생산을 지향한다는 사실은 부인할 수 없는 것 같다. 우리는 이 **경향**이 왜 뉴스 제작 구조와 과정 바로 그 자체에 아로새겨져 있으며, 언론인이나 고용주의 사악함 탓으로 돌릴 수 없는 것인지 제시하려 하였다.

▌뉴스로서의 범죄

이제는 뉴스 생산의 특정한 한 변종으로서 범죄 뉴스 생산에서 뉴스 생산의 일반적인 구성요소와 과정이 어떻게 작동하는지 구체적으로 살펴보고자 한다. 우리는 뉴스가 '합의'로서의 사회라는 구체적인 개념과의 관련 속에서 형성된다는 지적으로 논의를 시작하였다. 이러한 배경에서 볼 때 뉴스가치가 있는 사건은 바로 변함없는 합의 기반적 평온 상태를 깨뜨리는 것처럼 보이는 사건이다. 범죄는 그러한 합의의 범위에 대략적인 경계를 정해주는 것 중 하나다. 합의는 정당성을 갖추고 제도화된 행동 수단에 근거한다고 앞서 주장했다. 범죄는 이 합의의 부정적 측면과 관련되어 있다. 법은 사회가 **정당하지 않은** 행동 유형이라고 판단하는 것을 규정하기 때문이다. 따지고 보면 의회가 제정하고 법원이 집행하며 대중의 의지를 구현하는 법은 어떤 행동이 허용되고 어떤 것은 허용되지 않는지에 관한 기본적 정의를 사회에 제공한다. 법은 '우리 삶의 방식'과 더불어 그와 연계된 가치[의 범위]를 표시하는 '경계선'이다. 법을 어기는 사람을 낙인찍고 처벌하는 행동은 공적 도덕과 질서의 수호자로 공식적으로 임명된 대리인이 시행하며, 사회의 가치와 그 관용의 한계를 **극적인 형태로 상징적으로 재확인**하는 역할을 한다. 만일 논란의 여지가 있는 현실의 위상을 규정하는 존재로 뉴스를 파악한다면, 카이 에릭슨(Kai Erikson)이 다음과 같이 주장했듯이 범죄야말로 '뉴스'라는 정의 자체에 부합한다.

> 이 연결관계에서 일탈적 범행자와 통제 수행자 간의 대결이 항상 공중의 큰 주목을 받았다는 점은 유념할 만하다. … 우리가 '뉴스'라고 부르는 것 중 상당 부분은 일탈적 행위와 그 결과 보도에 할애되는데, 왜 이 항목들이 뉴스 가치가 높은 것으로 간주되어야 하며, 지금처럼 엄청난 주목을 끌어야만 하는지는 설명하기 간단한 문제가 결코 아니다. 아마 논평가들이 주장했듯이 이 항목들이 대중 수용자의 수많은 심리적 사악함에 잘 부합할 수도 있다. 동시에 우리 사회의 규범적 얼개에 관한 주된 정보원 중 하나가 되기도 한다. 적어도 비유적 측면에서 보면 도덕성과 비도덕성은 공적인 공개 무대에서 만나기 마련인데, 바로 이 접점에서 둘 사이를 가르는 경계선이 정해진다.[주 24]

그렇다면 범죄가 '뉴스'가 되는 이유는 범죄를 취급하는 방식이 사회의 합의된 도덕성에 대한 위협을 상기시키면서도 그 도덕성을 재확인해 주기 때문이다. 우리 눈앞에서 상영되는 현대의 도덕성이란 연극에서는 '악'이 사회의 수호자(즉 경찰과 사법부)에 의해 사회로부터 상징적으로 또 물리적으로 추방된다. 이 진술을 너무 극적으로 과장해서 이해하는 일이 없도록 하기 위해, 1966년 세 명의 경찰관 살해 사건에 관한 〈데일리 메일〉의 다음과 같은 논평("우리가 당연히 여기는 사람들"이라는 제목의 기사)과 비교해 보는 게 좋겠다.

쉐퍼즈 부시(Shepherd's Bush) 범죄5는 영국이 경찰을 정녕 어떻게 생각하는지 상기시켜준다. 영국에서 아직도 경찰관은 이 사회가 공적 질서와 품위가 어느 정도 안정된 정상상태에 도달했고 이제는 그것을 당연시한다는 점을 말해주는 살아 있는 표지판이다. 자신이 보기에 변하지 않는 영국의 이미지는 망토에 빗방울이 젖어 반짝이는 상태로 서 있는 경찰관으로 상징화된다고 버나드 쇼(Bernard Shaw)는 말한 적이 있다. 경찰관은 여전히 사람들이 시간이나 시청 가는 길을 물어보고 버스 막차가 떠났는지 알아보는 사람이다. 여전히 사회가 원한다면 소음의 원인을 조사하러 어두운 골목을 향해 따라나서는 사람이다. 폭력에 의한 경찰 사망에 우리가 모두 그렇게 애절한 감정을 갖는 것은 바로 이 때문이다. 쉐퍼즈 부시에서 질서와 품위를 유지하는 직무 수행 중 무분별하고 의도적인 총격에 쓰러진 세 사람의 죽음은 마치 지축을 흔들어놓는 듯한 공포스러운 충격으로 다가온다. 망연자실하고 믿을 수 없는 사태가 일어난 후 질서를 당연히 여겨서는 안 된다는 깨달음이 뒤따른다. 정글은 여전히 저 너머 존재한다. 아직도 그 속에는 통제해야 할 맹수가 우글거리고 있다.[주 25]

물론 범죄 뉴스라고 해서 모두 이처럼 극적인 속성을 지니지는 않는다. 상당수의 범죄 자체가 일상적인 현상으로 간주되기 때문에, 범죄 뉴스 중 상당수는 틀에 박힌 내용이고 단순하다. 범죄는 영구적이고 반복해서 등장하는 현상으로 이해되기에, 이 중 상당 부분은 미디어에서도 마찬가지로 천편일률적인 방식으로 다뤄진다. 앨런 셔틀워스(Alan Shuttleworth)는 〈데일리 미러〉의 폭력 보도에 관한 연구에서, 취급하는 폭력의 속성에 따라서 사용되는 재현의 종류도 아주 다양해진다는 점을 주목했다.[주 26] 특히 수많은 '세속적' 범죄 형태들이 상대적으로 작은 크기로, 사무적이

---

5 쉐퍼즈 부시 살해 사건은 '브레이브룩 거리 학살사건'(Braybrook Street massacre)으로도 불린다. 1966년 8월 12일 런던광역경찰청 소속 경찰 3인은 이스트 액턴(East Acton) 혹은 쉐퍼즈 부시 부근을 순찰 중 차량에 타고 있던 세 남성을 검문했다. 해리 로버츠를 비롯한 범인 세 명은 총을 발사해 경찰관을 모두 살해한 후 도주했다. 이 사건은 영국 사회에 엄청난 분노와 충격을 안겨주었고, 범인은 결국 모두 체포되어 종신형을 선고받았다. 이 사건을 계기로 사형을 부활시켜야 한다는 강경한 여론이 일었고 경찰의 총기 무장을 강화해야 한다는 주장도 힘을 얻었다. 희생된 경관의 가족에 대한 동정적 정서가 확산하면서 직무 중 순직한 경관의 가족을 돕기 위한 '경찰가족기금'도 설립되었다. ― 역주

고 간략한 방식으로 보도된다고 평가했다(**심리 중** 규정subjudice rule에 따라 언론이 재판 전의 사건에 논평을 할 수 없게 되고, 재판 결과가 나오기 전에는 언론의 유죄 단정 보도를 금지하는 규칙이 강화됨에 따라 이처럼 간략한 보도는 최근 더 심해졌다). 그러므로 수많은 범죄 뉴스 기사에서는 고작 또 다른 '강력' 범죄가 발생했다는 사실만 지적할 뿐이다. 그럼에도 불구하고 미디어는 잠재적 뉴스원으로서 범죄에 계속 촉각을 곤두세운다. 이러한 '세속적' 범죄 보도 중 상당수는 여전히 우리의 전반적인 주장에 들어맞는다. 이는 규범적 경계 위반이 발생했음을 지적하고 그 후 수사, 체포, 범죄자의 심판이라는 측면에서의 사회적 복수가 뒤따른다(경찰과 법원의 일상적 작업은 그처럼 영원한 뉴스 범주를 제공하기 때문에, 수많은 '신입 기자'는 첫 임무로 '범죄 출입처'에 배정된다. 만약 이러한 일상적 작업에서 살아남는다면—대다수의 간부 편집자는 당연히 그리될 것이라 기대하게 된다—더 크고 도전적인 뉴스 임무를 감당할 준비가 된 것이다). 그렇다면 어떤 극적인 범죄 측면에 관한 더 자세한 보도는 이처럼 일상화한 범죄 처리에서 싹트고, 그러한 작업을 배경으로 두드러져 보이게 된다. 어떤 범죄 뉴스 기사의 가시성 변화는 뉴스 미디어 내부의 다른 조직적, 이데올로기적 과정과 얽혀 작동하는데, 예를 들면 다른 뉴스 기사가 지면과 주목도에서 상대적으로 '경쟁력'이 더 있는지, 기사가 새로운 것인지, 혹은 주제가 참신한지 등이 그러한 요인이다. 여기서 범죄는 다른 부류의 정규 뉴스 항목과 크게 다르지 않다. 특정한 범죄 기사를 특별히 선택해 주목하고 거기에 부여할 상대적 주목도를 결정하는 것은 다른 뉴스 영역에 적용되는 '뉴스가치' 구조와 똑같다.

　뉴스로서의 범죄와 관련해 한 가지 특별한 점은 **폭력**이 뉴스가치로서 특별한 위상을 갖고 있다는 것이다. 어떤 범죄든 폭력이 연루되면 가시성 높은 뉴스로 격상될 수 있다. 폭력은 아마도 '부정적 결과'라는 뉴스가치를 보여주는 최고의 사례이기 때문일 것이다. 폭력은 인간에 대한 기본적인 침해에 해당한다. 가장 큰 인간적 범죄는 '살인'이며, 이를 능가하는 범죄는 오직 법 집행자인 경찰 살해뿐이다. 궁극적으로 폭력은 재산과 국가에 가해지는 범죄이기도 하다. 따라서 폭력은 사회 질서의 근본적인 교란에 해당한다. 폭력 사용은 근본적으로 사회에 **속한** 사람과 사회 **바깥 에** 속한 사람을 뚜렷이 구분한다. 이는 '사회' 자체의 구분선과 비슷하다. 위에서 언급한 연설에서 히드 씨는 "평화로운 주장", "우리 대다수가 올 바른 일 처리 방식이라고 믿는 것"과 그 방식에 '도전하는' '폭력'이라는 중요한 구분을 제시했다. 법의 근간은 "올바른 일 처리 방식"을 보호하고 '폭력을 행사하는' 자들로부터 개인, 재산과 국가를 방어하는 것이다. 이 는 법 집행과 사회 통제의 근거이기도 하다. 국가는, 그리고 오로지 국가 만이 **정당한** 폭력을 독점하며, 이 '폭력'은 '정당하지 않은' 사용에 맞서 사회를 보호하는 데 사용된다. 따라서 폭력은 사회에서 중요한 경계선을 이룬다. 그 경계를 침범하는 모든 행동, 특히 범죄 행위는 정의대로 뉴스 의 주목을 받을 가치가 있다. 흔히 전반적으로 '뉴스'에 폭력이 넘쳐난다 는 불평도 들린다. 어떤 뉴스는 '대대적 사건'이 연루되었다는 이유만으 로 가장 큰 뉴스 의제로 부상할 수도 있다. 그런 불평을 하는 사람은 '뉴 스'가 무엇인지 이해하지 못한 것이다. '폭력'을 뉴스 주목도의 정상에, 혹은 거의 정상에 비치하지 않고는 '뉴스가치'를 정의할 수가 없다.

　　뉴스 생산이 일차적 규정자가 수행하는 역할에 어떻게 의존하는지 앞서 살펴보았다. 범죄 뉴스 영역에서는 뉴스 기사를 얻는 데 실질적으로 다른 어떤 영역보다도 더 범죄 통제 기관에 과도하게 의존하는 것으로 보 인다. 경찰, 내무부 대변인, 법원은 미디어의 범죄 뉴스원을 거의 독점한다. 수많은 직업 집단이 범죄와 접촉하지만 오직 경찰만이 매일매일의 **개인** 경험에 근거해 '범죄와의 전쟁'에서 **직업적** 전문성을 주장한다. 이처럼 배 타적이고 특수한 '이중적 전문성'은 경찰 대변인에게 특히 권위 있는 신 뢰성을 부여하는 것 같다. 이밖에도 언론인은 뉴스 생산에서 맺게 되는 공식적, 비공식적 사회관계를 통해 '범죄' 자료를 얻는데, 이는 예컨대 경 찰과 범죄 담당 기자 간의 '신뢰' 개념을 기반으로 한다. 즉 언론인은 자 신에게 접근이 허용되는 특권적인 정보를 기반으로 신뢰성 있고 객관적 인 보도를 할 수 있게 된다. 이 신뢰를 '배신'하면 정보 흐름이 고갈되는 결과가 초래될 것이다.[주 27] 범죄 통제의 궁극적인 정치적, 행정적 책임을

담당하는 내무부는 의회와 궁극적으로 '국민의 의지'에 책임을 지기 때문
에 공인된 지위를 얻는다. 법원의 특별한 지위에 대해서는 앞서 살펴보았
다. 판사는 사회의 법적 규약을 위반한 사람을 처리할 책임을 지는데, 이
책임은 필연적으로 판사에게 권위를 부여한다. 그러나 미디어는 판사의 비
중 있는 발언을 계속해서 주목하면서 이들의 **상징적** 역할의 중요성을 강
조하게 된다. 판사는 악과 어둠의 세력에 맞서 선과 올바름의 대변자이자
'대리 발언자'(ventriloquists)의 지위를 갖게 된다. 범죄 뉴스에서 아주 두드
러지는 특징은 전쟁터에서 종군 특파원이 보내는 '직접증언식' 보도와 달
리 범죄 자체에 대해서는 일차 경험에 의한 설명이 거의 포함되지 않는다
는 점이다. 범죄 기사는 거의 전적으로 제도적인 일차적 규정자의 정의와
시각에서 구성된다.

　이 준독점 상황은 범죄 기사의 다양한 변종을 대부분 포괄하는 **세 가지**
전형적 포맷의 토대가 된다. 첫째는 특정한 사건 수사에 관한 경찰의 진
술에 근거한 보도인데, 경찰에 의한 사건 재구성과 이들이 취하는 자세한
조치사항을 포함한다. 둘째는 '범죄와의 전쟁 상황 보도'로서, 어떤 것이
가장 심각한 도전이고, 경찰이 어떤 분야에서 가장 두드러진 성공을 거두
었는지 등에 관한 내용으로 되어 있다. 보통 경찰청장이나 내무부의 현재
범죄 통계를 근거로 하며, 무미건조한 숫자의 의미에 관한 대변인의 해석
과 함께 제시된다. 셋째는 범죄 보도의 본령과 같은 형태로서 법원 재판
사례에 근거한 기사다. 이 중 특히 뉴스가치가 높다고 간주되는 일부 사
건 보도는 매일매일의 재판 진행 상황을 추적한다. 이외의 다른 사건은
판결일에만, 특히 판사의 판결문만 뉴스가치가 있다고 간주해 보도한다.
또 다른 사건 보도는 간단한 요약 보도만으로 이루어진다.

　하지만 범죄의 일차적 규정자가 미디어 범죄 보도에서 그렇게 두드
러진 위치를 차지하는 이유가 오로지 이들이 특히 권위 있는 지위에 있다
는 점에서만 파생되는 기능은 아니다. 이 점은 범죄가 대다수의 공적 이
슈보다 경쟁적이고 대안적인 정의의 **여지가 더 적다는** 사실과도 관련이
있다. 영국산업연합의 진술은 대개 전국노동조합연맹의 진술과 '균형을

맞춘다'. 그러나 비록 직업 범죄자가 범죄에 관해서는 아마 전문성을 더 갖추었겠지만, 범죄에 관한 경찰의 진술이 직업 범죄자의 진술과 함께 '균형'을 맞춰 배치되는 일은 거의 없다. 범죄자는 대항 세력으로서 '정당성'도, 조직도 갖추지 못했다. 범죄자가 되었다는 사실에 의해 범죄자는 범죄에 관한 합의 협상에 참여할 권한을 몰수당했다. 대다수 범죄 행동의 자체적 속성상 범죄자는 상대적으로 조직화되지 않고 개인화, 파편화된 층이다. 이를테면 형사 개혁 논쟁에서 심지어 수감조건이나 감옥의 규율 방법에 관한 문제일 경우에도 죄수들이 자신들을 위해 참여권을 획득할 정도로 충분히 조직화되고 목소리를 내게 된 것은 아주 최근에 와서야 가능해진 일이다. 대체로 범죄자는 사회에 대한 부채를 청산할 때까지 시민으로서의 다른 권리와 더불어 '답변권'을 자신의 행동에 의해 몰수당한 것으로 간주된다. 대개 특정한 개혁 단체와 전문가 형태로 조직화되어 존재하는 반대 세력 역시 '문제점'에 대해서는 흔히 일차적 규정자와 기본적으로 똑같은 정의를 공유하며, 단지 범죄자를 사회로 되돌려 보낸다는 똑같은 목표 추구에서 대안적인 수단을 제시하는 데만 관여할 뿐이다.

아주 광범위한 합의가 존재하고 대안적 정의는 거의 부재한 상태에서, 이 점이 의미하는 바는 지배적 정의가 상대적으로 도전받지 않은 채로 의미작용의 장을 장악한다는 것이다. 그나마 남은 논쟁거리는 거의 오로지 통제자의 **준거틀 안에서**만 전개된다. 이 틀은 지배적 정의와 대안적 정의 사이의 어떠한 경합도 억압하는 경향이 있다. 그리고 '모든 잠재적인 대안을 은폐'해 해당 범죄의 취급을 재빨리 **실용성**의 지형으로 환원시켜버린다. 즉 범죄 문제의 존재를 **기정사실화한** 채 이에 어떻게 대처해야 할 것인가 하는 문제만 남는다. 설득력 있고 명확하게 제안된 대안적 정의가 존재하지 않는 상황에서, 공중이 범죄를 공적 관심사로 재해석할 여지는 극도로 제한적이다. 따라서 미디어가 지배적인 관념의 틀 안에서 여론을 동원하는 데 성공할 가능성이 가능 큰 영역 중 하나가 바로 범죄와 사회에 대한 위협 관련 이슈다. 이 때문에 매스 미디어와 여론에 관한 한, 범죄 영역은 특히 일차원적이면서 투명한 장, 즉 이슈가 단순하고 논란의 여지도 없으며 명쾌한 곳이 된다. 이러한 이유로 범죄와 일탈은 또한 공적 레토릭에서 타락과 낙인의 이미지에 주된 두 가지 원천이 된다.[주 28] 그 어떤 잠재적인 사고뭉치 집단을 겨냥한 행동을 정당화하는 데 사용되는 언어든, 범죄성과 불법성에 관한 상상을 핵심적인 경계 구분 기준으로 채택해 직간접적인 연상 작용을 통해 적용하려 하는 것은 단지 우연의 일치만은 아니다.[주 29] 예를 들면 학생 시위자를 '학생 훌리건', '건달'(hoodlums), 학계의 '악당'(thugs) 등으로 의미작용하는 것이 이에 해당한다(제8장에서 더 자세히 논의할 것이다).

▌노상강도와 미디어

지금까지 뉴스 생산의 일반적 특징을 살펴보았고, 그러고 나서 좀 더 엄밀하게 이 뉴스 생산이 뉴스로서의 범죄 생산과 관련해 취하게 되는 형태에 초점을 맞추었다. 이 절에서는 이 뉴스 생산 분석을 구체적으로 언론의 '노상강도' 뉴스 기사 취급과 연계해서 살펴볼 것이다. 이러한 언론의 처리 방식이 시간 경과에 따라 어떠한 속성 변화를 보이는지 검토하면서, 구체적인 뉴스가치의 적용뿐 아니라 좀 더 중요하게는 이 기준들이 특정한 주제—이 사례에서는 특정한 범죄 종류—와 관련해 사건의 높은 뉴스가치를 유지하기 위해 어떻게 **구조**로서 작동하는지도 볼 수 있게 될 것이다.

표 3.1은 표본으로 선택된 1972년 8월에서 1973년 8월까지의 시기 동안 언론의 노상강도 사건 보도의 일반적 패턴을 예시해주는데, 여기서 논의를 시작하는 것이 편리할 것 같다. 그러나 우선 이 표의 경험적 근거에 관해 언급할 필요가 있다. 우리의 표본은 13개월 시기 동안 〈가디언〉과 〈데일리 미러〉를 매일 읽은 후 거기서 추출한 것이다. 같은 기간 동안 노상강도 사건을 언급한 상당 분량의 신문 스크랩 파일도 접촉했는데, 물론 전부 다 검토하지는 않았지만 다른 전국지, 전국지 일요판과 런던의 석간지를 두루 읽고 수집했다. 일요판과 런던 신문은 뉴스 초점이 다소 다르므로, 이 자료는 표 3.1이나 관련 텍스트에 포함하지 않고 이 책 다

른 곳에서 예시용으로만 활용했다. 오직 전국지만을 기준으로 조사한 결과 〈가디언〉이 18건, 〈데일리 미러〉가 33건으로, 전체적으로는 60건의 사건을 노상강도로 보도했다. 이 수치를 산출하면서 하나의 특정한 노상강도 사건을 지칭하는 모든 다양한 보도를 (즉 똑같은 사건을 재판 회부, 항소 등의 이후 단계에 이르기까지 '추적하는 보도') 한 건으로 계산했다. 또한 사건이 처음 언급된 달을 표에 기록하는 달로 삼기로 결정했다. 나아가 '전체 표본' 칸에는 다양한 사건의 전체 숫자만을 포함하기로 했다. 따라서 각 달의 숫자 산출에서 이를테면 네 가지 신문에 보도된 똑같은 사건은 한 사건으로만 계산했다. 반면에 〈가디언〉과 〈데일리 미러〉로 별도 집계한 칸에서는 만일 똑같은 사건이 두 신문에 보도되었다면 두 칸에 모두 기록했다. 해외의 노상강도 보도는 표에서 제외했다(범죄나 법정재판 보도인 노상강도 사건 보도가 아니라 언론의 노상강도 보도 전반에 관심 있는 독자는 이 장 마지막의 표 3.2를 참고하면 된다).

표 3.1에서 언론의 노상강도 보도가 1972년 10월에 정점에 도달했다는 점은 분명히 드러났을 것이다. 그 이후 언론의 관심도는 감소한다. 해를 넘겨 3월과 4월에도 관심이 유지되는 것은 아마 핸즈워스 사건의 효과 덕분일 것이다. 그 후에는 오직 6월에 〈데일리 미러〉가 집중 보도한 기사만이 노상강도 사건에 상당한 수준의 미디어 가시성을 부여했을 뿐이다. 알다시피 1973년 8월이 결코 '노상강도 이야기'의 끝은 아니었지만, 1973년 8월에 이르면 노상강도는 뉴스가치 있는 사건으로 '한 생애주기'를 매듭지었다고 결론지어야 옳을 듯하다. 관련 수치는 미미하고 그 자체로 그다지 의미심장해 보이지 않는 게 사실이지만, 언론보도의 **변덕스러운** 속성을 감안한다면 좀 더 두드러진 패턴, 즉 뉴스가치의 '주기' 개념을 입증해주는 패턴이 뚜렷하게 보인다.

'노상강도'는 특이성, 진기함 때문에 뉴스 스토리로 발생한다. 이 사건은 원초적 뉴스가치로서의 특이성 개념과 잘 부합한다. 즉 대다수의 기사는 우선 가시성 있는 뉴스로 격상되려면 어느 정도 새로운 요소가 반드시 필요한 것 같은데, 노상강도도 예외는 아니다. 경찰이 "큰 탈이 난 노상강도 사건"으로 규정한 워털루 다리 살인 사건(Waterloo Bridge killing)을 〈데일리 미러〉는 수용자에게 "공포스러운 새로운 범죄 유형"으로 규정하고 그렇게 의미작용했다. 강도 범죄 와중에 누군가가 칼에 찔리거나 심지어 살해되기도 했다는 점은 결코 새롭지 않다. 이 특정한 살인 사건이 '틀에 박힌 사건' 범주에서 벗어나 **격상된** 것은 '**새로운' 이름표**가 붙었기 때문이다. 바로 이 이름표가 사건의 새로움을 **지칭하는 기호다.** 앞서 우리 주장의 연장선에서 보면 이 사건이 수사를 맡은 경찰에 의해 **매개된다**는 사실은 주목할 만하다. 바로 **경찰이** 노상강도라는 이름표를 붙이고 이에 따라 언론이 그 이름표를 사용하는 데 정당성을 부여한다. 그리고 나서 언론인은 이 개략적인 정의에 추가로 살을 붙인다. 언론인은 뉴스가치의 작동 논리에 맞춰 기사 세부사항의 틀을 정하고 맥락화한다. 예컨대 언론인은 사건의 진기함("공포스러운 새로운 범죄 유형")과 미국 간의 관련성도 강조한다.

표 3.1
신문에 보도된 노상강도 사건 수 (1972. 8.-1973. 8.)

연월	〈가디언〉	〈데일리 미러〉	전체 샘플
1972/08	2	1	2
1972/09	1	4	4
1972/10	9	12	23
1972/11	0	2	4
1972/12	1	0	2
1973/01	2	3	5
1973/02	0	1	4
1973/03	2	2	4
1973/04	0	2	5
1973/05	1	0	1
1973/06	0	5	5
1973/07	0	0	0
1973/08	0	1	1
계	18	33	60

　　요한 갈퉁(Johan Galtung)과 마리 루게(Mari Ruge)는 다음과 같은 가설을 세우고 검증해 보았다. "일단 어떤 사건이 신문에 크게 실려 '뉴스'로 규정되고 나면, 한동안은 계속해서 뉴스로 정의될 것이다"[주 30]라는 가설인데, 우리의 표본은 확실히 이 가설을 입증한다. 하지만 아마 이보다 더 중요한 사항은 한동안 단순히 노상강도라는 이름표를 붙이는 행위만으로도 서로 관련성이 없고 흔한 수많은 범죄 사건을 뉴스가치 높은 사건의 범주로 묶는 데는 충분했다는 점이다. 가장 널리 알려진 초기의 몇몇 '노상강도' 소송 사건은 이 과정을 가장 뚜렷하게 보여준 예다. 제2장에서 살펴보았듯이 사실 이 사건들은 소매치기범 (혹은 심지어 '소매치기 미수') 재판이었다. 다른 사례로는 9월과 10월에 잠깐 집중적으로 보도된 바 있는, 소녀들에 의한 폭력 사건이었다. 노상강도 사건은 여성 폭력 증가에 대해 잠재하고 있던 우려를 집중적으로 부각하는 그 어떤 요소를 제공한 것 같은데, 이러한 우려는 그 후 더 가시화해서 노상강도에 대한 우려와는 별도의 존재로 떠올랐다. 이 과정은 홀이 새로운 이름표의 "생성적이고 연상적인"(generative and associative) 효과라고 불렀던 것인데,[주 31] '모드족·로커족'이란 이름표가 어느 정도 진기한 존재였던 시기에도 상당히 뚜렷하게 나타났다.[주 32]

　　하지만 '진기함'이란 뉴스가치는 결국 소모되고 만다. 반복을 통해 특이성은 결국 평범함으로 변한다. 실로 어떤 특정한 뉴스 기사와 관련해 '진기함'은 분명히 모든 뉴스가치 중에서 수명이 가장 제한적이다. 어떤 뉴스 이야기 '주기'에서 이 시점에는 뉴스가치의 감소를 보충하고 '뉴스의 생명'을 지속할 수 있도록 다른 좀 더 내구성 있는 뉴스가치가 필요하다. 노상강도와 관련해서는 특히 두 가지가 그러한 증폭 역할을 수행한 듯한데, 바로 '기이함'(bizarre)과 '폭력'의 뉴스가치다. 이 두 가지 뉴스가치와 관련해서는 표본으로 선택한 기간 동안 주로 그러한 보충적 뉴스가치가 있다는 이유로 뉴스 가시성을 얻은 노상강도 보도의 숫자가 증가한 것을 볼 수 있다. 비록 관련 숫자는 적지만 우리의 추론을 입증하기에 충분할 정도로 특징이 뚜렷한 것 같다. 반면에 어쨌든 우리의 표본에서 '엘리트나 유명인'의 뉴스가치는 그러한 증폭 역할을 하지 못하는 듯하다. 주로 희생자가 유명인이라는 이유로 뉴스 가시성을 갖는 것으로 보이는 기사는 모두 5건만 발견했을 뿐이다. 두 건은 1972년에 등장했고, 세 건은 1973년에 일어났다.[주 34]

'기이한' 보도는 매우 이례적이고 이상하고 정상에서 벗어났고 별스럽고 괴상하며 기괴한 특징을 갖춘 기사를 의미하는 것으로 규정하겠다. 우리의 표본에서 그러한 보도는 두 가지 부류로 세분할 수도 있는데, 하나는 익살맞은 색채를 띤 기사이고 다른 하나는 위협적이고 기괴한 분위기의 기사다. 그러나 두 유형에 공통되는 뉴스가치의 요소를 포괄하는 데는 '기이함'이라는 용어가 적절해 보인다. 1972년 기간에는 그러한 기사를 단 한 건 발견했다. 1972년 11월 10일 〈가디언〉 기사로, 한 청년이 수표를 현금으로 바꾸기 위해 무일푼인 한 남성에게 칼을 겨눈 채 은행에 쳐들어간 사건을 다루었다. 그러나 1973년 3월과 7월 사이에는 다섯 건을 찾아냈는데, 일부는 익살맞고 일부는 기괴했다. 각 유형의 예로는 두 건의 〈데일리 미러〉 기사를 선택했다.[주 35] 첫째는 1973년 6월 5일 자 '노상강도가 엉뚱한 사람을 택하다'라는 제목의 이례적인 묘미와 반전으로 가득 찬 유머 넘치는 기사였다. 이 보도는 노상강도 '지망생' 세 명이 강도질에 실패하는 이야기를 다루었다. 세 범인이 노린 피해자는 "주먹을 날리며 덤벼들어" 강도들을 "당황케 한 후 때려눕혔고" 그 후 가까운 경찰서에 전화를 걸어 사건을 신고했다. 그러자 경찰이 출동했는데, 범인들을 찾아 기소하기 위해서가 아니라 이 중 '중상을 입은' 이가 없는지 확인하기 위해서였던 것으로 보였다. 같은 달 말인 1973년 6월 27일에는 괴상하고 위협적인 분위기의 기사가 실렸는데, 바로 인적이 뜸한 시간에 단돈 '30펜스 때문에' 미용사를 절벽에서 던져버린 이야기였다.

이 마지막 기사에서 기이함의 근거는 분명히 폭력이 괴상하고 극단적인 형태를 띤다는 점이다. 그러나 이 스토리라인에는 범죄에 대한 더 넓은 수준에서의 사회적 이해방식을 흥미롭게 조명해주는 두 번째 뉴스 앵글이 함축되어 있다. 이 두 번째 앵글은 제목과 기사 자체에서 모두 드러나는데, 폭력 행사와 노상강도로 얻는 보상, 즉 단돈 '30펜스' 사이의 병렬배치에 함축되어 있다. 이 병렬배치는 범죄에 관해서, 특히 폭력과 폭력 사용에서 얻는 결과 간의 관계에 관해서 함축되는 '합리적 계산'을 감안할 때 (두 요소 간의 불일치를 조성하면서) 비로소 작동할 수 있다. 〈데일리 미러〉의 병렬배치가 함축하는 바는 '30펜스'란 공격 행위에 연루된 수준의 폭력을 유발할 정도로 **합리적** 동기가 되지 못한다는 것이다. 여기서 함축된 계산은 노상강도에 관한 공적인 의미작용에서도 흔히 작동하는데, 노상강도의 공격에 사용한 폭력과 탈취해간 '전리품' 사이의 **부조화**가 암시된다. 이 대비는 노상강도에 대한 사회적 우려와 더불어 연상되는 하위 주제를 은밀하게 확인해주는데, 경찰 대변인이 '불필요한 폭력'이라 규정한 바로 그 주제다.

순수하게 '불필요한' 폭력과 좀 더 '도구적으로' 폭력적인 노상강도 보도를 서로 엄밀하게 구분하기란 매우 어려웠는데, 예를 들면 '불필요하게 폭력적인'이라는 제목은 좀 더 모호한 '도구적' 보도를 사실과 달리 왜곡하게 될지도 모른다.[주 36] 따라서 구체적으로 불필요한 부류의 '폭력'에 관한 보도가 증가하고 있다는 엄밀하고 계량화된 증거는 없다. 하지만 '폭력적인' 노상강도 기사 전반의 숫자가 상대적으로 늘어났다는 증거는 있어, 노상강도 사례에서 폭력은 **보충적** 뉴스가치로서 중요한 역할을 하고 있다는 우리의 추론을 입증해준다.

보도 전체로 볼 때 우리가 발견한 60건의 다양한 노상강도 중에서 '폭력적인' (즉 실제로 물리적인 공격을 포함하는) 노상강도 보도는 38건이었는데 반해, 이 중 24건만이 '비폭력적'(즉 폭력으로 위협만 하거나 폭력 신고가 없는 사례)이었다. 이는 2대 1에 조금 못 미치는 비율이다(우리 추정치는 피고에 대한 공식적 기소 내용이 아니라 보도에서 기술한 범죄 내용을 근거로 했다). 하지만 만일 1972년에 찾아낸 보도(20건의 폭력적 사례와 15건의 비폭력 사례)를 1973년에 발견한 내용(18건의 폭력 보도와 7건의 비폭력 보도)과 비교해 본다면, 그 비율이 1대 1을 조금 넘는 수준에서 거의 3대 1로 변화한 것을 볼 수 있다. 그리고 만약 표본으로 선택한 기간에서 마지막 5개월만 선택한다면(1973년

4-8월), 5대 1의 비율이 나온다(10건의 폭력 보도와 2건의 비폭력 보도).

물론 이 비율과 이를 통해 드러나는 폭력 주제의 심화라는 패턴이 노상강도에 대한 대응을 정당화하는 데 사용되는 공식 통계와 부합하기만 한다면 별문제는 없을 것이다. 분명 앞서 통계에 관한 절에서 예시했듯이 공식 범죄 통계를, 특히 노상강도 통계를 근거로 사용할 때 발생하는 문제는 무수하다. 하지만 1972-3년 기간에 "노상강도 문제의 일부"라고 경찰이 집단적으로 인식한 사례 중에서 약 50%는 '비폭력적'이었고 여기서 산출되는 1대 1의 비율은 거의 일관되게 유지되었다고 우리는 주장하는데, 이 주장의 근거로 다음 증거를 제시한다.

> 올해 지금까지 약 450건이 [남부 런던의 '노상강도'에 대응해 설치된] 전담반에 신고되었다. 이 중 160건은 폭력적인 강도로 입증되었고, 추가로 200건은 날치기나 소매치기 형태로 행해져 사람으로부터의 절도로 확인되었다 (〈선데이 타임스〉, 1972년 10월 1일)

> 전형적인 노상강도란 존재하지 않는다. 그러나 패턴은 있다. 예를 들면 브릭스턴 경찰서에 가면 벽의 차트와 통계에 모두 나와 있다. 지난해에는 폭력이나 위협을 동반한 강도가 211건으로 전년보다 40건이 증가했다. 폭력을 수반하지 않은 날치기는 300건이었다. (〈런던 이브닝 뉴스(London Evening News)〉, 1973년 3월 22일)

위의 두 통계 세트 중에서 하나는 1972년 수치이고 다른 하나는 1973년 초 수치이긴 하지만, '강도'와 '날치기' 통계치 사이의 비율은 비슷하다. 사실 '폭력적' 사건보다는 '비폭력적' 사건이 약간 **더 많다**. 두 기사 모두 '노상강도' 수치를 따로 추가적으로 제시하지 않으므로 실제로는 '강도'와 '폭력을 수반하지 않은 날치기' 모두 노상강도로 취급되었다고 추정해도 괜찮을 것 같다. 이 견해를 입증하는 추가 근거로 독자들은 〈1972년 런던광역경찰청장 보고서〉에서 '날치기'와 '강도' 사이에는 아무런 차이가 없다고 명시적으로 밝히고 있음을 확인해 보면 될 것이다. 즉

"엄격히 말해 강력 범죄는 아니지만 이 범죄들과 강도는 잘 구분되지 않고 지난 2년 동안 비슷한 증가세를 보였기 때문에 [(선별적인) 강력 범죄] 표에 '날치기'를 포함시켰다"[주 37]라는 것이다. 청장은 그 용어를 내키지 않는다고 하면서도 '노상강도'에 관해 언급하고 있다. 미디어가 강력 범죄 전반을 과잉보도하는 경향이 있다는 점은 자주 지적받은 부분이긴 하지만,[주 38] 여기서는 어떻게 해서 '폭력'이 하나의 구조화하는 요소로서 점차 특정한 뉴스 주제의 생애 주기와 관련해 사용되는지에 주목하고자 했다.

　　밥 로쉬어(Bob Roshier)는 언론에서 범죄 뉴스의 선택과정을 살펴본 후 다음 네 가지 부류의 요인이 특히 중요하다고 보았다. "(1) 범행의 심각성 … (2) '변덕스러운' 상황, 즉 익살맞음, 풍자, 이례성 … (3) 감성적 혹은 극적인 상황 … (4) 어떤 분야든 유명인이나 고위직 인물의 연루(특히 범인이나 피해자로서)"[주 39] 등이다. 이는 우리가 높은 뉴스가치의 보충적 원천으로 중요하다고 본 뉴스가치, 즉 '유명인', '기이함', 폭력과 아주 유사한 요인이다. 그렇지만 우리는 바로 이 뉴스가치가 어떻게 하나의 구조나 배경으로 작용하는지에, 즉 주로 '시들해져 가는' 뉴스 스토리를 되살릴 다양한 방안으로 어떻게 진기함이란 일차적 가치와 관련해 작동하는지에 강조점을 두었다. 이러한 강조는 '뉴스가치의 주기'에 관한 우리 논의에 정당성을 부여하고, 1973년 8월에 이르면 이 특정한 주기가 끝나거나 거의 끝에 가까워졌다는 우리의 결론을 입증해준다고 믿는다.

▌쌍방적 관계

　　마지막으로는 노상강도 사례에서 예시했듯이 일차적 규정자와 미디어 간의 **쌍방성의 관계**(relations of reciprocity)를 살펴보고자 한다. 1972년 9월 26일 〈데일리 미러〉는 "판사가 공포의 도시에서 노상강도범에게 단호하게 대처하다"라는 제목의 기사를 실었다. 이 기사는 미디어에서 특권화된 정의가 어떤 역할과 지위를 차지하는지 완벽하게 예시해준다. 즉 제목에서 '노상강도범'이란 용어 사용은 기사 본문에서 판사의 다음 진술에 의해 정당화된다. "노상강도가 런던에서 점점 더 만연하고 있음은 분명하다. 미국에서는 노상강도 때문에 사람들이 늦은 밤에는 거리를 돌아다니길 두려워한다고 들었다." 여기서는 판사가 판결을 맥락화하는 준거점으로 미국의 '노상강도'를 사용하고 있음에도 주목해야 한다. 그러나 이 예는 무엇보다 뉴스 기사가 미디어 **외부**의 일차적 규정자의 권위 있는 발언에서 '근거를 확보'(anchorage)하고 있음을 예시해준다.

1972년 10월에는 미디어가 그러한 이슈에 관한 **자체적인** 정의 작업을 위해 어떻게 그러한 정의에서 '근거'를 찾아 활용하는지를 보여주는 한 예를 발견할 수 있다. 1972년 10월 6일 자 〈데일리 미러〉는 하인즈 판사가 10대 청년 세 명에게 '노상강도'죄로 3년 형을 선고했다는 기사를 게재했는데, 여기에 판사의 진술을 인용한 사설을 함께 실었다. "재판관으로서 취할 수밖에 없는 이 경로가 젊은이들 개인에게는 최선이 아닐 수도 있으나, 나는 공익을 위해 이런 선택을 내릴 수밖에 없다." 사설은 판사의 목소리에 다음과 같이 **자체 캠페인성 '목소리'**, 즉 자체적인 '공적 관용어법'을 **덧붙인다.** "하인즈 판사의 말은 옳다. 정상적인 상황이라면 가혹하고 부당해 보일 수도 있을 억제적 형량이 강제**되어야만 하는** 시기가 있다. … 미국에서처럼 노상강도가 통제불능 상태로 되지 않으려면 처벌은 강하고 확실해야 한다." 여기서 우리는 언론이 좀 더 적극적인 역할을 수행하면서 공적 이슈로서 '노상강도'에 관한 사법부의 진술을 정당화하는 (그러나 동시에 자기 입장을 정당화하는 수단으로도 활용하는) 것을 볼 수 있다. 관련 집단 간의 결속은 더 단단해지고, 주제는 좀 더 폐쇄적으로 되었으며, 미디어와 일차적 규정자의 관계는 좀 더 상호 보강적으로 되었다(실로 〈데일리 미러〉가 보기에 **논쟁의 여지는 남아 있지 않다.** "하인즈 판사의 말은 옳다").

일주일 후(1972년 10월 13일) 〈선(The Sun)〉은 "노상강도범 길들이기"라는 제목의 사설에서 '국민'을 사법부의 지배적 정의 편으로 결집시켜 봉쇄를 향해 한 걸음 더 나아갔다. 이 사례에서 〈선〉은 자체적인 '공적 관용어법'을 동원하지 않고 **공중의 목소리를 취한다.** 이렇게 해서 이 신문은 국민의 '대리 발언자'가 된다.

오늘날 영국 국민의 가장 큰 근심거리는 무엇일까? 임금? 물가? 이민? 포르노그래피? 사람들은 이 모든 문제를 화젯거리로 삼는다. 그러나 〈선〉이 믿기에 모든 사람이 깊이 우려하고 분노하는 또 다른 이슈가 있다. 바로 우리 주변 길거리의 폭력이다. … 법과 질서의 상식적 존중에 근거한 우리의 삶의 방식을 이보다 더 철저하게 훼손하는 근심거리는 없을 것이다. … 만일 징벌적 징역형이 폭력을 저지하는 데 도움이 된다면, 그리고 다른 어떤 조치도 성공하지 못했다면, 징벌적 징역형은 유일한 방안임을 입증하는 데 그치지 않는다. 유감스럽지만 이는 올바른 방안이기도 하다. 그리고 판사들은 공중의 지지를 얻게 될 것이다.

개별 신문 간의 차이는 잠시 무시하고 모든 신문이 '노상강도'라는 논쟁적 주제에 관한 핵심적 정의 작업이 수행되는 연쇄적 과정에 기여했다고 간주하자. 그렇게 되면 일차적 규정자와 미디어 간의 관계가 어떻게 해서 '노상강도'를 **공적 이슈**이자 **공적 관심사**로 정의하고 동시에 이 주제를 이데올로기적으로 봉쇄하는 효과를 낳는 데 기여하게 되는지 압축된 형태로 볼 수 있을 것이다. 일단 작동되고 나면 일차적 규정이 대세를 좌지우지하게 된다. 이제는 **공적 관심사인 이슈**가 자리를 잡아, 이슈의 차원들은 뚜렷하게 서술되었고, 이 이슈들은 이후의 뉴스 보도, 행동과 캠페인에서도 계속해서 준거점 구실을 한다. 예를 들면, 지금까지 경찰은 아직 미해결 상태인 논쟁적 문제에 연루되는 것처럼 비치는 데 다소 조심스러워 했지만, 이제는 확실하게 시급한 공적 문제로 규정된 범죄 통제 이슈에 조치를 취하기 위해 **더 광범위한 권한을 요구**할 수 있게 된다.

[따라서] *경찰은 '노상강도'에 관해 더 많은 권한을 요구할 수도 있다.*
경찰서장들은 특히 젊은 층 사이의 강력 범죄 급증에 경악해 '노상강도'와 맞서 싸울 수 있는 더 강력한 권한을 내무부에 요구할 가능성이 있다 (〈더 타임스〉, 1972년 10월 5일)

몇 개월 후 사법부는 **자신의** 억제적 양형 정책을 옹호하는 수단으로 '노상강도'에 대한 공중의 우려를 동원한다(혹은 공중의 목소리를 취한다).

> *노상강도범이 3년 형을 받았다. "그런데 나는 너무 너그러웠다"라고 판사는
> 말한다.* 판사는 다음과 같이 덧붙였다. "이 나라의 모든 사람은 이러한 부류의
> 범죄, 즉 노상강도 범죄가 증가하고 있고, 공중은 보호받아야 한다고 생각한
> 다. 이는 경악스러운 사실이다." (〈데일리 메일〉, 1973년 3월 29일)

이 마지막 사례에서 '여론'은 범죄에 대한 사법부의 진술에 근거를
제시하고 정당성을 부여하는 방안으로 사법적 담론에 **재유입되었다.** 이전
에는 미디어가 **자신의** 기사의 근거를 법원이 제공한 증거에 두었다면, 이
제는 법원이 **자체적** 진술의 근거로 공중을 이용한다("모든 사람이 [그렇게] 생
각한다"). 이는 상보적인 쌍방성과 재보강이 이루어지는 극도로 한정된 회
로다. 그러나 심지어 이러한 증폭 나선의 교묘한 손놀림조차도 이 과정의
출발점, 즉 이 과정이 시작된 지점이자 계속해서 갱신되는 과정의 출발점
을 은폐하지는 못한다. 이는 바로 일차적이고 특권화된 규정자의 역할인
데, 이들이야말로 미디어와 공중을 대상으로 범죄 세계를 등급 분류해 뉴
스 미디어와 뉴스 종사자가 이차적 주제와 변종을 생산할 때 활용하는 주
요 범주를 확정하는 존재다.

한 주 전에는 또 다른 판사가 이 '나선'에 최종적인 변주를 가해 사
실상 '회로를 종결'지었다. 두 청년의 변호사가 그 전날 핸즈워스 사건에
서 지나치게 중형이 선고되었다고 항변하자, 판사는 선고에서 이렇게 발
언했다. "강도질과 관련된 길거리 공격에 대한 형 선고가 이제는 '더 이
상 가볍지 않을 것'임이 언론을 통해 알려졌을 텐데."[주 40] 여기서 우리는
통제 문화의 다양한 부분 간의 쌍방성을 대단히 뚜렷하고 명쾌한 형태로
볼 수 있다. 앞서 미디어는 법원이 제공한 증거에 근거해 보도를 정당화
한다고 지적했는데, 여기서는 이 과정의 **정확하게 반대쪽 측면**을 볼 수 있
다. 이제는 미디어 자신이 통제 과정을 '정당화하는 행위자'가 되었다. 우
리는 이제 통제 문화와 '의미작용 문화' 간 상호관계의 바로 핵심부에 도

달했다. 이 두 '상대적으로 독립된' 기구 간의 상호 접합은 이 단계에 이르면 대단히 중층결정되어 이슈를 둘러싸고 **효과적인 이데올로기적, 통제적인 봉쇄**(an effective ideological and control closure)를 낳도록 작동할 수밖에 없다. 이 계기에서 미디어는—비록 의도치 않은 일이고 나름대로 '자율적' 경로를 통해서 이루어지긴 했지만—사실상 통제 과정 자체의 장치, 즉 "이데올로기적 국가 장치"로 변하고 말았다.[주 41]

표 3.2
신문의 '노상강도' 보도 건수 (1972년 8월–1973년 8월)

연월	〈가디언〉 (1)	〈데일리 미러〉 (2)	(1)+(2)	다른 일간지	월간 계
1972/08	5	1	6	3	9
1972/09	2	5	7	5	12
1972/10	7	18	25	19	44
1972/11	5	5	10	13	23
1972/12	0	2	2	4	6
1973/01	4	5	9	4	13
1973/02	0	1	1	7	8
1973/03	7	9	16	37	53*
1973/04	4	4	8	13	21
1973/05	2	0	2	4	6
1973/06	0	5	5	0	5
1973/07	0	0	0	0	0
1973/08	1	1	2	0	2
총계	37	56	93	109	202

* 핸즈워스 사건에 관한 기사 34건 포함.

주: (1) 표 3.1에서처럼 〈가디언〉과 〈데일리 미러〉는 기사를 전부 읽은 반면, '다른 일간지' 숫자는 NCCL과 BBC에서 제공한 기사 스크랩에서 재구성했다.

(2) '노상강도'를 언급한 모든 항목을 집계했다. 대다수는 특정한 범죄를 언급했지만, 상당수는 내무부·경찰 활동 보도, 피처, 사설 등 좀 더 일반적인 부류의 것이었다. 신문이나 날짜와 관계없이 일관되게 후자 부류의 보도는 모든 항목의 대략 4분의 1을 차지했다.

주와 참고문헌

1 C. MacDougall, *Interpretative Reporting* (New York: Macmillan, 1968: 12).

2 이러한 '관료적' 요인이 뉴스 생산에 미친 영향에 관해 더 자세한 설명으로는 P. Rock, 'News as Eternal Recurrence', in *The Manufacture of News: Social Problems, Deviance and the Mass Media*, ed. S. Cohen and J. Young (London: Constable, 1973)을 보라.

3 J. Galtung and M. Ruge, 'Structuring and Selecting News', in *The Manufacture of News*, ed. Cohen and Young을 보라.

4 ibid; K. Nordenstreng, 'Policy for News Transmission', in *Sociology of Mass Communications*, ed. D. McQuail (Harmondsworth: Penguin, 1972); W. Breed, 'Social Control in the Newsroom? A Functional Analysis', *Social Forces* 33, May 1955; and S. Hall, 'Introduction', in *Paper Voices*, ed. Smith *et al.*을 보라.

5 L. Wirth, 'Consensus and Mass Communications', *American Sociological Review* 13, 1948.

6 *The Times*, 28 February 1973; G. Murdock, 'Political Deviance: The Press Presentation of a Militant Mass Demonstration', in *The Manufacture of News*, ed. Cohen and Young, p. 157에서 재인용.

7 Rock, 'News as Eternal Recurrence'.

8 G. Murdock, 'Mass Communication and the Construction of Meaning', in *Rethinking Social Psychology*, ed. N. Armistead (Harmondsworth: Penguin, 1974: 208-9); 또한 S. Hall, 'A World at One with Itself', *New Society*, 18 June 1970; J. Young, 'Mass Media, Deviance and Drugs도 보라.

9 Rock, 'News as Eternal Recurrence', p. 77.

10 Murdock, 'Mass Communication and the Construction of Meaning', p. 210.

11 이 규칙들의 진화에 관한 역사적 고찰로는 J. W. Carey, 'The Communications Revolution and the Professional Communicator', *Sociological Review Monograph* 13, 1969를 보라.

12 H. Becker, 'Whose Side are We on?' in *The Relevance of Sociology*, ed. J. D. Douglas (New York: Appleton-Century-Crofts, 1972).

13 K. Lang and G. Lang, 'The Inferential Structure of Political Communications', *Public Opinion Quarterly* 19, Summer 1955.

14 J. D. Halloran, P. Elliott and G. Murdock, *Demonstrations and Communication: A Case Study* (Harmondsworth: Penguin, 1970).

15 S. Hall, 'The "Structured Communication" of Events', paper for the Obstacles to Communication Symposium, UNESCO/Division of Philosophy; Clarke *et al.*, 'The

Selection of Evidence and the Avoidance of Racialism'을 보라.

[16] F. Parkin, *Class Inequality and Political Order* (London: MacGibbon & Kee, 1971: 83).

[17] 〈데일리 미러〉의 변형 양상에 관해서는 Smith *et al.*, *Paper Voices*를 보라.

[18] L. Goldmann, *The Human Sciences and Philosophy* (London: Cape, 1969).

[19] I. L. Horowitz and M. Liebowitz, 'Social Deviance and Political Marginality', *Social Problems* 15(3), 1968; 그리고 S. Hall, 'Deviancy, Politics and the Media를 보라.

[20] Hall, 'Deviancy, Politics and the Media'를 보라.

[21] J. Westergaard, 'Some Aspects of the Study of Modern Political Society', in *Approaches to Sociology*, ed. J. Rex (London: Routledge & Kegan Paul, 1974); 또한 S. Lukes, *Power: A Radical View* (London: Macmillan, 1974); J. Urry, 'Introduction', in *Power in Britain*, ed. J. Urry and J. Wakeford (London: Heinemann, 1973)도 보라.

[22] Urry, 'Introduction', p. 10.

[23] 이 관계에 관한 좀 더 자세한 분석으로는 S. Hall, I. Connell and L. Curti, 'The Unity of Current Affairs Television', *Working Papers in Cultural Studies No. 9*, C.C.C.S., University of Birmingham, 1976을 보라.

[24] Erikson, *Wayward Puritans*, p. 12.

[25] *Daily Mail*, 13 August 1966; S. Chibnall, 'The News Media and the Police', paper presented to *National Deviancy Conference*, University of York, September 1973에서 재인용.

[26] A. Shuttleworth *et al.*, *Television Violence, Crime-Drama and the Analysis of Content*, C.C.C.S., University of Birmingham, 1975를 보라.

[27] Chibnall, 'The News Media and the Police'를 보라.

[28] M. Douglas, *Purity and Danger* (Harmondsworth: Penguin, 1966)를 보라.

[29] P. Rock and F. Heidensohn, 'New Reflections on Violence', in *Anarchy and Culture*, ed. D. Martin (London: Routledge & Kegan Paul, 1969); S. Cohen, 'Protest, Unrest and Delinquency: Convergences in Labels or Behaviour?' *International Journal of Criminology and Penology* I, 1973을 보라.

[30] Galtung and Ruge, 'Structuring and Selecting News', p. 65.

[31] Hall, 'Deviancy, Politics and the Media'.

[32] Cohen, *Folk Devils and Moral Panics*, p. 39를 보라.

[33] *Daily Mirror*, 7 September 1972; *Daily Express*, 1 December 1972를 보라.

[34] *Sun*, 6 January 1973; *Daily Mail*, 9 February 1973; *Daily Mirror*, 28 June 1973을 보라.

[35] 또한 *Daily Mail*, 29 March 1973; *Sun*, 14 April 1973; *Daily Mail*, 6 April 1973도 보라.

[36] *Daily Mirror*, 12 August 1973을 보라.

[37] *Report*, p. 44.

[38] B. Roshier, 'The Selection of Crime News by the Press', in *The Manufacture of News*, ed. Cohen and Young을 보라.

39　Ibid.: 34-5.

40　*Daily Telegraph*, 21 March 1973.

41　Althusser, 'Ideology and Ideological State Apparatuses'.

제2부

제4장

설명에서 균형잡기: 핸즈워스 활용법

▌ 사건 발생: 핸즈워스 '노상강도'

1972년 11월 5일 저녁 시간 로버트 키난(Robert Keenan) 씨는 버밍엄 핸즈워스의 빌라 로드(Villa Road) 구역에 있는 주점에서 나와 걸어서 귀가하던 중 폴 스토리, 제임스 뒤그난, 무스타파 푸앗과 맞닥뜨렸다. 세 청년은 키난 씨를 멈춰 세운 후 담배를 달라고 부탁했다. 그리고는 키난 씨를 때려눕힌 후 가까운 공터로 끌고 가 30펜스와 열쇠 몇 개, 담배 다섯 개비를 빼앗았다. 그 후 자리를 떴는데 약 두 시간 후 돌아와 보니 키난 씨가 여전히 그 자리에 있자 다시 폭력을 가했다. 이때 뒤그난과 푸앗이 피해자를 걷어찼고, 스토리는 벽돌로 가격했다. 그리고 세 사람은 현장을 떴다가 다시 돌아와 한 번 더 폭력을 가했다.

얼마 후 뒤그난과 푸앗은 전화를 걸어 구급차를 부르고 부상당한 남성을 발견했다고 경찰에게 진술했다. 그 후 이틀 동안 세 사람은 여러 차례 조사를 받았고, 11월 8일 뒤그난과 푸앗, 두 명의 소녀 목격자가 경찰에게 진술한 후 모두 체포되어 기소되었다. 한 소녀의 진술에 따르면 적어도 다른 한 명이 의식을 잃은 키난 씨의 신체에 폭력을 가하는 장면을 목격한 듯했다. 첫 번째 공격과 두 번째 공격 사이에는 약 두 시간 간격이 있었다.

1973년 3월 19일 세 청년은 버밍엄 법원 데이비드 크룸 존슨(David Croom-Johnson) 판사의 법정에 출두해 다음과 같은 혐의로 기소되었다. 스토리는 살인 미수와 강도 혐의, 뒤그난과 푸앗은 위중한 신체 상해와 강도를 목적으로 고의로 상해를 입힌 혐의였다. 세 청년은 모든 혐의에 유죄 판결을 받았다. 검사의 기소는 위에서 대략 설명한 대로 사실을 적시했다. 피고의 변호사는 이 기소 내용의 상당 부분을 반박하지 못하고 경감 사유만 호소했다. 스토리의 경우 결손 가정 출신으로 약간의 가정폭력 전력이 있었다는 것인데, 해당 사유를 감안하면 "이러한 배경의 영향하에서는 인간 정신이 전혀 달리 설명이 불가능한 행위를 저지르게 될 수도 있다는 결론"이 가능하다는 것이다. 뒤그난과 푸앗을 변호하는 사유로는 스토리가 범행의 주동자이자 주된 가담자였다고 주장했다.

이는 "심각하고 끔찍한 사건"이라고 판사는 말했다. 그리고는 스토리에게 이렇게 말했다. "피고 스토리는 주모자였던 게 분명하다. 피고는 분명 키난 씨를 공격하는 데 가장 적극적으로 가담했다. 피고는 피해자를 공격할 목적으로 되돌아갔다. 피해자를 걷어찼고 벽돌로 머리를 내리쳤으며 세 번째에는 현장으로 돌아가 의식을 잃고 바닥에 쓰러진 피해자의 얼굴을 서너 번 발로 찼다. 피고는 야생동물과 다를 바가 전혀 없다." 그 후 판사는 스토리에게 형을 선고하면서 이렇게 말했다. "나에겐 장관이 지시하는 그러한 장소와 여건에 피고를 억류하도록 명령하는 조치 외에는 달리 할 수 있는 게 없다. 형기는 20년으로 정한다." 수감 명령은 〈1933년 아동청소년법〉 53조 2항에 따라 내려졌다. 같은 법에 따라 뒤그난과 푸앗을 각각 10년 수감형을 받았다.

3월 21일 세 청년은 다시 판사에게 소환되었다. 판사는 강도 혐의에 별도로 형을 선고하는 것을 빼먹었다고 말했다. 그리고 (청년들의 복지와 정신과 보고서를 다시 읽은 것 같지는 않지만) 키난 씨의 부상 정도와 부상 과정에 관한 의료기록을 다시 읽었다고 말했다. 판사는 계속해서 이렇게 말했다. "강도는 폭력 사용을 포함하며, 형량은 폭력의 정도를 반영해야 한다 … 그 결과는 혐오스럽다고 기술할 수밖에 없다. 공중은 피고로부터 보호받아야 한다." 그리고는 이전에 내린 형기에 겹쳐 스토리에게 20년의 수감형을, 뒤그난과 푸앗에게는 각각 10년을 중복 형량으로 선고했다.1

---

1 중복 형량(concurrent sentence)은 여러 범죄 혐의에 대한 선고 형기를 동시에 복역하도록

피고에겐 미미한 경범죄 기록만 있었는데, 판사는 그 사실을 언급하지 않았다. 스토리는 이전 5월에 '소란 행위'로 (차를 훔쳐 연료가 떨어질 때까지 핸즈워스 전역을 몰고 다녔다) 10파운드의 벌금형을 받았으며 학교에서 칼에 찔려 가벼운 부상을 당한 적이 있다. 뒤그난은 경미한 비폭력 범행으로 공인학교를 한동안 다닌 적이 있다. 푸앗은 전과가 없었다.

5월 14일 항소 재판소 아서 제임스(Arthur James) 판사는 세 청년 전부의 형기 감축을 위해 제출된 항소 허가 신청서를 검토했다. 제임스 판사는 청년들이 차후 가석방 자격을 얻게 될 것이라며 형기 전체를 복역하게 될 가능성이 희박하다는 이유로 항소 신청을 기각했다.

6월 28일 항소 재판소(the Court of Appeal)에서 존 위저리(John Widgery) 재판장은 (나중에 좀 더 자세히 분석하게 될 판결에서) 제임스 판사의 결정을 확정하면서 항소 신청을 기각했다.

이상은 노상강도 공황의 첫 번째 단계에서 정점에 해당한 (여기서 이 사건에 초점을 맞춘 이유는 바로 이 점 때문이다) 핸즈워스 사건의 간략한 요지다. 하지만 아울러 '핸즈워스 사건'은 언론의 집중적인 보도를 촉발한 사건이기도 했다. 그래서 이 사건을 하나의 사례 연구로 삼아 이전 장에서 수행한 미디어 분석을 예시해볼 것이다. 물론 보도 정도는 전례 없는 수준이었긴 하지만, 그렇다고 해서 이전의 보도에 전형적인 특징으로 제시한 내용이 바뀌지는 않는다. 똑같은 핵심 뉴스가치 무리가 초기의 1면 머리기사에서도 구성의 틀을 결정한다. 사설의 가정과 공식도 신문들이 이전에 취한 입장과 아주 비슷하다.[주 1] '노상강도'에 대해 가능한 설명을 동원하는 피처 기사 역시 비슷한 선례를 따랐다.[주 2] '전문가' 의견과 '일반인' 의견 사이의 논쟁은 한동안 독자투고란 지면을 차지하면서 범죄와 처벌에 관해 전개된 논쟁의 양상을 바꿔놓기보다는 오히려 강화하는 역할을 했다.

그렇다면 핸즈워스 사건은 미디어의 작동 방식을 압축해서 구현했다

하는 판결방식이다. 스토리는 두 가지 혐의에 각기 20년 형을 받았으나 실제 형기는 20년이다. ― 역주

는 점에서 어떤 한 계기를 통해 뉴스 과정의 전체 양상을 관찰할 수 있
다. 이를 통해 과정의 다양한 형태(뉴스, 사설, 피쳐)가 사건의 요소를 어떻
게 다루었는지, 이 뉴스 생산 형태가 서로 어떤 관련을 맺었는지도 볼 수
있다. 마지막으로 이 형태들이 구체적인 미디어 작동 영역 바깥에 근거한
의미, 준거, 이해관계에 어떻게 의존하는지에도 관심을 둘 것이다. 이미
살펴본 것처럼 뉴스가치는 비정상적인 사건이 뉴스가치가 높다고 규정하
며, 이에 따라 무엇이 정상에 해당하는 것인지에 대한 인식을 가동하게
된다. 핸즈워스 사건에서는 그러한 가정의 범위 전체가 작동했는데, 법
체제의 일상적 작동, 양형 정책의 근거, 청년들이 자기 행동에 져야 하는
책임의 정도, 이들의 단기적인 동기, 사회적 대의에 대한 좀 더 장기적인
고려 등이 이에 해당한다. 이 모든 것이 제공한 구조화된 틀 안에서 미디
어는 다양한 변종을 만들어냈다.

　　사회 질서의 정상적인 작동 방식에 대한 이러한 믿음과 관념의 틀은
사회 내에서 범죄와 처벌에 관한 일종의 민속적 이데올로기가 된다. 언론
이 핸즈워스 이야기를 다룬 방식이 '이데올로기적' 과정인 것은 단지 그
처리 방식에서 어떤 사회적 이해관계가 구현되었기 때문만이 아니라 그
사건을 의미있고 '뉴스가치가 높은' 항목의 집합으로 생성해낸 이데올로
기적 구성물이 허용하는 한에서만 의미를 갖게 되기 때문이다. 다음 분석
에서는 뉴스 보도의 구체적인 내용에 관심을 두기보다는 핸즈워스 이야
기가 이러한 민속적 이데올로기에 의해 구성되는 방식에 그리고 반대로
이 이야기를 뉴스거리로 구성하는 행위를 통해 이데올로기가 표현되고
검증되는 방식에 주력하려 한다. 언론의 뉴스 내용보다는 "범죄와 처벌의
이데올로기", 즉 내용분석이 아니라 이데올로기 분석을 다루고자 한다.
하지만 이데올로기란 단지 사람들의 머릿속을 느슨하게 맴도는 세상에
관한 관념과 신념 더미가 아니라는 점을 덧붙여야겠다. 이데올로기는 구
체적인 실천과 장치 속에서 작동하고 구현되는데, 예컨대 뉴스 생산의 실
천과 장치가 그 예다. 이 이데올로기는 구체적인 실천을 통해 구체적인
심급, 행동 혹은 형태 속에 실현, 객관화, 물질화될 때에만 존재한다.

▌일차적 뉴스

- 20년 수감형—16세 노상강도범에게 충격적인 선고 (〈데일리 미러〉, 1973년 3월 20일)
- 노상강도범에게 20년 형—선고 후 16세 소년은 흐느끼다 (〈데일리 익스프레스〉, 1973년 3월 20일)
- 16세 노상강도범에게 20년 형 (〈선〉, 1973년 3월 20일)
- 재미로 노상강도질을 벌인 16세 소년에게 20년 형 (〈데일리 메일〉, 1973년 3월 20일)
- 16세 소년이 노상강도로 20년 형을 받다 (〈가디언〉, 1973년 3월 20일)
- 16세 노상강도범에게 20년 형—희생자에게 담배와 30펜스를 빼앗아 (〈데일리 텔리그래프〉, 1973년 3월 20일)
- 16세 노상강도범 20년 수감형 선고, 공범은 10년 형 (〈더 타임스〉, 1973년 3월 20일)
- 16세 소년이 '노상강도' 재판에서 20년 형을 받다 (〈모닝 스타〉^{Morning Star}, 1973년 3월 20일)

　　신문이 스스로 가장 '뉴스가치가 높은' 앵글을 나타낸다고 여기는 기사에서 제목은 흔히 기사에 함축된 주제를 가장 단순하면서도 정확하게 드러내는 지침이 된다. 제목에서 언뜻 대비되거나 대립되어 보이는 두 주제나 측면을 나란히 배치하면, 흔히 기사의 '뉴스가치'는 증가한다. 어떤 기사의 축이 되는 앵글이나 여러 앵글을 **모든** 전국지가 **똑같이** 선택하는 일은 상대적으로 드물다. 그러므로 이 사례에서 범죄자의 **젊음** 대 형기의 **장기성**이라는 대비되거나 병치된 똑같은 주제들을 통해 핸즈워스 이야기를 의미작용하기로 모든 신문이 선택했다는 사실은 충격적이다. 일부 신문은 '노상강도'나 '노상강도범'이라는 뉴스가치 높은 이름표를 붙여 기사의 뉴스가치를 더 부풀렸다. 범인 중 가장 연장자의 나이와 이례적으로 긴 형기를 대비시키면서 나란히 배치한 것은 언론이 1면 기사의 주된 정보원으로 법정에 의존하고 있음을 입증한다. 달리 말해 이 기사는 처음에는 사법적 혹은 형사적 측면을 뉴스로 철저하게 활용하는 방식으로 의미작용했다. 이처럼 일사불란한 의견일치 내에서도 중요한 강조점 차이가 존재하는데, 특히 폴 스토리의 **나이**를 먼저 배치한 기사(〈가디언〉, 〈더 타임스〉, 〈모닝 스타〉)와 **형량**을 먼저 배치한 기사(〈데일리 익스프레스〉, 〈데일리 메일〉, 〈데일리 미러〉, 〈선〉, 〈데일리 텔리그래프〉)의 차이가 그렇다. 〈가디언〉, 〈데일리 메일〉, 〈모닝 스타〉는 범죄자에게 직접 '노상강도범'이라는 이름표를 붙이지 않았다. 〈모닝 스타〉는 노상강도에 따옴표를 사용한다. 〈데일리 텔리그래프〉는 30펜스를 강조한다. 그리고 〈데일리 메일〉은 '재미로'라는 동기를 강조한다. 앞으로 예시하고자 하는 대로 이 중 일부는 이후 보도에서 두드러지는 **진짜** 강조점의 차이(가령 〈모닝 스타〉는 노상강도라는 정의를 거부한다)를 나타낸다.

제목의 공식적 기능은 독자의 주목을 끄는 것이다. 이를 위해 사건이나 이슈를 극적으로 꾸며야 하는데, 이 때문에 종종 풍자거리가 되는 것처럼 '충격', '센세이션', '스캔들', '드라마' 같은 강도 높은 단어를 사용하는 경향이 발생한다. 그러나 제목이 해야 하는 또 다른 기능은 왜 이 항목이 중요하고 논란의 여지가 큰 것인지 설명하는 데 있다. 여기서 노상강도라는 이름표를 사용하고 16세 소년과 20년 형이란 주제를 나란히 배치한 것은 이 사건을 '노상강도' 패턴의 일부이자 1972년 말의 본보기성 판결이 정점에 도달했다고 인식하고 맥락화하도록 하는 데 충분하다. 하지만 이전의 이 본보기성 판결은 동시에 젊은 범죄자 처리에 관해 복잡한 선택 문제를 줄줄이 제기하는 사건이 될 수도 있었다. 핸즈워스 사건은 하나의 기사로만 등장하지 않고 논란의 여지가 큰 영역을 건드리는 일련의 질문, 즉 형사 정책에 관한 질문으로 등장한다. 우리가 아는 한 법정에서 '노상강도'라는 용어가 사용되지 않았다는 점도 덧붙여야 하겠다. 따라서 이 용어가 제목에 등장했다는 사실은 제3장에서 보았듯이 미디어의 '창의적' 역할을 다시 한번 입증한다. 또한, 뉴스가치 확대를 끊임없이 추구하는 바람에 ─ 이 경우 '노상강도'라는 이름표의 사용 ─ 이후의 '논쟁'은 애초부터 강하게 '추론적으로 구조화'될 수밖에 없었다.

신문은 선고 배후의 이러한 '열린 질문'을 추적하기 위해 직접 관련된 행위자 — 범인의 친척과 친구, 범인의 사회적 옹호자 — 가 선고에 관해 의견을 표명하거나 판단을 내릴 권리나 의무가 있다고 보고 이들의 반응을 추적했다. 이렇게 해서 대다수의 신문은 곧 재판 진행 보도 수준을 넘어섰다. 재판 진행은 이전과 상당히 비슷한 모습을 띠었는데, 판사의 발언으로 개정해서 검사 측 주장 제시, 형 경감 탄원서 발췌 등으로 이루어졌다. 여기서 의미 있는 변형은 딱 두 가지가 있었는데, 이 둘 다 이후 보도의 중요한 지침이 되었다. 〈데일리 메일〉과 〈선〉은 형 경감 탄원 부분을 생략했고 이를 통해 이후 피해자의 고통에 역점을 두게 될 것임을 예고했다. 그리고 〈모닝 스타〉는 판사의 발언을 생략해 형 선고에 대해 반대 의견을 취할 것임을 예고했다.

　　알다시피 핸즈워스 사건에서는 재판 진행 과정의 객관적 요약이란 공통 부분 외에 '사건 배후의 이슈'에 관한 탐구가 추가되지 않았다. 이 이슈 제기는 그보다는 제목과 텍스트에서뿐 아니라 기사를 처음 뉴스 항목으로 제시하는 방식 바로 그 자체에 내장되어 있었다. 〈더 타임스〉, 〈데일리 텔리그래프〉, 〈모닝 스타〉를 제외하면 대다수의 신문은 어떤 부류든 사진을 실었다. 남은 5개 신문 중 4개 신문이 스토리의 작은 사진을 실었고, 두 신문은 판사 사진을, 둘은 푸앗을, 하나는 스토리의 모친 사진을 게재했다. 이 단계에서 두 장 이상을 게재한 신문은 없었다. 아마 구할 수 있는 가족 사진이 제한적인 탓일 수도 있는데, 일부는 범인의 아주 어린 시절 사진이었고, 다른 사진은 선명하지 않고 흐릿했다. 특히 가발 차림의 판사와 나란히 배치했을 때 이 사진들이 주는 전반적인 효과는 제목에서 이미 의미작용된 주제 — 젊음·순진무구함 대 성인·법 — 를 대단히 개인화된 측면에서 반영하게 된다. 더구나 소년 모친의 발언을 옮겨놓는 바람에 이처럼 추상적인 이슈의 **개인화**가 추가적으로 달성된다. 〈데일리 익스프레스〉, 〈데일리 메일〉, 〈선〉은 세 사람의 발언을 모두 인용한다. 〈데일리 텔리그래프〉, 〈가디언〉과 〈모닝 스타〉는 전혀 인용하지 않으며, 〈더 타임스〉는 〈데일리 미러〉와 마찬가지로 스토리의 모친만 인용한다. 아마도 여기서는 판결 내용에 대한 반대가 어느 정도는 이슈의 냉철한 고

려를 통하기보다는 소년의 가족이란 직접적인 맥락에서 재현되있다는 점
에서 대중주의와 좀 더 추상적인 접근이 실제로 구분된 듯하다. 예외적으
로 〈더 타임스〉는 여기서 입장을 다소 누그러뜨린다.

　그렇다면 사건에 등장한 이 여러 인물은 사건에 사적이고 친밀한 관
련성이 있다는 점에서 신뢰성을 얻은 행위자였다. 그러나 또한 이 사건은
진행 중인 사법적 재판 과정에서 새로운 진전에 해당하는 사례이자 이미
공적 논쟁의 토대가 된 계기로서 더 폭넓은 함의를 갖는 사건으로 제시되
었다. 이 논쟁의 지형은 범죄와 형사 정책 관련 이익집단과 압력 단체,
선출직 대표자와 학계 전문가가 장악했다. 한편에는 이 선고가 피고뿐 아
니라 다른 범죄자에게 미치는 함의에 우려하는 형사 개혁가가 있고, 다른
한편에는 억제적이고 정당하게 보복적 성격을 띤다고 믿으면서 이 선고
를 열렬히 환영할 태세가 된 법 집행자가 존재하면서 끊임없는 싸움이 벌
어졌다. 오직 〈선〉과 〈모닝 스타〉만은 이 대립 세력들을 판사와 소년의
모친들 간의 보이지 않는 대립으로 좀 더 일반화해서 재현하지 않았는데,
이는 두 신문이 이 이슈를 흔들림 없이 일관되게 다루었음을 시사한다.
경찰연맹(the Police Federation)2과 여러 보수당 하원의원이 판결을 지지한
반면에, 수감자권리보호기구(PROP),3 전국인권회의, 하워드형사개혁동맹
(Howard League for Penal Reform)4 등은 모두 판결을 비난했는데, 〈데일리 메

2　경찰연맹(the Police Federation of England and Wales)은 잉글랜드와 웨일즈의 현직 경
　찰 종사자를 대변하는 단체다. 이 단체는 정부와 임금이나 근무여건 협상 등을 수행하는 기
　능을 하지만 노동조합은 아니다. 1918년과 1919년 두 차례에 걸쳐 경찰 파업을 겪은 후,
　경찰 파업이 공중의 안전에 초래할 위협에 대한 우려가 싹텄고, 그 후 1919년 경찰법(the
　Police Act of 1919)에 따라 이 단체가 설립되었다. 이 법에 따라 경찰은 파업권이 없으며,
　정당 가입도 할 수 없다. ─ 역주
3　수감자권리보호기구(Preservation of the Rights of Prisoners)는 1972년 5월에 '죄수와 전
　직 죄수의 권리를 보호, 신장하고 그들의 갱생과 사회 복귀를 돕는다'라는 취지로 결성된 단
　체이며 범죄 감소를 궁극적 목적으로 한다. 1972년 초 5개월 동안 영국 전역에서 100여 차
　례의 죄수 시위가 일어나 죄수 권익 문제가 이슈화한 것이 단체 결성의 계기가 되었다. ─ 역주
4　하워드형사개혁동맹은 1866년 존 하워드가 하워드협회(Howard Association)라는 이름으
　로 창설해 현재까지 활동하고 있어 세계에서 가장 오랜 형사 개혁 단체다. 주로 잉글랜드와
　웨일즈의 감옥 문제 등 형사 개혁에 초점을 둔다. ─ 역주

일〉〈데일리 텔리그래프〉, 〈데일리 미러〉, 〈가디언〉은 후자 기관에서 따온 인용문을 사용했다. 〈데일리 익스프레스〉와 〈더 타임스〉는 "전례 없는 일"이라는 독자적인 표현을 써서 판결의 논쟁적 성격을 지적하는 쪽을 택했다.

그렇다면 대다수 신문에 공통된 패턴이 드러난다. 즉 16세에 20년 형을 받은 노상강도라는 제목, 사진 한두 장, 재판 진행과정 설명, 관련 인물의 진술 약간, 기관 소속 대변인의 좀 더 일반적인 논평 등이다. 두 신문을 자세히 살펴보기 전에 일부 기사에 반드시 설명이 필요한 두 가지 사항을 덧붙이고자 한다. 첫째는 〈더 타임스〉와 〈가디언〉이 '노상강도범'에게 중형 선고가 필요하다고 주장한 여러 사법적 – 정치적 진술을 활용했다는 점이다. 두 신문은 지난 18개월 동안 내무부 차관인 존 마크 콜빌 경(Lord John Mark Colville), 내무장관 로버트 카, 대법원장 헤일섬 경(Lord Hailsham)[5]이 한 연설을 인용한다. 이러한 인용의 결과, 이 문장들은 직접 정부의 인증을 받지는 않았더라도 마치 적어도 이 주제에 관한 일반적 사고 방향과 일치하는 것처럼 비치는 효과가 발생한다. 그 결과 판결은 사법적 수준에서 정치적 수준으로 전이되고, 그 과정에서 — 사법부가 국가에서 독립된 기구라는 전통적인 인식이 깨지면서 — 양 기구 사이의 관계는 승인된다. 이렇게 해서 정부가 양형 정책에 개입했는가, 혹은 개입해야 했는가 하는 질문이 제기되면서도, 이 판결은 더 큰 노상강도 캠페인의 일부이자 나아가 고도로 정치화된 법과 질서의 이슈로 맥락화되기 시작한다는 점에서 양자를 모호하게나마 접목시킨 셈이다.

결국 〈가디언〉은 이러한 식의 탐구 노선을 계속 추구하지 않았고,

5　퀸틴 호그와 헤일섬 경은 이 책에서 보수주의를 옹호하는 대표적인 인물로 함께 등장하는데, 사실은 동일인물이다. 귀족 가문에서 태어나 헤일섬 자작 작위를 세습했으나, 1963년 작위를 포기하고 보수당 당수 경선에 나섰으나 실패했다. 1970-4년과 1979-87년 두 차례에 걸쳐 상원의장이자 대법원장 자리인 Lord Chancellor로 활동했다. 1970년 비세습 작위인 남작을 받아 다시 헤일섬 경이 되었다. 정치 활동 외에도 보수주의와 종교에 대한 신념을 설파한 글을 많이 썼는데, 1947년 출간된 〈보수주의의 옹호(The Case for Conservatism)〉가 가장 유명하다. ─ 역주

〈더 타임스〉는 앞서 언급한 두 번째 추가사항을 활용해 모호성을 해결했다. 〈더 타임스〉는 런던광역경찰청이 주장한 것처럼 노상강도가 129% 증가했다는 사실을 환기했고, 판결은 전례 없는 범죄의 물결에 대한 정당한 대응에 불과하다며 은근히 정당화하면서 이 정치적 진술을 따랐다. 〈데일리 텔리그래프〉도 비슷한 '통계적' 전술을 사용했다. 이 추가 보도는 주제를 특정한 방식으로 봉쇄하는 데 영향을 미쳤다. 즉 장기적 이슈가 무엇이든 엄정한 증거는 과감한 행동의 필요성을 뒷받침했고 사건의 '사법적' 처리에 대한 '정치적' 관심도 정당화했다. 그렇다면 이 두 보도는 다른 점에서는 공통된 주제들의 두 가지 두드러지고 의미 있는 변종인 셈이다. 이제 우리는 두 신문이 독자층, 지면 편집, 스타일과 드러난 정치적 신념이 다르고 핸즈워스 사건 배후의 이슈를 다룰 때 판이한 경로를 선택하면서도 어떻게 뉴스 탐구의 합의된 경계를 결코 넘어서지 않을 수 있는지 예시하고자 한다. 이 신문들은 〈데일리 텔리그래프〉와 〈데일리 미러〉다.

〈데일리 텔리그래프〉는 핸즈워스 사건에서 주로 어떤 부분이 뉴스 가치가 높은지에 관해 다른 나머지 신문과 비슷한 상식적 판단에 의존했는데, 바로 20년 형과 16세 범인이라는 요소였다. 하지만 이 공통된 근거는 "담배 다섯 개비와 30펜스"라는 압축된 제목에 의해 의미심장하게 굴절되었다. 이 표현은 범죄의 어리석음과 비합리성을 강조하기 때문이다(의미심장하게도 이후 항소법원에서 형량을 확정할 때 '동기 결여'를 주된 사유로 인용했다). 기술적 측면에서 기사는 고전적인 '객관적' 스타일로 작성되었다. 객관성에서 벗어나지 않도록 기사 내에서는 형사 개혁가들이 판결을 비판한 내용도 보도해 형식적 균형을 유지했다. 그러나 이 균형은 전반적인 보도의 '법률 중심주의적' 성격이란 틀을 따랐다. 런던광역경찰청의 (범죄 담당) 부청장인 콜린 우즈(Colin Woods) 씨는 전년도에 비해 45% 더 많은 사람이 런던에서 강도로 상해를 입었다고 말했는데, 〈데일리 텔리그래프〉가 이 진술을 사용한 데서 이 점은 강하게 드러난다. 우즈 씨가 "우리는 깡패들이 승리하도록 방치하지 않을 것이다"라고 선언했고 노상강도범의 냉정함에 충격을 받은 것을 보면, 〈데일리 텔리그래프〉의 보도는 일차적 규정

자의 전략적인 활용을 통해 사법부 진영 쪽으로 확실하게 기울어진 경향
이 있었다. 이후 판사의 이력을 소개한 기사나 판사가 이전에 젊은 범죄자
들의 수상한 배경을 언급한 내용의 보도 역시 마찬가지다. 따라서 '사법적'
시각에 맞춘 신문의 편향은 보도의 형식적 균형과 객관적 스타일을 훌쩍
넘어섰다. 이 신문은 '인간적이고' 개인화되기보다는 법률 중심주의적이고
제도적인 '균형'을 추구했다. 첫날의 보도는 부모의 발언도 전혀 인용하지
않았고 성장배경이나 이웃도 언급하지 않았다(물론 이 중 일부는 1973년 3월 21
일에 피처 기사로 다루었다). 그러므로 〈데일리 텔리그래프〉의 사례는 사법적
준거틀을 '해결책'으로 채택했다는 점에서 이례적으로 일관성을 띤다.

　　〈데일리 미러〉는 이와 정반대였다. 이미 추측할 수 있는 대로 여기
서 사건은 개인화, 극화되며, 〈데일리 미러〉의 대중적-서민적 스타일에
맞춰 인용된 상반된 견해는 공적으로 통용되는 도덕적 '상식'의 관점에서
구성되었다. 기사는 〈데일리 텔리그래프〉와 똑같은 요소를 많이 담았지만
배열해서 전달하는 방식은 아주 달랐다. 연령과 형량의 병렬배치는 제목
에서 주 제목과 보조 제목 간의 대비로 연결되어, 첫째 제목은 가장 극적
인 앵글을 취하고(20년 형), 두 번째는 소년의 나이를 언급한다. 하지만 이
점은 강조점 차이라기보다는 단지 〈데일리 미러〉는 타블로이드 판형이라
서 긴 제목을 붙일 여백이 없다는 문제 때문일 수도 있다. '노상강도'의
준거는 일반적이었고('하나의 특정한 노상강도' 사건이 아니라 '일반적인 노상강도'),
모호함의 여지도 없었다('이른바'를 뜻하는 따옴표는 사용되지 않았다). 판결에 대
한 '찬성'과 '반대' 세력은 똑같이 균형을 이룬 채 인용되었다. 하지만 양
자 모두 최종 중재자로서 공중의 도덕성에 호소하는 것처럼 제시되었다.
즉 개혁가의 호소는 법정의 시대착오적 가혹함을 비판하고, 경찰연맹 대
변인은 '사회'의 고갈된 인내심을 언급하는 식이다. 따라서 여기선 신속
한 사법적 결론이 나오지 않았다. 그리고 마치 이 사례가 아직 해결되지
않은 공적 논쟁의 '시발점을 제시'했다고 시사하려는 듯이, 〈데일리 미
러〉는 제2면의 보충 기사에서 완벽한 균형을 갖춰 **글자 그대로** 주장의 두
측면을 제시했다. "10대 노상강도범의 사례"라는 4단 크기 제목 아래에

각각 2단 길이의 두 기사가 완벽한 병렬을 이루면서 실렸다.

20년은 어린 소년에겐   갱들은 노상강도를
긴 시간이다   스포츠처럼 여기는 듯
(스토리의 모친)   (경찰연맹)

이러한 기사 배치는 특히 엄격하게 '뉴스 균형'을 실행한 것이었다. 어떠한 범죄 통계나 데이터도 여기에는 나오지 않는다. 대립은 논란의 여지가 있는 범죄자의 두 **이미지**─즉 '어린 소년'이자 갱─에 근거했다. 어느 쪽이 이 범죄자를 파악하는 올바른 길인가 하고 기사는 질문했다. 이 병렬배치를 채워넣기 위해 왼쪽 열은 거의 깡그리 스토리 모친의 사적인 언급으로 구성했다. '착한 아이', '나쁜 친구', '큰 충격을 받았다', '환경' 등이 그러한 발언이다. 이 표현은 피고를 의인화한 진술로서 추상적인 범죄자 스테레오타입을 진짜 인간과 진짜 환경이라는 형상에 근거하게 한다. 오른쪽 열은 경찰연맹 외에 약방감초 같은 우즈 부청장의 발언을 덧붙이는데, 그는 이 범죄의 폭력적이고 무작위적인 속성을 지적하면서 "노상강도범은 … 현재의 폭력적 사회의 반영이다"라고 언급한다.

〈데일리 텔리그래프〉와 〈데일리 미러〉 사이의 의미 있는 유사성과 차이점도 주목할 만하다. 〈데일리 텔리그래프〉 기사는 사법적 시각을 활용해 잠정적인 결론에 이미 도달했다. 〈데일리 미러〉는 이슈를 좀 더 양극화하고 더 열린 상태이자 미해결된 채로 내버려 두었다. 하지만 두 신문은 뉴스가치가 높은 똑같은 주제를 선택했다. 둘 다 어느 정도 시각 간의 균형을 달성했고 인용문도 많으며 기본적으로 똑같은 기사 요소로 나름대로 변형을 엮어냈다.

이렇게 해서 모든 신문은 이 항목을 뉴스 기사로 구성하면서 가장 까다롭고 문제의 소지가 큰 측면을 파고들었다. 기사는 이 까다로운 관심사를 중심으로 주제화되었고, 이러한 주제성의 형식적이고 철저한 활용이 다양한 신문의 취급 방식을 결정했다. 사건의 스토리는 두 가지 핵심적

측면―즉 범행자의 나이와 형의 길이―사이에서 뚜렷하게 양극화된 결과로 뉴스가치를 갖게 되었다. 뉴스 처리는 이 두 '측면'을 논쟁 비슷한 형태로 조율하고 난 후 양자 사이의 대비와 정교화라는 형태를 띠게 되었다. 대다수의 신문은 '논쟁'에서 어느 한쪽에 속해 보이는 정보원의 인용을 통해 이를 달성했다. 거의 모든 처리 작업은 두 시각 간의 균형을 모색하는 방향으로 작동한다. 균형이 (흔히 글자 그대로 활자와 레이아웃에서) 아주 형식적인 방식으로 제시된다는 것은 문제가 논쟁적이고, 한 가지 이상 해석의 여지가 있고, 양쪽에 몇몇 아주 강력한 주장이 존재하며, 독자는 이를 근거로 판단을 내릴 수 있게 될 것임을 의미했다. 엄격한 균형이 늘 유지되지는 않았다. 때로는 어느 한쪽이 무시되기도 했다(〈선〉, 〈모닝 스타〉). 다른 경우에는 한 측면이 대세를 장악할 수 있도록 기사가 구조화되었다 (〈데일리 텔리그래프〉, 〈더 타임스〉). 그럼에도 불구하고 핸즈워스의 일차적인 뉴스 취급은 주로 어떤 사실적 사건 '보도'로 처음 등장한 것을 **질문이나 이슈** 형태로 바꿔놓는 방식을 취했다. 한두 사례만 제외하면 이 단계에서 발생한 '봉쇄'(closure)는 기껏해야 부분적인 데 그쳤다. 물론 형식적 균형이 이야기의 전부는 아니다. 형식적으로 균형을 맞춘 주장이라 할지라도 어느 한쪽에 유리하게 굴절시킬 수 있다. 이 굴절은 신문의 특정한 '퍼스낼리티'에서 발생할 수도 있고 그러한 주제를 '통상적으로' 어떤 앵글에서 접근하는지에 따라 생겨나기도 한다(이전의 장을 보라). 아니면 사설 차원의 판단에 따른 진술에 의해, 즉 대개 신문의 의견란인 사설로 넘기는 방식으로 봉쇄 효과를 볼 수도 있다. 그 대안으로는 질문을 재구성해 형식적 병렬배치에 필수사항으로 보이는 해답을 재배치할 수도 있는데, 이는 그 배후로 들어가 또 다른 탐구 수준으로 나아가는 방식이다. 이러한 이동은 원래 '질문'의 조건을 좀 더 배경적인 설명과 원인 탐색으로 대체하는 방식으로 구성되는데, 이는 일차적 뉴스 취급에서 암시되는 즉각적인 원인만으로는 [다양한 설명의] 가능성이 다 소진되지 않았음을 시사한다. 일차적 뉴스 취급의 두 가지 전개방식은 모두 표면화된 뉴스를 어떤 다른 수준으로 이동시킨다는 뜻이다. 이 이동은 형태적이면서도 이데올로기적이다. 이

러한 형태적 이동―뉴스에서 사설로, 혹은 뉴스에서 피처로―은 모두 일
차적 수준의 뉴스 전달에 이미 존재하던 일부 주제를 정교화하는 방식에
의존한다. 그러나 이러한 이동은 주제들을 상반된 방향으로 굴절시키는데,
첫째(사설)는 판단을 향해 가고, 둘째(피처)는 '더 심층적인 설명' 혹은 '배
경'으로 방향이 바뀐다. 그러므로 이 분리는 좋은 저널리즘 실천이라는 기
술적 문제가 아니라 (단순하면서 복잡한) 이데올로기적 봉쇄 효과를 유발하는
두 가지 다른 방식으로부터 발생한다. 만일 일차적 뉴스 기사가 '질문 형
태로' 제시된다면, 사설과 피처는 두 가지 다른 종류의 '해답'을 제공한다.

▌사설

　　일차적인 뉴스 기사는 대다수 사설의 토대가 된다. 실로 사설을 집
필하겠다는 결정 자체도 어느 정도는 신문이 그 기사에 중요성을 부여한
다는 지표다. 사설과 피처 모두 일차적 뉴스의 요소를 더 진전시키는 방
안이라는 점에서 사설 역시 피처 기사와 관련이 있다. 이 둘은 두 가지
다른 종류의 '해답'이자 앞으로 살펴보겠지만 종종 똑같은 사건을 다루는
서로 모순된 방안이기도 하다. 따라서 여기서 초점을 두고자 하는 한 가
지는 사설과 다른 뉴스 형태 간의 관계가 될 것이다. 또 다른 초점은 특
히 일부 사설을 통해 노상강도에 대한 공황이 조성되고 노상강도범 퇴치
캠페인이 열렬하게 전개되었다는 사실과 관련이 있다. 그러므로 우리는
범죄와 판결을 설명하기 위해 전개된 다양한 범위의 주장 그리고 그 저변
에 암시되는 인간성과 사회의 이론에 관심을 둔다. 그렇다면 바로 여기서
제6장의 핵심을 이루는 설명과 이데올로기의 유형들을 처음으로 엿보게
된다. 그 장에서 우리가 증거로 삼은 자료의 상당 부분은―투고자의 '개
인적 견해'인―독자투고에서 따왔다. 따라서 바로 신문의 '개인적 견해'
인 사설에서, 아마 사건에 관한 다른 어떤 뉴스 보도에서보다 더 뚜렷하
게, 이 설명의 패러다임이 드러나기 시작한다는 사실은 그리 놀랄 일도
아니다. 마지막으로 이 사설은 사건에 대한 **판단**도 낳았기 때문에, 우리

는 이 판단, 즉 채택된 '해결책' 형태에도 관심을 둔다. 공교롭게도 신문 사설이 내린 판단은 놀랄 정도로 서로 일치했다. 몇몇 사설을 예외로 하면 핸즈워스에 관한 사설은 모두 판결을 지지했다. 그렇다면 여기서는 이러한 만장일치, 즉 전통적인 시각을 중심으로 하는 봉쇄가 도출되었다는 사실과 더불어 그 후 '진보적인' 견해의 표출이 부재했거나 호응을 얻지 못했다는 점에 관심을 두고자 한다.

8개 전국 일간지 중에서 〈데일리 미러〉, 〈선〉, 〈가디언〉 등 단 세 곳만이 사설을 싣지 않았다. 만일 노사분규가 없었다면 〈데일리 미러〉도 사설을 실었을 것이고, 이 신문이 대중주의와 진보주의의 독특한 혼합물이라는 점을 감안할 때 노상강도 근절을 위한 강경한 조치를 주장하면서 **동시에** 사회적 빈곤화를 완화하기 위한 진보적 개혁조치도 주장했을 것이라고 추정할 수 있다(우리가 선택한 표본에서는 포함되지 않았지만 바로 이것이 〈선데이 미러〉 사설이 추구한 노선이다). 〈선〉이 사설을 싣지 못한 이유는 처음부터 기사의 주제 범위를 엄격히 제한하고 다양한 뉴스 보도 유형 간의 구분을 무너뜨렸기 때문에 사설이 불필요해졌을 것이라는 사실과 관련이 있다. 편집상의 판단은 이미 뉴스 처리 방식에 내장되어 있었다(이처럼 '일차원적인' 취급은 예외적이었을 뿐 아니라 〈선〉의 사례를 나중에 별도로 살펴보기로 한 이유이기도 하다).

〈가디언〉의 사례는 의심의 여지없이 가장 흥미롭고 시사점이 풍부하다. 이 신문의 일차적 뉴스 기사는 상대적으로 개방적이었고 사회복지 기구와 정치인의 인용문을 동시에 활용했다는 점은 차후 사설이 다양한 방향으로 전개될 가능성을 열어주었다. 더구나 〈가디언〉은 형사 개혁 단체에 상습적일 정도로 우호적이고 공감하는 보도를 하며, 모든 신문 중에서도 여러 간과된 사회적 이슈에 대해 가장 일관되게 진보적인 목소리를 낸다. 하지만 이 사례에서 이 신문은 아무런 발언도 하지 않았다. 그 이유는 〈가디언〉이 다른 모든 신문의 제목과 똑같은 요지를 선택했다는 사실과 관련이 있으며, 이는 〈가디언〉이 노상강도 공황과 그 틀의 유혹을 뿌리치지 못했음을 보여준다고 주장하고자 한다. 이러한 출발점을 감안할 때 노상강도 캠페인의 타당성은 부인할 수 없고, '범죄 문제'는 존재하며,

형량은 이론적으로는 신축성이 있었다. 그래서 이 신문은 현실적인 대안을 제시할 수 없었기에 딱히 할 말이 없어 침묵을 지켰다. 진보적 의견의 이러한 실패와 모호성은 이슈가 어려운 대안 간의 선택으로 귀결될 때 때때로 〈가디언〉에 독특한 부분이지만, 진보적 입장 자체에 깊숙이 내재하는 모순을 보여주는 징후이기도 하다. 아마도 범죄와 관련해서는 다른 어떤 영역에서보다 진보적 목소리가 제약을 많이 받는 탓일 수도 있다. 전통적 정의는 거부하기 매우 어렵고 대안적 정의를 마련하기도 너무나 어렵다. 제6장에서는 우리가 생각하기에 왜 이런 일이 생기는지 설명을 시도해 보려 한다. 그럼에도 불구하고 노상강도 공황이 정점에 달한 시점에 이처럼 대체로 진보적인 편집 노선이 부재했다는 사실은 힘주어 강조해야만 하겠다.

　사설을 게재한 5개 신문 중에서는 〈모닝 스타〉만이 판결에 반대했다. 이 신문의 타협 없는 급진주의는 〈가디언〉의 진보적 도피성과 뚜렷한 대비를 이룬다. 이 신문은 전통적인 관점을 뒤집으면서 판결을 '야만적'이라 비난하고 소년들을 '희생자'라고 불렀다. 이 신문은 억제적 판결의 실효성이 입증되지 않았다는 점, 감옥의 '범죄자화' 효과 등 좀 더 통상적인 실용적 근거에서 판결을 비판하는 동시에 판결이 갖고 있는 정치적 함의, 즉 "징벌적 사회 조성 운동에 나선" 사람들에게 영합하려는 동기의 존재를 찾아냈다. 대응책으로 이 신문은 "형량은 단축해야 하고 소년들은 교정 치료를 받아야 한다"라고 주장했다. 노상강도라는 이름표의 적용 자체는 거부하지 못했지만―그럼에도 제목에서 이 용어에 따옴표를 붙였다는 점은 가능성을 보여준다―분명히 이 신문의 주장은 언론에서 가장 일관성을 띠었고 보도의 모든 단계에 걸쳐 견지되었다.

　나머지 네 신문은 판결을 지지했다. 〈데일리 메일〉과 〈데일리 익스프레스〉가 가장 열렬하게 판사를 지지하고 범죄의 '야만성'을 비난한 반면, 가장 조심스럽고 '균형잡힌' 입장은 〈더 타임스〉였고, 가장 냉정하고 법률중심적인 쪽은 〈데일리 텔리그래프〉였다. 〈더 타임스〉는 아마 상대적으로 일차적 보도가 적었고 이차적 혹은 피처 보도를 싣지 않았기 때문인지, "살인 미수에 20년 형"이라는 제목으로 장문의 자세한 사설을 게재했다. 여기서 이 신문은 다른 신문과 달리 제목에 병렬배치된 두 측면(20년 형과 16세 소년)을 놓고 양자를 비교 평가한다. 이 신문은 결손 가정 배경의 16세 소년에게 20년 형을 선고한 것을 비판하면서도 범죄는 '야만적인 행위'였다고 지적한다. 사설은 이렇게 결론짓는다. "본보기성 판결이 실제로 어느 정도 억제 장치로 작동하는지는 늘 확신하기 어렵지만, 만약 억제 효과가 전혀 없다면 오히려 이상한 일일 것이다. 공중은 강력 범죄의 증가에 경각심을 느끼고 법의 보호를 바라는데, 이는 정당한 일이다."

　　요약하자면 이 사건은 균형을 실행하기에 매우 힘든 사례이며, 어려운 대안 사이의 선택이 필요할 때 분명히 '진보적 인사'가 대면하게 되는 딜레마를 가장 잘 예시해주는 사례다. 비록 〈더 타임스〉도 최종 선택을 내리긴 하지만 어디까지나 불편하면서 양심에 걸리는 선택이다. 〈더 타임스〉의 결론을 이루는 논조―자율적이고 추상화된 '법'에 대한 호소―는 〈데일리 텔리그래프〉의 사설이 의존하는 '정의의 저울' 전체를 관통하는 기조다. 이 특정한 사례를 단지 정당하게 구성된 권위, 즉 사법부가 강력 범죄 범람의 시대에 적합한 판결을 찾아내는 데서 겪는 어려움의 한 예로만 간주하는 바람에, 〈데일리 텔리그래프〉는 판결의 가혹함을 인정하면서도 범죄 증가의 맥락에서 그 조치를 합리화하고 사례의 특수성을 외면할 수 있게 되었다. 이는 대체적으로 '위로부터 본 시각'이었다. 이 시각은 일차적 뉴스 취급에서 바탕이 된 구체적인 세부사항에 흔들리지 않고 주장을, 그리고 이에 따라 이슈를 관리 가능한 수준으로 옮겨놓은 셈이다.

　　만일 〈데일리 텔리그래프〉가 〈더 타임스〉의 균형잡기식 행동의 '딜레마'를 해결하는 방안의 한 가지 예였다면, 〈데일리 익스프레스〉와 〈데일리 메일〉은 아주 다른 경로를 제시했다. 이 신문들이 보기에 '노상강도' 추세에 전형적인 이 범죄의 세부 특징이야말로 판결의 필요성을 시사했다. 따라서 〈데일리 메일〉은 "끔찍한 억제장치"라는 제목하에 짤막하면서도 자극적인 스타일을 구사했고 적절한 활자 선택을 통해 공격의 사악함과 '유행'으로서의 노상강도라는 개념을 반영했다. 이 신문은 일차적 뉴스 제목에서 '재미로'라는 표현을 선택해 강조했다.

> 범인들은 발길질에 벽돌까지 들고 달려들었다. … *범인들의 피해자*인 아일랜드인 노동자는 평생 동안 이상 행동으로 고통을 겪을지도 모른다. … *범인들의 전리품*은 담배 다섯 개비 따위다. … *범인의 나이*는 15세에서 16세. … 범죄의 야만성은 어제 법에 따라 최고로 가혹한 수준으로 응징을 받았다. … 사회는 그처럼 무서운 처벌을 오직 억제장치로만 고려할 수 있다. 죄악 자체만큼이나 오래된 범죄를 지칭하는 새로운 이름인 노상강도가 젊은 깡패들 사이에 유행하고 있다. 법은 동원 가능한 모든 선전 수단을 이용해 억제적 판결도 유행하고 있다는 사실을 알려야 할 것이다.

〈데일리 익스프레스〉도 대체로 비슷한 노선을 취했다. 폭력의 사악함에 비해 탈취물이 보잘것없었다는 점, (뉴스에서는 '새롭게' 재현되고 있는 것과 정반대로) "오늘의 뒷골목 털이꾼은 이전의 선구자들과 다를 바가 전혀 없다"면서 노상강도가 역사적으로 연속성을 띠는 현상이라는 점 등을 강조했다. '냉정하고', '무신경하고', '동기가 없고', '재미로', '피에 대한 갈증' 등 범죄자의 퍼스낼리티를 조금 더 강조했고, 법원의 의무는 〈데일리 메일〉이 억제 조치와 '눈에는 눈'식의 대응을 강조한 것과 달리 '국민의 의지를 반영'하는 것이라고 보았다.

정교하지도 않고 분명 암시적인 수준에 그치긴 했지만, 두 사설의 근저에는 보수주의 범죄관의 정수가 깔려 있음을 볼 수 있다. 행동의 결정요인으로서 환경적 요인—앞으로 보게 되겠지만 이는 진보적 범죄관의 정수다—이 여기서는 들어설 자리가 없다. 그 대신 범죄는 초역사적이고 영구적이며 늘 본질적으로 동일한 현상으로 통한다("범죄는 죄악 자체만큼이나 오래된 것이다. … 오늘의 뒷골목 털이꾼은 이전의 선구자들과 다를 바가 전혀 없다"). 달리 말해 범죄의 근원은 내면에, 즉 인간 본성 속에 존재하며 인간은 영원히 '선'과 '악' 사이의 냉혹한 **선택**에 직면하게 된다. 이처럼 선택의 자유와 선악의 세력을 강조하면서 인간 본성을 본질주의적으로 보는 시각이 다양한 종교적 이데올로기에 뿌리를 둔다는 사실은 분명하다. 〈데일리 메일)이 '죄악'을 언급한다는 사실이 이 점을 말해준다. 하지만 세속적인 본능을 강조하는 이론도 있는데, 이 이론은 어울리지도 않을 뿐 아니라 다소 모순되게도 전통주의 시각 안에 유입되었다. 따라서 〈데일리 익스프레스〉가 노상강도를 설명하는 개념으로 '피에 대한 갈증'을 거론한 것은 총체적으로뿐 아니라 병리학적으로도 '자유로운' 어떤 행위자, 즉 통제 불가능한 본능에 사로잡힌 존재, 아니면 프로이트의 용어로 전혀 교화되지 않은 이드에 좌우되는 존재를 상정한다. 그렇다면 역설적이게도 흔히 이 '선택의 자유'는, 명시되지는 않았지만 사실상 **심리학적 결정론** 이론에 근거한다.

두 신문 모두 사설과 피처 기사의 레토릭이 완전히 따로 노는 것이 특징이다. 여기서 피처 기사는 판단이 아니라 주로 **탐색**(exploration)을 목적으로 삼는지라, 만약 가능하다면 어떤 종류의 '해결책'을 시도하기 전에 약간의 모호한 사항 내부로 파고 들어가 보려고 했다. 우리가 선택한 표본에서 이는 모든 사례에서 범죄에 대해 산발적이나마 아주 다양한 결정론적 설명의 변종을 일일이 짚어본다는 뜻이었다. 오직 사설에서만 노골적인 특정 주장을 선호하면서 복잡성과 모호성을 생략할 수 있는 것 같다. 그리고 차이는 있지만 모든 신문이 그러한 특정 주장을 옹호했는데, 바로 '우리의' 모든 이해관계를 보호하는 궁극적 장치로서 법에 호소한 것이다. 신문에 따라서는 개인과 사회의 이익 간에 균형을 잡는 방안이나(〈더 타임스〉), 본질적으로 사법적인 결정을 내리는 어려운 제도적 과정이나(〈데일리 텔리그래프〉), (끝없이 나타나는) 악의 세력에 맞서 문명화되고 번듯한 국민을 지키는 최후의 보루로(〈데일리 메일〉, 〈데일리 익스프레스〉) 재현되기도 했지만, 우리가 신뢰해야 하는 것은 바로 법이라고 보았다. 이처럼 논쟁을 좀 더 추상화된 법의 수준으로 옮겨놓는 바람에 매일매일의 사회적 경험에 내재한 모순은 억압되었다.

하지만 이처럼 현장의 이슈를 회피하고 이에 따라 판결을 공개적으로 옹호하는 입장을 비판하는 두 목소리도 있었다. 둘 다 이유는 다르지만 사설을 싣지 않은 신문에 게재되었고 정규 기사이면서도 이례적이고 도발적인 '개인적 견해' 형태로 표현되었다. 바로 〈선〉의 존 애커스(Jon

Akass)와 〈데일리 미러〉의 키스 워터하우스(Keith Waterhouse)의 글이었다. 물론 두 글이, 특히 〈선〉의 사례가 뉴스 보도의 다양한 측면 간의 모순된 긴장을 뚜렷하게 드러낸 것은 사실이다. 하지만 이 글은 공식적인 뉴스 구조 바깥의 특별한 위치를 차지했기 때문에, 그 구조에서 이슈를 공식화하는 방식을 거부할 것이라는 기대치가 있었고 실제로도 그렇게 할 수 있었다. 따라서 가장 확실하게 희생자 편을 들고 모든 반대 목소리를 무시한 신문에서도 애커스는 "법적 족쇄를 채운다고 노상강도범 문제는 해결되지 않을 것"이라는 제목하에 판결을 "거의 범죄 자체만큼이나 야만적인 처벌"로 묘사할 수 있었다. 애커스는 "폴 스토리 같은 아이들이 더 이상 존재하지 않도록 사회를 개조"할 필요가 있다고 역설했으며, 심지어 그러한 변혁의 예로 중국을 인용하기까지 했다. 하지만 애커스는 마지막으로 ─ 변혁 주장을 다소 훼손하는 것이긴 한데 ─ "이런 일이 아니라면 그 모든 사회학자는 무엇 때문에 존재하겠는가?"라면서 전문가들이 약간의 해답을 제시하라고 호소했다. 간간이 경박스러운 기조를 감안할 때 애커스의 진지함에 다소 의심이 가는 것은 사실이지만, 이는 본질적으로는 급진적인 접근이었다. 이와 마찬가지로 급진적이며 좀 더 일관성을 띤 글은 워터하우스가 〈데일리 미러〉에 게재한 칼럼인 "법정의 질서"였다. 워터하우스의 주장은 '법과 질서'의 이미지에 대한 왜곡된 재현에 근거했다. 즉 "공적 질서란 단지 아무 일도 일어나지 않고 아무도 강도를 당하지 않는 식으로 활기가 아예 중단된 상태가 아니다"라는 것이다. 판결은 "우리가 방해받지 않고 살아갈" 권리와 아무 관련이 없었으며, 폭력을 배양하는 사회조건을 개선하려는 시도도 전혀 하지 않았다고 워터하우스는 주장했다. 마지막으로 워터하우스는 사회 정책이라는 더 큰 문제와 씨름하는 조치만이 모든 희생자─특히 다음 희생자─의 이익에 부합한다고 주장하면서, 반대주장에 나올 만한 주된 요지를 선제적으로 차단했다.

    이 두 글의 존재가 갖는 의미를 과소평가해서는 안 된다. 이 필자들은 노상강도와 법과 질서의 정의를 거부하고 급진적 사회 변동의 필요성을 주장함으로써 논쟁의 틀 자체를 바꿔놓고, 이를 통해 자신이 기고한 신문의 뉴스가치까지도 바꿔놓으려 했다는 점은 인정해야 한다. 하지만 이 시도를 과대평가하는 것 역시 마찬가지로 현명하지 못한 선택일 것이다. 편집국의 거물급 칼럼니스트로서 그러한 이견에 대한 책임을 모면할 수 있는 사람은 누구도 없을 것이다. 이들이 그렇게 할 수 있었던 이유는 신문사 내에서 하나의 제도화된 이견 형태로 마련된 위치에 있었기 때문이다. 이 권한은 다른 허가받은 반대 의견 보유자의 손에 주어진다면 또 다른 '극단'으로 전환할 수도 있다(예컨대, 〈선데이 익스프레스〉의 존 고든^{John} ^{Gordon}). 애커스와 워터하우스의 존재는 대중적인 신문에서 법과 범죄에 관한 견해가 급진적이면서도 동시에 손쉽게 접근할 수 있는 내용일 수도 있음을 보여준다. 그러나 전통적인 뉴스가치에 지배되는 대대적인 보도에 비해 이 견해들의 전반적인 효과는 구색맞추기 이상의 존재는 아니다. 참으로 제도적 뉴스가치의 비중은, 아무리 급진적이고 주장의 논거가 분명하다 할지라도 이례적인 의견을 분명히 압도한다.

　　이 여러 사설에서 (〈모닝 포스트^{Morning post}〉와 두 명의 **개인적 견해**의 이견을 예외로 하면) 공통된 반응의 요지는 다음과 같이 정리할 수 있다.

(1) 이 범죄는 그 유형 내에서도 특히 죄질이 나쁘다.
(2) 그리고 이는 양형 정책에서 다뤄져야 할 강력 범죄 증가를 보여주는 징후였다.
(3) 아니면 이 범죄는 선과 악 사이의 영원한 투쟁의 일부였다.
(4) 가장 고려해야 할 사항은 공중의 보호였다.
(5) 그리고 그러한 상황에서 법은 강경하게 대처할 책임이 있다.

　　이 주장들이 세 가지 조건하에서만 성립할 수 있을 것이라는 사실은 힘주어 강조할 필요가 있다. 하나는 어떤 명제는 무조건 수용해야 한다는 것인데, 강력 범죄가 급증하고 있었고 노상강도로 확인할 수 있는 범죄 유형이 **존재했다**는 점, 공중의 보호는 범죄자 교정보다 더 중요하다는 점이었다. 두 번째는 이슈가 어떤 특정한 사회 맥락에서 분리되면서 사회가 추상화된 존재가 되었다는 점이다. 여기에는 대다수의 일차적 기사와 피처 기사 작성에 필수적인 모든 집단과 개인의 의견과 인식을 배제하는 행위가 포함된다. 세 번째는 법이 특정한 방식으로만, 즉 자율적이고 모든 이의 이익을 위해 기능하며 여론에 반응하는 존재로 파악되었다는 점이다. 사설의 척도가 곧 뉴스 보도의 척도가 **아니었음**은 여기서 분명해졌을 것이다. 즉 일련의 특수 이익 대신에 사회 전체의 이익, 바로 공중이 중심이 되었다. 그러나 관련된 '사회'란 어떤 특수한 집단이나 이해관계도 관여하지 않는 추상화된 존재에 불과했기에, 특수한 집단 사이의 관계, 특정한 집단과 특정한 사회 제도 간의 관계는 탐구 대상이 될 수 없었을 것이다. 이렇게 해서 사설은 '법과 질서'를 다루고 피처 기사는 '경찰과 범죄자'를 다루게 된 것이다. 사설의 담론은 구체적인 사회적 경험을 추상화된 존재인 '사회'로 해체해버렸기 때문에, 사설에서 목표로 삼은 도덕적 총체화의 시각은 결국 너무 일반화되고 신비화된 존재로 전락하고 말았다.

▮ 〈선〉

〈선〉에 실린 일차적 뉴스와 피처 기사는 다른 신문에 두드러진 공식적이고 이데올로기적인 변종을 사실상 전혀 고려하지 않았다는 점에서 별도로 살펴볼 만한 가치가 있다. 3월 20일 "16세 노상강도범에 20년 형"이란 독특한 제목으로 리처드 색스티(Richard Saxty)가 쓴 기사는 몇몇 가장 현저한 특징 때문에 전국지 보도의 정형화된 패턴에서 완전히 벗어났다. 예를 들면 이 신문이 초기에 판결의 중요성에 관해 진술한 내용과—"노상강도 폭력에 대한 깜짝 강경조치"—주범을 "전직 스킨헤드족인 폴 스토리"로 사회적 범주화한 데는 간결함, 강경함, 확신이 드러났다. 이와 비슷하게 범죄 세부사항은 다른 신문에서라면 사설의 수사로나 사용할 만한 언어로 기술되었다, 가령 소년들은 "족쇄를 찼고" "쾌감을 위한 폭력에 대해 법정이 어제 부과한 새로운 대가로 교훈을 얻었다"라고 썼다.

이야기가 그처럼 엄격하고 배타적 방식으로 기호화되었다는 맥락에

서 보면 '충격을 받은' 어머니들의 반응은 반대 의견의 원천이 될 가능성
으로보다는 드라마의 인간적 측면으로 재현되었을 뿐이다. 신문 중에서
유일하게 〈선〉은 형사 개혁 집단이나 버밍엄 소재 기관의 견해를 함께 인
용해야 한다는 의무감조차 느끼지 않았다. 반대로 판결 지지자의 의견도
인용하지 않았고 '쾌감을 위한 폭력' 외에는 범죄를 어떤 패턴의 일부로
규정하지도 않았다.

　　〈선〉의 주된 뉴스 앵글은 **희생자**의 앵글이었다. 일차적인 뉴스 기사
말미에 "노상강도범의 희생자가 된다는 사실의 의미"라는 독자적인 제목이
붙은 짧은 기사가 실렸다. 이는 3월 21일에 유일하게 대대적인 1면 머리기
사로 실린 피처 기사를 예고했다. 사실상 기사 지면은 대부분 제목과 키난
씨의 상반신 사진으로 뒤덮였다. 사진의 주 캡션은 "나는 반쪽짜리 인간에
불과할 뿐이다"로 되어 있었고, 이보다 조금 더 작은 보조 설명은 "'내 인
생은 망했다'라고 소년 노상강도범의 비극적 희생자는 말한다"라고 적혀
있었다. 기사 본문은 다음과 같이 익숙한 내용으로, 판결에 대한 키난의 (긍
정적인) 의견과 (어리석은) 가해자에 대한 의견, 키난의 입원 생활, 범죄의 결
과로 발생한 실직과 심리적 불안정 등이 포함되어 있었다. 하지만 〈선〉에
서는 이야기의 다른 모든 측면의 비중을 줄이고 **희생자**에게 초점을 맞추었
다는 점이 특이한데, 그의 고난을 묘사하고 동정심을 불러일으키려 한 것
을 보면 이러한 초점은 판결에 대한 암묵적인 지지로 해석할 수밖에 없다.
시민으로서의 희생자에게 대한 공감을 통해 논쟁과 갈등은 모두 무시된다.
이 기사는 그러한 범죄 행위가 어떻게 해서 평범하고 근면하며 법을 잘 지
키는 사람을 두려움에 떨고 무일푼에 일자리까지 잃는 파탄에 빠뜨릴 수
있는지에 관한 이야기가 된다. 신문의 입장을 추상적 주장으로 고양시키지
않는다는 이유로, 피해자의 고통 정도가 그 자체로 그러한 보복적 판결을
충분히 정당화한다고 볼 수 있다는 이유로, 〈선〉은 다른 반대 의견도 함께
고려할 필요성을 모두 회피할 수 있었다. 그러한 반대 의견이 강조했을 수
도 있는 어떤 모호성도 이러한 배타적 시각을 통해 사전 차단된 셈이다.

　　사설이 불필요했던 이유는 지금쯤 분명해졌을 것이다. 핸즈워스 구

역을 더 심층적으로 살펴보지 않기로 한 선택 때문에 이는 더욱 뚜렷해졌는데, 이러한 태도는 오직 문제점의 존재 자체를 부인한 〈데일리 텔리그래프〉에만 필적하는 수준이다. 더구나 개인의 이력과 성장배경의 관계는 관심을 기울일 만한 대상으로조차 인정하지 않았다. 따라서 다른 대다수 신문에서라면 일종의 해결책이 필요한 중심적인 문제의식에 해당하던 문제가 〈선〉에서는 문제를 공식화하는 방식 자체, 즉 추가적인 분석을 차단하는 일련의 이름 붙이기에 의해 '해결'되었다.

> 핸즈워스는 무질서하게 뻗어나가는 버밍엄 슬럼가로서 세 명의 노상강도범이 성장한 폭력의 놀이터다. … 폴 스토리는 혼혈 부부의 아들로 태어났고 마약에 손을 댔다가 가출했다. 그리고 지저분한 환경에서 더 큰 자극을 추구해 마침내 폭력에도 손을 뻗쳤다. 폴의 모친인 40세의 에델 손더스(Ethel Saunders) 부인은 "이처럼 거지 같은 동네에서 젊은이에게 무슨 기회가 있겠어요?"라고 말했다.

폭력, 인종, 마약, 절도, 청년 등은 여기에 무작위적으로 줄줄이 붙은 이름표다. 보수당 찰스 시미언스(Charles Simeons) 하원의원은 노상강도를 수용소에 몰아넣고 조롱거리로 삼는 것이 좋은 전략이라고 주장한 바 있는데, 〈선〉이 인용한 이 전략도 그러한 맥락에서는 전혀 생뚱맞지 않아 보인다.

형식적으로 보면 〈선〉은 다른 피처 기사에 공통된 주요 요소를— 희생자, 노상강도범, 구역 — 포함했지만, 각 요소를 구체적으로 다루는 방식 때문에 탐색과 분석이 불필요해졌다. 〈선〉의 (판결-범죄-희생자로 이어지는) 특히 선형적인 뉴스 취급 방식은 이데올로기적 해석과 채택한 저널리즘 형식 측면에서 독특했다. 〈선〉은 자의적이고 자명한 정의를 통해 사건을 배타적으로 구성하는 방식을 선호하면서 '사실적 뉴스', '피처 탐색'과 사설의 의견 간에 존재하던 전통적 구분을 은근슬쩍 철폐해 버렸다.

뉴스 구성에서 이러한 이데올로기적 구속이 갖는 함의는 아무리 힘주어 강조해도 지나침이 없을 정도다. 이는 주장과 논쟁의 여지를 배제해—이 사례와 다른 사회적 삶의 영역에서—다양한 분석과 설명 유형 간의 명목상 구분에 대한 존중조차도 폐기한다는 뜻이다. 허버트 마르쿠제 (Herbert Marcuse)는 '일차원적 언어'(one-dimensional language) 문제에 관해 그 주된 특징을 다음과 같이 유용하게 요약해주었는데, 그의 저작 전반은 간혹 상황에 따라서 이처럼 요긴할 때도 있다. 마르쿠제는 아마도 〈선〉에 관해 이야기했는지도 모르겠다.

> 과학적, 기술적 언어를 벗어난 사고 습관으로서 그러한 추론은 특수한 사회
> 적, 정치적 행태주의의 표현 방식을 이룬다. 이러한 행태주의 우주에서는 단어
> 와 개념이 일치하는 경향이 있거나 오히려 개념이 단어에 흡수되는 경향이 있
> 다. 개념은 널리 알려지고 표준화된 용례에서 단어가 지정한 내용 이상을 담
> 지 않으며, 단어는 널리 알려지고 표준화된 행태 (반응) 외에 다른 반응을 유
> 도할 일은 없을 것으로 기대된다. 단어는 상투어가 되고 상투어로서 말과 글
> 을 지배한다. 커뮤니케이션은 나아가 의미의 진정한 발전을 차단한다. … 명사
> 는 권위주의적이고 전체주의적인 방식으로 문장을 지배하며, 문장은 수용해야
> 만 하는 선언이 된다. 즉 성문화되고 선언된 의미의 증명, 단서조항 부가, 부
> 정을 거부한다. … 끊임없이 이미지를 부과하는 이 언어는 개념의 발전과 표현
> 에 불리하게 작용한다. 즉시성과 직접성이라는 점에서 이는 개념적 사고를 저
> 해한다. 따라서 사고를 방해한다.[주 3]

▎전국지의 피처 기사

3월 21일 핸즈워스 사건에 관해 쏟아져 나온 언론보도는 대충 훑어보더라도 강조점이 상당히 바뀌었음을 알 수 있다. 일차적 뉴스 기사와 사설 모두 '노상강도'-청년-억제적 판결의 측면에서 주제화되고 판결 관련 논란을 중심으로 전개되기는 했지만, 이튿날 보도에서는 판결의 구체적인 문제점이—〈가디언〉이 기사 중 한 건에 부제목으로 붙였듯이—확장되어 '성장배경 문제'를 탐색했다. 이처럼 전경(사건, 이슈, 딜레마, 문제점)에서 배경 (원인, 동기, 설명)으로의 이동은 일차적 뉴스에서 피처 기사로의 발전 형태를 띠었다. 이제는 이차적인 **피처 뉴스가치 덩어리**가 작동하게 되었는데, 이는

개념적으로는 일차적 뉴스가치와 구분되지만 최초의 뉴스 주제화에서 제공한 단서에 근거한다. 가장 중요한 점은 뉴스 과정의 이 단계가 더 광범위한 이데올로기적 장에 의존했다는 것이다. 이제 문제는 기존의 범죄 사태를 통제하기 위해 채택된 단기적 전략의 타당성 문제에서, 무엇보다 그러한 '조류'가 어떻게 발생하게 되는지에 관한 고찰로 확장되었다.

'하드' 뉴스 혹은 일차적 뉴스에서 피처로의 이동은 여러 다양한 수준에서 작동했는데, 이를 표 형태로 제시했다(표 4.1을 보라). 언론인의 직업 하위문화—피처가 무엇인지에 대한 이들의 현장 감각—수준에서는 "이 기사엔 눈으로 보이는 것 이상이 있다"는 인식과 개별 뉴스 사건에는 '배경'이 있다는 인식이 작동했다. 핸즈워스 사건에서 '배경'은 다음과 같이 여러 가지 질문 형태를 띠었다. 어떤 부류의 젊은이가 이 범죄를 저질렀나? 이들은 어떤 종류의 사회적 배경을 갖고 있었나? 이 부류의 범죄에 어떤 다른 문제점이 있었나?

이러한 종류의 질문을 검토하기 위해서는 이미 정착된 저널리즘 관습을 살펴보아야 한다. 현장에 파견된 언론인은 배경에서 어떤 '요소들'을 찾도록 훈련받았는데, 가령 사람, 장소, 경험 따위는 배경 문제에 적용할 척도를 규정해준다. 언론인은 풀뿌리 의견, 국지적 전문가(변호사, 하원의원, 사회복지사), 심지어 때로는 '학술적' 보고서나 연구를 활용해 개별적으로 이 요소들을 조사한다. 그리고 그 후에는 조사한 요소들을 반드시 서로 대조하면서 살펴보는데, 그 결과 일부 피처에서는 활자 포맷 측면에서 하나의 요소군이 다른 요소군과 명시적으로 균형을 이루도록 배치된다.

우리가 '저널리즘의 상식'과 '피처의 역학'이라 이름 붙인 이 두 수준은 본질적으로 이데올로기적이다. 이 두 수준은 사건을 맥락화하고 사회세계 속에 배치하고자 하기 때문이다. 이 언론인들은 배경 요소를 선택하는 과정에서 추가적인 이슈나 사회 문제를 확인하게 되는데, 이 중 어떤 것은 살짝 변죽만 올리기도 하고 어떤 것은 더 자세하게 추적하기도 한다. 따라서 이 주제들은 원래의 범죄 '문제'와 함축적이거나 명시적인 관련성을 맺게 된다. 이러한 부류의 사람이 저러한 부류의 범죄를 어떤 부류의

구역에서 저지른다. 이는 정치적 인물이든, 사회복지사나 경찰이든 통제를
책임지는 사람들이 확인하고 씨름해야 할 패턴이다. 요소들을 선택하고 특
정한 상황 설명에 신뢰성을 부여하며 고려사항을 대조하고 균형을 맞추는
행위에서 피처 기사는 '배경 문제'에 관해 적용 가능한 분석, 설명, 이미지
사이에서 타협안을 찾아내야 한다. 저널리즘 담론에서는 미디어 과정과 좀
더 널리 보급된 상식적 범죄 이데올로기 간의 연관 관계가 바로 이 피처의
'계기'에서 가장 뚜렷하게 모습을 드러낸다. 우리가 가장 주목하고자 하는
것은 바로 이 '상식적 이데올로기'(lay ideologies)의 가동이다.

표 4.1
피처 뉴스가치의 차원들: 하나의 모델

단계	저널리즘의 상식	피처의 역학	이데올로기적 틀
(1) '하드' 뉴스 기사	극적, 선정적, 진기한 요소(가령 형량과 범죄 유형)	'하드' 뉴스의 역학은 즉시적인 '사실'과 함의(가령 일반적인 형사 정책에 주는 함의)를 강조한다.	어떤 것이 '뉴스가치가 있는지'에 대한 감각은 이데올로기적으로 포화된 사회 개념에서 출발하고 그 개념을 강화한다.
(2) 피처로의 이동	하드 뉴스 기사에서 다루지 않은 배경을 사건이 갖추었는지(가령 범죄나 범죄자가 어떤 사회적 배경을 갖추었는지) 평가	공인된 정보원의 '반응'과 해석을 찾아다니도록 기자에게 임무 부여(가령 직접 관련된 인물과 로비스트, 전문가 접촉)	설명·맥락화: 사건과 행위자를 사회의 '지도'상에 배치
(3) 피처의 종류	관련성이 있다고 간주되는 배경적 요소를 설명과 함께 선택(가령 정치적—사법적 연관이나 마약과 폭력이 아니라 핸즈워스, 그 주민, 전문가)	정보원이 사건의 전형성이나 사건에 내재하는 이슈의 징후로 제공한 단서 포착(가령 에델 손더스와 '거지 같은 동네', 핸즈워스 지역구 하원의원과 '범죄와의 전쟁')	사회적 이슈 확인: 공적 관심사의 유도(가령 '문제가 많은 구역'으로서의 핸즈워스)
(4) 피처의 구성요소	관련된 경험과 준 설명을 갖춘 행위자와 장소 추적(가령 희생자, 노상 강도범, 경찰, 거리나 구역)	행위자와 장소를 서로 관련지음; 활자 측면에서 적절하게 '배치'하고 사진과 기자의 '직감적 사항' 활용(가령 〈데일리 익스프레스〉의 두 면짜리 기사)	주제를 이미지 밑에 포섭(가령 주택, 고용, 인종, 경찰을 '폭력', '게토', '청년', '가족'하에 포섭)

단계	저널리즘의 상식	피처의 역학	이데올로기적 틀
(5) 피처를 신문의 지배적 담론으로 재통합	정의된 문제점에 대해 가능한 해결책(가령 자원봉사자·경찰에 대한 찬사; 긴급 청년 프로그램·연구의 촉구)	표면적 일관성: 요소들을 하나의 초점으로 결합 (가령 판결이 범죄 자체만큼이나 무정하다는 지역사회 운동가의 발언을 〈가디언〉이 이용한 것)	사건과 그 함의를 '관리 가능한' 수준으로 유지 (가령 사회의 기본 구조를 파괴하거나 변화를 요구하지 않도록 하는 것)

　하지만 이처럼 더 폭넓은 일련의 문제틀로 이동한다고 해서 판결이라는 원래 이슈를 통째로 폐기하게 되지는 않는다. 일부 신문, 가장 두드러지게는 〈모닝 스타〉("노상강도범에 대한 야만적 판결에 분노가 들끓다")와 〈가디언〉에서는 진보적인 압력 집단의 항의가 빗발쳤다. 이와 비슷하게 눈에 띈 부분은 〈데일리 메일〉이 억제적 판결의 효과성에 관해 저명한 범죄학자인 테렌스 모리스(Terrence Morris)와 인터뷰한 내용을 피처에 포함한 것이었다. 추론에 좀 더 가깝기는 하지만 〈데일리 익스프레스〉가 크룸 존슨 판사의 진보적 평판을 묘사한 것을 보면, 이 신문은 이번 판결이 심지어 사법부에서 가장 관용적인 판사의 인내심까지도 고갈시켰음을 입증한다고 본 것 같다. 무엇보다도 강력한 영향을 미치는 부분은 모든 전국지가 게재한 **희생자** 인터뷰를 통해 '전경'이 '배경'에 주입되었다는 것이다. '저널리즘 상식' 수준에서 보면 이처럼 피해자에 초점을 맞추는 방식이 보편적인 것은 피해자가 인터뷰하기 용이하다는 점, 판결이 옹호하고자 하는 사람의 의견에 특권적 기회가 부여된다는 점과 밀접한 관련이 있다. 피처 역학 수준에서는 인터뷰와 사진이 노상강도범 **대** 피해자 간의 극적인 대결에 일부로 포함될 수도 있었다. 그러나 따지고 보면 이것만으로는 이례적으로 부각된 부분을 설명하는 데 충분하지 않다. 통상적으로는 자신에게 범행을 저지른 사람의 판결에 대해 범죄 피해자가 논평하도록 하지는 않는다. 비록 〈모닝 스타〉와 〈가디언〉 모두 키난이 세 소년에게 약간의 동정을 표현하는 것처럼 묘사했지만("'판결에 대해서는 유감스럽다'라고 노상강도 공격의 피해자는 말한다"), 피해자는 판결을 암시적으로나마 정당화하는 데 활용하는 것이 좀 더 흔한 방식이었다. 피해자는 자신의 의견을 통해서 밝

히기도 하고("동정? 범인들은 나에게 전혀 그렇게 느끼지 않았다"―〈데일리 익스프레스〉), 〈선〉에서 살펴본 것처럼 자신의 부상 정도를 다시 강조하는 방식으로 그렇게 했다("나는 이제 계단조차 제대로 오를 수가 없다"―〈데일리 메일〉). 여기서 로버트 키난에게 가해진 실제적이고 영구적인 부상 정도를 축소하거나, 피해자가 판결에 대해 의견을 표현할 권리를 부정하려는 것은 아니다. 그보다는 이 피처 기사에서 키난의 고통과 의견이 어떻게 이데올로기적으로 전유되어 함축적으로 판결을 정당화하게 되는지 입증하려는 것이다. 그렇다면 피처 기사는 배경 문제 내부에서 요소 간의 비중을 저울질했을 뿐 아니라 그 요소 전체를 전경에 비교해 저울질한 셈이다. 따라서 폴 스토리와 핸즈워스에 관한 수많은 기사에서는 범죄자가 마치 자기 행동에 거의 책임이 없는 것처럼 시사하는 함축적 결정론을 특징으로 찾아낼 수 있는데, 이 결정론은 이처럼 다시 피해자에 초점을 맞추는 방식에 의해 부분적으로 타격을 입는다. 이 결정론은 행동을 유발할 가능성이 있는 원인을 강조하는 방식에서 다시 행동 자체로 초점을 옮겨놓으며, 이에 따라 무고한 희생자 옹호라는 이슈로 암시적으로 유도한다.

〈데일리 메일〉과 〈데일리 익스프레스〉에서 가장 뚜렷하게 희생자는 **범죄자**와 대척점을 이루었는데, 이 두 신문은 범죄자에게 각각 '갱 두목'과 '노상강도범'이라는 이름표를 붙였다. 이처럼 단순한 이름표에서는 스토리를 '위치규정하려는' 시도, 즉 **그를 정형화**(typify)하려는 시도를 읽어낼 수 있다. 한 신문에서 스토리는 갱 두목으로서 직업 범죄 세계와 마피아 유형의 지도자라는 함축적 의미와 함께 일탈적 젊은이의 무리라는 기존의 이미지를 동시에 암시하는 인물로 나온다. 즉 주동자와 추종자, 하드코어와 주변부, 사악한 자와 가난한 자가 그러한 구분이다. 이는 〈선〉의 좀 더 섬뜩한 특징 규정보다는 아마 덜 노골적일지는 모르나 이에 못지않게 강한 설득력을 지니는 규정이다. 다른 신문에서 스토리는 좀 더 단순하게 '노상강도범'으로, 즉 규율이 없고 폭력적인 젊은이라는 이제는 완전히 발전된 이미지로 규정된다. 하지만 스토리의 생애에서 정형화 혹은 '범죄 커리어'를 찾아내려는 시도는 친구, 친척, 사회복지사들이 스토리가 뚜렷하게 '병리적' 경향을 보였다며 부인하는 바람에 차단되었다. 〈데일리 메일〉에서는 '갱 두목'이라는 제목에 "폭력적? 그는 나쁜 애가 아니었어. 정말 그런 애가 아니었어요"라는 동네 카페 주인의 발언이 보조 제목으로 붙었다. 성격 장애의 구체적인 징후가 없는 상태에서, 별거 중인 부모, 잠시 동안의 임시직 근무, 경범죄 연루, 시간을 대부분 길거리에서 보내는 삶 등 스토리의 '커리어'에 관한 좀 더 일반적인 묘사가 제시되었다. 다른 두 소년에 대한 더 간략한 소개에서도 학교, 가족, 직업 등이 두드러지게 강조된다. 물론 푸앗의 경우, 상대적으로 안정된 가족에 전과도 없어 오직 임박한 주택 철거만이 이 지표들이 측정하고자 하는 것, 즉 사회적 해체를 보여주는 증거라면 증거일 뿐이다. 여기서 이 지표는 이 소년들이 '궤도를 이탈한' 지점을 추적하려 하고 있음을 시사한다. 이와 마찬가지로 이 지점들의 대척점도 암시되는데, 바로 이들을 제외한 나머지 우리를 '반듯하게' 살아가도록 하는 패턴, 가령 가정, 학교, 직장에서 올바른 영향을 미치는 요인과 성취다. 여기서 일탈에 대한 설명은 우리가 이 중 전부 혹은 일부에서라도 실패한다면 '위험에 빠지고' 말 것이라는 암시를 작동시킨다.

　　〈데일리 익스프레스〉의 묘사도 좀 더 결정론적 제목이 붙긴 했지만 거의 똑같았다. 이 기사에는 "태어나기도 전에 이미 판결을 받은 소년"이라는 제목에 "수중에 시간이 너무 많아"라는 식으로 위기에 처한 청년의 이미지가 보충적으로 첨부되었다. 신문은 아주 잠깐 동안엔 이 젊은이도 정규적인 직업과 돈이 있고 여자 친구도 있어 '정상적 삶'을 꾸려갈 수 있을 것처럼 보였다고 강조하면서, 가족 배경, 학교생활 기록, 구직 실태 등을 다시 소개했다. 〈데일리 메일〉과 〈데일리 익스프레스〉에서 모두 소년이 강력 범죄에 연루된 것을, 예컨대 유전적 결함이나 '나쁜 친구' 혹은 다른 일관되고 명쾌한 인과적 설명 측면에서 해명하려는 명시적 시도는 전혀 없었다. 그 대신 '정상적으로라면' 적용될 모든 사회적 통합 지점에서 실패하는 삶의 묘사만 제시될 뿐이다. 여기서 추론할 수 있는 내용은, 우리는 모두 잠재적으로는 위험에 처할 가능성이 있지만 대다수는 좋은

환경과 긍정적인 태도를 통해 정규직, 안정된 가족 생활, 정당한 즐거움
이라는 적절한 목표를 추구할 수 있게 된다는 것이다.

하지만 두 기사에서는 또 다른 좀 더 모호한 방식으로 이 젊은이들
이 사회 나머지 부분과 차별화되었는데, 바로 인종이라는 지표를 통해서
였다. 두 신문은 일찍부터 스토리의 '서인도' 출신 아버지를 소개했다. 두
신문은 스토리의 인종적 분노에 관해 보도했다. 〈데일리 메일〉은 어느 정
도는 작심하고 인종 주제를 파고들었다. 뒤그난이 거주한 거리를 그 동네
에서는 이른바 '미니 국제연합'으로 정의한다고 소개했고, 지역적 색채를
추적하면서 이국적인 문화적 배경의 타자성을 강조한 문장에서는―"벽
에는 동방의 깔개가 걸려 있었다"―푸앗 가족의 키프로스 혈통을 추적하
기도 했다.

이처럼 구체적으로 인종적인 함축은 동일한 피처 기사에 나온 핸즈
워스 묘사와 '노상강도' 공황의 미래 궤도에도 시사점을 갖지만, 〈데일리
텔리그래프〉의 생애사적 묘사에서는 나타나지 않았다. 학교 생활과 실업
도 대략 비슷한 관점에서 다루긴 했지만, 가족 문제는 〈데일리 익스프레
스〉와 〈데일리 메일〉보다는 덜 강조했다. 다음 진술에서처럼 전반적으로
정형화는 더 강하게 나타났다. "폴 스토리의 최근 삶은 핸즈워스 구역 사
회복지사의 두터운 파일에서 볼 수 있는 전형적인 사례다." 모든 그러한
'사례'를 잠재적으로 폭력적인 범죄자로 받아들이려는 게 아니라면 범죄
행위를 설명하는 데 스토리를 이렇게 '배치'하는 것은 무의미하다. 즉 정
형화는 강하게 나타나지만 구체화되지는 않는다. 그보다 〈데일리 텔리그
래프〉는 사회 환경에 관한 에델 손더스의 발언을 다음과 같이 계속 인용
하면서 그의 주장에 수긍한다. "손더스 부인은 여기 젊은이들이 처한 어
려움의 원인으로 핸즈워스의 문제점을 비난하는 유일한 목소리는 아니
다." 어느 경찰차장과 지역의회 의원도 환경의 열악함을 강조했다.

〈데일리 텔리그래프〉는 스토리의 생애에 드러난 구체적인 경로를 열
악한 환경의 전반적인 문제점 아래에 포함시켰다. 피처 기사의 세 번째
보편적 요소는 **환경**의 문제점, 특히 핸즈워스 구역의 문제점이었다. 이는

스토리 모친의 "거지 같은 동네"라는 발언에 자극받은 듯했다. 그러나 이 발언이 이 주제의 존재를 충분히 설명해주지는 못한다. 스토리의 모친은 다른 많은 사항, 예컨대 스토리의 마약 복용에 관해서도 이야기했으나 피처 기사에서는 다루지 않았기 때문이다. '저널리즘의 상식'이라는 기준은 왜 핸즈워스를 강조하게 되었는지 설명하는 데는 충분하지 못하다. 핸즈워스의 강조는 장기적으로 지속되는 이데올로기 구조와 연관지어 볼 때 더 잘 설명된다. 미국의 노상강도에 관한 그 많은 기사에서 자세히 다룬 '범죄자 구역' 혹은 슬럼, 게토와 범죄 간의 연계가 이에 속할 것이다. 일부 구역이 다른 곳보다 범죄와 범죄자를 더 많이 배출한다는 것은 '사회적 사실'의 지위를 획득했다. 이러한 배경적 주제는 초창기부터 일차적 뉴스 기사에서 흔히 채택되었는데, 이는 '노상강도'를 환경주의적으로 설명하는 진보적인 로비의 개입을 통해서만 이루어지지는 않았다. 예를 들면, 〈데일리 익스프레스〉에서는 그러한 압력집단이 전혀 등장하지 않았는데도 다음과 같이 범죄 경로에 관한 매우 격앙된 기술을 볼 수 있었다. 피해자는 "소년들의 거주지인 핸즈워스의 퇴락한 이주민 동네에서 그들을 만났다." 오랫동안 '이민 통제'를 주장해 온 신문에서 그러한 이미지가 일으킬 반향은 굳이 강조할 필요도 없다.

    따라서 〈데일리 익스프레스〉가 "혼자 걸어 다니기에 안전한 장소는 아니다. 게토, 핸즈워스, 열악한 주거와 일자리 부재"라는 제목으로 핸즈워스를 묘사한 기사에서 일찍부터 이민 주제가 도입된 것도 전혀 놀랄 만한 일은 아니었다. 소외된 지역에서 무엇이 잘못되었는지 찾아내려는 오랜 게임에 〈데일리 익스프레스〉가 동참하면서 범죄, 인종, 빈곤은—처음 둘이 나머지를 지배하기는 하지만—핵심적인 특징으로 부각된다. 〈데일리 텔리그래프〉가 그 지역에 대한 에넬 손더스의 비난에 동의하는 지역 전문가를 찾아낸 반면, 〈데일리 익스프레스〉에 등장한 전문가는 그러한 견해를 '공정하지 않다'고 보았다. 시 공동체관계위원회 의장은 범죄란 어떤 곳에든 발생할 수 있으며, 하나의 범죄로 공동체 전체를 비판해서는 안 된다고 애써 강조했다. 그는 무의식적으로 문제점을 주로 인종적 관점에서 재정의하는 데 공모한 셈이다. 즉 모든 핸즈워스 젊은이가 문제가 아니라 '반사회적' 하위문하에 속한 흑인 젊은이, 실업자이자 분노하고 공격적인 청년이 문제라는 것이다. 여기엔 범죄와 인종이 게토를 규정하고 게토에 의해 규정되기도 하는 곳인 결사체 집단이 있었다. 하지만 그 어디서도 게토의 기원에 관한 지적은 없었다. 신문은 주거 문제에 관한 세일라 라이트 시의원의 발언을 다시 인용했지만, 최종적으로 '전문가'로서의 진술을 할 수 있었던 사람은 바로 흑인 청년의 분노를 자세히 설명한 유색인 공동체 운동가였다. 이처럼 문제점이 슬럼 구역에서 게토의 흑인 청년으로 적극적으로 재구성되는 과정을 주도하면서, 〈데일리 익스프레스〉 기사는 횡설수설 같은 낙관적 결론으로 매듭지었다. 이 결론은 논지에서 벗어난 지엽적인 주장으로 마치 나오는 대로 뱉어낸 휴머니즘적 발언이나 마찬가지다.

> 역설적으로 핸즈워스는 한때 영국의 두 번째 도시에서 살기에 '완벽한 곳'이었으나, 이제 그 주변에는 폴 스토리의 초라하고 더러운 거리 같은 데가 너무나 많다. 그러나 다행히도 핸즈워스를 더 살기 좋은 곳으로 만들려고 애쓰는 사람이 아주 많다.

핸즈워스를 사회적 지도 위에 배치하는 작업은 핸즈워스를 현재의 모습으로 만들어낸 구조 수준에서 이루어지지 않았다. 예를 들면, 주택 시장의 성격과 그 속에서 이주민들의 빈곤한 위치는 이렇다 할 주목을 전혀 받지 못했다. 그 대신 '반사회적 흑인 청년'의 문제점을 낳게 한 인종, 범죄, 주거, 실업 등 **관련어에 대한 기술**만 불특정한 방식으로 작동했을 뿐이다. 스토리의 생애사에서 인종을 과도하게 강조한 것은 그러한 맥락에 놓고 볼 때 더 납득이 간다. 스토리는 범죄 배후의 문제점을 드러내는 지표, 즉 인종의 지표가 되었다. 비록 일종의 결정론이 작용하긴 했지만 사회 병리의 표면적 표출은 '90%가 이주민인 [이] 구역'에 사는 **외부인**의 존재 때문이며, 이것이야말로 문제의 근원인 것처럼 암시되었다.

〈데일리 메일〉은 나름대로 변화를 가미하긴 했지만 〈데일리 익스프레스〉와 비슷한 노선을 추구했다. 이 신문은 일차적 뉴스 보도에서 핸즈워스를 처음으로 기술하면서 인종과 범죄라는 낯익은 주제를 선택했다.

> 형을 받은 젊은이는 모두 유색인종이거나 이민자이며 버밍엄의 주요 문제 구역 중 한 곳에 거주한다. 경찰과 사회복지사는 핸즈워스의 공동체 문제를 해결하기 위해 5년 동안 분투해왔다. 여기서는 청소년 범죄가 꾸준히 악화하고, 경찰과 압도적으로 유색인 위주인 공중 간의 관계에 관해 불만이 계속 터져 나온다.

핸즈워스는 〈데일리 익스프레스〉에 나타난 것처럼 포괄적인 주제를 제공했는데, 이 주제는 다시 한번 "폭력이 자라는 곳"이라는 유기체적 은유로 포착되었다. 그리고 그러한 구역의 존재는 공동의 책임이라는 암시가 다음과 같이 느슨하면서 모호한 형태로 제시되었다. "핸즈워스는 … '문명화를 요구하는 어떤 나라에서든 오점'에 해당하는 곳이며, … 폴 스토리의 고향이기도 하다."

이 신문은 〈데일리 메일〉을 본떠서, 이 구역의 주거 문제가 갖고 있는 정확한 속성을 꽤 자세하게 소개했다. 핸즈워스는 "문제 구역으로 더럽고 소외되었으며 도심에서 2마일 떨어진 곳"으로 기술되었다. 이곳은 "빅토리아 시대에 지은 주택이 무질서하게 뻗어나가 구역을 대부분 차지했다. 부동산 가격은 낮다. 개인 단위의 지주가 흔하다. 집주인들은 특히 이주민 덕분에 입주자 부족을 느끼지는 않는다." 하지만 〈데일리 메일〉은 심층성을 가미하기 위해 (진보적인) 노동당 지역의원, (범죄 담당) 경찰차장, 해당 지역구 (보수당) 하원의원 등 세 '전문가'의 의견을 매우 직설적으로 전했다. 첫 번째 인물의 발언은 상당히 길게 인용되었는데, "개탄할 만한 주거 여건, 높은 실업률과 지역 학교에 대한 압력"이 어떻게 해서 높은 범죄율과 돌봄 대상 아동의 증가를 초래했는지 강조했다. 이 피처 기사는 시의회가 빈곤 가정을 그러한 구역으로 "몰아서 수용"한 조치를 비판한 의원의 발언을 옮겨놓았다. 기자들은 핸즈워스 주민의 25%가 15세 이하라는 통계를 덧붙였고, 교육부는 예산이 부족한 상태라는 사실을 부인하지 않았다고 말했다. 하지만 〈데일리 메일〉 피처 기사의 열린 자세는 다음 전문가인 지역구 하원의원의 발언으로 무너졌는데, 이 의원은 스스로 핸즈워스에서 '범죄와의 전쟁'의 최전선에 서 있다고 소개했다. 핸즈워스는 "문명화를 요구하는 어떤 나라에서든 오점에 해당하는 장소"로 밝혀졌고 "일부 사람들은 혼자 걸어 다니길 두려워하는 … 분위기"를 낳는 곳이다. 표현이나 인용한 범죄 통계는 〈데일리 익스프레스〉와 정확하게 같았다. 채택한 논리 뒤집기도 그랬는데, 주장은 바로 환경적 요인으로 시작해 범죄에 대한 공포로 끝났다. 〈데일리 익스프레스〉와 마찬가지로 인종 주제는 거의 즉시 뒤따라 나왔고 대담하게 도입되었다. "핸즈워스 주민의 70%가 유색인종으로 추정되며, 이 구역은 버밍엄에 가장 큰 게토 문제를 안겨준다." 마지막 이미지는 이 구역의 역사적 쇠퇴에 관한 것이었다. "핸즈워스에는 한때 깨끗하게 청소되고 가로수가 늘어선 거리에 부유한 기업가들이 살았다. 거리는 이제 쓰레기가 널렸고 아이들은 건물 잔해 위에서 논다." 〈데일리 익스프레스〉와 〈데일리 메일〉 기사가 모두 그처럼 도시의 쇠락을 환기시키는 비슷한 결론으로 끝났다는 것은 놀라운 일이다. 이는 쇠락하는 도시의 이미지다. 강력한 영향력을 발휘하면서 기술하지만 설명적 차원은 갖추지 않았다. 이 쇠락이 어떻게 발생했는지 설명하려는 시도는 없었고, 그 대신 주거, 인종, 범죄 간에 이어지는 연상의 회로를 더 강화하는 조치뿐이었다.

〈가디언〉이라면 좀 더 복합적인 접근을 취했을 것이라는 기대는 합리적일지 모른다. 이는 따지고 보면 빈곤층 로비와 '돌봄 직업'이 지지를 구하는 대상인 바로 그 신문이다. 이 신문 역시 구역 주제를 초기부터 채택했지만 〈데일리 익스프레스〉나 〈데일리 메일〉보다는 좀 더 구체적이고 지향점이 뚜렷한 방식을 취했다.

빌라 로드 구역은 대개 이주민 중심인 공동체와 경찰 간의 관계가 좋지 않

고 10대 실업률도 높다. … 지난달 31일 이 구역의 자원봉사자는 버밍엄 경찰
국장에게 서명한 편지를 보냈는데, 이 편지에서 서인도 출신 주민에 대한 경
찰의 괴롭힘이 있었다면서, 경찰이 구사한 방법은 핸즈워스에서 늘어나는 폭
력 문제에 대처하는 데 도움이 안 된다고 주장했다.

10대 실업과 범죄는 공통된 주제였다. 여기에 급진적인 주제로 추가
된 사항은 경찰-이주민 간 긴장이었다. 하지만 분석은 징후 수준에만 머
물렀다. "빈곤층과 암울한 상황"(Depressed and depressing)이란 제목의 퍼처
기사에는 처음부터 그러한 징후의 전체 목록이 제시되었다. "핸즈워스는
빈곤한 지역이자 암울한 곳이며, 대다수의 골칫거리가 발생하는 소호(the
Soho) 구역은 폭력, 열악한 주거, 실업, 인종적 분노로 유명하다." 이처럼
'암울한 상황'의 종합적인 지표 목록은 계속 기술적 수준에 머물렀고, 인
과적 연관관계는 전혀 제시되지 않았다. 아마도 뜻밖의 일이긴 한데, 〈가
디언〉은 '복합적 빈곤'을 체계적인 사회복지 지향적 분석으로 계속 파고
들지 않았다. 그 대신 전국지 중에서는 독특하게 거주자들이 핸즈워스를
어떻게 경험했을 것인지 풀어내는 데 강조점을 두었다. "지역 주민의 시
각에서 보면 그곳은 경찰이 괴롭히고 시의회는 전혀 신경도 안 쓰며, 커
피집 주인의 표현을 빌리면 '사람보다 쥐가 더 많은' 곳이다." 이 때문에
이 신문은 주변 환경 문제를 〈데일리 익스프레스〉나 〈데일리 메일〉과 아
주 비슷한 방식으로 파악했다. 제기된 질문은 어떻게 해서 범죄가 어느
정도는 "테라스 가옥은 허물어지고 정원 울타리는 무너져 내린" 그러한
상황의 결과로 발생했는지에 관한 것이었다. 스토리의 생애사는 바로 "폴
스토리가 9년간 살았던 거리엔 깨진 벽돌과 우유병이 굴러다녔다"라는
식의 문제틀에 삽입되었다. 이처럼 느슨하게 틀 지워 환경을 주제화하는
수법은 스토리가 일부를 구성하는 좀 더 구체적인 '사회 문제'와 함께, 그
리고 덤으로 약간의 '불안정한 가정 배경'과 함께 다음과 같이 실행되었
다. "이 구역의 흑인 젊은이들, 그리고 스토리는 만나지도 못했지만 서인
도 출신인 그의 부친에겐 만성적인 실업만 존재할 뿐이다."

〈가디언〉은 다른 어떤 신문보다도 더 넓은 범위에 걸쳐 사회적 병리
현상의 수많은 징후를 설명할 수 있는 방안을 거듭 짚어보았다. 가령 실
업자인 흑인 청년의 구체적인 사회 문제, 불안정한 가족 배경 등이 그런
것인데, 그럼에도 불구하고 신문은 이 중 어느 것도 꾸준히 추적하지는
않았다. 그 대신 다시 '환경' 문제로 되돌아가 코빈 배로우(Corbyn Barrow)
씨와 시의회 지도자인 스탠 앱(Stan Yapp)의 소개성 설명을 제시하는데, 두
사람은 핸즈워스의 문제는 독특한 것이 아니며 제대로 자금지원을 해 (방
안은 설명하지는 않았지만) 도시 재생을 시도한다면 문제점을 근절할 수 있을
것이라고 강조했다. 심지어 경찰조차도 '열악한 사회 여건'의 역할을 인
지했으며 '자신들이 통제할 수도 없는 요인들' 때문에 비난받는 데 대해
분개했다. 지역공동체 운동가의 언급 형태로 제시된 결론은 판결이라는
원래 이슈로 되돌아간다. "노상강도의 저지를 원하지 않는다는 뜻은 아니
지만, 이 판결은 스토리가 사용한 벽돌만큼 무정한 무기"라는 것이다. 핸
즈워스를 접근하는 어떤 구체적인 방식에서든 〈가디언〉은 진보적 시각이
라는 점에서 다른 신문과 구분되었다. 그 지역에 인종 측면에서 이름표를
붙이거나 경찰−이주민 관계의 실제 문제를 억압하려는 시도는 전혀 없
었고, 진정으로 지역 주민과 공감하려는 시도도 있었다. 하지만 결국 〈가
디언〉은 스스로 단순한 환경−행태 모델에 빠져 두 가지 요인 간의 연계
성을 제시하지 못하고 말았다. 〈가디언〉이 문제를 접근하는 관점을 감안
할 때 핸즈워스는 미해결 상태로 방치되었을 뿐 아니라 어떤 해결책도 불
가능한 상태로 남았다. 〈가디언〉은 이 관점들과 결별하지 못했기에─이
는 〈가디언〉이 지배적인 이데올로기적 공식을 깨뜨리지 못했음을 보여주
는 척도다─고뇌와 무력감 상태에 머무를 수밖에 없었다.

　　그렇다면 소년들의 생애와 핸즈워스 구역에 관한 피처 기사에서는
범죄의 인과관계에 관해 몇 가지 느슨하게 공식화된 어설픈 설명과 고도
로 구조화된 이미지가 존재했음을 볼 수 있다. 모든 신문은 뉴스에서 피
처로 이동하면서 '배경 문제'를 탐색했는데, 주된 초점 선택은 '희생자',
'노상강도범', '구역' 등으로 놀랄 정도로 비슷했다. 우리는 여기서 모든

신문의 시각이 얼마나 편협했는지 보여주려 했다. 하지만 사설을 통한 개입 여지가 전혀 없었다고 단정한다면 사실을 오도하게 될 것이다. 그리고 특히 요소들의 비중을 서로 비교해 보는 계기에서 다양한 방식의 설명과 이미지의 범위를 조율할 수 없었다고 단정하는 것 역시 마찬가지로 오도할 소지가 있다.

실제로 〈더 타임스〉처럼 피처를 전혀 싣지 않기로 하는 방안도 있었다. 이 점은 이 신문의 저널리즘 레퍼토리에 피처 기사가 아예 포함되지 않았다는 사실로 충분한 설명이 될 수 있을 것이다. 물론 이는 형식 문제 이상의 것이며, 최소한 이 신문이 자체적인 뉴스 보도가 극적이거나 문제시되는 이슈를 주제화하고 맥락화하는 능력을 무한히 신뢰하고 있음을 보여준다.

〈더 타임스〉가 모든 종류의 탐사를 회피했다면, 〈모닝 스타〉가 추구한 탐구는 독특하다. 이는 다른 다양한 압력집단과 마찬가지로 판결 반대를 주축으로 하되, 버밍엄의 인종차별반대운동 대표자가 시도한 것처럼 구체적으로 상반되는 사례 비교를 추가했다. 즉 파키스탄 남성을 영구적 장애인으로 만든 두 백인 젊은이에게는 더 관대한 처벌이 가해졌는데, 이 선행 판결과 비교하는 방식이었다. 소년들의 생애 이야기는 싣지 않았고 다만 피해자의 표현 한 구절 — "슬픔"의 표현 — 만 인용했을 뿐이다. 그리고 〈가디언〉에서 언급한 경찰 전술에 대한 항의 편지는 좀 더 자세히 다룬 반면, 핸즈워스는 "버밍엄에서 가장 문제가 많은 구역 중 하나"로 간략히 규정했다. 〈모닝 스타〉는 자원 부족 때문에 이슈를 탐구할 여력이 제한적일 가능성이 컸던 것 같다. 이 신문은 자체적인 접촉 경로를 통해 구할 수 있는 이차적 자료에 의존해야 했다. 따라서 〈모닝 스타〉가 다른 신문의 피처 기사에서 뚜렷이 드러난 공식적이고 이데올로기적인 제약과 어느 정도 결별할 수 있었을지는 상상에 맡길 뿐이다.

〈더 타임스〉와 〈모닝 스타〉를 제외하면 피처 기사 취급 방식에서 공통된 패턴이 드러났다. 이들은 필수적인 배경 요소들 — 보편적으로 희생자, 노상강도범과 구역 — 을 선별해 개별적으로 탐구한 후 서로 대조해

보았다. 구체적인 저널리즘용 피처 형식은 여기에 균형의 메커니즘을 제공한다. 최종적인 비교 대조는 주장이나 분석 과정을 통해 도달하지 않고 원래 구축된 피처 형식 자체에 내장되어 있다. 따라서 하나 이상의 신문이 사용한 한 가지 전략은 범죄와 환경, 생애사와 배경 간의 연계를 해석하는 수많은 방안을 (동일한 피처 기사 내에 혹은 동일한 신문의 '맞은편 피처면'에) 병렬배치하는 것이었다. 이처럼 수많은 다양한 해석을 합산하는 방식은 일종의 **몽타주에 의한 피처**(feature by montage) 효과에 해당하며 〈데일리 익스프레스〉와 〈데일리 메일〉 사례에서 가장 두드러졌다. 〈데일리 익스프레스〉에서는 지면 양쪽에 걸쳐 '균형'이 맞춰지도록 설계되었다. 왼쪽 면에는 핸즈워스와 노상강도가 배치되고, 오른쪽 면에는 고통받는 피해자, 이례적으로 지탄받는 진보적 판사와 더불어 (〈모닝 스타〉와 〈가디언〉에 등장하는 것처럼 경찰의 대이주민 집단 정책에 더 비판적인 보도 대신에) 지역 경찰을 대단히 치켜세우는 묘사도 배치되었다. 비록 피처 전체로는 심각할 정도로 결정론적인 제목을 붙였지만―"평생 폭력의 올가미에 걸려들다"―등식에서 핸즈워스·노상강도범 측면이 어떻게 인종―범죄 간의 연계라는 특정한 이미지 때문에 심각하게 훼손되어, 그러한 이미지가 없었다면 통했을 주장이 근거를 상실하는 전반적인 효과가 발생하게 되는지 살펴보았다. 여기서는 활자 선택과 배치 측면에서는 균형을 반영했지만, **이데올로기적 비중**은 한쪽으로 기울어져 있었다.

〈데일리 메일〉도 이와 비슷하게 "폭력이 자라는 곳"이라는 제목의 핸즈워스 묘사 아래에 피해자와 노상강도를 대비시키며 강조했다. 반면에 이 기사에서 인종과 범죄를 힘주어 강조한 것은 '균형'에 대한 공식적 지지를 또다시 훼손했다. 전문가 범죄학자인 테렌스 모리스와의 인터뷰는 '진짜' 문제를 범죄의 인과관계보다는 정책과 대처 문제로 재규정했는데, 이는 더구나 이 문제가 앞으로도 해결이 불가능하다는 뜻이었다.

〈데일리 텔리그래프〉의 경우 당장은 '몽타주' 효과가 덜 두드러졌지만, 여전히 희생자와 노상강도범, 환경과 법과 질서를 대비하면서 저울질하는 똑같은 과정이 작동했다. 〈데일리 텔리그래프〉는 주로 경찰 대변인을 활용해 문제의 차원들을 부정하는 식으로 자신만의 구체적인 해결책을 제시했다. "경찰은 노상강도[상태]에 만족하지는 않았지만 그것이 전반적인 문제라고 생각하지는 않았다." 그러므로 〈데일리 텔리그래프〉는 다른 곳에서라면 탐색의 근거로 삼을 만한 공식을 체계적으로 거부했다는 점에서 오직 형식적으로만 피처를 탐색하는 수준에 그쳤다. 핸즈워스는 범죄의 배양지가 아니었다. 스토리는 유명한 범죄자 유형이었을 뿐이다. 피해자의 고통과 공격의 이례적인 잔혹성만으로도 이슈를 설명하는 데는 충분했다. 피처는 일차적 뉴스 기사와 사설이 설정한 설명 방향을 충실하게 따랐다.

몽타주에 의한 피처 기사는 균형뿐 아니라 (모든 관점을 포괄하는) 종합성까지 갖추었다는 인상을 주었다. '강경파' 시의원이나 경찰관 대 '온건한' 공동체 운동가, 지역주민 대 당국자 혹은 (〈버밍엄 이브닝 메일〉의 도식에서처럼) 피고의 어머니 대 치안에 불안해하는 어머니 등이 이러한 다양한 시각들이다. 공식적으로 이슈는 해결되지 않은 채로 남았다. 증거는 무시되지 않았지만 이 요소들은 단지 서로 모순되는 상태로 방치되었다. 신문은 (자체적 판단을 사설에 넘기면 되니까) 이러한 다양성과 모순점을 관용할 수 있었을 것이다. 실제로는 이데올로기적 패러다임의 한쪽이나 다른 쪽에서 '해결책'이 저절로 떠오르도록 몽타주는 선별되고 구성되었다.

피처에서 가능한 대안적 전략은 모든 일반적 주제가 농축된 국지적 사례를 발견해 문제의 본질이나 논란이 되는 핵심을 추출해내려 하는 것이었다. 이는 **축소판 우주에 의한 피처**(feature by microcosm) 효과였다. 여기서 범죄, 빈곤, 폭력이란 일반적 이슈는 특수한 이야기, 예컨대 핸즈워스 이야기를 통해 인식되고 묘사되었다. 이 전략은 (앞으로 살펴보겠지만) 지역 신문에서 가장 두드러졌다. 전국지에서는 주로 〈가디언〉에서 적용되었다. 이 신문은 피처 탐구의 요소들을 물리적으로—그리고 따라서 이데올로기적으로—구분해 놓았다. 피해자 인터뷰와 압력단체의 계속된 저항은 1면과 후속보도 기사용이었지만, 스토리의 생애사와 핸즈워스의 사회적 환경은 피처 면에서 '배경 문제'용으로 배정되었다. 이러한 분리는—피처의 지배적인 뉴스가치와 어느 정도 결별하긴 했지만 — 일종의 모호하게 얼버무리기에 해당했다. 왜냐하면 〈가디언〉은 또한 진보적 형벌학자 대 법과 질서 고수자 간의 대립이란 시급한 이슈 '배후'로 후퇴해 문제 자체를 바꿔치기했기에 판결과 빈곤 대응 정책 간에는 아무런 관계가 없는 듯한 입장을 취했기 때문이다. 〈가디언〉 자신도 한때 관습적인 뉴스 보도를 통해 기여한 바 있는 이 '도덕 공황'과 정면 대결하지는 못하고 그 대신 사회정책이란 더 안전한 기반을 모색했다. 그러므로 〈가디언〉은 사건을 둘러싸고 서로 경쟁하는 이해관계 간의 균형보다는 구역 내부의 경쟁적 이해관계 간의 균형을, 즉 희생자 **대** 노상강도범이 아니라 지역주민 **대** 당국 간의 균형을 잡으려고 노력했다. 이해관계 대립의 첨예함은 지적했지만, 판결을 둘러싼 논쟁에서 신문이 사설로 한쪽 편을 들 수가 없었던 것처럼 이해관계 집단 중 한편을 선택하려는 시도도 없었다. 이처럼 '애매한 입장 표현'은 현대 자유주의의 레퍼토리에서 중심적 요소인데, 롤랑 바르트(Roland Barthes)는 이를 '이쪽도 저쪽도 아님주의'(Neither – Norism)라고 이름 붙이면서 절묘하게 분석했다.

　　　나는 이 용어를 다음과 같은 신화적인 비유적 표현의 의미로 사용한다. 즉 두 극단을 서술한 후 서로 균형을 이루도록 배치해 결국 양자를 모두 거부(나는 이것도 저것도 싫다)하는 방식이다. 이는 전반적으로는 자유주의의 현대적 형식과 관련이 있기 때문에 부르주아적 표현양식이다. 여기서는 척도의 비유적 표현이 다시 나타난다. 현실은 우선 유사성으로 축소되고 그다음엔 저울로 달아보고 마지막으로 평등함이 확인되면 폐기해버린다. 여기서는 마술적 행위도 나타난다. 양쪽 중 하나를 선택하기 곤란하기에 둘 다 버린다. 우리는 참을 수 없는 현실에서 도피해 그 현상을 양극단으로 축소시키는데, 이 양극단은 순전히 형식적이고 모든 구체적인 무게를 상실한 상태인 한에는 서로 균형을 이루게 된다. … 최종적인 균형 상태는 가치, 삶, 운명 등을 중단시켜 버린다. 우리는 더 이상 선택할 필요가 없으며 그냥 승인하기만 하면 된다.[주 4]

▌ 버밍엄 신문들

우리는 버밍엄 지역 신문들의 특수한 지역적 관심사가 사건에 관한 뉴스 취급에 영향을 미쳤을 것이라 보고 이 신문들을 별도로 분석했다. 구체적인 저널리즘 실행 측면에서 이 신문들은 전국지보다 '현장에 더 가까이' 있었고 직접 관련된 인물, 지역 전문가나 의견 지도자와 직접 접촉도 더 많았다. 이 신문들은 기사와 보도도 더 많이 쏟아냈다. 그리고 이데올로기적으로는 피해자와 범죄자가 **지역** 출신임을 강조했고 버밍엄 시 전반에 미치는 시사점도 어느 정도 검토했다. 이러한 특징은 피처 취급에서 가동된 설명과 이미지의 범위에도 구체적으로 시사하는 바가 크다. 세 신문에서는 — 〈버밍엄 포스트(Birmingham Post)〉, 〈이브닝 메일〉, 〈선데이 머큐리(Sunday Mercury)〉(이 신문들은 모두 하나의 기업연합 소유다) — 일차적 뉴스 처리의 몇몇 뚜렷한 특징에도 주목하겠지만 무엇보다 지역 피처 뉴스의 취급 방식에 초점을 두고자 한다. 보수적인 시각과 포맷을 갖고 있는 일간 신문 〈버밍엄 포스트〉는 핸즈워스 사건에 관해 다음과 같이 6건의 기사를 실었다.

> 어머니는 아들의 범죄가 '거지 같은 동네' 탓이라 비난한다
> 판사는 16세 소년에게 20년 형을 선고 (1973년 3월 20일)
>
> 소년들은 판결에 불복해 항소할 가능성
> 버밍엄 19구역 그로브 거리 [피처] (1973년 3월 21일)
>
> 30펜스를 강탈한 소년들 판결에 불복해 항소할 예정
> 수감되다 [사설] (1973년 3월 22일)

〈버밍엄 포스트〉는 〈이브닝 메일〉처럼 핸즈워스 이야기를 머리기사로 올리지 않았고, 1면 기사는 판결에 대한 가족의 반응을 간략히 소개했으며, 이후 면에 법정 보도를 실었다. 더 놀랍게도 〈버밍엄 포스트〉는 '노상강도'라는 이름표를 뒷면 기사의 경찰 통계에만 붙이거나 따옴표를 붙

여서 사설에서만 제한적으로 사용했다. 제목에는 이 용어가 **전혀** 등장하지 않았다. 범인을 '30펜스를 강탈한 소년들'로 규정한 것은 그 나름대로 동기 없는 범죄를 암시하기 했지만, 이름표 사용을 회피한 것은 대다수의 뉴스 처리와 상당히 다른 부분이었다. 이처럼 '노상강도' 이름표 사용을 완강하게 거부하는 자세는 너무나 일관되게 유지되었는데, 물론 그 이유를 알 수는 없지만 편집상의 구체적인 결정에서 나온 결과가 아닌가 추정하고 싶다. 하지만 나머지 부분에서는 〈버밍엄 포스트〉 역시 훨씬 더 일찍 피처의 관심사로 다루었다는 점에서만 전국지와 차이가 있다. 에델 손더스와 로버트 키난과의 인터뷰는 범죄 보도와 나란히 3월 20일 뉴스 취급의 초점을 이루었다. 그 대신 '제도화된' 논쟁은 유명무실해진 것으로 보이는데, 두 지역 인사, 즉 렉스 앰블러(Rex Ambler)와 셀리 오크(Selly Oak) 지역구 하원의원인 해럴드 거든(Harold Gurden)만이 출연하여 토론을 벌였을 뿐이다. 앞서 실린 1면 기사는 콜빌 연설의 발췌문과 '129%' 노상강도 통계치로 '마무리되었다'. 3월 21일과 22일의 두 기사는 주로 항소심 절차의 세부사항과 더불어 (특히 버밍엄 기반의 영국사회복지사협회British Association of Social Workers 사무국장의) 추가 반응 한두 건을 주로 다루었으며, 특히 3월 22일에는 수감형에 적용되는 가석방 제도의 복잡한 절차를 소개했다. 이 마지막 추가사항은 같은 날의 사설과 연계되어 있었다. "수감되다"라는 제목의 이 사설은 '노상강도 사건'을 놓고 수감형의 속성에 의해 초래된 '오해'를 불식하려고 했다. 그러므로 "폭력 때문에 당국의 관리하에 들어간 스토리의 뚜렷한 정신병적 문제가 충분히 교정되었다고 당국이 판단할" 경우 스토리는 석방 자격을 얻는데, 이때 〈버밍엄 포스트〉는 이를 심사하고 가석방 조치를 내리는 과정을 설명하려 했다. 형기를 20년으로 확정한 것은 그러므로 실제라기보다는 상징적인 조치, 즉 복수의 **과시** 행위였다. 버밍엄 순회판사(Recorder)6는 억제적 판결 캠페인을 펼쳐 전화 부스 낙서

---

6 잉글랜드와 웨일즈에서 'recorder'는 두 가지 의미로 사용되는데, 하나는 어떤 도시나 행정구역(borough)의 선임 순회판사를 말하고, 다른 하나는 시간제 순회판사를 뜻한다. 역사적으로 볼 때, 이 직책은 잉글랜드와 웨일즈의 형사, 민사 법원의 치안판사를 의미했는데, 시

를 '근절'하는 데 성공했다고 주장했는데, 이 사례를 언급함으로써 앞서
지적한 조치가 필요하고 효과적이었을 것이라고 주장한 셈이다. 따라서
〈버밍엄 포스트〉는 이렇게 해서 양다리를 걸치려 했다. 즉 한편으로는 20
년 형이 액면 그대로 20년이 아니라고 지적하고, 다른 한편으로는 이 형
이 필요한 억제책이라고 주장한 것이다.

　이러한 법률 지상주의적 주장은 스토리를 '정신병자'라는 극도로 포
괄적인 범주로 분류했다는 사실에 근거했다(물론 억제가 성공적 효과를 낳으려
면 범죄자 측에서 합리적 계산을 할 필요가 있는데, 추정컨대 정신병자란 정의상 그러한 능
력이 없는 사람이므로 이 주장은 일관성이 없다). 그러나 뉴스와 피처 취급에서는
생애사·환경문제에 대한 이러한 해결책을 선택하지 않았다. 예를 들면
3월 22일 자의 두 1면 기사는 범죄자들이 해당 **도시** 가정의 구성원이라는
사실을 힘주어 강조했다. 부모들을 인터뷰하고 도시 전입 날짜, 가족 구
성 등의 가족 이력도 간략히 소개했다. 소년들의 생애사에서는 전국지에
서 이미 본대로 부실한 교육, 구직 실패, 열악한 환경 등 실패의 지표들
을 간략히 다루었다. 이와 동시에 이 소년들의 전반적 환경은 '비정상'으
로 묘사했지만, 이들을 흔히 보는 도시 가족의 '정상적' 아이로 파악하기
도 했다. 이러한 긴장 관계는 결코 해소되지 않았다. 그리 놀랄 일은 아
니지만 가장 명쾌한 입장의 피처 기사에서 〈버밍엄 포스트〉는 오로지 환
경적 배경에 집중하고 생애사적 고려는 전혀 다루지 않는다.

　〈버밍엄 포스트〉의 핸즈워스 피처 기사는 지역 전체가 아니라 한 거
리를 선택해 환경 문제를 압축적으로 제시하려 했다. 그러므로 배경에는
잔해와 폐허, 전경에는 차단 울타리가 쳐진 범죄 현장을 보여주는 사진
아래에 "버밍엄 19구역 그로브 거리"라는 제목은 사회적 진공 상태의 강
력한 이미지를 전달했다. 이는 새로운 슬럼의 이미지였다. 인구 과밀에
폐소공포증이 들 정도로 빽빽하게 들어선 낡은 산업시대의 건물이 아니

장이 주도하는 재판 진행과정을 '기록'하는 임무를 수행하던 데서 용어가 유래했다. 이 기록
은 재판에서 중요한 증거로 채택되었다는 점에서 순회판사는 상당한 권위와 권한을 누리던
직책이었다. 대개 변호사 경력자가 시간제로 근무하는 형태를 띤다. ─역주

라 쇠락하고 황폐화된 한때 교외 주거지역의 이미지였다. 텍스트가 초점
을 맞춘 부분은 바로 이처럼 표피적인 환경 측면이었다. 11명의 자식을
("이들이 그로브 가구 중에서는 가장 큰 대가족은 결코 아니죠") 두었고 밤에 외출하
기 두려워하는 워럴(Worrall) 부인, 쇠락의 경험을 견뎌내며 살아온 ("내가
19년 전 여기 왔을 때에는 괜찮은 동네였어요") 힐 부인 등 몇몇 지역 주민대표가
생생한 증언을 위해 소환되었다. 그러나 환경 문제의 재현은 다름 아니라
겉모습 수준에서만 이루어졌다.

> 버밍엄에 거리 이름을 이처럼 잘못 붙인 데는 없다. 심지어 화창한 봄날에
> 도 거리 분위기는 침울하다. 밤에는 불쾌한 위협의 징후가 넘친다. … 이 거리
> 는 그로브에 사는 수많은 어린이 — 이 중 다수는 유색인이다 — 에게 당연할
> 뿐 아니라 실로 유일한 놀이터다.

　여기서 핸즈워스 사건에 대한 일종의 '설명'으로 이어지는 어떤 핵심
적인 연계 짓기들이 모호하게 하나의 시각적 이미지로 융합되는 방식에
는 기만적인 부분이 있다. 즉 여기서는 다음과 같이 '더러움＝일탈' 식의
환경론적 주제가 다시 등장하는데 사회학자들이 주목해야 할 부분은 스
토리 판결에서 바로 이 측면이다. "그렇다면 아마 스토리에게 일어난 일
을 계기로 그의 범죄를 조장한 그런 부류의 배경 개선이 이루어질 수도
있었을 것이다." 〈버밍엄 포스트〉가 깨닫지 못했고 그렇게 할 수도 없었
던 부분은 자신의 질문을 자의적으로 공식화했다는 점, 환경과 범죄 사이
의 공간을 차지하는 구조적, 문화적 결정 요인을 무시했다는 점이다.
　〈이브닝 메일〉은 〈버밍엄 포스트〉보다 포맷에서 대중주의 성향이 더
강했고 당시에는 미세하나마 덜 보수적이었다. 물론 이후 편집인이 바뀐
후 더 노골적으로 우익으로 변했고 흑인 이주민을 문제로 간주했으며, 특
히 좀 더 최근 단계에서는 '노상강도'를 대대적으로 과잉보도해 진보 진
영에서 악명을 떨쳤다. 이 신문의 핸즈워스 사건 보도는 다음과 같이 포
화점에 도달했다.

16세 도시 아이에게 20년 수감형 (1973년 3월 19일)

소년 노상강도범의 어머니가 자식을 위해 싸운다

외부인 [사설]

20년 형: 하원의원들의 생각은?

'관용의 한계'에 도달한 사회

임무 태만에 대한 조사 촉구

폭력의 배후 (1973년 3월 20일)

노상강도범 판사가 거듭 선언하다: 20년

노상강도: 친구들이 모여 소년을 위해 나서다

핸즈워스가 무관심했던 밤

그 사이 다시 청소년 법정으로

폴 스토리 같은 아이가 너무 많다 [개인적 시각] (1973년 3월 21일)

도시 노상강도 피해자가 요구한다 (1973년 3월 22일)

스토리 부인에겐 '악몽의 한 주' (1973년 3월 23일)

판결이 내려지던 날 기사에는 등장하지 않았지만 〈이브닝 메일〉은 〈버밍엄 포스트〉보다 더 일찍 '노상강도'라는 이름표를 채택했다. 그 기사 제목에서 '우리 동네출신'(city boy)은 〈이브닝 메일〉이 처음부터 뉴스 취급을 **지역적인** 주제로 구조화했음을 드러낸다. 최초의 주제화와 배경 탐구는 전혀 뚜렷하게 분리되지 않았다. 〈이브닝 메일〉은 아주 일찍부터 피처 뉴스로 뛰어들었다. 3월 20일의 머리기사―"소년 노상강도범의 어머니가 자식을 위해 싸운다"―는 '몽타주에 의한 피처' 형태를 띠었다. 그러나 전국지에서 주된 세 가지 요소(희생자, 노상강도범, 지역) 중 〈이브닝 메일〉은 오직 희생자만 사용했다.

노상강도범 대신 어머니가 등장했고, 구역 대신에 '공포'가 나왔으며, '반응'이란 제목하에 진행 중인 논란이 제시되었다. 여러 주요 부제에서 드러나듯이 '균형'은 과도하게 판결에 우호적인 방향으로 기울어졌다.

'내 아들이 잘못했지만 20년은 과하다'

'사람들은 나를 거의 끝장냈다'

'우리는 이제 그리 두렵지 않다' — 어머니들
'범죄와 싸우려면 가혹함이 필요해' — 경찰

　여기서 이슈는 지역적 형태로 주제화되었다. 논쟁은 사회 전체에 걸쳐서 진행되지 않고 도시 내부에서만 이루어졌다. 어머니들의 항의는 스스로 잠재적 희생자로 여기는 지역의 다른 어머니들의 반대에 부딪혔다. 그러니까 대립된 이해관계는 핸즈워스 주민과 외부인 사이에서가 아니라 주민 자체 내에 존재했다. 지역에 근거를 두는 방식은 다른 다양한 지면 기사에서도 시도됐는데, 가령 청원에 가장 적극 참여한 사람 중 일부는 스토리의 친구였다는 식의 내용이었다. 판결에 관한 논쟁은 지역구 하원의원, 시의원, 지역 사회복지사 사이에서 벌어졌다.

　만일 이 사건이 시에게 문제였다면 동시에 시의 문제이기도 했다. 예상에서 어긋나지 않게 이 주제의 탐구 결과 핸즈워스에 대한 검토가 뒤따랐지만, 이는 특정한 맥락 안에, 즉 도시의 빈곤이 아니고 심지어 도시의 게토도 아니라 **도시의 젊은이** 문제로 배치되었다. 이 사건은 〈이브닝 메일〉이 진행하던 폭력적 청년 관련 '파일'에 그다지 큰 마찰 없이 포함되었다. 3월 20일 〈이브닝 메일〉은 청년 노동 관련 지역 단위의 실험에 관해 이전부터 준비해 온 시리즈를 (이중 제로the Double Zero 클럽) '폭력의 배후'라 불린 전면 피처 기사로 확장했다. 청년 클럽 실험에 관한 교구 목사의 설명에 두 건이 추가되었는데, 하나는 지역 치안 판사가 폭력적인 젊은 범죄자 대처 문제에 관해 진술한 것이고, 다른 하나는 저명한 정신의학자가 장기수감의 효과에 관해 발언한 내용이었다. 따라서 '폭력적 젊은이'가 그날 〈이브닝 메일〉의 사설 주제가 되고 제목 — '외부인' — 으로 이어진 것도 놀랍지 않다. 여기서 핸즈워스 구역이 — 따라서 범죄·환경, 생애사·배경이라는 모든 복잡한 문제들도 — 청년이란 주제하에 포섭되었다. 억제적 판결의 필요성은 오래전부터 '미국식 도시 폭력의 패턴'을 준거로 삼아 인정되었기 때문에, '근본적 원인'에 대응해 특히 핸즈워스 같은 "사회적으로 피폐해진 구역의 폭발적 상황"에 대응해 대책이 시행되어야 한다는 간절한 호소가 뒤따랐다. 따라서 결론은 두 가지 방향으로 모호하게 제시되었다. "야만적 범죄에 대해 가혹한 형 부과는 단기적 임시방편으로 필요할 수도 있다. 그러나 만일 장기적 해결책을 찾으려면 공동체를 더 깊이 파고 들어가 보아야 한다."

다음날에도 신문은 이처럼 사건의 과도한 주제화를 계속했고 핸즈워스 사건 묘사를 바로 이러한 시각 안에 배치했다. "핸즈워스가 무관심했던 밤"은 판결에 관한 독자투고와 나란히 그리고 제목만 봐도 주제를 파악할 수 있는 기사("그 사이 다시 청소년 법정으로") 위에 실렸는데, 모든 기사는 "20년 형 관련 논쟁이 지속되면서 폭력과 그 원인에 초점이 모아지다"라는 전체 제목하에 배치되었다. 〈이브닝 메일〉은 '환경'의 관련성을 부인하지는 않았지만, 폭력적 젊은이라는 주제와 부합할 수 있게 이 이슈를 구체적으로 좁혔다. 초점은 대략 핸즈워스 어린이들에게 맞춰졌다.

> 그로브의 빌라 로드, 16세 소년이 살던 곳에는 깨진 보도 포장석 위로 종잇조각이 여기저기 날아다니고, 우중충한 흙 사이로 회색빛 시든 풀이 삐죽 내밀고 있다. 울타리는 허물어졌고, 회반죽이 힘없이 부서진 벽돌 사이로 틈새가 드러나 있다. 아이들도 많이 보인다. 건강하고 아름다운 아이들은 무릎은 더러워졌지만 앳된 표정과 부드럽고 티 없이 깨끗한 안색을 지녔다. 아이들은 활기에 넘쳐 '스토리가 엄마와 살았던' 곳을 보여주겠다고 자청했다. 그로브에서 유일하게 외딴 아파트 건물이었다. 주변에 온통 정원은 시들고, 종이는 날아다니며, 빅토리아 시대 장인이 지은 주택에는 페인트가 벗겨져 있어서, 이 아이들이 위험에 처한 것일까? 삶의 방식은 현관문 뒤에서 결정되는가, 아님 길거리에서 정해지는가? 대학에 입학하고 학위를 받은 후 성공해 뉴스거리가 되지 않는 핸즈워스 아이는 얼마나 될까?

'축소판 우주에 의한 피처'의 가장 극단적 형태인 똑같이 사변적이고 주관적인 탐색 기법이 다른 두 범죄자의 집에도 적용되었다. 기사는 '잔해와 폐기물' 조사에서 아무런 진척도 없었다고 인정하면서 끝났다. "우리는 다시 원점으로 돌아왔다. 저 현관문 뒤에서는 어떤 일이 벌어지고

있을까?" 핸즈워스에 작용하는 구조적 제약에 대한 검토는 전혀 이루어
지지 않았고, 심지어 전국지에서 보던 어설픈 부류의 검토조차 없었다.
소년들의 배경을―이는 이 소년들의 모친을 통해 이전의 '몽타주에 의한
피처' 기사에서 다루어졌다―사회적 환경에 맞춰보려는 시도도 없었다.
여기서 배경 이슈는 암시적이었으며 결코 완전한 모습을 갖추진 않았지
만 문화적 문제틀의 형태를 취했다. 즉 '삶의 방식'은 어떻게 형성되었으
며, 결정적 영향을 미친 것은 '가족'이었나 아니면 '길거리'였나 하는 문
제틀말이다.

〈이브닝 메일〉의 통합적 접근방식을 보여주는 척도는 이 문화적 주
제가 3월 21일 브라이언 프리슬리(Brian Priestley)의 개인적인 시각의 기사
―"폴 스토리 같은 아이가 너무 많다"―가 근거한 축 구실을 했다는 것
이다. 프리슬리는 〈데일리 미러〉의 워터하우스와 〈선〉의 어캐스와 똑같이
발언의 재량권을 갖고 있었지만, 뉴스 취급에 이미 내장된 배경 문제의
정의와 모순되도록 하지 않고 그 정의를 논리적 결론까지 이끌어갔다. 스
토리가 직면했던 문제는 다른 도심 구역, 즉 호클리(Hockley), 발샐 히드
(Balsall Heath), 애스톤(Aston)의 젊은이와 비슷했다고 프리슬리는 주장했다.
젊은이들은 모두 '전형적인' 개인사를 갖고 있는데 가정 문제, 형편없는
학업 성취도, 어른에 대한 불신, 자극 찾아 나서기 등이 기본이었고, 여기
다 아마도 추가적인 부담을 진다면 유색인종이라는 점이 있었다. 프리슬
리의 묘사는 이처럼 (지금은 친숙해진) 사회적 결속 붕괴라는 이야기에 의존
했다. 프리슬리는 이 상황에 대한 책임 소재를 분명하게 적시했는데, 바
로 공동체관계위원회, 청소년 조직, 시의회 등이 모두 양상은 다르지만
자신의 책무에 실패했다는 점이다. 그 결과는 참혹했다.

바로 지금 무수한 젊은이에게는 박탈당한 게 너무 많다. 제대로 된 가정,
놀이 공간, 청소년 시설, 깨끗한 공기, 합법적 모험 기회, 현재 사는 구역에서
탈출할 기회, 자신의 문제를 이해한다고 느끼는 어른 지도자 그리고 행복한
미래의 전망이 그렇다. 청년 프로그램에서 이 젊은이를 시급한 우선순위에 놓

아야 할 시간이 되었다.

심지어 폴 스토리 같은 아이가 너무 많다.

따라서 여기서는 범죄에 빠지는 것을 여가의 장에서 하나의 선택으로 묘사했다. 최소한 구조적 요인은 어느 정도 인정했지만—예를 들면, 주거가 희한하게 '깨끗한 공기'와 나란히 제시되어 있다—이 젊은이들을 사회로 재결속시킬 '누락된 고리'는 주로 여가 제공 문제였다. 젊은이들은 오직 명목상으로만 도시의 특정 구역에 배치되었다. 실업, 교육과 소득 결핍이 이 구역을 규정하는 데 크게 기여했는데, 정작 이 요인들은 여기서 그다지 실질적 관련성이 없는 것처럼 되어 있었다. 프리슬리가 한 일은 핸즈워스 피처 집필자가 보기에 너무 안타까운 물리적 환경과 사회적 행동 간의 격차를 여가의 매개로 채워넣은 것이다. 사회 불평등에 관한 더 큰 질문은 이렇게 해서 회피했고, 이와 마찬가지로 중요하게는 진짜 실용주의—시급한 청년 프로그램—를 옹호할 수 있게 되었다. 분석과 해결책은 지리적 측면에서뿐 아니라 정치적 측면에서도 지역화되었다. 시의회가 필요성을 깨닫기만 한다면 해결책은 시의 권한 범위 안에 있었다.

〈이브닝 메일〉이 이슈를 처리하는 방식에는 정의의 복합체 전체를 바꿔놓는 과정이 작동했다. '노상강도범'은 '폭력적인 도시 젊은이'로, '문제 구역'은 '삶의 방식'으로, '법과 질서'는 '여가'로, '청소년 법정'은 '청년 코스'로 바뀌었다. 하나의 범죄, 범죄 패턴, 범죄 구역을 설명하는 복합적 요인, 아마도 가정, 학교, 작업장의 핵심적인 역할, 주거, 빈곤, 인종의 전반적 요인 등 이 모든 것이—그리고 더 많은 것도—"여가 시간의 공백 때문에 폭력에 빠지기 쉬운 문화적으로 박탈당한 청년"이라는 이미지 하에 포섭되었다. '배경 문제'의 이러한 재공식화는 우리가 이미 검토한 일부 시도보다는 타당성이 더 있을 수는 있겠지만 구조적 요인을 생략했다는 점에서 여전히 분석으로는 명백하게 부적합하다. 이 분석의 힘은 이미지의 힘, 즉 아무 일도 하지 않는 바람에 '위험에 처하게 된' '싫증난' 청년의 이미지가 발휘하는 힘이다.

　　버밍엄에 근거한 〈선데이 머큐리〉는 특징을 규정하기 어려운 신문이다. 외양과 시각에서는 〈버밍엄 포스트〉와 〈이브닝 메일〉보다는 지역 주간지에 더 가깝다. 시각과 뉴스 취급 방식에서 의도적으로 자부심을 갖고 구식이어서 도덕적이고 세속적인 것을 선호하고 섹스와 선정주의를 피한다. 이 신문의 피처가 핸즈워스 사건을 취급하는 방식은 언뜻 극단적일 정도로 이례적으로 보였다. 피해자, 범죄자나 구역에 전혀 초점을 맞추지 않고 슬럼 배경의 출발점에서 시작해 어떻게 생존을 넘어 성공할 수 있었는지에 관한 두 가지 사례 연구를 제시했다. 피처 기사는 사설면 전체를 차지했다. 저명한 버밍엄 출신 인사와 두 차례 인터뷰를 했는데, 한 명은 자수성가한 사업가이고, 다른 한 사람은 전직 내각 각료였다. 이 기사는 지면에서 중앙과 오른쪽을 차지했다. 사설은 왼쪽에 실렸고, 주간 기독교 칼럼은 늘 그랬듯이 지면 왼쪽 맨 밑에 실렸다. 〈선데이 머큐리〉는 일요일 설교용으로 노상강도 주제를 선택했다. 인터뷰 대상자 사진도 있었는데 사업가는 작은 얼굴 사진으로 들어갔고, 정치인은 모교가 소재한 로젤스(Lozells) 거리를 배경으로 서 있는 더 큰 사진으로 실렸다.

　　〈선데이 머큐리〉가 자기 주장을 뚜렷이 표명했다고는 말할 수 없다. 20년 수감형을 둘러싼 논란에서 현재 사회 전반적인 가족 생활 쇠퇴로 이어지는 주장의 표류는 어떤 명쾌하거나 체계적인 방식으로도 **표현되지** 않았다. 예를 들면 사설은 청년 범죄를 변화하는 가족 생활 측면에서 논의했지만 구체적으로 '노상강도'를 언급하지는 않았다. 인터뷰는 사회에 대한 **암시적 이미지**와 '일탈'에 대한 설명은 포함했지만 스토리 사건은 전혀 직접 언급하지 않았다. 여기서 발생하는 전반적인 효과는 사실 아주 미묘했다. 구체적 범죄를 설명하려는 어떤 시도든 회피했기 때문에, 상식적 관심사와 전제를 초점 없이 파고들어 사회에 관한 함축된 이미지로 엮어내며, (겉으로 보기에는) 가정 생활의 붕괴라는 관점에서 최근의 여러 사건을 **일반화하는** 데 그칠 가능성이 훨씬 더 커졌다.

　　이 주제와 관련해 '전문가' 선택도 아주 중요했다. 〈선데이 머큐리〉가 보기에 이전에 다른 신문이 해당 주제를 철저하게 다루었으니 좀 더 독창적인 접근방법을 모색하게 된 것은 분명했다. 그러나 여기서 〈선데이 머큐리〉의 피처 취급을 다른 곳과 마찬가지로 이처럼 기술적으로 설명하는 것은 그다지 가치도 없을 뿐 아니라 왜곡의 소지도 있다. 심지어 가장 보수적인 전국 일간지조차도 어떤 형태로든 사회학자, 범죄학자, 공동체 운동가와 자원봉사기구 인사를 준거점으로 사용했는데, 아무튼 그러한 사람들의 자문을 구하는 일은 〈선데이 머큐리〉의 지역적인 상식적 '세계관'에 그다지 맞지 않았을 것이다. 따라서 〈선데이 머큐리〉가 추구한 '전문가'는 지적 분석이나 직업적 관심사의 전문가가 아니라 생생한 경험의 전문가였다는 사실은 참으로 적절한 일이다. 여기서 선택한 생애담은 현재 유행하는 개인주의에 관한 단순한 설명도, 예외적 인물의 기념도 아니었다. 〈선데이 머큐리〉에게 꼭 필요했던 것은 경쟁을 통한 성공에 관한 도덕적 이야기가 아니라 통합된 사회의 이미지, 그 안에서도 슬럼의 안정된 사회적 삶과 문화의 이미지였으며, 따라서 가정, 특히 모성적 인물에 대한 강조였다. 각 출연자는 자기 어머니 이야기를 했고, 이를 통해 사설은 지금은 붕괴해버린 핵심적 통합 메커니즘으로서의 **어머니**를 지목할 수 있었다. 그러므로 제목이 중요했다. 사업가와의 인터뷰는 "홀로 된 어머니는 우리 다섯을 휘둘렀다"라는 제목이 붙어 있었다. 그리고 정치인 인터뷰는 "헤이먼 선생, 로젤스의 목동"으로 정치인의 초등학교 선생을 지칭했는데, 그의 진술에 따르면 이 교사는 어머니상을 보충하는 인물일 뿐 아니라 공동체 전체적으로도 모성적 인물 역할을 했다. 경험에 관한 기술을 설명 수준으로 끌어올린 것은 바로 호웰 씨였다. 호웰 씨는 이렇게 주장한다. "환경은 대단히, 대단히 중요하다. 만약 환경이 나쁘거나 부실하거나 과밀 상태라면 가정 생활이나 우애 같은 다른 것 ― 사회적 의존장치(social anchors) ―을 갖추고 있더라도 의미가 없을 수도 있다." 이 점은 함께 실린 사설의 주제로도 다루어졌는데, 이 사설은 폭력적인 청소년 범죄라는 새로운 주제를 초전통주의의 틀 안에 포섭했다. 필수적인 것은 새로운 사고가 아니라 오래된 가치의 재확인이었다. 도시 피폐화 분석은 전통적 모성애와 오래된 문화 예찬이 되었다. 한마디로 이들의 주장은 다음과 같다.

어머니는 더 이상 이전처럼 경이로울 만큼 존재감 있는 인물이 아니다. 현대적 삶의 경제적, 사회적 압력 때문에 가정에서 어머니의 지배적 역할은 위축됐다. 멘토이자 요리사, 상담사, 위로자, 청소부, 중재자로서 온종일 가정을 꾸려가는 대신에 지금 미들랜드(Midlands)에서 약 50만 명이 밥벌이에 나섰으며, 부분적으로는 커리어 우먼 역할을 하고 오직 일부 시간에만 어머니 역을 할 뿐이다. 어머니의 봉급 액수 때문에 사회가 얼마나 무거운 대가를 치르고 있는지는 아직 아무도 모른다. 일부 사회학자, 치안판사를 비롯한 인사들은 아마도 가공할 만한 수준일 것이라고 생각한다. 수많은 취학 아동은 귀가 후 엄마에게 돌아가 식탁에서 차 한잔하면서 그날의 수다거리에 공감하고 귀 기울여줄 사람이 있다는 것이 무슨 뜻인지 이해하지 못하는데, 따지고 보면 얼마나 많은 태만, 무기력, 반달리즘, 교육 수준 미달이 바로 이 단순한 사실 때문이라는 점을 누가 알겠는가? … 근본 없고 저발달 상태에 불안정한 아동은 부적응자에 빈곤한 10대로 성장해 사회적 정서적 욕구를 다른 부적응자 갱에게서 충족하게 된다. 길거리가 가정의 의존장치를 대체하게 된다. 폭력은 일종의 자기표현 형태가 되고, 반달리즘은 엄마가 남겨놓은 빈자리를 채우는 방안이 된다. 전통적 가정 생활은 흔히 너무 구속적이고 너무 넌더리나고 자유를 너무 제약하고 젊음이 해방된 이 시대에 너무 뒤떨어졌다며 조롱당한다. 하지만 이 전통적 가정 생활이 여전히 귀중한 자산이라는 증거는 넘친다. 오로지 가정과 가족을 꾸려가는 어머니는 현재의 우리 사회에서 가능한 가장 핵심적인 역할을 수행한다. 이는 쥐꼬리 만한 돈보다 더 가치가 있고, 남들 하는 대로 따라하는 것보다 더 소중하며, 물질적 관점에서 표현할 수 있는 것보다 훨씬 더 가치가 있다. 만일 근본 없는 도시 젊은이 문제와 작심하고 씨름하고자 한다면, 아마 어머니를 원래 속한 곳, 즉 가정으로 되돌려보내는 캠페인을 정부 후원으로 시작해야 할 것이다.

이는 강력한 설득력을 갖는 호소였다. 미디어의 자기영속적인 이미지라면 결국 수용자의 냉소주의를 유발했을지도 모르지만, 이 호소는 그런 이미지에 의존하지 않았다. 그 대신 모든 '보통' 사람에게 올바르고 타당한 삶의 방식으로 알려진 **전통적인 상식**의 이데올로기에 훨씬 더 직접적으로 의존했는데, 〈선데이 머큐리〉의 전업 상식 전도사는 이 두 사람의 삶을 통해 이 이념을 예시하면서 기독교적인 상투어로 표현했을 뿐이다.

〈선데이 머큐리〉의 핸즈워스 사건 취급이 다른 어떤 신문보다도 이 데올로기적으로 더 일관성을 띤다는 주장은 설득력이 있다. 〈데일리 메일〉과 〈데일리 익스프레스〉에서 상대적으로 폭넓은 피처와 편협한 사설 간에 보였던 격차는 〈선데이 머큐리〉에 전혀 나타나지 않았다. 〈선데이 머큐리〉는 폴 스토리의 성격과 교육, 판결의 타당성, 구역으로서 핸즈워스의 문제점 등에 관한 논쟁을 다루려는 시늉조차 할 필요가 없다고 느꼈다. 어떤 점에서 그 조치의 이점은 시간적 문제였다. 이 신문은 이전의 뉴스 취급을 면밀히 추적하거나 전문가의 정의와 반응을 설명할 필요도 없었다. 주간 (즉 일요일에만 발간되는) 지역 신문으로서 기존 신문처럼 뉴스 취급을 강조하는 데 구속될 필요도 없고 다른 데서 이미 규정한 주제에 얽매일 필요도 없는 신문이었다. 이 신문은 자유롭게 자신만의 강조점과 주제를 정해 (뉴스 기사로서는 이미 여러 날 지난) 이야기를 자신만의 이데올로기 궤도로 끌어들일 수 있었다. 이 때문에 이 신문은 좀 더 지속적이고 일관성 있게 주제를 처리할 수 있는 기회를 갖게 됐다. 이 신문의 작업은 아주 독립적으로 구성되고 (즉 핸즈워스 사건을 둘러싸고 나온 특수한 뉴스가치의 세부사항과 상황 전개에서 벗어나고) 아주 차별적으로 구상된 형태로—즉 우리 시대를 위한 도덕적 이야기로서의 생애사로—틀 지워졌다.

그렇다면 이 기사는 하나의 독특한 피처 유형이자 일간지보다는 대중적인 일요신문에 특유하게 더 잘 나타나는 유형, 즉 도덕적 이야기 혹은 '설교'로서의 피처였다. 이 기사가 '피처'로서 갖는 측면은 신문이 마음대로 사건 자체로부터 '거리두기'를 하고 사건에서 제기되는 '더 심층적인 질문', '더 넓은 주제'를 논의할 수 있었다는 데서 거의 전적으로 발생했다. 이 신문은 사회 문제라는 질문을 '사회학적' 방식으로 면밀히 검토하지 않았다. 생생한 일차적 보도를 추구하지도 않았다. 전문가 의견과 목소리를 혼합해 설명을 구축하는 일은 더더구나 하지 않았다. 그 대신 위대하고 일관되며 자신들의 큰 화두와 같던 도덕적 주제 중 하나를 지향하는 방향으로 소재를 **다시 끌고 왔다**. 가정 생활의 신성함, 가정의 유대, 가정의 상호부조적인 틀, 전통적 삶의 방식 유지에 대한 기여사항 등이 그런 것이다. 그리고 나서 〈선데이 머큐리〉는 어떤 기술적 솜씨나 저널리즘적 재주를 발휘해 가치 있는 지역 인사의 모범적 삶을 통해 흥미롭게도 '개인화된' 방식으로 이 거대한 보수주의적 사회적 주제를 '피처화'하기로 선택했다. 그러나 이처럼 취급 방식과 기사의 새로움 때문에 다소 은폐되긴 하지만, 이데올로기적 주제가 [기존의 주제와] 연속성을 띤다는 사실은 착각할 여지도 없이 분명하다. 매주 수백 가지 다채로운 방식으로 표현된 수백 가지 다양한 기사를 쏟아내도 모두 한결같이 위대하고 보수적이며 핵심적인 삶의 진실성으로 되돌아가는 좁은 길로 〈선데이 머큐리〉독자를 이끈다. 취급 방식과 앵글, 개인화 수법의 참신함을 본능적 전통주의와 결합해내는 능력이라는 점에서나 합의된 상식적 지혜와 변하지 않는 패턴의 관례에 대한 재빠른 감수성이라는 점에서 〈선데이 머큐리〉는 보수 신문의 다른 부문, 즉 일요판 전국 '대중지'와 공통점이 많다. 이 신문이 주로 깃든 사회적-도덕적 지형은 바로 변화와 운동, 혼란으로 이루어진 성급하고 불안한 세계가—즉 현대의 정신이—'오랜 진리', 오래된 패턴, 오랜 관심사, 오래되고 검증된 일 처리 방식에 대비되면서 부정적으로 묘사되는 그런 곳이다. 이 지형은 바로 사회 질서에 대한 **철저한 옹호**로서 뿌리 깊은 대중적 전통주의에 근거한다. 이 신문의 특정한 주간 피처물은 단순하고 추상적이며 광범위한 대비를 기반으로 제시된다. 근본 없음, 불안정, 정서적 박탈감, 반달리즘, 교육 수준 미달과 '다른 부적절 사례'는 모두 하나로 엮여 변화가 초래한 무규범의 대가로 제시되며, "엄마에게 돌아가 식탁에서 차 한잔하면서 그날의 수다거리에 공감하고 귀기울여줄 사람이 있다는 사실"의 안정되고 확고하며 뿌리 깊음과 뚜렷한 대비를 이룬다.

　여기서 이미지는 환기된 후 문제가 아니라 해결책과 연관 지어진다. 이 이미지는 부정적이기보다는 긍정적이었지만 그 안에는 도시가 아니라 어머니 중심적 가족 생활의 역사적 쇠락의 뚜렷한 모델을 담았다. 새로운 시대의 문제에 대한 〈선데이 머큐리〉의 반응은 시간을 되돌려야 한다고 주장하는 것이었다.

▎결론: 미디어의 설명과 이미지

핸즈워스 사례에 관한 피처의 절대다수는 희생자, 노상강도범, 구역
을 주된 주제로 삼았다. 무서운 범죄, 법정의 극적인 반응, 범죄 공간과
범죄자의 배경이 된 새로운 슬럼의 여건 사이를 연결짓는 데 대해 언론은
터무니없이 문제가 많다고 여겼다. 바로 이 연결 고리야말로 탐구가 꼭
필요했고 이에 따라 피처 취급으로 옮아가게 되는 축 구실을 한 것이다.
무엇보다 탐구로 넘어가게 되면 물리적 환경과 사회적 행위 간의 관계 문
제와 맞닥뜨려야만 했다. 이 관계에 관해 제목에서 제시된 압축된 설명은
〈데일리 메일〉처럼 유기적 측면의 강조("폭력이 자라는 곳")에서 〈데일리 익
스프레스〉의 엄격하지만 부정확한 결정론("폭력의 올가미에 평생 갇히다")에 이
르기까지 다양했다. 소년들의 생애사는 때로는 배경과 연관지어졌지만
(〈가디언〉에서처럼), 더 흔하게는 배경과 별도로 분리되었다(〈데일리 메일〉, 〈데
일리 익스프레스〉, 〈버밍엄 포스트〉). 생애사와 배경 간의 연계는 다양한 방식으
로 제시되었는데, 여기서는 인종 주제를 공통적으로 재탕하고 저기서는
다른 핸즈워스 아이들을 잠재적 범죄자로 규정하는 식이었다.

이 기법 중 일부는 환경과 범죄 사이에 엉터리 연계 짓기로 이어졌
지만, 좀 더 만족스러운 해결책 모색도 나타났다. 특히 '축소판 우주에 의
한 피처'에서 두드러진 한 가지 전략은 '쇠락'과 '범죄 행위'를 직접 연계
하려는 시도였다. 여기엔 두 가지 과정이 필요하다. 하나는 환경의 정의
를 주거, 빈곤과 인종의 숨겨진 메커니즘을 포괄하는 정의에서 단지 오물
과 폐기물이라는 표면적 모습과 관련된 정의로 축소시키는 것이다. 두 번
째는 환경과 범죄 사이에 가능할 수도 있는 매개를 억압하는 것이다. 가
정, 학교, 직장의 사회적 유대는 개인사적인 요인으로 대체되고 구역 내
에서 그 유대가 구조적, 문화적 제도로서 수행하는 기능은 이에 따라 무
시될 수도 있다. 그렇게 되면 환경과 범죄의 관계 문제를 생략할 수도 있
게 된다. 퇴락한 물리적 환경, 문화적 조직의 패턴, 개인적 범죄 행위 간
의 복잡한 연계관계를 추적하기보다는 방치되고 돌보지 않은 주택이나

거리가 일종의 도덕적 공해로 주민을 감염시킨다는 추론으로 대체된다. 길거리의 쓰레기는 범죄가 싹튼다는 기호가 된다.

이 전략은 〈버밍엄 포스트〉와 〈이브닝 메일〉의 지역 단위 보수주의에서 가장 솔직하게 드러났지만, 〈가디언〉으로 대표되는 코스모폴리탄 자유주의도 범죄·환경 문제를 타파하려는 시도에서 성과가 그다지 시원치 않았다. 이 신문이 핸즈워스 묘사에서 근거로 삼은 병리적 징후의 목록은 본질적으로 기술적 수준에 그쳤다. 범죄, 매춘, 열악한 주거, 빈곤, 인종간 분규의 목록 중 어느 것이 원인이고 어느 것이 결과인가? 만일 환경이 범죄를 결정한다면 환경을 결정하는 것은 무엇인가? 이는 모두 어려운 질문이지만 질문을 회피할 주된 이유는 되지 못한다. 사회의 몇몇 근본적인 구조적 특성에 의문을 던지지 않고는 이 문제의 해결을 모색할 방도가 없다. 주거의 불평등한 배분, 특정 산업의 낮은 임금 수준, 복지 혜택의 속성, 교육자원 부족, 인종차별 등이 그러한 특성이다. 그처럼 조잡하고 해결책도 없는 형태의 환경 결정론을 서둘러 끌어들인 것은 바로 이 결정 요인들이 직접 정치적 속성을 띠기 때문이었다. 이 문제를 이데올로기적으로 해결할 수 있는 가장 강력한 메커니즘이 이 공백지대에 등장했는데, 바로 **공적 이미지**(public images)였다.

'공적 이미지'란 여러 인상, 주제, 사이비 설명을 수집하거나 함께 이어붙인 덩어리다. 이 이미지는 때로는 피처 과정 자체의 산물로 나온다. 엄정하고 까다로운 사회적, 문화적, 혹은 경제적 분석이 실패하거나 미흡할 때에는 피처 전체를 조율해 일종의 기술—설명 융합체를 '공적 이미지' 형태로 생산하도록 해서 해결책을 마련하기도 한다. 그러나 이 과정은 다소 순환적 성격을 띤다. 왜냐하면 이 '공적 이미지'란 흔히 이미 존재하는 것으로, 다른 사회 문제를 취급하는 다른 사례에 관한 다른 피처에서 도출된 것이기 때문이다. 그리고 이 경우 공적 담론과 저널리즘 담론에서 그러한 '공적 이미지'의 존재는 피처가 특정 이야기를 취급하는 데 투입되고 정보의 바탕이 되기도 한다. 그러한 '공적 이미지'는 생생한 설득력을 갖지만 동시에 진지하고 철저한 분석에 미치지 못하기 때문에, **분석 대신에** 등장하는 경향이 있거나 분석이 와해되어 이미지에 흡수되는 것처럼 보인다. 따라서 추가 분석이 지배적 이데올로기 장의 경계를 넘어설지 모른다는 우려가 발생하는 시점이 되면 문제점을 차단하기 위해 '이미지'를 불러오기도 한다. 전국지 피처가 핸즈워스 사례를 취급하는 방식을 지배한 포괄적인 '공적 이미지'는 **게토**나 **새로운 슬럼**의 이미지였다. 이 이미지는 범죄—환경 관계가 이데올로기적으로 가장 시급한 현안이던 바로 그 계기에 삽입됐다. 범죄, 인종, 빈곤, 주거 간의 '너무나 자명한' 연상관계는 '게토' 이미지로 압축되었지만 그사이에 어떤 인과적 공식은 제시되지 않았다. 이처럼 본질적으로 순환적인 정의에 의해 어떤 추가적인 설명 요구든 사전 차단되고, 연상관계를 구성하는 요소들이야말로 게토를 구성하는 특징**인 것처럼** 제시되었다. 따라서 원래의 '문제점'— 범죄—은 좀 더 일반적인 '사회 문제'로 삽입되었는데, 여기서는 오히려 기술과 연상이 풍부해 보인다는 사실이 분석적인 연계 짓기에 방해가 되었다. 도시의 죽음, 이민의 문제점, 법과 질서의 위기 등을 연계 지으려는 시도는 근본적으로 **현상기술적**인 연결에 불과했다. '게토의 공적 이미지'를 통해 논의의 추상 수준은 다시 높아져, 일반화된 유추가 구체적 분석을 대체하고, 이 모든 악몽의 선구자로서 미국의 이미지가 다시 작동하게 되었다. 이 이미지는 강력하고도 설득력 있는 **수사적 봉쇄**(rhetorical closure) 형태였다.

게토·새로운 슬럼 이미지는 전국지의 피처 취급을 지배했는데, 〈데일리 메일〉과 〈데일리 익스프레스〉에서 좀 더 두드러졌고 〈가디언〉과 〈데일리 텔리그래프〉는 좀 덜했다. 〈버밍엄 포스트〉의 접근방식에서도 이 이미지를 암시했으나, 다른 두 지역지인 〈이브닝 메일〉과 〈선데이 머큐리〉는 나름대로 독특한 이미지 기반의 해결책을 제시했다. 아마도 공적이기보다는 좀 더 지역적이고 분명히 전국적 맥락에서 보면 고리타분한 느낌이었다. 그러나 이 신문들이 가동시킨 **청년**과 **가족**의 이미지는 전국지의 게토와 똑같은 이데올로기적 역할을 완수했고 자신만의 구체적인 상황에서는 비슷한 강도의 환기 효과를 발휘했다.

　　두 신문 모두 환경을 특수한 방식으로 새롭게 규정했다. 〈데일리 메일〉이 환기한 청년 이미지는 초점을 핸즈워스에서 도시 내 비슷한 구역 전체 범위로 이동시켰다. 이 구역들을 함께 묶어놓은 것은 주거, 인종, 빈곤이 아니라 그곳에 특정 집단, 즉 제대로 된 레크리에이션 시설의 혜택을 못 누리는 젊은이가 존재한다는 점이다. 이렇게 재정의하고 나자 문제에 실용적 형태의 해결책의 여지가 열렸다. 전 주민이 아니라 젊은이의 문제였기 때문에, 노동이 아니라 레크리에이션의 문제였기에, 사회 전체에 존재하는 문제가 아니라 도시 내부의 문제였기에, 요컨대 문제가 **지역화**했기에 **지역적 해결책**의 가능성이 있었다. 이 때문에 프리슬리가 시의회에 '시급한 청년 프로그램'을 감동적으로 호소할 수 있었던 것이다. 즐거운 자극을 찾는 가난하고 불안정한 청년의 이 이미지는 전후에 통용된 '청년 문제'의 정의 전체에 의존했다. 테디보이에서 노상강도범에 이르기까지 청년 문제에서는 늘 똑같은 이미지가 환기되었다.

　　〈선데이 머큐리〉의 피처에서는 다소 다른 종류의 사회적 자리바꿈이 특징을 이루었다. 전국지에서는 물리적 환경과 사회적 행위 간의 매개가 존재하지 않는데, 여기서는 문화적 구성체가 그러한 매개 역할을 했다. 바로 가족이었다. 만일 '어머니가 원래 있어야 할 곳에 존재하는' 제대로 된 가정이 구비된다면 열악한 주거와 빈곤이 반드시 범죄로 이르게 될 필요는 없었다. 환경적 상황의 새로움은 부정되었다. 이러한 구역은 늘 있었다. 부족한 부분은 적절한 사회적 행위 규칙을 우리가 준수하도록 보장할 수 있는 존경과 규율의 문화적 원천이었고, 그러한 원천만이 유일한 방안이 될 것 같다. 가정 생활의 이미지가 소환해 온 것은 역사적으로 실체가 의심스러웠고 제시한 예도 전형적이지 않았지만, 그렇다고 해서 그러한 불러오기가 〈선데이 머큐리〉의 세상에 살고 있는 사람들에게 미칠 흡인력을 무시해서는 안 된다. 이 흡인력은 바로 일상생활의 품위, 인정된 도덕성, 안정된 삶의 방식 등이 주는 매력이다. 범죄는 우리가 이러한 가치를 무시했기에 지불해야 하는 대가다. 만일 '게토'가 도시 몰락의 이미지라면, 가정에 대한 이러한 호소는 도덕적 몰락의 이미지다. 많은 점에서 차이가 있지만 두 이미지는 사회적 상실감을 공유한다. 제6장에서 초점을 맞추려는 것은 이미지, 설명, 이데올로기 그리고 바로 그러한 상실감 간의 관계다.

표 4.2
언론의 핸즈워스 사건 보도

	1면 머리기사 (1973. 3. 20)	다른 면 기사 (1973. 3. 20)	사설 (1973. 3. 20)	피처 (1973. 3. 21)	2번째 판결 (1973. 3. 22)
〈데일리 익스프레스〉	판결 후 16세 소년 흐느끼다 노상강도범에 20년 형		무고한 사람들을 보호하자	폭력의 올가미에 평생 걸려들다ー게토ー노상강도범ー희생자ー판사ー경찰	수감된 소년을 둘러싼 갈등. 핵심적 이슈가 제기되었다고 변호사는 말한다
〈데일리 메일〉	소년 노상강도범에 먹구름	재미로 노상강도질을 한 16세 소년에게 20년 형ー어머니에 의하면, 아들은 어디서 잘못되었을까	무서운 억제장치	폭력이 자라는 곳ー핸즈워스ー갱 두목ー희생자ー전문가 견해	소년 노상강도범: 다시 똑같은 형. 판사는 강도 혐의를 잊었다
〈선〉	**16세 노상강도범에게 20년 형** 두 친구는 10년 형ー소년들은 청산할 빚을 져	노상강도범의 피해자가 된다는 것의 의미	없음('법적 족쇄를 재운다고 노상강도 문제는 해결되지 않을 것' ーJ. 애커스, 1973. 3. 21)	**나는 반쪽짜리 인간일 뿐이다.** '내 삶은 망했다'라고 소년 노상강도범의 비극적 희생자는 말한다	'노상강도' 소년에게 추가로 20년 형
〈데일리 미러〉	**20년간 수감** 16세 노상강도범에게 충격적 판결	**10대 노상강도범의 사례** 스토리의 모친 대 경찰연맹	노사분규 ('법정의 질서'ーK. 워터하우스, 1973. 3. 22)		어린 노상강도범은 추가로 20년 형 받아
〈모닝 스타〉	16세 소년이 노상강도 사건에서 20년 형을 받다		야만(1973. 3. 21)	노상강도범에 대한 야만적 판결로 분노가 들끓다	
〈가디언〉	16세 소년이 '노상강도'로 20년 형을 받다			'판결에 대해서는 유감이다'라고 노상강도 공격 피해자는 말한다. 빈곤층과 암울한 상황	노상강도 사건에서 소년에게 추가로 20년 형

	1면 머리기사 (1973. 3. 20)	다른 면 기사 (1973. 3. 20)	사설 (1973. 3. 20)	피처 (1973. 3. 21)	2번째 판결 (1973. 3. 22)
〈데일리 텔리그래프〉	**16세 노상강도범에게 20년 형** 담배 다섯 개비와 30펜스를 피해자에게 빼앗아		정의의 저울	30펜스 노상강도범은 너무나 멍청하다고 피해자는 말한다	
〈더 타임스〉	귀가 중인 남성에게 '심각하고도 가증스러운' 범행을 저지른 혐의로 세 버밍엄 소년에게 판사가 형 선고 **16세 노상강도범 20년 수감형, 공범은 10년 형**	소년은 '아주 충격을 받았다'라고 모친은 말한다	살인미수에 20년 형		

주와 참고문헌

1   예를 들면, *Evening Standard & Daily Mirror*, 6 October 1972; *Sunday Mirror*, 22 October 1972를 보라.

2   예를 들면, *Sunday Times & Sunday Telegraph*, 5 November 1972를 보라.

3   H. Marcuse, *One Dimensional Man* (London: Sphere, 1968: 79, 84).

4   R. Barthes, *Mythologies* (London: Paladin, 1973: 153).

제5장

여론의 조율

▌'편집장 귀하': 독자투고

'독자투고'는 저널리즘 형태로서는 연구가 그다지 많이 이루어지지 않았고,[주 1] 그 기능 역시 마찬가지로 검토 대상이 된 적이 별로 없다. 독자란의 독자 의견은 언론에서는 가장 최소한으로 매개된 공적 형태로 등장한다. 선택은 궁극적으로 편집인 손에 **달렸지만**, 투고되는 편지의 스펙트럼은 그렇지 않다(즉 가끔 이루어지는 '속임수'를 제외하면 그렇다). 그렇다고 해서 독자란이 여론의 단면을 대변한다는 뜻은 아니며, (앞서 정의한) 뉴스 구성의 형성 과정에서 자유롭다는 뜻도 아니다. 독자란은 신문마다 색깔이 다양하다. 〈더 타임스〉의 권위 있는 독자란과 〈데일리 미러〉의 투고자인 '늙고 거친 영감쟁이들'(Old Codger)의 글을 비교해 보라. 그리고 이 색깔은 신문 정기 독자의 성향을 일부 반영하긴 하지만, 어느 정도는 신문이 자신의 '사회적 이미지'를 유지하기 위해 적극적으로 편집상의 선택을 가한 결과임에 틀림없다. 여기에는 상당한 정도로 상호보강이 작용한다. 신문은 특정 유형의 투고자에게서 특정 부류의 글을 받아서 싣는다고 알려져 있기에, 그에 맞는 사람들이 더 자주 글을 쓰게 된다. 혹은 다른 사람들은 지면을 얻기 위해 아마 게재될 가능성이 클 것이라고 판단한 관점에서 편지를 작성하게 된다. 이 과정은 구조화된 대화와 같다. 이 구조는 단지 스타일, 길이나 말 걸기 양식의 문제는 아니다. 골수 국유화론자는 국유화에 적대적일 〈데일리 익스프레스〉에 글을 쓸 때는 국유화론에 너그러울 가능성이 있는 〈가디언〉에 투고할 때와는 다른 내용을 선택한다. 게재되는 투고 종류의 차이는 문화권력 위계에서 해당 신문의 위상과도 관련이 있을 것이다. 〈더 타임스〉나 〈데일리 텔리그래프〉에서의 '대화'는 '비슷한 수준의 인물' 간에 이루어진다. 이 유형의 신문은 "대부분 거의 공통된 교육수준에 근거해 암묵적으로 공유되는 주제와 관심사 무리를 당연시"할 수도 있다. 이 신문들은 "사회계급이든 교육 집단이든 이 사회에 불가피하게 존재하는 일종의 공동체를 상정할" 수도 있다.[주 2] 〈더 타임스〉의 위상은 내부로부터 엘리트층에게 영향을 미칠 수 있는 힘에 의존한다. 이 신문의 독자층은 비록 작지만 선별적이고 권력이 있고 유식하며 영향력이 있다. 이 신문과 투고자는 똑같은 대화 영역 내에서 대화를 나눈다. 그러므로 신문은 게재된 독자투고를 통해 의사 결정 계급 내부에서 한 가지 의견의 갈래를 똑같은 계급의 다른 분파에게 공적으로 전달한다. 이와 반대로 대중지가 독자들에게 '당신'이라고 호명할 때에는 "저 바깥에 있는 '당신'을 위해 신문 [기사]를 작성하는 우리가 아닌 모든 사람"이라는 뜻으로 말한다. 여기서 독자는 똑같은 '공동체' 소속이 아니다. 이들은 본질적으로 소비자이자 "시장 혹은 잠재적 시장"일 뿐이다.[주 3] 비록 독자는 의사결정의 망 바깥에 존재하지만, 중심에 **자리한** 사람들에게 "독자의 의견과 감정을 대변"할 수 있다는 점이 대중지에겐 권력의 토대가 된다. 대중지는 자기 독자를 대신해서 표현하고 **권력을 대상으로** 발언한다. 그러므로 대중지의 편지는 주로 '평범한 사람'이 쓴 그런 부류의 내용이어야 하며, 정상적으로는 드러나지 않는 독자를 공적 대화로 끌어들일 능력을 보여주어야 한다. 이 두 가지 독자투고는 두 가지 다른 종류의 '문화 권력'이며, 그 차이는 두 신문이 게재하는 편지와 글을 쓰는 사람의 종류에 반영된다.

　　신문이 장기간에 걸쳐 독자 편지를 선택하는 양상은 일종의 '균형'이 작용하고 있음을 보여준다(물론 이 균형은 어디까지나 자신들이 받은 편지 스펙트럼 내에서의 균형이다). 만일 신문 사설이 어떤 강경한 노선을 취한다면 이에 대해 비판적인 일부 독자투고도 실어야 할 의무감을 느낄 수도 있다. 어떤 이슈가 논쟁적이라면 논쟁 양측의 독자투고를 게재할 것이다. 이러한 '균형'은 관념적이다. 말하자면 투고된 모든 독자투고 간의 통계적 균형이

아니고 전 국민이나 독자층 사이에서 의견의 균형을 반영하는 진정한 지표도 분명히 **아니다**. 그러나 '균형'이 기준이라는 사실이 중요하다. 이는 독자란이 봉사하는 주요 기능 중 하나를 지칭하는데, 논쟁을 자극하고 공중의 반응을 유발하며 생생한 토론을 유도하는 것이다. 부분적으로는 신문의 정신이 폐쇄적이지 않고 반드시 자사가 동의하지는 않는 견해에도 지면이 개방되었다는 주장을 뒷받침하기 위해서도 독자투고는 존재한다. 그러므로 독자투고는 신문의 민주적 이미지의 일부이기도 하다. 독자투고는 신문이 '제4부'(fourth estate)라는 주장을 입증해준다.

독자투고는 또한 작성자의 지위를 고려해서 선정된다. 아주 특별한 사람의 투고도 게재될 것이고, 그다지 특별하지 않은 사람―'풀뿌리 목소리'―도 그렇다. 그 스펙트럼 중 어느 쪽을 지향할 것인지는 신문마다 다를 것이다. 대다수의 독자투고란은 부분적으로 '길거리 사람들'의 의견을 보여주는 '공명판'이지만, 대부분 이러한 부류의 투고와 '유력인사'의 글 사이에서 어느 정도 균형을 도모할 것이다. 이 '균형'은 엄격한 수치상의 평등보다는 편집상의 효과를 감안해 편집자가 결정한다.

그렇기에 독자란은 논쟁적 이슈에서 어떤 시각을 공적 영역에서 부상하도록 **해준다**. 이러한 의미에서 독자란은 주제에 관해 표현되는 견해의 반영 폭을 확대하고 아마도 통상적이라면 공개적으로 표현되지 않을 시각도 보여주는 데 기여할 것이다. 그러나 독자란은 결코 '여론'의 정확한 대변이 아닌데, 이는 독자란이 구조화되지 않은 교환이 아니라 **고도로 구조화된** 것이기 때문이다. 독자란의 주된 기능은 신문이 공적 문제에 관한 논쟁을 마련하고 조율하는 일을 원활히 하는 데 있다. 그러므로 독자란은 여론 형성에서 핵심적인 연결고리다. 독자는 여론 형성 과정에서 동의와 참여를 지속하기도 끝내기도 하는 것처럼 보이기 때문에 이 과정의 영향력은 더욱 크다. 이 과정의 발생을 매개하는 미디어는 조직화 형태, 즉 **공식적** 속성을 지닌다는 사실을 강조하고자 한다. 사람들은 친구에게 편지 쓰듯이 독자투고를 하지 않는다. '[편집인에게 보내는] 독자투고'는 공적 영역으로의 진입에 해당한다. 이 편지는 '공적 동기'에 의해 채색된 공적인 커뮤니케이션이다. 그 의도는 단지 편집인에게 자기 생각을 전하는 데 그치지 않고 정책을 형성하고 여론에 영향을 미치고 사건의 경로를 수정하고 이익을 수호하며 대의를 진전시키는 데 있다. 독자투고는 '공식적 진술'과 사적인 커뮤니케이션 사이의 중간에 해당하는 위치를 차지한다. 말하자면 공적 커뮤니케이션이다. 편집인에게 투고하는 사람이라면 누구든 공개적으로 어떤 입장, 지위, 경험을 놓고 승부를 건다는 뜻이다.

핸즈워스 사건에 관해서는 전국지와 지역지에 모두 독자투고가 실렸다. 14일간의 분석 표본 기간 동안 전국지의 독자투고는 다음과 같은 분포를 보였다.

신문	건수	날짜
〈모닝 스타〉	1	1973년 4월 2일
〈가디언〉	8	1973년 3월 22, 26, 28, 31일
〈더 타임스〉	3	1973년 3월 24, 30일; 1973년 4월 2일
〈데일리 텔리그래프〉	7	1973년 3월 22, 23, 28일
〈데일리 미러〉	3	1973년 3월 24일
〈데일리 메일〉	4	1973년 3월 23일
계	26	

(이 사건에서 '새로 부상한 문제'를 다룬 편지도 몇몇 있었는데, 이 편지들이 사건 자체를 언급하지는 않았다. 그처럼 [사건에 대한] 입장이 뚜렷하지 않은 편지는 분석과 위의 합산 수치에서 제외했다)[주 4]

대다수의 독자투고는 '노상강도' 자체보다는 판결 선고에 관한 내용을 다루었다. 흔히 그렇듯이 피처에서와 마찬가지로, 독자투고는 이 점에서 **뉴스** 취급을 통해 최초로 뉴스가치가 규정되는 지점에서 '출발한다'. 신문의 다른 부분에서 그러하듯이 **뉴스**는 독자투고에서도 '어떤 것이 이슈인지'를 정의한다. 뉴스가 일차적 구조다.

첫째는 세 명의 핸즈워스 소년에 대한 장기형 선고를 **비판한** 독자투고로서 범죄에 대해 '진보적' 시각의 의견이라 할 수 있는 범위 안에 속한다. 이 투고는 다시 두 집단으로 구분할 수 있다. 하나는 주로 판결 자체에 관해, 즉 '형벌론'적 시각 안에서 프레임된 (다시 말해, 어떤 방법이 범죄 감소를 가장 효과적으로 달성할 것인지에 관한 논쟁과 관련된) 주장을 담은 편지가 있고, 다른 하나로는 거기서 출발해 더 폭넓은 준거틀을 채택한 주장이 있다. '형벌론적' 시각은 범죄의 정의를 당연시하고 억제와 통제 전략에 관해서만 주장을 폈다. 이 독자투고는 (유죄자의) 교정과 갱생이나 (다른 잠재적 유죄자의) 억제를 다루었다. 판사가 복수의 유혹에 빠졌을지도 모른다는 생각을 한 이는 없었다. 다만 한 사람은 이 조치가 실제로는 '야만적인 과잉조치'에 대한 핑계의 가능성이 있다고 언급했다. 적어도 4명의 투고자는 이처럼 꽉 짜인 틀에서 전혀 벗어나지 않았다. (판결을 비판하면서) 전개된 주장은 '진보적인' 내용이었다. 이 부류의 독자투고는 수감 형기를 단축하면 갱생의 희망이 더 커진다고 주장했는데, 더 장기간의 형이 실제로는 억제 효과가 없다는 것이다.[주 5] 간혹 다른 나라의 통계적 연구도 인용되었다. '갱생'은 때때로 심리 치료적 의미를 담고 있었다. 범죄자는 '환자'이며 형은 '치유적'이어야 한다는 것이다. 이처럼 '진보적인' 독자투고는 대립되는 입장의 사람들이 조성한 분위기에서 다소 인기 없는 주장을 하고 있다는 사실을 스스로 인지하는 듯했다. 그래서 이 의견들은 흔히 반대주장을 펴기 전에 먼저 지배적 입장 내에서—말하자면 자신들이 자격요건을 갖추었음을 밝히면서—자기 위치를 설정했다. 강경한 전통주의는 '진보 인사들'이 희생자를 망각했다고 주장했다. 그래서 어떤 투고자는 장기적으로 보면 피해자에게 연민을 표시하지 않은 쪽은 '범죄에 유화적인' 로비 세력이 아니라 오히려 '강경한' 세력이라고 주장했다. 전통주의자는 흔히 범죄자를 '미개'하다고 부른다. 진보적인 투고자는 이 형세를 뒤집어놓으려 했다. 두 사람은 **판결**을 미개하다고 불렀고, 한 사람은 '피에 대한 갈증'으로 지칭했으며, 또 다른 사람은 '야만인'이라고 불렀다. 또 한 사람은 잔혹한 제프리스 판사(Judge Jeffreys)[1] 같은 인물이

---

1 조지 제프리스(George Jeffreys, 1645-1689)는 17세기에 활동하던 웨일즈인 판사로서 제

"부활했는가" 하고 의문을 제기했다.

일부 '진보적' 독자투고는 형벌 조치의 효과성이라는 **단기적인 질문**을 넘어섰다. 세 사람은 '도심 빈민 구역'(inner-city areas)과 그 문제점이라는 주제를 선택했다. 이 중 가장 신랄한 글은 '나쁜 구역'의 존재를 인종 차별과 동일시하고, 판결은 이러한 추세의 결과물일 뿐이라고 주장했다. 이 독자투고는 '오벌 4인방', 특별단속반과의 싸움에서 사살된 파키스탄 젊은이들, 흑인 구역에서의 특별단속반 활동, 이녹 포웰, 브릭스턴의 폭탄 투척, 먼데이 클럽(Monday Club)2의 인종주의 영화 등을 언급했다. 이 편지는 독자투고란의 담론 내에서 이 정도로까지 주제를 끌고 가는 데 엄청난 노력을 기울여야 했다. 범죄는 용서의 여지가 없지만 판결은 불공정했고 범죄의 '원인'보다는 '징후'를 다루었다고 이 글은 주장했다. 이 정도로 나아간 다른 글은 없었다. 그러나 도심 빈민 구역의 젊은이 중 대다수는 가난한 흑인인데 판결은 이들의 반감만 살 것이라며, 이 판결은 '우리 사회를 분열시키고 파괴할' 것이라고 주장한 글도 있었다. 버밍엄은 폭력성 강도가 늘어나는 구역은 아니었다는 주장은 설득력이 있었고 이후 공식 통계에 의해서도 입증된 주장이긴 했지만, 다른 투고자나 사설은 이를 수용하지 **않았다.** 이 독자투고는 '문명화되고 관용적이고 공정한 사회'도 언

임스 2세 치세에는 대법원장까지 지낸 인물이다. 가혹하고 편견에 찬 판결로 유명해 '교수형 판사'(hanging judge)라는 별명으로도 불렸다. 재판을 개인적 복수심에 이용한다는 의혹을 받을 정도로 정적에게 가혹한 판결을 내린 것으로도 유명했다. — 역주

2 먼데이 클럽의 공식 명칭은 보수주의 먼데이 클럽(the Conservative Monday Club)으로 영국의 보수적인 정치적 압력 단체다. 보수당과 긴밀한 연대를 맺고 있었으나 지금은 공식적 관계를 단절한 상태다. 북아일랜드의 민주연합당(Democratic Unionist Party)과 얼스터연합당(Ulster Unionist Party)과도 연계관계를 맺고 있다. 당시 보수당 맥밀런 내각(1957-64)이 너무 좌경화했다는 불만에서 출발해 1961년 창설되었다. 식민지 해방과 이민 관련 논쟁에서 보수 세력의 목소리를 반영했는데, 이 과정에서 인종주의 이미지를 강하게 띠게 되었다. 비백인 이민을 반대했고, 남아프리카공화국과 로데지아의 아파르트헤이트 정책을 지지해 논란이 되었다. 여러 이슈를 둘러싼 당내 갈등 끝에 많은 인물이 당을 떠났고 보수당도 2001년 이 단체와 공식적 관계를 단절했다. 1971년까지만 해도 35명의 하원의원, 6명의 내각 각료, 35명의 상원의원, 회원이 1만 명에 달할 정도로 영향력이 컸으나, 현재는 회원이 600명도 채 되지 않을 정도로 세력이 위축되었다. — 역주

급했다. 범죄와 처벌에 관한 토론에서 '문명' 개념은 핵심적인 기준으로
보였고, 자유주의적 입장이든 전통주의적 입장이든 모두 이를 자신에게
유리하게 동원하려 했다. 전통주의자는 범죄를, 자유주의자는 가혹한 판
결을 '문명화된' 행위의 잣대를 충족하지 못하는 행위라고 여겼다.

판결에 비판적인 의견을 내는 사람들은 반드시 '나름대로 대가를 치
른' 후에야 발언을 할 수 있고, 그 후에야 피력한 의견이 범죄와 처벌에
관해 용납되는 견해의 범위 **안에** 포함될 수 있다고 느꼈다. 이 점은 "빈
곤한 공동체는 자력갱생할 수 있다"라는 제목으로 도심 주제에 관해 쓴
또 다른 편지에서 뚜렷하게 예시된다.

> 정신적 질환자가 아니라면 범인이 자기 행위에 책임을 진다는 사실을 부인
> 하지는 않겠다. 그러나 모든 사람이 외부 압력에 노출되어 있으며, 우리를 지
> 금의 우리로 만든 우호적인 영향 요인과 기회를 거의 완전히 박탈당한 사람도
> 있다. 수상부터 아래에 이르기까지 자수성가한 사람이라면 "나는 환경을 극복
> 했다. 왜 다른 모든 사람도 그리할 수 없는가?"라고 말할 수도 있다. 그러나
> 그와 같은 능력을 갖추지 못한 사람도 있으며, 버밍엄 슬럼가에서라면 출세는
> 고사하고 취업 기회조차 엄격하게 제한되어 있다.

자신의 상황에 대한 범죄자의 반응은 '자연스러운 것'이라고 독자투
고는 계속 말했다. 건강하고 젊은 개를 더러운 방에 가둔 후 먹이는 충분
히 주되 할 일을 주지 않는다면 아마 사납게 변할 것이다. 투고자는 "가
난한 공동체가 자력갱생할 수 있도록" 돕는 도시 지원 프로젝트 시행을
촉구했다. 이 독자투고는 정교한 범죄 이론을 전통적 세계관을 가진 독자
도 이해할 수 있는 단순하고 평이한 틀로 번역해 놓고자 하는 듯했다. 그
리고 전통주의 시각 내부의 입장을 포착해서 진보적 주장에 대한 동의를
확보하려 했다. 이 글은 이 점에서 복잡하면서도 잘 압축된 추론 사례일
뿐 아니라 이 범죄 이슈에 관한 모든 공적 토론을 구조화하는 광범위한
'일상적 이데올로기'(lay ideologies)를 포괄하는 추론이기도 했다.

판결을 지지한 독자투고는 14통 있었다. 여기서 가장 강력한 주제는

공중을 범죄로부터 보호할 필요성이었다. '보호'의 필요성은 때때로 규율을 부과할 필요성과 짝을 이루었다. "만일 부모가 이 깡패들을 통제하지 않으려 한다면 국가가 해야 한다." 물론 한 독자투고가 '지도'와 '도움'을 언급하고 다른 한 편은 '소년에게 건설적인 무엇인가'를 해야 한다고 언급했지만ㅡ진보의 주장인ㅡ범죄자 교정은 훨씬 더 적게 등장했다. 장기형의 억제적 가치는 네 번만 언급되었다. '정당한 처벌'은 두 번만 나왔고, 투고자 네 명은 희생자를 생각하라고 우리에게 촉구했다. 이 편지에서 범죄의 맥락화는 '자유주의적' 투고에서보다 덜 등장했는데, 이 맥락화 역시 다른 방향으로 움직였다. 제한된 프레임을 벗어난 한 독자투고는 정부의 '법과 질서라는 선거 공약'을 환기했다. 또 한 사람은 국가 도덕의 위기, 가족 쇠퇴, 사형제 폐지, 낙태 횡행 그리고 (강간 혐의는 벗었지만) 최근 지옥의 천사들(Hell's Angels)[3]이 범한 '혼음' 사례를 언급했다. '진보적' 독자투고는 '사회적 환경'의 언급을 통해 맥락화한 반면, 전통주의자는 도덕적 타락과 규율과 질서 쇠퇴라는 주제를 일반화하는 방식으로 맥락화했다. **사회**는 판결을 반대하는 '자유주의적' 주장의 핵심이었고, **도덕성** 문제는 전통주의적 주장의 중심을 차지했다.

　일부 전통주의적 독자투고에서 또 다른 특징은 범죄에 대해 야수주의적(brutalist) 해결책을 시도한다는 점이다. 만일 폴 스토리가 키난 씨에게 가한 것 같은 공격을 동물이 가했다면 "즉시 총살하거나 처치해버렸을 것"이라고 어느 투고자는 말했다. 그러나 투고자는 보복의 언저리에 도달하고는 한발 물러섰다. 스토리는 (분명히 **완전하게 인간적인** '존재'는 아니겠지만) '동물 이상의 존재'이기 때문에 달리 취급해야 할 것이다. 그러나 두 번째 편지는 이 문턱을 넘어섰다. 이 글은 범죄자를 철창에 가두어 성난 공중

3　지옥의 천사들은 1948년 3월 17일 캘리포니아 폰타나에서 일부 소규모 모터사이클 동호회가 합병해 탄생했다. 이 단체는 미국 전역뿐 아니라 전 세계 여러 지역에 지부를 두고 있다. 이 클럽의 이름은 제2차 세계대전에 참전한 폭격기에서 따왔다는 설이 있다. 당시 폭격기에는 공포를 자아내는 무서운 이름을 붙이는 것이 유행이었다. 이후 이 단체는 1960년대 저항문화 운동의 일부로 유명해졌다. 여러 나라의 정부기관은 이 단체가 폭력범죄나 조직범죄에 연루되어 있을 것으로 의심하고 있다.ㅡ역주

의 시선을 견뎌내게 해야 한다고 주장했다. "인간성은 … 이천 년이 지나
도 기본적으로 바뀌지 않는다."

전통주의적 독자투고는 흔히 **평범한 개인의 경험**에 대한 호소에 의해
지탱된다. 두 10대 아들을 둔 한 어머니는 동정을 표하기 위해서가 아니
라 가혹한 판결 요구를 더 강화하는 데 범인 어머니와의 이러한 유사성을
활용했다. "만일 내가 자식 때문에 그러한 부류의 일을 겪는다면 물론 가
슴은 찢어지겠지만 이 녀석이 모든 형기를 끝까지 감수해 마땅하다고 인
정할 것이다." 두 번째 투고는 "선행을 베풀자는 사람도 사랑하는 사람이
노상강도로 살해되거나 중상을 입는다면 그렇게 재빨리 이 깡패 편을 들
지는 못할 것이다"라고 주장했다. 여기서 '개인적 경험'에 대한 호소는 마
음 약하고 선한 자유주의에 타격을 입히는 일을 목표로 삼았다. 일차적
범죄 경험은 자유주의적 주장의 추상적이고 초월적인 '지식인화'에서 부
족한 냉철한 리얼리즘의 기미를 보완해줄 것이라고 이 투고자들은 주장
했다. 이처럼 '개인적 경험', '보통 사람', '상식적 리얼리즘'에 대한 언급
은 판결에 관한 **모든** 독자투고에 널리 퍼진 주장이다. 그리고 비록 대체
로 그러한 언급은 압도적으로 범죄에 대한 보복적 태도를 지지하는 쪽으
로 동원되긴 했지만 주장 양측에서 모두 나온다.

이처럼 (리얼리즘을 지지하는, 즉 전통주의적인 사회 태도인) '구체적 경험'과
(너무 '범죄에 유약한' 태도에 근거한) '추상적 교정주의' 사이의 대비는 이러한
부류의 주제에 관한 독자투고에서 **일관되게 존재하는 심층구조**였다. 이 구
조가 대중적 이데올로기에 뿌리를 두었다는 사실은 아래에서 좀 더 자세
히 논의한다.

'전통주의적' 주장은 내세우는 내용만큼 투고자의 말투와 스타일로
도 전달되었다. '철창'에 관한 주장의 기고자인 하원의원 찰즈 시미언스
씨는ㅡ가장 자주 썼기에(그는 두 편을 썼다)ㅡ이처럼 가장 전형적으로 허세
넘치고 씩씩하며 자신감 있는 상식의 말투를 구사했을 것이다. 즉 그는
거침없이 생각하고 생각대로 말하는 '평범한 사람'이었다. 주장의 종속절
에는 '변하지 않는 인간성'이란 구절이 자신 있게 추가됐다. 도덕적 진술

문은 "불량배란 늘 개인적 불편을 두려워하는 겁쟁이였다"라는 포괄적 주
장과 함께 제시되었다. 노상강도범을 철창 안에 가두자는 제안을 하면서
시미언스 씨는 이렇게 덧붙였다. "가학적이기는커녕 내가 상상하기로는
해당자가 없거나 기껏해야 한 명일 것 같다." 이처럼 직설적이고 노골적
으로 야수주의적인 스타일은 전체 말투와 접근방식에서 "모두 잘 알고 있
잖아"하는 식으로 암시하는 투고에 전형적으로 나타났다. 이들의 주장은
대중적이고 오래된 (물론 흔히 망각하고 있던) '민중의 지혜'가 갖고 있는 **감성
적 정당성**(felt legitimacy)에 의존하는 것처럼 보였기 때문이다. 이와 똑같이
위세당당한 구어체는 또 다른 투고에서도 발견할 수 있는데, 이 독자투고
는 "동정심이 많은 체하는 사람들의 개탄"에 불만을 표하면서 "만약 운전
자 때리기가 효과적이면 훌리건 때리기도 마찬가지다"라고 덧붙였다. 전
반적으로 '자유주의적'인 기조는 한마디로 논란의 여지가 없는 진실은 즉
각적인 지지를 받을 것이라고 당연시하면서 그렇게 자신을 가질 만한 여
유가 없었을 것이다. '자유주의적' 독자투고는 훨씬 더 길고 덜 단정적이
고 더 '합리적'인 경로를 거쳐 덜 인기 있는 결론에 이를 수 있도록 **논지**
를 펴 나가야만 했다. 범죄, 복수, 강경함, 권위에 관한 한 전통주의자는
절대적 진실(Truth)이 이미 수중에 있다는 어떤 확신을 갖고 처신했다. 아
울러 이 '대중주의적 전통주의'는 대중지—우리 사례에서는 〈데일리 메
일〉과 〈데일리 미러〉—에서 가장 두드러졌지만, 〈데일리 텔레그래프〉에
서도 이 범주에 가깝게 분류할 수 있는 독자투고가 적어도 세 편 있었다
는 점도 주목할 만하다. 대중적 전통주의는 결코 대중지만의 특권도 아니
고, 단지 간결함의 요건에서 파생되는 기능도 아니었다. 바로 기술적 제
약 탓으로만 원인을 돌릴 수 없는 사회적 '목소리'였다.

   전국 일간지의 독자투고 중 주장의 분포는 이제 다음과 같이 요약할
수 있다.

신문 이름	분포
〈가디언〉	자유주의 6, 전통주의 2 (이 중 네 편은 형벌학적 지향임)
〈더 타임스〉	진보 1 (형벌학적)
〈데일리 텔리그래프〉	전통주의 5, 자유주의 2
〈데일리 미러〉	전통주의 3
〈데일리 메일〉	전통주의 4
〈모닝 스타〉	급진주의 1[주 6]

따라서 전개된 주장의 분포는 사회적·도덕적 문제에 대한 태도의 스펙트럼에서 각 신문의 '입장'이라고 여길 만한 것과 잘 들어맞는다. 〈가디언〉은 가장 '자유주의적'인 독자투고를 실었을 뿐 아니라 범죄를 사회 문제 측면에서 맥락화한 글도 가장 많았다. 〈데일리 텔리그래프〉는 가장 '전통주의적'이었다. 〈데일리 메일〉의 입장은 예상대로 전통주의 진영에 속했다. 〈데일리 미러〉의 입장은 가장 고전적으로, 정치에서는 좌파-진보였으나 사회적, 도덕적, 형벌 문제에서는 흔히 확고한 보수였다. 노동계급 조합주의의 대리 발언자인 셈이다.

▍로컬 채널

〈버밍엄 포스트〉와 〈이브닝 메일〉에서는 7일 기간 동안 모두 28편의 독자투고가 실렸는데, 12편은 **자유주의**였고 16편은 **전통주의**였다.[주 7] 두 신문에서 둘 사이의 차이는 함께 묶어서 살펴보아도 될 정도로 미세하다 (다시 말하건대 주변적이고 입장이 분명하지 않은 투고는 총계에서 제외했다).[주 8]

핸즈워스 사건은 영국의 다른 곳보다는 버밍엄에서 가시성이 더 높았고 반향도 다른 곳과 달랐다. 도시 구역-핸즈워스-자체가 논쟁에서 주역으로 부각되었기에 더욱 그랬다. 따라서 의견 분포는 '자유주의적'·직업적 '치유' 의견과 전통주의의 상식적인 주장에 의존하는 견해 간에 더 뚜렷하게 양극화되었다. 여기서는 앞서 언급한 균열이 더 강하게 나타난다. 자유주의자는 추상적이고 이론적 태도를 취해 매일매일의 경험을 단순히 좀 더 일반적인 사례의 예로만 취급했다는 느낌을 준다. 전통주의자는 '현실' 세계의 개별적이고 구체적인 일상적 삶에 근거해 확고하고 상식적인 경험 지향적이었다. 말하자면 불로 불과 싸우는 식이었다.

판결에 **비판적인 견해** 중에서 두드러진 주제는 전국지에서와 마찬가지로 형벌론적 주제였다. 즉 가혹한 판결이 범죄자를 교정하지 못했다는 것이었다. 잠재적 범죄자를 억제하지 못했다는 견해도 있었다. 이 독자투고 중 네 편은 판결의 **구체적** 문제에 초점을 두었는데, 여기에는 전문가로서의 개인적 경험에 근거해 억제적 판결 반대 의견을 밝힌 글도 있었다. 감옥 심리학자가 쓴 글이었다. 심지어 판결에 초점을 맞추었을 때에도 '자유주의적' 투고에서는 범죄를 **설명**해주는 이론을 지향하려는 움직임이 있음을 볼 수 있다. 예를 들면 감옥 심리학자의 독자투고는 주장의 근거가 된 범죄 이론을 포함했다. 범죄자는 "삶을 계획하지 않고 … 즉흥적으로 [행동하는] 미성숙하고 무책임한 유형의 사람"일 수도 있다. 또 다른 투고자는 '심리적 충동' 범죄 모델보다는 '환경주의' 모델을 전개하면서 "사회 자체가 어떻게 폭력적이고 일탈적인 소수자를 생산하는 데 기여했는지" 언급했다. (억제·복수에 대한 진보의 대안으로) 제시된 처방은 사회적 '돌봄' 서비스의 확장이었다. 이는 "사회적이면서 교육적인 측면에서 좀 더 효과적인 예방 서비스"라는 것이다.

또한 앞서 언급한 필자—사회복지사협회 대표—는 놀랍게도 "아주 실제적인 의미에서는 폴 스토리 자신도 '희생자'가 될 수 있다"라는 주장으로 희생자에 대한 전통주의의 관심을 뒤집어놓으려 했다. 이러한 '자유주의적' 독자투고 집단에서는 '주변 환경 탓', '권태나 … 잘못된 양육' 등 끊임없이 **사회적** 영향 요인을 언급했다. '개인적 준거'를 사용해 판결을 찬성하기보다 반대하려는 아주 예상 밖의 시도도 있었다. 다음은 한때 죄수였던 사람의 발언이다. "나는 꽤 오랫동안 복역했어요. 내가 알기로는 형기가 길어질수록 죄수는 상태가 악화합니다. … 쓰레기와 어울리면 당신도 '쓰레기'처럼 바뀔 수도 있어요." 하지만 이 발언은 '가혹한 판결'

로비 세력에게 그다지 설득력을 지닐 만한 부류의 '개인적 경험'은 아니었다. 한두 편의 독자투고에서 '환경주의'의 주장은 다음과 같이 아주 완벽하게 개진되었다. "사회적, 정서적, 경제적, 교육적 척도 중 어느 쪽으로 보든 상대적으로 혜택을 누리지 못했다고 할 수 있는 집단이 우리 사회에 존재한다는 데는 의심의 여지가 없어 보인다." 이 현상은 "역사의 어느 지점에서든 기원한다." 사회과학자들은 "이 요인들이 개인 행동에 어떤 영향을 미치는 지에 관해 상당히 합리적인 추론을 제공해줄 수 있을 것이다." 콩코드 여객기가 생산되는 동안에도 슬럼, 빈곤, 실업은 계속 존재하며, 그 결과 "마르크스주의 모델을 이 상황에 적용해서 적대적 계급 이익의 관점에서 설명하기 그다지 어렵지 않다는 사실은 놀랄 일도 아니다." 이 발언은 아마도 범죄에 대한 사회학적 시각으로서 독자투고에서 접할 수 있는 내용으로는 가장 완벽하고 정교하게 진술한 글일 것이다. 이 관점이 다소 일반적인 측면에서 서술되고 '사회적 환경' 식 설명으로 그친다는 사실 때문에 그 안에서 부상하는 급진주의가 약화하지는 않는다. 덧붙여 말하자면 이 글은 보호관찰관이 작성했다. 이처럼 '진보적인' 판결 반대 투고 무리에서는 복지국가 혜택의 세 가지 차원이 반영되었는데, 바로 감옥 심리학자, 사회복지사, 보호 관찰관이었다. 그러나 '강경파' 사회 통제 측에는 이러한 부류의 독자투고가 없었다. 경찰도 없었고, 교도관도 청소년 보호시설 관리도 없었다.

　지역신문에서 독자투고의 대다수는 사실상 '전통주의' 진영에서 온 것이다. 여기서 가장 뚜렷한 주제가 진보적 환경주의자의 입장에 대한 이의 제기와 대응이었다는 사실은 놀랍지도 않다. 이러한 대응은 흔히 '개인적 경험'과 상식적 리얼리즘을 근거로 삼았다. "왜 선행을 강조하는 사람들은 늘 환경을 비난하나? 나를 비롯해 다른 수천 명도 슬럼에서 성장했지만 어렸을 적 어떤 노상강도 사례도 본 적이 없다", "나는 제1, 2차 세계대전 사이에 조그만 침실 두 개짜리 테라스 가옥에서 가난 속에서 성장한 여덟 자녀 중 한 명이다. 우리는 늘 몸을 깨끗이 하고 정직하고 신을 두려워하며 지냈다. … 그 속에서도 우리는 좋은 시민이 되었고 떳떳하게 우리 노동의 대가만 받았다.""어린 시절 누추한 집에서도 집안을 잘 꾸려 갔고 지금도 만나고 있는 여자아이들이 자랑스럽다"(이 마지막은 교사의 글이다). 모든 난관에도 불구하고 선하게 행동하고 도덕적으로 자수성가하려는 분투는 너무나 **경험적**이기 때문에, 품위를 아마 이보다 더 설득력 있게 표현할 수는 없을 것이다.

　　이 독자투고들은 **도덕적 규율**에 호소하면서 환경 요인에 근거한 범죄 모델을 완강하게 반박했다. 도덕성은 환경적 불리함을 **극복한다**. "딱히 할 일이 없어" 길거리를 어슬렁거리며 다닌다고 알려진 청년들에게 어느 투고자는 "가이드, 스카우트, 소년단(Boys Brigade),4 청년 클럽 그리고 학교와 교회의 다른 부속 활동"을 추천했다. 핸즈워스에서 태어나고 자란 어느 전직 테디보이는 "저녁에는 할 일이 없었지만 … 돌아다니면서 사람들이나 구타하는 짓은 확실히 하지 않았다"라고 했다. 환경주의를 반박하는 대다수의 주장은 이처럼 개인에게는 역경을 극복할 능력이 있다는 주장에서 유래했다. 입장이 뚜렷하지 않은 일부 투고자는 비판자들이 제시한 환경에 대한 부정적인 이미지를 반박하면서 자기규율에 대한 호소가 아니라 다음과 같이 긍정적 이미지에 대한 호소를 활용했다. 즉 수많은 길거리에서 "여러 공동체는 서로 완벽할 정도로 행복하게 공존한다"라고 하면서 "만일 핸즈워스가 그처럼 끔찍한 곳이라면 입주 경쟁이 왜 그리 치열한가?"라고 말했다.

　　전통주의 진영의 수많은 독자투고는 환경주의의 주장을 거부하는 이유를 입증하는 데 개인적 경험이나 전문가로서의 개인적 경험을 동원했다. 이 중 두 편은 교도관 부인, '치안재판소장의 손자', 현직 변호사 아들 등 '강경한' 사회 통제파와 연계되어 있었다. 더 흔하게는 개인적 상황과 일상적 경험에 호소하는 의견은 "10대 자식 세 명을 둔 노동계급 엄마",

---

4　소년단(Boys Brigade)은 초교파적인 기독교 청년단체로서 기독교적인 가치를 기반으로 규율과 오락 등을 결합한 단체 활동 프로그램을 표방한다. 1883년 영국 글래스고에서 윌리엄 알렉산더 스미스 경이 창설해 영국 전역으로 퍼졌고 현재 전 세계 60개국에 지부를 두고 있다. ─ 역주

"몇 년 전 캠프 힐 부근에서 피습당한 아들의 아버지" 등의 표지를 붙이고 있었다. 이처럼 '익명으로 특정 집단을 대변하는'(generic) 투고자가 특히 개인적 범죄 경험을 암시할 때에는 위에서 살펴본 **규율 주제**를 힘주어 채택하는 경향이 있었다. 법과 질서의 붕괴를 감안할 때 자기 규율이 아니라 사회적, 도덕적 규율이 필요하다는 것이다. 어떤 투고자는 "나이 든 사람은 거리를 걸어다니기 두려워하고, 우리 아이들은 길거리나 공원에 혼자 나가서 놀 수가 없다"라고 주장하면서, 법원의 나약함을 비난하고 경찰이 "일을 참 잘하고 있다"는 생각을 밝혔다. 다른 사람들도 "이 구역 사람들은 이미 지하도를 이용하기보다는 번잡한 대로를 횡단하는 위험을 감수하겠다고 말한다"라면서 비슷한 노선을 취했다. 이 집단에 속한 다른 사람들은 다음과 같이 무규율 확산에 책임이 있는 기관을 직접 거론했다. "아이들에게 엄격하고 안정된 가족 생활이 느슨해지면 우리 사회에서 적대적인 젊은이의 비율이 증가할 것이다", "가정과 학교에서 규율이 사라졌다는 사실은 소름 끼치는 일이다." 또 다른 사람은 "엄격한 억제장치만이 삶을 그런대로 괜찮게 유지할 것이다"라고 주장했다. 하지만 또 다른 사람은 징병제(National Service)[5] 폐지와 '사형제 철폐'로 범죄가 증가했다고 단정하면서 "민간형 군대식의 전국적인 규율 기관을 [설립하고] 거기서는 엄격한 규율의 교육을 최우선으로 삼아야 한다"라고 촉구했다. 기조, 내용, 태도의 유사성과 함께 그러한 독자투고의 [엄청난] 숫자는 범죄에 관한 전통주의 주장의 본산이 바로 **여기** 있었다는 우리의 견해를 분명 입증해줄 것이다. 이처럼 전통주의의 본거지를 규정하는 데에는 자기 규율에 호소하는 '선의 베풀기'를 반대하는 독자투고**뿐 아니라** 보통 사람들의 공

---

5 영국은 1939년 9월 3일 독일에 선전포고와 동시에 전국민징병법(National Service Act of 1939)을 시행하고 18세부터 41세 사이의 남성을 군에 징집했다. 전쟁이 끝난 후인 1948년 이 법은 개정되었으나 징병제는 여전히 유지되었다. 하지만 1957년부터 단계적으로 징병 대상을 감축하기 시작해 1963년 마지막 병역의무자의 제대와 더불어 징병제는 폐지되었다. 이후에도 징병제 부활의 필요성을 강조하는 주장은 종종 나왔다. 2009년 배우 마이클 케인은 젊은이들에게 '폭력 감각보다는 소속감'을 길러주기 위해서도 징병제가 필요하다고 주장했다. — 역주

포에 근거해 범죄를 도덕적 대의와 연결짓고 범죄가 질서 정연한 삶의 방식의 붕괴에서 유래한다고 보는 글**까지도** 포함하고 싶다. 전통주의의 주장은 압도적으로 **도덕주의적**이었다.

　판결에 찬성하든 반대하든 모든 독자투고는 사회복지사 대표가 보낸 한 편을 제외하면 모두 버밍엄이나 인근 지역에서 들어왔다. 버밍엄 출신의 어느 해외 거주자는 플로리다에서 고향 도시에 글을 보내 미국식 노상강도의 위험에 대해 경고했다. 모두 대략 폴 스토리 또래의 '학생들'이 보낸 독자투고도 꽤 있었는데, 이 글은 정상적이고 품행이 바르며 훌륭한 10대의 견해를 대변하기 위한 의도로 실렸음에 틀림없다. 이 학생 투고자들은 4대 3 정도로 판결에 더 비판적이었다. 앞 절에서 언급한 내용을 다시 말하자면, 판사에게 비판적인 사람은 평균적으로 전통주의보다 두 배 이상 길게 글을 썼는데, [진보적이면서] 합리적인 주장을 펴려면 더 애를 써야 한다는 뜻이다. 그러나 전반적인 결과는 용의주도하게 균형을 이루었다. 전통주의적 독자투고 숫자가 더 많았던 것은 흔히 비판적 독자투고가 먼저 실렸다는 사실에 의해 '균형을 이루었다'. 완벽하게 전통주의 시각에 속하는 한 독자투고는 비슷한 입장을 취하는 다른 글의 저변에도 깔려 있지만 좀처럼 공개적으로 표현되지 않는 주제를 추가했다. 이 글은 그냥 이런 내용으로 되어 있었다. "분명 자신들의 고국에 있는 영국인은 이 아이 같은 깡패로부터 보호받을 자격이 있다." 좋든 싫든 영국은 폴 스토리의 '조국'이기도 했다는 사실에 비추어볼 때 '자신들의 조국에서'는 특히 절묘한 표현이다.

▌사적–공적 채널: 악성 독자투고

　그다음 부류의 독자투고를 통해서는 '사적', '공적' 담론의 경계를 넘어 영국의 '지하세계'를 잠깐이나마 선별적으로 엿볼 수 있다. 이 투고는 핸즈워스 사건 당시 발송된 악성 독자투고였다. 물론 이는 공적 매체를 통해 전송되지 **않고** 개인적으로 전달되었다는 점에서 '사적'인 편지였다.

따라서 공적 커뮤니케이션 네트워크 바깥에 속한다고 볼 수도 있다. 반면에 이 글은 사적 감정보다는 '공적' 감정을 표현했다. 이 글은 수신자가 알지 못하는 사람이 보냈으며, 실제로 이 중 대다수는 의도적으로 익명으로 작성했다. 어떤 교환이나 관계의 토대를 형성할 의도로 보내지는 않았으며, 이를테면 답신도 기대하지 않은 게 분명하다. 이 글은 공중의 취향에는 지나치게 폭력적인 태도나 독설적인 언어를 담고 있었다는 점에서 '사적'이라고 할 만한 근거는 충분하다. 본질적으로 바로 극단주의의 성격을 띤다는 이 사실이야말로 편지를 사적 채널로 바꿔놓는다. '괴짜의 작품', '정신 나간 비주류'는 그러한 글에 대해 가장 흔히 나오는 두 가지 거부 반응이다. 우리의 목적은 두 가지 주장을 제시하려는 데 있다. 첫째, 악성 독자투고는 '[편집자에게 보내는] 독자투고'에서라면 표현되지 **않았을** 일부 태도를 포함했다는 점이다. 둘째이자 더 중요한 점으로는 '악성 발언' 속 많은 태도는 공적인 독자투고에서 널리 공유되면서도 좀 더 절제된 방식으로 표현되던 태도가 **변형된 것**이라는 점이다.

　실제로 여기서 언급한 변형은 흔히 형태적인 데 그치기도 했다. 악성 독자투고는 '시민 대 동료시민'보다는 '개인 대 개인' 사이에 작성된다. 공적 담론에서 사적 담론으로 옮아갈 때에는 다른 기조가 기대되며 실제로도 그렇게 되는 것을 볼 수 있다. 이보다 좀 더 어려운 문제는 사적인 투고와 공적인 투고가 형식, 언어, 기조는 다르지만 그럼에도 불구하고 ('독자투고란'에서 볼 수 있듯이) **동일한** 여론의 스펙트럼 내에서 다양한 지점을―똑같은 '보통사람의 이데올로기'(layman ideologies)가 작동해 나온 표현을―어느 정도 대변할 수 있는가 하는 문제다. 상당한 숫자의 '악성' 투고는 '공적 장의 시민'이 스스로 인정한 한계를 훌쩍 넘어가 버렸다. 그리고 이 때문에 두 채널이 아주 다르다고 생각하게 될지도 모르겠다. 그렇다면 악성 투고는 미디어가 대상으로 삼는 '합리적인' 독자나 투고자의 사회가 접하는 것과 전혀 동떨어진 의미 체계의 존재를 지칭하게 될 것이다. 하지만 공적 미디어는 어떤 의미에서도 사회적 담론의 전체 범위를 반영하지 않는다. 여론 형성의 매개체가 되는 사회적 커뮤니케이션은 이웃 간의 대화에서 시작해 길모퉁이나 술집에서의 토론, 루머, 가십, 추측, '내부 정보', 가정에서 가족 간의 토론, 사적 모임에서 의견과 견해 표현 등을 비롯해 매스 미디어가 접하는 좀 더 공식적인 고위층 수준에 이르기까지 모든 것으로 이루어진다. '여론'의 조직화는 이 **모든** 사회적 교환 수준에서 발생한다. 매스 미디어는 방대한 범위를 다루고 다양한 공중을 연결하며 커뮤니케이션 상황에서 일방적인 권력을 행사하기 때문에, 다른 모든 좀 더 비공식적이고 면대면 수준의 사회적 담론을 흡수하고 무력화한다는 발상도 있는데, 이는 말도 안 된다. 그러므로 우리는 이 '사적' 독자투고를 **평범한** 사람이 주도하는 사회적 '대화 과정'에서 일부가 배제되거나 **대체된** 부분으로서 검토해야 한다.

그렇다면 다음과 같은 질문이 떠오를 것이다. 이처럼 범죄에 대해 좀 더 '극단적인' 태도는 어떤 출처에서 생겨나는가? 이 태도는 단지 비합리적인 데 그치지 않는다. 우리가 앞으로 보여주고자 하는 대로 이 독자 편지에는 어떤 합리성이나 '논리'도 분명히 존재한다. 대다수의 악성 독자투고는 더 광범위한 공중이 차마 직접 '그렇게까지 말하지는' 못한다 할지라도 편지를 읽고 나면 자신의 말에 분명 동의할 것이라고 가정한다. 악성 편지 작성자는 경험적 의미에서("많은 사람이 나의 의견에 동의해")뿐 아니라 좀 더 규범적인 의미에서도 ("사람들은 내 의견에 동의해야 해. 따지고 보면 P와 Q가 발생하면 X와 Y가 뒤따라 발생한다는 것은 자명하잖아") 이러한 보이지 않는 '공중'이 존재한다고 여긴다. 달리 말하자면 사적 형태를 띠고 있음에도 불구하고 역설적으로 이 편지는 범죄에 관한 사회적, '공적' 담론에 계속 뿌리 내리고 있으며 거기에 의존한다. 몇몇 사람은 그러한 충동을 느낄 수도 있겠지만 '정신 나간 주변부'와 '괴짜'를 이러한 의미에서 이례적인 현상으로 치부해서는 안 된다. 어쨌든 공적, 사적 강박관념을 구분하는 경계는 때로는 보이는 것처럼 그리 뚜렷하지 않으며, 기록 텍스트 증거만으로 작업할 때에는 특히 그렇다. 사건이나 이슈가 공중의 민감한 부분을 건드릴 경우에는 강력하게 강박적인 느낌이나 생각이 공적 영역에서 표현될 정도로 충분히 '순화'될 수도 있다. 이러한 느낌과 생각은 완전

히 '공적'으로 노출될 태세가 되지 않는다고 해도 실제 행동의 토대가 되
어 사람들의 느낌과 생각에 영향을 미칠 수도 있다.

　　악성에 해당하는 편지 30통이 폴 스토리 어머니와 스토리에게 우호
적인 부류인 두 사람에게 전달되었다. 이 비율은 사회에 널리 보급된 가
치 측면에서 설명할 수 있는데, 언론에 나타난 발언은 그 가치에 대한 지
표를 어느 정도 제공한다. 소년들에게 선고된 형량에 대해서는 의견이 일
치하지 않았지만, 이들의 범죄에 대한 비난은 보편적으로 존재했다. 언론
에 보도된 범죄의 특징은 광범위한 혐오와 공포의 대상이 되는 범죄 모델
과 일치했다. 소년들은 원형적인 폭력적 범죄자로 묘사되었다. 무자비하
고 이익 추구에서 냉혈한이며, 혼자에다 결국 무방비상태의 무고한 남성
에게 불필요해 보이는 폭력을 행사할 태세가 된 인물이다. 이 그림은 수
많은 편지의 전제를 이루었다.

　　30통 중 10통은 (언론의 범죄 보도 대상이던) 소년의 어머니에게 "개인적
으로 편지를 쓴 합리적인 시민"의 범주 안에 속했다. 이 편지부터 먼저
살펴본다. 우리는 이들을 '응보형벌주의자'(retributivist)로 이름 붙였다. 이
사람들은 모두 법이 범죄자에게 자기 행동에 합당한 보복을 강제해야 한
다고 분명하게 요구한다. 이 범주의 투고자는 신문투고의 **한** 범주와 확실
히 중첩된다.

> 어찌 감히 당신 아들이 나쁜 애가 아니라고 말하는가? 당신 아이는 자동차
> 도 훔쳤고 부랑자다. 그의 사악함에 의해 삶 전체가 망가진 사람은 어찌하고?
> 당신 아들은 괜찮은 사람들로부터 격리 수감되어 마땅하며, 당신도 부분적으
> 로는 책임이 있어. 자메이카로 돌아가라.

　　이 부류의 편지는 연설 형태로 되어 있다는 점이 독특했다. 폴 스토
리의 '악인으로서의' 정체성은 단순하고 생생하며 스테레오타입화된 방식
으로 **확정되었다**. '부랑자'는 아마 그가 실업자였다는 언론보도에서 따온
것 같다. '실업자=부랑자=절도범=나쁜 사람'이라는 등식은 보수주의의

사회적 이데올로기에서는 흔한 것이다. 이제 극도로 활성화된 "피해자는 어찌하고?"라는 외침은 주의를 다시 범죄의 심각함으로 돌린다. 도덕화하는 단어의 연쇄는 "도덕적 타락은 처벌받아 마땅하다"라는 주제를 활성화한다. 즉 악인—사악함—마땅하다—비난으로 이어진다. 유일하게 누그러지는 부분은 어머니는 '부분적으로'만 책임이 있다는 점에 있을 뿐이다. 마지막 문장은 앞절 마지막 부분에서 인용한 '조국'이란 개념을 채택한다. 그러나 여기서 국가는 '도덕 공동체'와 확고하게 동일시되며, 스토리와 그의 어머니는 이곳에서 의례적으로 추방된다(이 추방은 물론 순전히 상징적이다. 스토리는 자메이카에서 태어나지 않았고, 그의 모친은 백인이다). 이 편지에서 근간을 이루는 도덕적 분개와 보복적 정의 개념은 전체적인 도덕적 구조에서 뚜렷하게 드러난다. 이 정의 개념은 명쾌함, 농축, 돌발성, 단서조항 부재 때문에 극단적으로 들린다. 그러나 내용 측면에서는 이미 **범죄와 처벌에 관해 통용되는 공적인 이데올로기의 범위 안에** 굳건하게 자리한다.

　　이 유형의 편지 집필자는 범죄자에 대해 (판결 외에도) 추가적인 조치를 취해야만 정의롭다고 믿는 것 같다. 신체적 처벌이나 형기 연장이 흔히 제안되었다. 그러나 모든 그런 추천사항은 완전히 극단적이거나 혐오스러운 폭력에는 미치지 않았다. 사형을 옹호하지도 않았고 사법부 자체에서 권고를 고려할 만한 조치 혹은 어떤 경우엔 비교적 멀지 않은 과거에 실제로 권고한 조치를 훌쩍 넘어서지도 않았다. 따라서 투고자들은 '수용가능한 극단주의'라 부를 만한 범위 안에 머물렀다.

　　버밍엄 출신이 분명한 어느 미망인 기고자는 '16세의 소년' 노상강도범의 손에 당한 개인적 경험을 설명하면서 그러한 규율과 복수 호소를 구체화했다.

　　　　그는 나를 걷어차 흙투성이 바닥에 넘어뜨렸어. 아마 내 가방이라도 채가지 않았다면 나를 죽였을 것이다. 이러한 짓을 나에게 한 자가 혹 *당신* 아들인지 궁금해. 그런데 당신은 뻔뻔스럽게도 20년이 너무 과하다고 말하다니. 만일 사망하도록 방치된 사람이 당신 아들이었다면 어찌했을까? 장담컨대 당신은 곧 복수를 외칠 거야. 애들이 당신의 귀가를 기다리는 동안 시내에서 두들겨 맞고 강탈당하는 게 어떤 것인지 당신은 몰라. 이 도시는 어두워지면 밖에 나가지도 못할 지경이 되고 있어. 다시 집에 돌아오지 못할까 봐 친구 집 방문도 두려워 져. 만일 내 마음대로 할 수 있다면 아홉 갈래 채찍(cat of nine tails)6을 부활 시켜 모든 놈들을 채찍질한 다음 가두어버려야 해. 당신도 아들과 함께 20년 형을 살아야 해. 그러면 당신 근심도 끝나. … 스틸 하우스 레인(Steele House Lane) 인근의 범죄수사부(CID)에 내가 어떤 상태였는지 물어봐. — 어느 *여성*이

여기서는 분명히 공포스러운 개인적인 폭력적 피습 경험 전체가 범 인의 어머니를 규탄하는 데 동원되었다(그리고 또한 심각한 사고를 당한 딸도 잠 깐 언급했다). 그리고 이 경험은 "그는 100년 형을 받고 등짝에 온통 채찍 질도 당해야 해"라는 판단에도 비슷한 형태로 반영되었다. 다시 말해 '길 거리 범죄'의 위기라는 그림의 모든 요소가 여기 등장했다. 다음과 같은 또 다른 예에도 비슷한 특징이 보인다. "런던에서는 저녁에 외출하기가 무서워. 가고 싶은 클럽은 있는데 나가기가 두려워. … 만일 경찰이 없었 다면 어떻게 되었을까? 돼지 같이 비열한 놈들, 그놈들은 집안에나 머무 는 게 나아." 두 편지 모두 진짜 불안감의 표현뿐 아니라 노상강도에 대 한 아주 생생한 공중의 정의를 끄집어냈는데(두 번째 편지에는 '베스널 그린 Bethnal Green 출신의 연금 생활자라고 적혀 있었다), 폭력적인 불량배가 들끓는 길거 리, 준법 사회 붕괴를 저지하는 방패로서의 경찰이라는 점이다. 다시 말 해 언어가 다소 극단적이긴 하지만 이 편지들은 수많은 '독자투고'나 신 문 사설과 공유하는 부분이 많았는데, 바로 사회를 범죄로 찌든 곳으로 묘사하고 '회초리를 부활시키라'는 호소가 뒤따른다는 점이다. 이와 비슷 하게 전체 표본에서 18편의 편지는 **희생자**의 고통에 강한 우려를 표명했

---

6 직역하자면 꼬리가 아홉 달린 고양이가 되는 아홉 갈래 채찍은 끝부분이 여러 갈래로 나누 어진 체벌용 채찍을 의미한다. 이 용어가 일찍이 1681년 런던의 살인 기록에서 등장하는 것을 보면 역사가 오랜 기구인 듯하다. 가혹한 체벌용으로 고안된 도구로서 한때 영국 해군 과 육군에서 널리 사용되었고, 영국과 여러 영연방 국가에서도 사법적 체형 도구로 사용되 었다고 한다. — 역주

는데, 이 감정은 똑같이 엄격한 도덕적 구조에 의해 정당화된다.

　품위의 경계선에 있는 다른 편지들은 이 사건에서 범인을 처리하는 데 적합한 방법으로 **사형**을 떠올렸다. 이 중 한 편지는 인과응보적인 범죄 정의가 어떠한 메커니즘에 따라 작동하는지에 관해 극도로 명쾌한 통찰을 제공해주었다.

> *피해 비용을 헤아려보는 희생자*
> 당신 아들 덕분에 키난 씨는 이제 직업을 유지할 수도 없어. 그런데 당신은 자비를 바라고 있네. 당신 아들은 키난 씨에게 어떤 자비를 베풀었나. 전혀 아니었어. 그러니까 당신 아들도 처벌로 대가를 치러야 해.

　여기서는 범죄와 처벌의 정의를 조직화하는 데 '비용'과 '대가'라는 개념이 어떻게 사용되었는지 볼 수 있는데, 이 정의는 '균등 교환' 개념을 통해, 즉 희생자에게 자비를 베풀지 않았으니 **그러므로** 범인에게도 자비를 베풀지 말아야 한다는 식으로 해석되었다. 한쪽에 폭력을 가하면 다른 쪽에게도 폭력을 가해야 한다는 것이다. 집필자는 '노상강도' 공황 시기의 사법부를 연상시키는 말투로 "사회는 노상강도를 인내하지 않을 것이다"라고 덧붙였다. 이 특정 편지는 자의식적으로 또 좌우 대칭되게 작성되었다. 글자는 대문자로 하고 제목을 붙였고, 줄 사이에는 의도적으로 한 줄 띄웠으며, 활자체는 두 가지 색깔을 썼다. 편지지에는 폴 스토리의 신문 사진도 붙여놓았다. '적절한 충격을 노린' 이처럼 강박적인 세심함은 좀 더 극단적인 부류의 편지에서 한 가지 특징이었다. 이 편지는 이렇게 결론을 맺었다.

그는 교수형에 … 처해야 했어!

　일부 편지는 거의 공적인 견해라기보다는 지하세계의 시각이란 범주로 분류하는 게 더 적절해 보인다. 이 편지들은 **오로지** 사건의 인종적 측면에만 관심이 있었다. 리버풀 출신의 한 기고자는 이런 말로 시작했다. "그러니까 당신이 충격을 받았구먼. 참 안 됐네." 스토리와 푸앗, 이 두 소년은 '깜둥이'로 묘사되었다. 이 기고자는 다음과 같이 계속 말을 이어 갔다. "이름을 보건대 자식이 12명 있다는 여자도 외국인, 영주권자(R.C.) 구먼. 이 여자는 남아일랜드로 가야 해. 당신이나 깜둥이, 파키스탄 놈들 은 정글로 다시 돌아가." 이러한 부류의 노골적인 인종주의에 힘입어 작 성자는 다른 모든 이슈를 배제한 해석을 구축할 수 있었다. 스테레오타입 에 의한 연상은 여기서 무차별적으로 작동했다. '외국인'과 관련된 거의 모든 속성 — '깜둥이', '영주권자', '남아일랜드', '파키스탄 놈' — 이 쓸모 가 있을 것이다. 그 후 이 이름표들은 결코 낯설지 않은 정치 분석과도 연계되었다. "이 세 명은 그냥 복지국가에 빌붙어 살지만 이 나라에 아무 런 권리도 없다. 아, 이녹 포웰이 너희들 자리를 없애 버릴 테니 너희 땅 으로 돌아가. 알다시피 너희가 잘살 곳으로 말이야." 편지 이 부분에서 과격한 인종적—외국인 관련 별칭은 좀 더 '점잖은' 형태로 바뀌었다. 일 단 외부 집단을 '모국'이 있는 외국인으로 규정하고 나면 '현지 출 생'(native born) 권의 주장은 인종주의 이슈가 아니라 국적 이슈로 제시될 수도 있기 때문이다. 이 시나리오에서는 외국인을 원형적 일탈자, 즉 복 지국가가 먹여 살리는 게으른 부랑자와 관련지어 생각한다고 해도 놀랄 일은 아니다. '깜둥이'와 '파키스탄 놈'이 복지국가에 기대어 산다는 생각 은 이제 인종주의 용례집에서 가장 흔한 인식 중 하나다. 이러한 인종주 의 편지 중 하나는 이 부류에서 유일하게 모호하지만 주소에 서명까지 갖 추고 있었다. 세 통 중 어느 것도 우리 관점에서 볼 때 예외적일 정도로 잔혹한 처벌을 옹호하지는 않았다. '합리적인' 편지에서 인종은 그리 흔 히 나타나는 주제는 아니었지만, 모두 12통의 작성자가 인종 문제를 끌어 들였다는 점은 주목해야 한다.

　　인종주의의 구조를 갖춘 이 편지들은 좀 더 극단적인 악성 편지 작 성자 집단의 변방으로 이어진다. 이 편지들이 담고 있는 독설 수준이나 이들이 제안하는 예외적으로 잔혹한 처벌 때문에 이 편지 작성자를 '초응보형벌주의자'(super-retributivist) 혹은 '복수주의자'(revengist)로 부르겠다. 이 편지들은 어머니를 비방하는 경향이 있다는 점에서 '인종주의' 편지와 공통점이 있었다. 여기에는 지하세계의 인종적-성적 주제들, 즉 성적 난잡함, 초 대가족, 인종 간 결혼 등에 대한 비난도 포함되었다.

순전히 인종주의 맥락에서 이 모든 주제를 다시 한번 가동시킨 완전히 '극단적인' 편지가 두 통 있었다. 이 일반적인 '복수주의' 유형의 편지 8통은 범인을 제거하는 데 처형 형태를 옹호했는데, 여기에는 스토리가 린치를 당하는 것을 보고 싶어 한 사례도 두 통 있었다. 스토리를 거세해야 한다는 제안도 두 통 있었고, 그를 낳은 '범죄'의 책임을 물어 어머니에게 불임시술을 해야 한다는 주장도 한 건 있었다. 다른 처벌 방법에는 매일 신체적 처벌을 가하거나 폴 스토리의 얼굴을 '후려쳐야' 한다는 내용도 있었다. 또 다른 집필자는 아마 키난 씨가 받은 대우를 기억해낸 듯한데, 매주 범인의 얼굴을 벽돌로 내리쳐야 한다고 주장했다. 한 기고자는 최종적으로 스토리의 시신을 테임즈 강에 던져버려야 한다고 주장했다. 이와 반대로 '응보형벌주의자'는 종신형이나 사법적으로 이에 상응하는 형을 더 자주 언급했다.

'복수주의자'는 자신들의 주제를 독설스럽게 스테레오타입화된 관점에서 제시했는데, '깡패', '기생충', '짐승', '인간 쓰레기', '나쁜 자식' 등이 그 예다. 이러한 이름표는 범인이 '상궤를 벗어난 존재', 즉 **너무나** 사악해서 '정상적' 처벌은 부적절하며 심지어 위험하기까지 한 존재라는 상상을 유도한다. 범죄자와 범죄를 묘사하는 데 사용된 언어의 폭력성은 기고자가 강경하지만 합법적인 복수에서 가학적 복수로 경계를 넘어간 행위를 **정당화하는** 역할을 했다.

이 편지들에서 특정한 사악한 행위는 오직 범죄자의 기본적으로 **악한 본성**의 상징으로서만 나타났다. 마치 기생충처럼 범인들은 인간으로서가 아니라 **태생적으로** 위험한 존재였다. 따라서 절대적인 조치로 다루어야 한다. 일부 기고자가 보기에, 범죄자가 갖춘 유일하게 인간적인 기미는 행위에 대한 책임을 물을 수 있다는 점이었다. 예를 들면 두 명의 기고자

는 스토리가 '지옥에서 푹 썩기를' 바랬다. 이러한 관념은 스토리를 다시
인간성의 영역으로 데려오게 하는 데는 도움이 되었지만 오직 제한적이
고 가식적인 의미에서만 그렇다. 스토리가 수감 기간 동안 사망하기 바란
다는 여섯 기고자의 바람에는 좀 더 단호한 도덕성이 근저에 흘렀다. 자
연의 섭리가 '정의' 구현을 도와주러 임할 것이라는 희망도 나왔다. 범죄
자를 낳은 죄목으로 범인의 어머니에게 불임시술을 가해야 한다는 한 기
고자의 의견은 범죄자를 글자 그대로 비정상적인 '괴물', 즉 '기생충'으로
간주하는 이데올로기의 맥락에서 보면 납득이 간다. 또 다른 기고자는 소
년의 어머니를 '그런 놈을 낳은' 죄로 처형해야 한다는 소감을 밝혔다.

　　여기서는 범죄가 어떻게 해서 사악한 인간 본성 이론으로 바뀌어 비
정상과 괴물의 이미지로 가시화했는지 주목해야 한다. 인종과 타락한 섹
슈얼리티의 주제가 이러한 이미지에 농축되고 그 이미지에 강력한 비중
을 부여한다. 그렇게 해서 생겨난 결과는 잔인하고 가학적인 처벌 요구에
서 목격할 수 있다. 이 불유쾌한 삼각구도ㅡ인종, 섹슈얼리티, 사디즘ㅡ
는 프랑크푸르트학파와 다른 저작들이 보여주었듯이 '권위주의 퍼스낼리
티'(authoritarian personality)의 심층구조를 이루게 되었다. 좀 더 중요한 점으
로는 이 심층구조가 이미 살펴본 **다른** 편지의 좀 더 대체된 (그리고 이에 따
라 공적으로 수용할 만하게 된) 주제와 이미지의 근간이 된다는 것이다. 규율
촉구, 속죄양을 찾는 경향, 재도덕화의 충동, 스테레오타입의 경직성에서
볼 수 있듯이, 이러한 삼각구도의 토대가 '좀 더 용인할 만한' 표현으로
모습을 바꾸어 등장한 것은 방금 살펴본 편지의 다듬어지지 않은 표현만
큼이나 경계할 만한 일이다. 비정상성, 섹슈얼리티, 가혹한 조치에 대한
확고한 신념 등의 이 요소 중 일부는 다음 발췌문에서도 볼 수 있다.

　　그러니까 판결에 불복해 항소하겠다고? 뻔뻔스런 인간 같으니라고. … 그의
　　행위는 당신이 길러준 데 대한 보답이다. 그놈이 다시 살아서 나오는 일이 없
　　기를 바란다. 이 나라에 필요한 것은 크룸 존스톤[크룸 존슨의 오류 표기] 판
　　사 같은 사람이다. 신이여 그를 축복하소서. 사악한 눈과 살인자의 이마를 가

진 당신의 혼혈(half cast)7 자식은 우리에게 없어도 돼. 나는 성격을 잘 판단하는 사람이어서 아는데, 그놈은 살인자 체질로 태어났어. 설혹 내가 감옥에 가더라도 그놈 같은 자들과 붙어서 지낸다면 큰 모욕으로 여길 거야. 교수형을 부활시켰으면 좋겠어. 미국에서라면 군중이 감옥을 둘러싸고 그놈에게 린치를 가할 거야. 당신 자식놈 걱정은 말아. 그렇지만 피해자는 불쌍한 사람이네.

이 편지는 빌헬름 라이히(Wilhelm Reich), 테오도르 아도르노(Theodor Adorno) 등이 확인한 '권위주의적' 사고구조와 실로 아주 근접한 '사고구조'를 드러낼 뿐 아니라 복수(revenge)의 용례집에서 상상할 수 있는 모든 주제를 포함한다. 또한, 이 편지는 같은 부류의 다른 편지에서 좀 더 파편화된 형태로 표현된 주제들을 집약한다. 스타일은 구두 연설에서 금방 따온 듯해 근본적으로 일반 대중 지향적이다. 이는 폴 스토리의 어머니에 대한 격렬한 적개심을 투사한다. 범인의 행위를 어머니의 잘못된 양육 탓으로 돌리기도 한다. 작성자는 당당하게 — 그리고 경의를 표현하면서 — 판사라는 권위 있는 인물과 동일시하는데, 특히 '전통주의' 방식으로 그리한다("신이여 그를 축복하소서"). 다음 문장에서 이 글은 인종("혼혈"), 섹슈얼리티("자식놈")를 범죄자("살인자")와 연결하고 그것들을 모두 비정상적이고 괴물스럽고 비인간적인 관점에서 정의한다. 그렇게 하면서 이 글은 또한 자신을 확실하게 체사레 롬브로소(Cesare Lombroso)8 식의 생물학적 실증주의 전통 내에 위치시켰다. 즉 작성자는 이러한 괴물스런 속성을 생물학적 범죄자 유형에 단번에 고착되는 '비자연적' (즉 인간이 아닌) 도착 형태로 간주한다. 그리고 유전적, 신체적 특징("사악한 눈 … 그리고 살인자의 이마")에 비추어

---

7 여기서 혼혈은 'half cast' 혹은 'half caste'에서 번역된 것으로 인종이나 종족이 다른 부모에게서 탄생한 사람들의 범주를 지칭하는 용어다. 영국에서는 대영제국 시절 원주민을 분류하는 데에, 호주에서는 백인 위주의 동화 정책을 고수하는 방안으로 통용되었기 때문에 이 용어는 지금도 대단히 부정적이고 무례한 의미로 받아들여진다. ─ 역주

8 체사레 롬브로소(1835-1909)는 이탈리아의 범죄학자이자 법의학자다. 그는 범죄 연구에 처음으로 과학적 방법의 적용을 시도해 이탈리아 실증주의 범죄학의 창설자로 불린다. 그는 범죄성은 유전되며 눈이나 턱 모양 등 신체적 특성을 검토하면 범죄자를 식별할 수 있다고 주장해, 19세기 말부터 20세기 초까지 범죄학에 큰 영향을 미쳤다. ─ 역주

이 유형을 탐지하고 해독할 수 있다고 주장한다. 마지막으로 이 글은 우선 극단적인 법적 제재—교수형—를 촉구하고, 그다음에는 **이를 넘어** 환상 속의 군중 폭력, 즉 린치 가하기로 옮겨간다. 이 둘은 "피해자는 불쌍한 사람이네"라는 전형적인 감상조의 언급에 근거한다.

'복수주의' 편지의 수많은 주제는 공적 편지뿐 아니라 '응보형벌주의' 악성 편지에서처럼 좀 더 온건한 형태로 표현되는 주제들과도 연결된다. 예를 들면 여러 편지는 환경주의나 '사회학적'인 범죄 설명을 거부했다. "당신 아들은 마땅한 벌을 받은 거야. … 동네 탓을 해선 안 돼. 그놈은 그렇게 키워졌을 뿐이야" 혹은 "그놈의 타락을 주변 동네 탓으로 비난하는 당신의 상투적인 반응은 말도 안 되는 헛소리다. 당신 아들은 죽어야 하고 그의 영혼은 지옥에서 썩어야 해." 물론 '재미'라는 동기를 끌어들인 '응보형벌주의' 편지 한 통은 분명히 범죄를 주의주의적(voluntaristic)으로 설명하기도 했지만, "그들은 자신이 무슨 짓을 하는지 알고 있었다"라는 식의 진술에서 보듯이 동기는 자주 논의되지 않았다. '복수주의' 편지도 다음과 같이 똑같은 주제를 되풀이했다. "그놈은 자신이 무슨 짓을 하는지 알고 있었다." 그러나 기고자들이 보기에 '악은 악일 뿐'이라는 사실은 자명했기에 근본적으로 동기는 상관이 없었다. '독자투고'에서 발견된 관점에서 판결을 명쾌하고 명시적으로 옹호하는 주장이 전혀 없었다는 점은 놀라웠다. 가혹한 처벌의 억제적 가치는 공적인 투고에서는 거듭 등장했지만 사적인 편지에서는 거의 나타나지 않았다. 간단히 언급한 사례만 단 세 건 있었을 뿐이다.

마지막으로 이 편지들에서는 어떤 근본적인 '근원적 개념'(root-concepts) 혹은 이미지가 반복해서 나타났음에 주목해야 한다. 이 개념들이 근본적인 이유는 집필자들이 거주하는 세계에 관해 기본적이고 군건한 감정과 확실성을 상징하기 때문이다. 이 개념들은 오직 사적인 편지에만 국한되지 않고 바로 좀 더 직접적이고 덜 공적으로 구조화된 말 걸기 형식이라는 맥락에서 더 강하게 나타난다. 나중에 좀 더 자세히 살펴보겠지만 여기서는 이 모든 것 중에서도 **가족**이 중심을 이루고 있음을 간략히 지적하고자 한다. 이 주제는 아이 양육에서는 가족이 중심이 된다는 관점에서 끊임없이 반복해 나타난다. '정상적' 가족은 '정상적' 아이를 낳는다. 그러므로 [범인의 가족이] 비정상적 가족이었으니 '괴물'을 생산한 게 **틀림없다**. 이 주제는 앞서 살펴본 다른 주제—**인종과 섹슈얼리티**—와 연결된다. 즉 어머니가 생부가 아닌 남자와 살고 있는 상태의 혼혈 소년은 '괴물'이 어떻게 '태어났는지' [자기 나름대로] '이해'하는 사람들에게 기초적 근거를 제공한다.

사적인 편지는 친밀하거나 서로 알고 지낸다는 전제에서 이루어지는 문자 형태의 커뮤니케이션이다. 이는 한 작성자에게서 읽는 사람에게로 '구두 발언'이 즉시 흘러가는 것처럼 재연하도록 시도하거나 반응을 예상하도록 되어 있다. 이 편지의 위력은 사적인 말투에서, 즉 말투와 대응 태도가 비공식성을 띤다는 데서 발생한다. 사적 편지는 흔히 우정이나 애정을 담으며 늘 서명이 되어 있다. 기록된 단어의 교환을 통해 관계를 시작하거나 지속하기도 한다. 개인적인 **독설적** 편지는 이처럼 직접적인 말걸기와 상호성의 경로를 시작하면서도 이를 악용하고 나쁜 용도로 활용하는 데 목적을 둔다는 바로 그 이유 때문에 충격적이다. 이 독설적 편지는 덕담을 들을 수 있도록 **노출된 채널을 통해** 덕담 대신 악의적 독설을 교묘히 주입한다. 이 중 대다수는 익명으로 이루어진다. 일종의 상호성 형태를 환기하고는 익명성으로 거부해버린다. 독설의 출처는 드러나지 않고 확인도 되지 않고 추론이 불가능하며 추적도 할 수 없다. 그러므로 위협의 기조를 띠게 된다. 이 글에서 '악성'의 척도를 구성하는 것은 언어와 감정의 극단성만큼이나 '사회성의 거부'에 있다.

▎여론과 이데올로기

지역이란 배경에서 지역 범죄를 살펴보고 지역의 투고와 사적 편지를 모두 읽고 나면 **여론** 형성을 지탱하는 커뮤니케이션 채널의 미로를 엿볼 수 있는 통찰을 얻게 된다. 우선 이 중 다수는 공적 미디어의 공식 채

널에서 완전히 벗어나 있다. 하지만 이 여론의 '비공식' 채널을 무시해서
는 안 된다. 핸즈워스처럼 사회적으로 밀집되고 인종 구성에서나 정치적
으로도 복잡한 지역에서 그러한 '비공식' 채널은 대중 사이에 풍부하게
존재한다. 지역 주민 대상 '노상강도'처럼 극적인 사건에서는 지식, 소문,
민속, 의견의 상호작용이, 미디어가 전유하기 오래전부터 의견이 형태를
갖추기 시작하는 데 핵심적이면서 일차적인 수준을 구성한다. 핸즈워스
'노상강도' 발생 직후 지역에는 소문, '비공식 뉴스', 견해가 넘쳐났다. 이
중 작은 비율만이 '독자투고' 형태나, 미디어가 견해 표명을 위해 불러낸
지역 증인이나 전문가 형태로 지역언론에 반영되었다. 그러한 의견은 이
미 해석에 의해 틀이 지워지고 상식적 견해와 범죄에 관해 인정된 지혜에
따라 형태가 정해진다. 하지만 의견은 이처럼 비공식적이거나 조직화되지
않는 수준에 오래 머물 수 없다. 통제 문화와 미디어의 행동 그 자체는
사건을 범사회적 시각과 맥락 안에 배치하는 과정에서 여론의 문턱을 높
이는 역할을 한다. 지역의 커뮤니케이션 채널은 신속하게 그리고 선별적
으로 좀 더 공적인 채널로 통합된다.
　　따라서 '여론'의 정교화는 매스 미디어 네트워크에 의해 좀 더 공식
적이고 공적인 수준으로 고양된다. 우리 사회 같은 곳에서는 흔히 개인들
이 지역 전통과 네트워크에 기반을 둔 채 대단히 파편화된 삶을 영위한다
는 것은 사실이다. 그러나 바로 그러한 사회에서는 **연결을 제공하는** 네트
워크가 중요하다는 점 역시 사실이다. 전문가 의견과 일반인 의견 그리고
통제자와 통제 대상의 상대적으로 '서로 분리된 세계'가 서로 관련지어지
고 적어도 한동안 동일한 공간을 점유하는 것처럼 보이게 해주는 수단이
존재할 때 비로소 사건과 이슈는 완전한 의미에서 **공적인** 현상이 된다.
우리가 '여론'이라 부르는 복잡한 피조물을 **창조하는** 것은 바로 커뮤니케
이션과 커뮤니케이션 네트워크다. 우리는 핸즈워스 사건이 미디어를 통해
전개되는 과정을 관찰하는 동안 동시에 여론이 형성되는 과정도 목격하
게 된다. 이 과정은 구체적으로 범죄가 공적 영역으로 부상해 '공적 이슈'
형태를 띠게 되는 과정이기도 하다.

범죄에 관한 '여론'은 그냥 무작위로 형성되지 않는다. 이 여론은 형태와 구조를 드러낸다. 또한 어떤 시퀀스에 따라 전개된다. 그래서 사회 과정이지 불가사의한 현상이 아니다. 가시성이 가장 낮은 초기 단계에서도—대화, 소문, 단편적 의견과 상식적 판단 교환—범죄에 관한 대화는 사회적으로 진공 상태가 아니다. 이 대화는 이미 공적 주제로서 범죄에 관한 일반인의 의견과 이데올로기에 의해 채워지고 침투되어 있다. 그러한 이슈는 미디어를 경유해 공적 영역으로 더 많이 옮아갈수록 범죄에 관한 지배적 이데올로기에 의해 더 많이 구조화된다. 바로 이런 것들이야말로 모든 공적 토론의 하부구조를 이룬다. 범죄 이슈는 공적 무대로 더 가까이 다가갈수록 더 고도로 구조화되고 기존의 이해와 해석 틀의 제약을 더 받으며, 그 주변에 사회적으로 인증된 감정, 정서, 태도가 더 많이 가동된다. 따라서 어떤 주제가 더 공적으로 될수록—공적 이슈화—더 대규모의 의미와 감정 네트워크가 그 주변에 존재하는 것을 감지할 수 있다. 결코 완전하거나 조리 있거나 내부적으로 일관성이 있지는 않지만 고도로 구조화된 **범죄 이데올로기** 덩어리의 존재를 더 잘 식별할 수도 있다. 다음 장에서 다룰 주제는 바로 이것이다.

제3장('뉴스의 사회적 구성')에서는 우리 사회에서 범죄에 관한 지식과 해석의 주된 출처 중 하나를 살펴보았는데, 바로 법원과 미디어 간의 중요한 교차점이다. 이 연결에 관해 음모론적 해석에 빠지지 않도록 경계하면서 범죄 뉴스의 정보원(법원과 통제 문화), 공적 전파 수단(미디어) 간의 긴밀한 연계가 어떻게 그리고 왜 범죄에 관한 공적 지식을 구조화하고 틀을 형성하는 동시에 그 이해를 '지배적 해석'으로 굴절시키는 데 강력하게 기여하는지 살펴보았다. 이 교차점은 여론의 형성 방식 분석에서 강력하면서도 실로 결정적인 원천이다. 그리고 다음 논의에서는 여론이 등장하도록 해주는 수단으로 알려진 이른바 '대화'가 어떻게 해서 그 제도적 원천에 의해 강력하게 구조화되는지, 즉 '여론'이 어느 정도로 '지배 내 구조화'(structured in dominance)된 존재인지 잊지 말아야 한다. 제4장('설명의 균형잡기')에서는 핸즈워스 사건이란 특정한 사례를 통해, 특히 극적인 범죄

뉴스가 매스 미디어에 의해 (이 경우 신문에 의해) 전유되어 가동될 때 어떤 일이 발생하는지 살펴보았다. 여기서는 범죄 소재가 추가적으로 구성되고 정교화하는 과정에서 몇 가지 단계가 있음을 목격했다. 특히 신문들 사이에서 이데올로기적 굴절의 차이뿐 아니라 과정의 다양한 지점에서 소재를 둘러싸고 다양한 해석구조가 결합하면서 성장해가는 양상을 살펴보았다. 예컨대 일차적 뉴스 구축, 뉴스가 탐사와 설명 영역으로, 즉 '이차적' 뉴스나 피처 취급 영역으로 이동하거나 판단 영역인 사설에서의 진술 영역으로 이동하는 것 등이 그러한 양상이다. 이 장에서는 핸즈워스라는 특정한 사례에서 그러한 과정을 독자편지에 이르기까지 추적했다. 그러나 우리의 검토 작업에서 '편지'는 일종의 분기점이 된다. 왜냐하면 여기서는 ― '독자투고'와 사적인 악성 편지 모두 ― 마침내 여론이 반대 방향으로 되돌아오기 시작하는 것을, 즉 사적이고 지역적인 '뉴스' 채널에서 **부상해** 여론의 영역 **속으로** 흘러 들어가는 것을 볼 수 있기 때문이다. 이처럼 핸즈워스 범죄에 관해 언뜻 밑으로부터 '자생적'으로 고조된 것처럼 보이는 여론이 앞서 논의한 제도적 세력이 미치는 영향력에 어느 정도 의존했는지 잠시라도 잊어서는 안 되겠지만, **범죄 뉴스가 일깨운 '일반 공중의 반응'의 성격과 형태** 역시 핵심적인 부분으로 주목할 만하다. 이미 통용되는 견해의 근거가 되고 그 견해를 지탱하며 정당화의 중심점을 제공해 합의를 종결짓는 데 기여하는 것은 바로 일반 공중의 태도를 일깨우고 그 형태를 구체화하는 과정이기 때문이다.

　　이제 밑으로 전파되는 지배적 해석과 밑에서 올라오는 '여론'의 언뜻 자생적으로 보이는 이 **만남**에는 정확히 어떤 것이 연루되어 있는가? 이러한 '순환'의 속성은 다음 장에서 검토할 문제다. 그러나 이 순환은 첫인상에서 느껴지는 것처럼 그리 자생적이고 기적적인 과정이 아니다. 잠시 이 언뜻 자생적으로 보이는 여론이 등장할 때 취하는 **형태**만 살펴보자. 첫째, 범죄에 대한 '일반인의 태도' 표현은 저 위 [공적 수준의] 커뮤니케이션 연쇄에서 전송되고 구성되는 것과 형태가 완전히 다른 것처럼 **보인다**. 큰 제목, 전면 피처, 장황한 인용문, 전문가 검토 등과 대비되는 듯이 '독자투고'는 간결하고 개인적이다. 고위층의 비중 있는 밀담과 대화와 반대로 악성 편지는 은밀하게 끄적거린 후 멋쩍어하며 전달한다. 그러나 만일 다양한 표면적 형태 아래로 들어가 다시 한번 좀 더 생성적인 수준에 눈을 돌리면 지금까지 우리가 놓쳐버렸을 수도 있는 이데올로기적 구조의 존재를 발견하게 된다. 법원, 뉴스, 사설에서의 판단, 독자투고, 악성 편지 등 각 단계에서는 수많은 의미 있는 차이에도 불구하고 담론의 근저에 흐르는 친숙한 용어군이 작동하는 것으로 보인다. 범죄와 처벌이라는 주제를 전개해야 할 때마다 똑같이 아주 제한적인 전제, 틀, 해석의 레퍼토리에 의존하게 되는 것 같다. 차이점도 말살해서는 안 된다. 경찰은 한 가지 방식으로, 즉 범죄 통제와 억제의 언어로 길거리 범죄에 관해 이야기한다. 법원은 이와 다른 방식으로, 즉 사법적 추론과 동기의 언어와 관용어로 표현한다. 다양한 전문가가 표현한 견해는 각 직업 세계와 세계관에 의해 강하게 굴절된다. 심지어 여기서도 사회적 돌봄 직업의 '사회복지적' 시각은 범죄학자의 '병리학적' 시각 또는 지역 의원 소속 지역 공동체 담당자의 시각과 다르다. 미디어로 옮아가 보면 차이점은 다시 한번 중요해진다. 〈데일리 텔리그래프〉와 〈가디언〉은 범죄를 설명하려 할 때 똑같은 경로를 취하지 않는다. 피처는 뉴스가 미처 다 다루지 못한 앵글을 시도해 보기 위해 존재한다고 말하고 싶어 할 사람도 있을 수 있다. 독자투고를 살펴볼 때에도 다시 한번 일반인과 전문가 투고 집필자 사이에, 혹은 공적 편지와 사적 편지 사이의 차이도 두드러진다. 공적인 범죄 이데올로기의 '지형을 그리려' 시도하는 어떤 설명에서든 이러한 분화를 고려해야만 한다. 우리가 아는 한 그 어떤 단일하고 조리 있고 통일되고 일관성 있는 형태로 존재하는 영국의 '공적인 범죄 이데올로기'(단수)도 발견할 수 없었다고 주장하고자 한다. 반면에 아주 다양한 범죄 형태와 설명은 현상적인 모습 수준에서는 차이가 엄청나 보이지만 **훨씬 더 한정된 이데올로기적 패러다임 무리에 의해 생성되는 것 같다**고 주장하고자 한다. 여기서 '패러다임'이란 범죄에 관한 다양한 '공적' 의견이 조리 정연한 형태를 띠게 해주는 주제, 전제, 가정, '해답을 전제하는 질문', 관념의 모체를 의미한다. 이제 살펴보려 하는 것은 이 이데올로기적 전제의 구조화된 장이다. 우리 사회에서 범죄에 관해 존재하는 심층구조적 패러다임은 무엇인가? **영국의 범죄 이데올로기란 무엇인가?**

주와 참고문헌

1   그러나 K. Pearson, 'Letters to the Editor', *New Society*, 30 January 1975; E. P. Thompson, 'Sir, Writing by Candlelight', in *The Manufacture of News*, ed. Cohen and Young을 보라.

2   R. Williams, 'Radical and/or Respectable', in *The Press We Deserve*, ed. R. Boston (London: Routledge & Kegan Paul, 1970).

3   Ibid.

4   그러나 *Daily Mail*, 27 March 1973; *Daily Telegraph*, 30 March 1973을 보라.

5   Baxter and Nuttall, 'Severe Sentences'를 보라.

6   이는 논쟁의 지형을 완전히 옮겨놓은 유일한 편지다. 이는 '법치주의'에 관한 찰즈 시미온 (Charles Simeon)의 발언을 정치의 수준과 연결짓는다. 'Ireland must have gone to their heads'.

7   *Evening Mail*, 21, 22, 23, 26, 27 March 1973; *Birmingham Post*, 22, 23, 24, 28 March 1973을 보라.

8   그러나 *Evening Mail*, 23, 24, 28 March 1973; *Birmingham Post*, 27 March 1973을 보라.

9   다음 문헌들을 보라. C. Pawling, 'A Bibliography of the Frankfurt School', *Working Papers in Cultural Studies No. 6*, C.C.C.S., University of Birmingham, Autumn 1974; E. Fromm, *The Fear of Freedom* (London: Routledge & Kegan Paul, 1960); T. Adorno *et al.*, *The Authoritarian Personality* (New York: Harper, 1950); W. Reich, *The Mass Psychology of Fascism* (Harmondsworth: Penguin, 1975).

제6장

범죄의 설명과 이데올로기

　　이제는 '영국의 범죄 이데올로기'의 검토를 통해 앞서 거론한 특정
사항을 좀 더 자세히 고찰하고자 하는데, 핸즈워스 사건에 대한 공중의
반응에서 나타난 구체적 요소들을 다룰 때 가능했던 것보다는 이 사항들
에 더 집중적으로 주목하고자 한다. 이 중 첫째는 핸즈워스 사건에 관한
편지에서 반복해서 등장하는 주제와 이미지의 '군집'인데, 이 군집은 범
죄와 관련해서는 가족, 규율, 도덕성 문제를 중심으로 조직되었다고 이미
주장했다. 둘째, 이 주제는 우리가 ('자유주의적' 시각과 대비해) '전통주의' 범
죄관이라 이름 붙인 시각에서 발생했기 때문에, 이 '전통주의' 세계관의
기원을 일부나마 살펴보고자 한다. 가장 중요하게는 '전통적' 견해와 '자
유주의적' 견해 사이의 구분이 (신문의 다양한 측면에서나 공적·사적 편지에서나)
앞서 살펴본 각 담론 수준에서 범죄에 관한 공적 토론을 **조직화하고 그 한
계를 설정했기** 때문에, 이 시각들의 근저에 흐르는 '설명과 이데올로기'를
대략 살펴보고자 한다. 구체적으로 우리는 수많은 질문에 대한 해답을 시
도해 보려 한다. 여론의 다양한 회로에 걸쳐 전통주의 입장의 주제와 이
미지가 재생산되도록 해주는 조건은 무엇인가? 복잡하고 분화되고 구조
화된 사회에서 전통주의 시각은 구조화 노선의 **양측**에 어떻게 해서 그렇
게 강력한 호소력을 행사하게 되는가? 1960년대 말 이후 계급 구분을 따
라 경제적으로나 정치적으로 점차 양극화가 진행된 사회에서 유독 범죄에
대해서는 왜 다양한 계급이 똑같은 사회적, 도덕적 시각을 제기하고 표면
적으로 보기에 그처럼 획일적인 의견에 설득당할 수 있었을까? 범죄에 관
한 한 왜 전통주의가 언뜻 **초계급적 합의**에서 지배적인 형태가 되어야 하

는가? 마지막으로 핸즈워스 판결에 관한 토론에서 목격했듯이 어떻게 해서 전통주의 시각은 자유주의 입장에 비해 우위를 차지하게 되는가?

그렇다면 이 장의 첫 번째 부분에서는 **전통주의 합의**를 조직하는 요소는 무엇이며, 이 요소들은 범죄 문제를 둘러싸고 어떻게 동원되게 되는지 확인해 보려 한다. 마지막 부분에서는 범죄를 보는 전통주의와 자유주의 시각 사이의 관계로 되돌아가 표면적으로 보기에 자유주의 입장이 왜 사회 전체에 걸쳐 '일반화하지' 못했는지 고찰할 것이다.

▌ 사회의 이미지

'전통주의' 범죄 이데올로기에서 중심적인 구성요소로 보이는 몇몇 핵심 이미지를 분석해 보려는 시도로 논의를 시작하고자 한다. 이전에 앨빈 굴드너(Alvin Gouldner)는 모든 사회 이론이 사회에 관한 '영역의 가정'(domain assumptions)을 자체 내장하고 있다고 주장했다. 모든 사회적 이데올로기는 사회의 강력한 이미지를 그 핵심에 포함한다고 주장하고 싶다. 이 이미지들은 산만할 수도 있고 그 어떤 정교함의 측면에서도 제대로 이론화되지 않을 수도 있지만, 이데올로기가 작동하는 공간인 사회를 보는 관점을 농축하고 규정하는 역할을 한다. 이 이미지는 불문율적 진실—확신을 주는 것—의 하부층위이자 집단적인 정서적 힘과 호소력의 원천이 된다. 종합하면 이 이미지들은 **영국스러움**, 영국식 '삶의 방식', '영국식' 관점에 대해 성문화되지는 않았지만 **모든 사람**이 어느 정도 공유하는—그리고 이 이미지 역시 바로 그 빈번한 지칭에 힘입어 주장하기도 하는—엄청나게 강력한 보수주의적인 **감각**을 생산하고 유지하게 된다. 여기서는 이 전통적인 영국 이데올로기의 완벽한 목록을 제시하겠다고 주장하려는 것은 전혀 아니고, 단지 이 '영국스러움'에 관한 전통주의의 정의가 구축되고 조직화되는 데서 핵심적인 일부 주요 이미지를 확인하려 했을 뿐이다. 여기서 우리의 목적은 우리가 상당히 중요하다고 여기는 논의를 시작하고 서로 관련되면서도 구분되는 두 가치 측면을 조금 다루어보는 데 있다. 첫째, 전통주의 범죄관이 조직화되는 데 중심이 되는 이 이미지들에 담긴 사회적 내용을 확인할 수 있을까? 둘째, 전통주의 이데올로기가 사회적, 계급적 구분을 넘어서 스스로 일반화할 수 있는 위력, 즉 '보편성' 주장의 의미를 파악할 수 있을까? 전통주의 이데올로기는 결코 사회에 작동하는 유일한 이데올로기는 아니지만 **지배적인** 이데올로기 장이다. 그리고 이 지배성과 일반적 대변성의 주장은 서로 연결되어 있다. 이데올로기는 그 만능 틀 내에서 아주 모순된 삶과 경험과 계급적 경험을 **감당할** 수 있는 것처럼 보이기 때문에 지배적인 것이다. 이데올로기란 그것을 보유한 사람들의 경험, 입장, 이해관계를 자신의 논리 내에 반영하거나 적절히 대응할 수 있는 것처럼 보일 때 이해하기 더 쉬워진다. 그러나 이데올로기가 이 실제적 관계를 포함하긴 하지만 그러한 방식으로 완전히 설명할 수는 없다. 실로 이데올로기의 실제적인 사회적 역할이란 심지어 집단적 측면에서조차 이데올로기의 '저자'라 할 수 없는 계급과 집단의 전망을 설득력 있는 이데올로기적 조건으로 번역해 놓을 수 있는 이데올로기의 위력을 말한다. 따라서 여기서는 피예속 계급의 사회적, 물질적 조건에서 지배적인 전통주의 이데올로기가 어느 정도 실질적인 가치를 갖고 확신을 주며 지지를 획득할 수 있도록 해주는 것은 과연 무엇인지도 다룬다. 지리멸렬하고 모순된 계급 구성체들로부터 이처럼 전통주의적인 이데올로기적 '통일'이 어떻게 구성되는가? **이러한** 버전의 '영국식 삶의 방식'이 어떻게 이데올로기적 합의의 토대를 제공하는가?

　　첫째, 우리는 **품위**(respectability) 개념을 살펴보는데, 이는 사회계급마다 천차만별인 개념이면서도 동시에 아주 '보편적인' 사회적 가치이다. 품위는 매우 복잡한 사회적 관념이다. 우선 자존감이라는 근본적 개념과 관련이 있다. 자신을 존중하지 않는 사람은 다른 사람에게 존중을 기대할 수 없다. 그러나 품위는 우리 문화에서 좀 더 '프로테스탄트적'인 가치와도 관련이 있다. 그래서 근면, 자기규율, 품위 있는 삶의 영위 그리고 이에 따라 흔히 올바르고 기품 있는 행위로 간주되는 가치의 준수와 연결되어 있다. 그리고 자조와 자립, 기존의 사회적 기준, 즉 '중요한 타인들'이

설정하고 구체화한 기준에 대한 '순응'이란 관념과도 밀접하게 연계되어
있다.

이 '타인들'은 사회적 위계에서 항상 우리보다 신분이나 지위가 높은
사람들이다. 바로 우리가 '올려다보고' 그다음엔 존경하는 사람들이다. 품
위의 관념은 우리가 나락으로 떨어지지 않고 치열한 생존 경쟁에서 패배
하지 않도록 주의를 기울였다는 뜻이다. 중간계급에서 '품위' 개념은 경
쟁에서의 성공이라는 강력한 기조를 담고 있다. 품위의 상징은 '겉모습을
유지할' 능력, 삶에서 사회적 지위에 맞고 그 지위를 구현하는 것들을 감
당할 수 있도록 삶의 기준을 확보할 수 있는 능력이다. 그러나 노동계급
에서 품위는 세 가지 다양한 관념과 연결되어 있는데, 바로 노동, 빈곤,
넓은 의미에서 범죄다. 품위를 보장해주는 것은 무엇보다 **노동**이다. 왜냐
하면 노동은 품위 있는 삶의 수단이자 심지어 유일한 수단이기 때문이다.
'품위 있는 노동계급'이란 관념은 정규직이고 흔히 숙련된 고용 형태와
밀접하게 연관되어 있다. 규율을 통해 노동계급을 품위로 끌어들인 것은
바로 노동이다. 그러므로 품위 상실은 실직이나 빈곤과 연관된다. **빈곤**이
란 품위에서 다시 '밑바닥'으로 떨어지는 것을 의미하는 올가미다. 사회
학적으로나 역사적으로 결코 정확하지는 않지만 '품위 있는' 노동계급과
'거친' 노동계급의 구분은 대단히 중요한 **도덕적** 구분으로 유지된다. 만일
빈곤이 품위 있는 삶에서 추락하는 한 가지 경로라면, **범죄**나 도덕적 비
행은 또 다른 광범위하고 더 확실한 경로다. 품위란 체제상 당연히 더 높
은 곳에 있는 사람들이 제시한 '이상적 삶'의 이미지를 더 하위 계층이
집단적으로 내면화한 것이다. 품위는 사회를 끝에서 끝까지, 또 모든 계
급을 아울러 훈육하게 된다. 그러므로 품위는 하나의 사회계급을 다른 계
급의 사회적 이미지에 맞춰서 끼워넣는 핵심적 가치의 하나다. 품위는 그
람시의 표현을 빌리자면 사회의 '접착제'의 일부다.

노동은 노동계급의 품위를 보장해줄 뿐 아니라 그 자체로 강력한 이
미지가 된다. 우리는 사회적 그리고 실로 개인적 정체성을 얼마나 노동으
로 벌충하며, 직업이 없는 사람(성적 분업을 감안할 때 특히 남성)은 얼마나 물질

적으로 쓸모없게 되고 정신적으로도 주변화되었다고 느끼는지 안다.[주 1]
사실 우리는 노동이 극도로 장기적이고 고된 역사적인 문화적 적응 과정
의 산물이라는 것을 안다. 여기엔 자본주의 탄생과 함께 프로테스탄트 윤
리의 정립과 관련된 모든 것 그리고 산업 노동 대중의 엄격한 공장 노동
규율 편입과 관련된 모든 것이 포함된다.[주 2] 자본주의하에서 육체 노동
이 임금계약의 규율하에 들어가면서, 노동은 점차 '신성한' 행위라기보다
는 더 '도구적'인 행위로 통하게 되었다. 가족과 가정이 점차 노동과 멀어
짐에 따라 여가, 더 넓게는 비노동과 사적 영역과 관련된 모든 것이 과거
보다 사회적 상품 위계에서 더 높은 지위를 차지하게 되었다. 하지만 무
엇보다 남성에게는 근무시간의 노동 세계와 그와 관련된 공식적, 비공식
적 가치가 많은 점에서 마치 '현실' 정의 자체와 같은 반열에 속하는 것
처럼 보인다. 그리고 이는 대단히 강력한 이데올로기적인 내용으로 채워
졌긴 하지만 하나의 물질적 사실을 반영한다. 즉 노동이 없다면 삶의 물
질적 토대는 하룻밤 새에 사라져버릴 것이라는 점이다. 하지만 범죄와 관
련해 여기서 중요한 것은 노동의 중심성과 그에 대한 우리의 감정이라기
보다는 이른바 **노동 셈법**(the calculus of work)이다. 노동 셈법은 다음과 같
은 믿음을 암시한다. 즉 비록 노동은 내재적인 보상은 별로 없을 것이고,
절대다수의 사람에게 풍요, 번영, 부를 제공할 가능성도 없지만, 차선책으
로 경제적 존속의 안정된 토대를 제공한다. "공정한 노동에 공정한 임금
을" 제공하는 것이다. 여기에는 또한 소중한 것들—여가, 즐거움, 안전,
자유 활동, 놀이—은 노동을 통해 장기적인 생산 목표에 열심히 헌신한
데 대한 **보상**이라는 믿음이 따른다.[주 3] 이 소중한 가치들은 노동에 대한
헌신이 달성된 후에 그 결과나 보상으로 따라온다.

　　물론 일부 전업 범죄 역시 기술적으로는 일종의 '노동'으로 볼 수도
있다. 분명 그러한 해석을 지지할 직업 범죄자의 증언도 있다. 그러나 그
렇게 볼 사람은 거의 없다. 직업적 혹은 조직화된 범죄 생활과 사소한 절
도나 작업장에서 '빌려오는' 행위는 매우 뚜렷이 구분된다. 후자의 범죄
는 근본적으로 착취적인 경제관계를 바로잡는 관습적 방안으로 간주되기

에 일반적 의미에서는 전혀 '범죄'로 이해되지 않는다. 제대로 된 의미에서 범죄는 강도나 이득을 노린 협박이 연루될 때로서, 공중이 생각하기에는 노동과 **대비되어** 구분된다. 바로 범죄는 법을 지키는 절대다수의 시민이라면 힘든 노역, 반복, 시간 투입, 그리고 즐거움의 보류를 통해서만 얻을 수 있는 것을 빠르게, 몰래, 속임수로 혹은 재빠른 기술로 취득하려는 시도이기 때문이다. 번성과 번영을 누리지만 노동을 하지 않는 일탈자를 겨냥해 몇몇 가장 강력한 도덕적 감정이 표출되는 것은 바로 이러한 대비를 통해서다. 도덕적인 노동 셈법이 사회 문제에 대한 태도에 동원되는 가장 익숙한 방법 중 하나는 사람들이 '도둑놈', '부랑자', '노력하지 않는' 사람, '복지에 기대 사는' 사람에 관해 이야기하는 방식에서 드러난다. 이러한 특징 규정은 흔히 무차별적으로 다양한 '외부 집단'에게 적용되며 별 증거 없이 이루어지기도 한다. 빈민, 실업자, 무책임하고 무능한 자 등이 대상이지만 젊은이, 학생, 흑인이 포함되기도 한다. 이 집단들은 '아무런 노력도 하지 않고' 무언가를 얻는 존재로 여겨진다. 이 이미지는 즉각적인 도덕적 비난을 암시한다. 이와 동시에 '도둑놈'과 부랑자의 이 부정적인 이미지에는 다시 한번 실제적이고 객관적이며 물질적인 현실이 왜곡된 채 표현된다는 점을 기억할 필요가 있다. 노동자의 절대다수에게는 '힘든 노동'에 대한 평생 헌신 외에 최소한의 안정과 물질적 안락함으로 이를 경로가 전혀 없다. "모든 사람이 일한 만큼 벌어야 한다"는 이 감정은 엄청난 부자 혹은 불로소득으로 살거나 대규모 재산을 축적한 사람에 대해서나 부의 불평등한 분배에 대해 노동계급이 느끼는 감정의 근저에도 흐른다는 사실을 기억해야 한다. 현재의 불평등한 부의 분배에 대한 '실용적 차원의 수용'은 여기에 뭔가 본질적으로 잘못되고 착취적인 요소가 존재한다는, 마찬가지로 강한 느낌과 짝을 이룬다는 사실에는 근거가 있다. 따라서 물론 이 셈법을 위반하는 모든 사람에 대한 근원적으로 보수주의적인 태도를 강화하는 데 흔히 활용되긴 하지만, 지배적인 '노동 셈법'에서 유래하는 감정엔 나름대로 진보적 측면도 있다.[주 4]

　　범죄의 공적 이데올로기에서 특히 중요한 또 하나의 사회적 이미지

는 사회적 **규율**의 필요성과 규율 잡힌 사회로서의 영국이란 관념과 관련
이 있다. 다시 한번 덧붙이자면 다양한 계급 문화에 걸쳐 아주 일반적인
이 사회적 관념에는 온갖 버전이 존재한다. 이 관념은 좀 더 보편적인 타
당성이 있는 것처럼 보이는 데 충분할 정도로 공통요소를 지니면서도 다
양한 의미 문화 체제 내에서 각양각색으로 해석되고 적용된다. 전 국가가
'기도 중'인 모습은 전 국가가 질서정연하게 줄 서는 모습으로 오래전에
대체되었지만, '규율 잡힌 사회'(disciplined society)란 관념은 대중적 신화
속에 자리 잡았다. 이 관념은 자유로운 개인으로 이루어진 나라가 적을
격퇴하기 위해 '뭉치는' '전시' 같이 대중적 역사의 고조점에서 특히 강하
게 나타난다. 영국 사회의 '규율'은 관료적 혹은 병영화된 국가의 엄격하
게 조직화된 독재가 아니라 절박한 시기에 내부로부터 국가를 결집시키
는 유연하지만 강인한 '자기규율'이다. 영국 이데올로기에서 '규율'은 권
위주의적 가혹함을 완화하는 상반된 경향과 항상 연계되고 그 경향에 의
해 한정되는데, 상류계급에서는 규율과 아나키즘이란 관념이 그 예다(이는
예를 들면 텔레비전 코미디 시리즈인 〈몬티 파이턴의 플라잉 서커스Monty Python's Flying Circus〉
에서 존 클리스John Cleese가 연기한 역할에서 희화화되었다). 더 낮은 사회적 계급으
로 내려가면 (예컨대 전후 일링Ealing의 코미디인 〈아빠의 군대Dad's Army〉에서 보는 것처
럼) 규율은 흔히 일종의 프티 부르주아적인 '무정부 상태'의 이미지에 의
해 한정된다. 하지만 대중적 신화가 '사회적 규율'에 대한 존중을 이렇게
견제하거나 한정하는 능력이 있다고 해서, 이 규율이 강렬한 감정이 아니
라는 뜻은 아니다. 다만 다른 수많은 전통적인 사회적 가치와 마찬가지로
독특하게 대영제국식으로 그리고 아주 특별한 영국식 풍자감각과 함께
통용된다는 뜻일 뿐이다.

　　그럼에도 불구하고 '규율'에 대한 호소는 다양한 계급 문화의 아주
다양한 뿌리에 근거한다. 중간계급의 맥락에서는 개인과 가족에게 보상을
가져올 수 있는 유일한 수단으로서 자존, 자수성가, 자기통제, 장기적 목
적을 위한 자기 희생, 경쟁적 투쟁 등을 의미하거나 포함한다. 좀 더 일
반적으로는 **권위**에 대해 규율화된 존경 표시, 권위 행사 대상의 복종 기대,

그 권위의 **책임감 있는** 실행 등을 의미한다. 수많은 노동계급 사람들 사이
에서 규율은 다른 의미를 지니는데, 여기서는 역경에 처했을 때 검약 실천
(즉 적은 자원으로 버텨내기), 사회적 삶의 집단적 성격 유지에 필요한 자기 희
생, 어려움에 맞서 조직적인 노력 등과 더 관련이 있다. 그러므로 규율이
란 관념의 위반은 이처럼 계급적 맥락마다 의미하는 바가 다르다.

  전통적인 사회 규율 관념은 한편으로는 **위계와 권위** 개념과 밀접하
게 연계되어 있다. 지배적 견해에 의하면 사회는 속성상 위계적이다. 경
쟁에서 성공은 이 위계에서 개인의 서열을 높여줄 수는 있어도 위계적 질
서 개념 자체를 무너뜨리지는 않는다. 그러나 반대로 위계는 권위 주고받
기에 달려 있다. 권위를 행사하는 측이든, 권위에 복종하는 측이든 권위
행사에는 규율이 필수적이다. 이러한 삼각구도—사회의 위계적 성격, 권
위의 중요성, 사람들이 자기규율을 통해 양자에 적응—는 중심적인 태도
복합체를 이룬다. 지배적인 사회적 이미지의 이 버전에서 무규율은 위계
적 사회 질서 개념에 대해서 뿐 아니라 '정당한 권위'와 존경 행사에 대
한 위협으로도 간주된다. 따라서 무규율은 사회적 무정부 상태의 시작이
자 온상이 된다(반면에 전통에 따라 인가된 노동계급적 행위, 연대 규약을 준수하지 않
는 것은 사회 질서 자체에 대한 위협이 아니라 계급, 이웃, 가족, 집단으로 구성되고 올바
른 행위에 대한 '하위문화적' 정의에 따라 밑으로부터 생성된 국지적 질서를 위협한다).
따라서 전통적 용례에서 '젊은이'는 기술적 측면의 비행만큼이나 존경의
결여 때문에 비난받는 것일 수도 있다. 왜냐하면 비행은 규칙 위반에 그치
는 반면, 존경의 결여는 권위와 존경이 마련해 반항적 젊은이를 사회 질서
에 묶어두는 접착제를 조금씩 해체하기 때문이다. 노동계급의 대다수는 모
든 구체적인 사회적 세부사항에서 권위를 존경한다는 식의 관념이 널리
대중화했다. 하지만 이와 반대로 지배적인 사회적 규율 관념에 따르기 마
련인 위계적 사회 질서에 대한 찬사는 아주 **추상적**일 뿐이고, 실제 경험과
상반되기 때문에 노동계급 사람들 사이에서 모순된 감정으로 균열됐다는
점은 강조할 필요가 있다. 영국 정치 문화에서 전통주의와 보수주의에 관
한 어떤 연구는 다음과 같이 예상에서 벗어나지 않는 결론에 도달한다.

한편으로 모든 계급과 정당 집단에 걸쳐 상징적 수준에서는 지배적 가치, 엘리트, 제도에 관해 합의가 존재한다. … 다른 한편으로 피예속 계급에서는 지배적인 사회적, 경제적, 정치적 질서에 대해 혼란스럽고 오락가락하는 태도가 존재해 … 불만과 의견불일치가 특히 두드러진다.[주 5]

(노동계급의 조직, 투쟁, 방어의 규율은 물론 상당히 다양한 뿌리를 갖고 있다. 이 규율은 이 전통주의 '사회 규율' 개념과 **대비되는** 관계에 있다)

'사회 규율'의 다른 측면은 아마 범죄에 대한 공중의 전통주의적 감정과 더 관련이 있을 것이다. 이 측면은 영국 문화에서는 선호되는 규율 형태가 모두 **내면화된** 것이라는 사실을 뜻한다. 이는 **자기** 규율이기도 하고 **자기** 통제 형태일 수도 있다. 이 규율은 내적으로 자율 규제식의 통제 메커니즘을 확립하는 그 모든 제도와 과정에 의존한다. 죄의식, 양심, 복종, 초자아가 그런 것이다. 이 시각에서 자기 규율의 행사란 **사회적** 통제 (사회 '기풍'의 장악, 노동과 생산적 삶의 준비, 검약과 축적을 위한 욕구 충족 보류)만큼이나 **정서적** 통제와 (그리고 따라서 성적 억압, 향락의 금기화, 감정 규제와도) 관련이 있다. 따라서 지금까지 논의한 세 가지 사회적 이미지 군—**품위, 노동, 규율**—은 네 번째 이미지, 즉 **가족**의 이미지와 밀접하게 연계된다.

전통주의의 용례집에서 **가족** 영역은 물론 도덕적 사회적 강제와 내적 통제가 생성되는 곳이자 젊은이의 일차적 사회화가 처음으로 설득력 있게, 또 친밀하게 완수되는 영역이기도 하다. 첫째 측면은 가족의 맥락에서 쾌락의 근거지인 섹슈얼리티 억압이나 규제와 관련이 있고 이에 따라 권위와도 관련이 있다. 둘째는 가족이 사랑과 분노, 처벌과 보상의 친밀한 교환 그리고 가부장적 구조를 통해 자녀들에게 경쟁에서의 생존, 노동, 성적 분업에 대비해 준비시킬 수 있는 권력과 관련이 있다. **가족** 역시 복잡한 사회적 이미지다. 사회계급마다 가족의 형태, 기능, 습관도 천차만별인 것을 볼 수 있다. 따라서 노동계급 가족 내에서 성적 정체성과 억압의 구조는 어떤 측면에서는 가족 조직에서 성 역할의 지배적 구조를 재생산하지만 계급의 물질적 경험에서 크게 영향을 받기도 한다. 이러한 물질적 경험으로는 생산의 세계에서 실천의 구성, '남성성'이나 남성적 노동과 가치의 정의를 들 수 있는데, 이는 다시 모습을 바꿔 가족의 성적 조직으로 유입된다. 이와 비슷하게 생산과 노동에서는 세계를 일상적인 계급 착취로 경험하지만, 가족은 그 세계로부터 '도피처'가 된다는 점에서 '피난처'로서의 가족이라는 언뜻 초계급적으로 보이는 개념이 특정한 비중과 강도를 갖게 된다. 그러나 가족은 절대적으로 중추적인 사회 제도이기에 '가족이라는 인식'은 강력한 가치가 된다. 이 인식이 사회적 정체성 구축에서, 그리고 매우 심층적 수준에서 사회의 기본적인 이데올로기적 기준을 전달하는 핵심적 역할을 한다는 점을 부인하는 사람은 거의 없을 것이다. 가족 이데올로기 역시 변하고 있다는 것은 부인할 수 없다. 우리는 또한 가족을 좀 더 긍정적이고 덜 처벌적 관점에서 생각하는 법을 배웠다. 그러나 '단도직입적으로 결론'을 내리자면 — 아마도 계급을 초월해서 — 가족의 지배적 **이미지**는 여전히 상호 격려하고 방임적인 틀을 제공하는 일보다는 기본적인 '의무사항과 금기사항'에 대한 초보적인 이해를 주입하는 의무와 더 관련이 있다. 사랑은 우리의 희망 사항이고 기도는 가족에게서 나오겠지만, 규율, 처벌, 보상, 통제는 상당한 시간 동안 가족에서 실제로 하는 일처럼 보인다. 라이히[주 6]는 약간의 단서조항을 달긴 했지만 가족을 "순종적 인간을 창조하는 공장"으로 불렀다. 그리고 우리가 점차 깨닫게 된 것처럼 가족은 자일스 플레이페어(Giles Playfair)가 '징벌의 강박관념'(the punitive obsession)[주 7]이라 부르는 현상의 일차적 기원임과 동시에, 권위, 권력, 규율의 근본적 이미지는 가족이란 소왕국에서 **처음으로** 경험하고 내면화하는 것들이다. 성과 사회성을 함께 정렬시킨 것은 — 이는 가정의 근본적인 임무다 — 우리 내면에 자기규율과 자기통제의 레퍼토리를 만들어내는 구조들이 모습은 달라도 비슷한 기능을 수행하는 상동관계임을 보여줄 뿐이다. 그래서 이후 이보다 더 광범위한 세계가 가족에게 감사를 표하게 되어 있다. 그렇다면 사회 규율 붕괴에 대한 공포와 공황이 — 범죄는 이의 가장 강력한 지표의 하나다 — '청년', '젊은이'의 무규율, 그리고 이들이 사회 규율을 내면화하도록 돕는 임무를 띤 기관들 — 학교, 그리나 무엇보다 가족—에 집중된다는 사실은 놀랍지 않다.

다음 이미지는 앞의 것과 다소 다르지만 범죄와 관련해 마찬가지로 중요하다. 바로 **도시**의 이미지다. 도시는 무엇보다 산업 문명이 이룩한 성취의 구체적인 구현체인데, 이 점은 도시가 부의 구현체이자 부의 원천이 집중된 곳이라는 점에서뿐 아니라 역사라는 점에서, 즉 19세기에 질병, 비위생, 범죄, 정치적 소요의 위협 등 도시에 대한 위협을 정복해 온 역사라는 점에서도 그렇다.[주 8] '도시의 상태'는 어떤 점에서는 문명의 '수위를 나타내는 표식'이다. 우리 문명의 수준과 그 성취 수준을 성공적으로 유지할 수 있는 정도의 구현체이기도 하다. 하지만 이 이미지는 이처럼 일반적인 수준에서는 노동계급의 경험과 연결되지 않는다. 노동계급이 파악하고 이해하는 도시의 관념이나 이상은 아니다. 노동계급의 도시 경험은 좀 더 파편화되어 있어 특수하고 구체적인 **국지적** 유대와 연계관계 속에서 전달된다. 가장 광범위한 수준에서 이 경험은 특정한 도시와 그 도시 고유의 독특한 특징과의 동일시다("쉐필드 출생. 쉐필드에서 성장. 육체는 강인하지만 머리는 좋지 못함"). 이 경험은 특정한 산업 발전 형태, 그리고 노동과 여가 측면에서 특정한 지역적 성과 형태에 근거한다. 하지만 더 나아가 도시와의 이 연계는 도시 내에서 구체적인 구역 단위의 패턴과 조직 형태로 표현되는데, 구체적인 전통, 구성원, 뚜렷한 경계를 갖춘 특정 노동계급 동네의 사회적, 경제적 패턴이 바로 그것이다. 노동계급이 경험하는 도시는 사람들이 생활하고 이야기를 나누고 놀고 쇼핑하고 때로는 일하는 곳으로, 사람들이 구체적으로 직접 애착을 느끼는 곳은 도시에서도 자신들의 '작은 구역'이다. 이러한 의미에서 노동계급의 경험은 **편협하다**는 점이 중요하다. 따라서 노동계급은 상점 절도의 물결, 은행 강도, 교외 주거지역의 절도 발생 등의 수준에서 범죄와 도시 간의 실제적인 관계를 **느끼지** 않는다. 자신들의 '공간' 감각과 언뜻 영원해 보이던 패턴이 '공적인' 범죄 형태에 의해 침해당했다고 느낄 때 비로소 그러한 인식이 발생한다. 하지만 우리가 관심을 둔 기간 동안 이 구역들에서 범죄에 대해 생겨난 지각은 엄청나게 실제적이었다. 범죄가 물질적·사회적 조직에서 지역적 패턴의 혼란, 쇠퇴, 잠식, 즉 자신들의 사회 질서의 복잡한 내부 체계 해체라는 **다른** 경험과 **일치했기** 때문이다. 이후 '사회적 불안감'을 다룰 때 이 질문으로 다시 돌아갈 것이다.

그럼에도 불구하고 노동계급은 이 구체적인 지역적 유대라는 재료를 통해 도시와 연계된다. 이 계급의 생산이나 정치에서의 성취는 흔히 도시 내부에서 '시민으로서의 자부심' 형태로 동원되었는데, 예를 들면 특정 산업(조선, 방직, 철강 생산 등)에서 '장인정신'의 질적 수준, '지역 단위의 사회주의'(municipal socialism), 공적으로 제공되는 설비와 서비스 구축(북부 도시들에서 이를 기념하는 존재로 시청 건물이란 건축학적 걸작품이 남아 있다) 등의 자질이 그렇다. 이와 비슷하게 이러한 지역적 충성심은 레저 공급을 통해 지역적인 초계급 동맹으로도 동원되었는데, 지역 부르주아들이 노동계급 군중을 위해 결성한 축구 클럽에서 가장 두드러지게 나타난다. 이러한 의미에서 그동안 지역 정체성을 결집하는 원천으로서 도시를 중심으로 계급을 초월한 잠정적이고 일시적인 동맹이 존재했다.

간혹 보편적으로 통용되는 가치에 근접한 듯해 보이는 유일한 총체성의 이미지가 이 사회적 이미지들을 널리 아우르면서 하나로 결집시키는 듯했는데 바로 **영국**의 이미지다. 계급이나 지역 문화 숫자만큼이나 '영국이란 관념'은 다양하지만, 여기서는 두 지배적 측면을 언급하는 것이 적절할 듯하다. 첫째는 내부적인 측면이다. 이 측면은 영국인이 '잘한다'고 느끼는 모든 것, 과거에도 그랬듯이 앞으로도 '우리를 끝까지 잘 보살펴줄' 고유의 국가적 자질과 관련이 있다. 조지 오웰(George Orwell)은 이미 이 중 많은 부분을 다루었다. 그에 따르면 이 자질은 **핵심적인**(core) 국가적 강점이자 덕목이다. 여기서 '핵심'이란 **근본적으로는** 대다수의 사람이 **진짜로** 갖고 있다고 느껴지는 자질을 의미한다. 영국인이 그렇지 못하다는 자명한 표시나 결함, 한계, 약점의 인정도 이 핵심을 건드리지는 않는다. '그 모든 것의 저변을 들여다보면' 영국인은 근본적으로는 훌륭하다. '기본적으로' 영국인은 너그럽고 온건한 사람이다. '궁극적으로' 대다수의 사람은 '분별력을 갖추고' 현실을 직시하며 실질적이고 상식적인 노선을 선택할 것이다. 이 모든 가치는 정반대로 보이는 표면적 모습 배후에 존재하면서 **궁극적으로는** 이 문화에 적용되는 것들과 관련해서 성립한다. 바로 이 문화와 국가 이미지는 오직 '최종적으로'만 적용된다. 영국인도 멍청하고 옹고집에 고지식하고 현실 직시를 거부하고 구제불능으로 개인주의적일 수는 있지만, '결국' 사람들은 타협하거나 '도와주러 나서거나' 만약 해야만 한다면 알아서 잘 처리한다. 이러한 자질은 처음에는 드러내길 꺼려하며 오직 '최종적으로'만 등장한다. 이 자질이 위기 시, 전쟁의 정점에서, 패배에 직면해서, 혹은 어떤 다른 유사한 '최적의 순간'에 가장 빛을 발하는 것은 이 때문이다. 정상적인 시기라면 "지배계급은 약탈하고 일을 망치고 게으름이나 피우고 우리를 오물더미 속으로 끌고 갈 것"이라고 오웰은 지적했다. 하지만 "국가는 보이지 않는 사슬에 의해 함께 연결되어" 있으며 "어떤 계산을 해보든 이 국가에는 정서적 유대감이 존재하고, 극단적인 위기의 순간에는 거의 모든 주민이 하나로 느끼고 함께 행동하는 경향이 있음을 감안해야 한다."[주 9] 국가는 대단히 강력한 애국적 감정의 덩어리이며, 소지역, 동네, 넓은 지역의 모든 다양한 측면에 대한 소속감과 실제적인 헌신에 영향을 미치고 거기서 힘을 얻기도 한다. 바로 이러한 것들이 이처럼 다소 실체가 모호한 '국가적' 이미지에 풍부하고 다양한 실질적 내용과 가치를 부여하게 된다.

하지만 '영국'의 두 번째 측면은 외부적인 것이다. 이 측면은 영국이 지구상의 다른 모든 국가에 비해 우월하다는 점과 관련지어 형성된다. 이는 기본적으로 제국의 이미지로, 그 신화의 이데올로기적 위력은 영국 제국주의 전성기의 정책과 대중주의적 정당화에 근거한다. 여기에는 수 세기에 걸친 식민화, 정복, 전 세계적인 지배가 영향을 미쳤다. 이 관념은 '야만적' 민족을 정복할 영국인의 신성한 권리, 그 후에는 호전적인 경제적 제국주의가 아니라 '문명화의 책무'로 재정의된 권리에 존재한다. 제국은 군대와 해군, 경제적 패권에 힘입어 영국인이 자신을 군사적 패배로부터 보호하고 나라를 독립적이고 안전하게 유지한 민족으로서 특별한 자질을 보유했다는 믿음을 형성하는 역할을 했다. 제국의 경험은 영국 노동계급에게 그 나름대로 장기적이고 복합적인 영향을 미쳤다. 이 중 가장 중요한 것은 제국 지배의 확립을 통해 이 계급이 '원주민' 노동력에 대해 물질적으로나 이데올로기적으로나 우월성을 갖도록 조장한 것인데, 말하자면 영국 노동계급을 마르크스와 엥겔스의 용어로 '부르주아 프롤레타리아'(bourgeois proletariat)로 만든 것이다. 이 우월성은 본국 노동계급과 주변부 경제의 '값싼 노동'(예를 들면 면화와 방직 산업에서) 간의 경쟁 경험과 복잡하게 얽혀 있다. 물론 전후에 영국 자본주의가 팽창하고 이민 노동에 의존하게 된 시기에 주변부 '값싼 노동'의 부분적인 **내부화**가 이루어지면서 이 경쟁 경험은 격화되었다. 다른 모든 민족에 비해 우월하다는 가정은 흔히 은밀하면서 말로 표현되지 않지만 대개 의문의 대상이 되지 않는다. 비록 이 묵시적 인식은 이전의 '원주민'—특히 흑인일 경우 식민화되거나 노예화된 민족—에 대해 특히 강하게 나타나지만, 여기엔 '이탈리아계 북미인'(wops), '프랑스인'(froggies), '아일랜드인'(paddies), '이탈리아인'(eye-ties) '양키'(yanks)까지도 포함된다. 물론 이 민족들도 많은 일에 재주가 있기는 하지만 영국인을 지금의 영국인으로 만들어주는 자질의 조합은 갖추지 못했음을 입증할 수는 있다. 그렇다면 '영국이라는 관념' 내부에는 그냥 '영국식 일하는 방식'에 대한 좀 더 평범한 믿음뿐 아니라 대영제국이 역사적으로 능력을 입증한 부분에 대한 믿음도 내재한다. 국기, 왕실, 제국에 대한 감정은 여기에 속한다. 물론 이전에 지적했듯이 그렇다고 해서 이 감정이 현재 형태로의 이 기관 자체에 대한 흔들림 없는 헌신은 아니며, 이는 이 기관들이 구현하는 추상적 원칙—예를 들면 '법치주의'—에 대해서도 마찬가지다. 후자는 올바름, '페어플레이', 영국 방식의 합리성 —예를 들면 영국의 '법 집행 체제'(문명화된 선진 세계에서 유일하게 비무장으로 남아 있는 경찰의 정직성과 청렴성에 대한 거의 절대적인 신뢰를 포함해서)—을 나타내는 모호한 이미지에 더 가깝다.

이미지 중에서 마지막으로 다루어야 할 부분은 **법**의 이미지다. 이를 마지막까지 남겨둔 이유는 법이란 서로 연결된 이미지 중에서 가장 극심하게 모호한 것이기 때문이다. 그리고 법은 (모순되게도) '마지막 순간에'

이 이미지들의 수호를 위해 소환되기 때문이다. 법은 영국스러움의 다른 측면들을 방어하는 데 유일하게 제도적으로 강력한 힘을 갖춘 존재로 보인다. 이 측면들은 현저하게 자율 규제적이며 '합리적 인간'의 자존심에 의한 상호 실천에 의존한다. 그러나 사람들이 '비합리적'으로 변할 때, 그러한 자유로운 질서잡기의 안정성이 흔들릴 때, 법은 (특히 영국식 형태의) '자유'와 '무정부 상태' 사이를 가르는 유일한 장벽이다. 법은 '합리적 인간'이 유일하게 호소할 수 있는 곳이다. 노동계급이 법과 맺는 관계는 특정한 연계와 비연계 형태를 **함께** 포함하는 대단히 복합적인 것이다. 이 점은 두 가지 경찰 이미지가 공존한다는 역설에 포착되는데, 이 중 하나는 '순찰 중인 친근한 동네 경관'의 이미지가 주는 호소력이고, 다른 하나는 '모든 경찰은 나쁜 자식'이라는 강렬한 인식이다. 이 모순된 관계를 이해하려면 법이 노동계급의 '행동규약'에 대한 인식과 어떻게 접합되는지 살펴보아야 한다. '공동체' 구성원에 의해, 그리고 이들을 위해 훌륭하고 용인 가능한 행위에 관해 제정된 이 기본 규약은 엄밀하게는 법과 서로 병행할 수 없는 내용을 갖고 있다. 이 규약은 다양한 유형을 구분하는데, 예를 들어 절도의 공식적 정의는 이 규약에서 다른 모습으로 제시된다. 피해자에 따라 절도의 속성은 구분된다. 직장에서의 절도와 '속임수'는 법에서는 용납되지 않지만 여기서는 허용된다. 이 행위는 경제적 균형을 교정하는 데 떼놓을 수 없는 일부로 간주된다. 반면에 친구, 친척, 이웃을 이루는 집단 내의 '내부적' 절도는 규약의 근본적인 위반에 해당한다. 상호부조의 구체적 관계를 파괴하기 때문이다. 마찬가지로 일부 폭력 형태는 정상적이거나(토요일 밤 음주 후) '사적인' 것(가정 폭력)으로 간주해 법이 관여할 일이 아니라고 여긴다. 반면에 다른 폭력은 —'도발하지 않았는데도 벌어진' 혹은 '불필요한' 폭력(특히 '외부인'이 저질렀을 때) — 공동체의 사회적 공간을 침해한 행위로 간주한다. 이와 비슷하게 지역의 일부 구성원(가령 나이든 여성)에 대한 폭력은 규약을 조직화하는 모태를 벗어나기 때문에 '무분별한' 행위로 여기는 반면, 다른 구성원은 (남편-부인은 구체적 관계 때문에 혹은 젊은 남자는 대응 능력이 있기 때문에) 정당한 피해자다.

　　그렇다면 법은 이 규약과 특수하면서도 아주 복합한 관계를 맺고 있다. 법은 해야 할 역할이 있고 규약 위반을 처벌하기 위해 소환될 수도 있다. 그러나 규약이 옹호하는 관행에 대한 간섭은 '간섭하기 좋아하는 주제넘은 인간들'의 행동이다. 따라서 법은 규약에 필요한 지지세력(내부 통제로 규약을 유지할 수 없을 때)이면서 동시에 불필요한 외부적 불합리로 보인다.[주 10] 그럼에도 불구하고 규약과 물질적 조건이 침해당하고 더 이상 내부적으로 유지될 수 없을 때 법은 규제로서의 호소력을 지닌다. 법과 규약 간의 연계성은 비연계성보다 더 중요하게 된다. 그렇다면 법이 그 '삶의 방식'의 조건을 유지할 수 있는 유일하게 제도적이고 강력한 세력이 될 때 법은 **동원 장치**(mobiliser)로 사용될 수도 있다. 법은 저 다른 좀 더 개인화된 사회적 관습과 이미지를 확보한 것 같기에 이 조건들을 보호하는 데 소환될 수도 있다.

　　보수적 이데올로기가 피예속 계급 경험의 모호성을 가장 강력하게 활용할 수 있는 곳은 바로 법의 수준 그리고 그 반대인 범죄의 수준이다. 지위에 상관없이 모든 사람에게 법이 개방되었다는 선언은 문제가 크든 작든 범죄자로부터 모든 사회 구성원의 이익을 수호하겠다는 약속이다. 누구에게 속하든 생명과 재산은 보호받을 것이다. 이러한 보호의 평등은 노동계급의 경험과 연결된다. 노동계급이야말로 소유권 범죄의 공격을 가장 많이 받기 때문이다. **특정한 부류의 범죄**는 정상적이고 남 보기 번듯한 삶을 영위하려는 노동자 계급 사람들에게 실질적이고 객관적인 문제다. 길거리 범죄가 증가한다면 그곳은 주로 **노동계급의** 거리일 것이다. 노동계급은 빈곤과 실업의 위험에 대비해 힘들게 축적한 얼마 되지 않는 재산과 안전을 지키는 데 실제적인 이해관계를 갖고 있다. 범죄는 어느 정도의 자존감을 갖고 삶을 살만하게 해주는 한정된 범위의 문화적 재화도 위협한다. 가령 범죄는 통제되어야만 한다든지, 사람들이 괴롭힘을 당하지 않고 자유롭게 걸어다닐 수 있어야 한다든지, 부자와 권력층의 재산은 지속적으로 정교하게 보호받는데 '정의로운 사회'에서 가난한 사람의 재산만 절도와 반달리즘에 노출되어야 할 이유는 없다든지 하는 등의 요구는 이 관점에서 볼 때 비합리적인 것은 아니다. 범죄에 대한 이 '전통주의적' 태도는 피예속 계급의 물질적 상황과 문화적 위치에 실제적이고 객관적인 근거를 갖고 있다.

> 노동계급 구성원도 사회 정의 개념(그리고 정의 구현)에 상당한 이해관계를 갖고 있다. 노동계급은 자신의 노동에 공정한 대가를 원하고 다른 사람의 노동에 기생해 쉽게 돈을 버는 사람에게는 적대적이다. 모든 사람은 효용과 업적에 따라 보상받을 것이고 이 규칙을 속이는 자는 처벌받을 것이라고 주장하면서, 부르주아 이데올로기는 이러한 진정한 공포를 이용한다. 법적, 불법적 측면에서 모두 드러나듯이 현실에서는 이데올로기가 지배계급의 특정한 이익이 마음대로 설치는 것을 은폐하는데도, 이렇게 해서 이데올로기는 보편적 이익으로 수용되기를 열망하게 된다.[주 11]

물론 범죄가 진짜로 통제될 수 있고 모든 사람이 자유롭게 자기 일에만 매달릴 수 있다면, 이 불편부당한 법이 노동계급에게 제공할 '자유'란 계속해서 가난하고 착취당할 자유에 불과할 것이다. (물론 때에 따라 편파적일 때도 있지만) 계급관계 재생산을 원활히 하기 위해 법이 '편파적'이어야 할 필요는 없다. 법은 국가의 '불편부당한' 구조로서 정상적이고 기계적으로 작동함으로써 재생산을 달성한다. 그러나 국가의 역할을 '계급국가'로 보는 이 장기적 시각은 빈곤층이 그나마 얼마 되지 않는 소유물을 탈취당하지 않도록 해야 한다는 단기적 시각과 조화를 이루기 어렵다. 법의 이데올로기는 바로 이 격차를 잘 활용하고 그 안에서 기능한다. 즉 한편으로는 노동계급이 자신의 이해관계가 갖는 모순을 착각하도록 하면서, 다른 한편으로는 이 계급의 분파들에게 균열을 조장하고 서로 적대하도록 분열시키는 것이다.

사회의 이미지가 부정확하거나 모호하거나 포착하기 어렵다고 해서 위력이 더 약하다고 할 필요는 없다. 위에서 제시한 전통주의 '영국 이데올로기'에 대한 묘사가 모든 것을 다 포괄했다고 주장하는 것은 결코 아니다. 그러나 대중적 상상력이 범죄 문제를 어떻게 '사고'하는지 고찰할 때에는 그러한 '의미 지도'가 필요하다고 우리는 주장한다. 물론 우리는 이례적인 앵글로 보일 수도 있는 관점에서 이 문제를 접근했다. 범죄와 범죄자 이미지와 대치 관계를 이루는 질서의 집단적 재현에 해당하는 일부 이미지 덩어리를 묘사하려 한 것이다.

이 '영국 이데올로기'의 전통주의 버전 내에서 우리가 다룬 각 주제는 범죄를 그 내부에 **조직화**한다. 각 주제는 범죄와 연계되고 범죄를 규정하며 범죄를 정당성, 올바름 그리고 그 반대에 관한 담론 속에 삽입한다. 범죄는 삶이 영위되는 물질적 조건에 영향을 미치고 그 삶의 이데올로기적 재현에도 전유된다. 이 연계성의 깊이와 폭을 감안할 때 범죄는 이 '영국스러움' 개념의 바로 중심부에 편입된 것으로 보인다. 그 이데올로기에서 범죄는 분열과 개념 정의의 역할을 수행해야만 한다. 범죄가 이처럼 복잡한 중심성을 띠기 때문에 '공적 이슈로서의 범죄'는 강력한 동원력을 행사하게 된다. 그래서 범죄와의 투쟁은 지지를 결집하는 데 활용될 수도 있는데, 범죄를 단지 추상적 이슈로 제시하는 방식이 아니라 '영국식 삶의 방식'을 대표하는 정교하게 균형 잡힌 안정성을 위협하는 실제적인 세력으로 제시할 때 그러한 결집은 가능해진다. 이 이데올로기를 통해 범죄는 '악'으로 소환되는데, 악은 '영국스러움'이란 '정상성'의 정반대이자 저지하지 않고 내버려 두면 정상성의 안정적 질서를 서서히 무너뜨릴 수도 있는 존재다. 그렇다면 범죄에 대한 반응은 물질적으로나 이데올로기적으로 심층적인 근거를 갖는다. 이러한 결합은 대단히 강력한 것이자 지배계급에게는 대단히 생산적인 것이기도 하다. 범죄는 모든 '선하고 진실된 사람들'이 궐기해 정상성, 안정성 그리고 '우리의 삶의 방식'을―적어도 비유적으로는―수호하는 데 동참할 것이라고 기대할 수 있게 해준다. 이 '삶의 방식'은 아주 다양한 사회적 조건하에서 생생히 체험되고, 범죄 역시 그 조건하에서 경험되는데, 바로 범죄를 통해 이처럼 아주 이질적 조건들로부터 거짓된 통일성이 구축될 수 있게 된다.

▌ 전통주의 세계관의 뿌리: 상식

이제는 지금까지 간략하게만 다루었던 주제로 옮아가고자 한다. 이 주제는 편지 부분에서 주목했듯이 '상식'과 개인적 경험에 대한 호소가 지니는 강점이다. 상식은 이중적 역할을 수행하는 주제이기 때문에 여기서는 이를 별도로 고찰한다. 혼동을 피하기 위해 이 경험적 상식의 '이중성'이 무엇으로 구성되는지 지적해야겠다. 첫째, 아래에서 기술하겠지만 경험적 상식은 전통적인 '영국 이데올로기'의 구체적인 일부이자 그 이데올로기가 전달될 때 취하는 **형태**이기도 하다. 이 '삶의 방식'은 가령 "그건 원래 그래", "그건 그냥 상식이야" 처럼 '자연스러운' 것으로 경험되고 표현된다.

이처럼 실제적이고 구체적인 것에 대한 호소가 '영국 이데올로기'에서 그러한 역할을 수행하는 데에는 유력한 역사적 이유가 있다. 영국 지배계급 이데올로기의 발전에 관해 논평한 거의 모든 사람은 이 이데올로기가 '경험주의' 중심으로 구성되었다는 점에 의견이 일치한다.[주 12] 경험적 사고 틀은 '영국인의 특수성'(peculiarities of the English)을 규정하는 한 가지 요소다. 산업 자본주의가 등장하기 전에 발전된 농업 자본주의의 복잡한 사회적, 정치적 유산이 남아 있었고, 산업자본과 지주층 정치적 대표 간에 정치적 동맹이 이루어진 결과 독특하게 '경험적'인 지배계급 이데올로기가 탄생했다. 페리 앤더슨(Perry Anderson)은 이 '융합'을 다음과 같이 정의했다.

> 영국에서 지배 블록의 헤게모니는 어떤 체계적인 주요 이데올로기로 접합되지 않고 상식적 편견과 금기의 악습 속에 분산되어 존재한다. 이처럼 널리 드리운 영국의 안개를 구성하는 두 가지 거대한 화학 성분은 '전통주의'와 '경험주의'다. 그 속에서 — 어떤 사회적 혹은 역사적 현실의 — 가시성은 거의 제로다. 토지계급의 완전한 정치 권력 독점이 도전받자마자 전통주의는 이 계급의 자연스러운 이데올로기적 용어가 되었다. 경험주의는 … 영국 부르주아가 거친 역사적 경험의 파편화되고 불완전한 성격을 충실하게 옮겨놓은 것이다. … 그

이래로 전통주의와 경험주의는 단일한 정당화 체제로 융합된다. 전통주의는 현재를 과거에서 도출해 현재를 인가하고, 경험주의는 미래를 현재에 고정시켜 미래에 족쇄를 채운다.

앤더슨은 영국에서 부르주아가 발전하지 못한 데 대해 다소 부정적으로 묘사했지만, 마르크스는 영국인의 경험주의 사고를 이 논의와 연계 지으면서도 다소 달리 규정한다. 앤더슨과 달리 마르크스는 이 사고를 영국 부르주아의 **실질적인** 성취에서 생겨난 한 기능으로 파악한다. 마르크스는 공리주의 철학의 완성자인 제레미 벤담(Jeremy Bentham)을 "부르주아식 멍청함의 방식으로 천재적이었다"라고 비난한다. 하지만 더 나아가 "[벤담은] 자신만의 열렬하고도 단순한 방식으로 … 현대의 프티 부르주아, 무엇보다 현대 영국의 프티 부르주아를 정상적 인간으로 간주한다"라고 덧붙인다. 여기서 마르크스의 요지는 공리주의, 심지어 그 삭막한 벤담류의 공리주의 형태조차도 영국에서는 이미 사고습관으로 정상화, 자연화, 보편화했다는 것이다. 공리주의가 심오한 이론적 체계라서가 아니라 일상적 실천 속에 광범위하게 존재하는 것을 반영했기 때문이다. 공리주의는 이미 달성된 자본주의 관계 체제하의 삶에서 일상적인 경험을 '자연스러운' 것으로 반영했다. 마르크스는 어떤 독창적 관념과 사고방식이 어떻게 해서 영국식 관념의 기질과 윤리적 기풍(ethos) 전체를 규정할 정도로 사회적 **실천** 속에 퇴적되었는지 지적한다. 이 관념들은 우리 경험 속에 너무나 광범위하게 자리 잡았기에 마치 '당연한 것처럼 여겨지게' 되었다. 마르크스는 영국의 물질적 발전과 지적인 후진성의 독특한 결합을 그 정반대―즉 독일의 이론적 정교함과 경제적 후진성―와 비교를 통해 포착한다. "영국인이 인간을 모자로 변형시킨다면, 독일인은 모자를 관념으로 변형시킨다."[주 13] 그렇다면 영국인의 '상식'은 어떤 의미에서는 '자연적인' 사회 질서, 즉 부르주아 사회의 실제적이고 실질적인 정착을 반영한다. '노상강도'에 관해 일반인이 갖고 있는 의견의 공적 표현을―즉 전국지와 지역지의 '독자투고'란과 악성 편지에서―처음 접했을 때 발견한 일부 요소를 돌이켜보면 이러한 구체성이나 사물의 '자연적' 질서에 대한 언급이 어느 정도 효과적이었는지 깨닫게 된다. 편지에서 전개된 가장 강력한 주장 중 하나는 일반인이 일상의 **개인적 경험**을 특권화하며 그 경험에 호소했다는 점, 즉 **구체적 사례**를 언급했다는 것이었다. 물론 이 수사적인 호소는 '자유주의'와 '전통주의'라 불리는 편지 집필자 집단에서 모두 발견할 수 있지만 전통주의 세계관의 깃발 아래에서 가동될 때 훨씬 더 널리 통용되고 훨씬 더 확신을 주었다. 이제 개인적 경험과 구체적 사례에 대한 언급은 언뜻 반드시 추가 설명이 필요 없는 것처럼 보일 수도 있다. 결국 진짜로 사회 문제를 일차적으로 경험한 사람만이 사회적 이슈에 관해 무엇인가 독창적인 할 말―내부인의 시각에 해당하는 것―이 있다는 것이다. 대개 전문가와 사회학자가 지배하는 공적 담론에서 '개인적 경험'은 흔히 '길거리 시민'이 전달하고 싶다고 주장할 수 있는 유일한 부분이다. 일반화의 경향은 이처럼 필연적으로 좀 더 **특수화**될 수밖에 없는 시각을 세심하게 반영해야 한다고 영국인들은 믿는다. 만약 그렇게 하지 않는다면 과도하게 일반화해서 보는 바람에 문제의 중요한 측면이 흐려지게 될 것이기 때문이다. 독자투고란 편집자는 체험성 경험에 근거하고 구체적인 증거를 언급하는 이러한 부류의 개인적 증언을 특히 중시한다. 사실 우리가 살펴본 편지 중 이러한 의미에서 실제로 **구체적인** 것은 거의 없다. 이 편지들은 자신이 의존하고 있는 실제 경험의 세부사항에―이를테면 강탈당하거나 '노상강도'를 당한 경험에―깊이 들어가지 않는다. 개인 경험을 언급하긴 하지만 주로 자기 의견에 무게감을 더 부여하기 위해서만 그리한다. 따라서 경험적 준거는 흔히 다음과 같이 간접적이다. "만약 그 사람이나 가까운 친척이 이러한 공격을 한 번이라도 겪어봤다면 견해를 바꿀 수도 있을 것이다." 아니면 이 준거는 개인적인 특정 표시를 통해 완곡하게 환기되는데, 가령 "세 10대 자녀를 둔 노동계급 엄마"라는 식의 표시가 그렇다.

　　여기서 경험은 구체적인 무엇인가를, 즉 이론, 성찰, 추론, 주장 등에 의해 매개되지 않은 일차적 경험을 의미한다. 경험은 현실에 뿌리를

두기에 다른 유형의 논지 전개보다 우월하다고 간주된다. 경험은 '실질적'
이고, 추론과 이론은 '실체가 없는' 것이다. 흔히 경험에 대한 언급도 정
확하게는 "말은 그만하고 **실제로 아는** 사람 말을 들어봐"라는 식으로 사
용된다. 앤 더밋(Ann Dummett)은 영국인들이 이처럼 이론에 참을성이 없고
'감각적 경험'을 숭상한다면서 아이삭 뉴턴 경(Sir Issac Newton)을 수학을
발견한 사람이 아니라 "더운 늦여름날 과수원에서 졸다가 머리에 떨어지
는 과일을 맞은" 사람으로 기억하는 족속이라고 말했다.[주 14] 경험과 상식
적 사고의 우월성은 가장 고귀한 층에서 아주 평범하고 세속적 수준에 이
르기까지 영국 문화를 공고히 하는 접착제 구실을 한다는 사실을 이처럼
역설적인 사례는 환기해준다. 영국의 철학, 인식론, 심리학 역시 모두 전
형적으로 강력하게 **경험주의적** 양식을 고수한다. 그러므로 상식의 특권화
는 지식인 문화 바깥에 있는 사람들 그리고 그러한 이유로 걸러지지 않은
경험과 지적인 추론을 경쟁관계로 보려는 유혹에 빠질 수도 있는 사람들
만의 전유물은 아니다. 경험주의는 영국 지식 문화의 내부와 외부에 **동시
에** 존재하는 문화적 세력이다. 그래서 거기에 따른 경험주의적 경험이라
는 준거가 정당성을 갖게 되는 것이다.

상식에 대한 호소가 갖는 위력의 일부는 영국의 반지성주의에서도
유래한다. 반지성주의는 오로지 영국에만 해당하는 가치는 결코 아니지만
특히 영국 문화에서 위세를 떨친다는 주장은 어느 정도 근거가 있다. 반
지성주의는 지식인, '이론가'보다 '상식'을 추켜세우는 가치다. 이론가는
삶을 '말 잔치의 장'으로 여기고 아무런 행동도 취하지 않는다. 실제 삶에
서 일어나는 일은 '정말 모르는' 사람이고 자신의 추상화에 흐뭇해하는
사람이며, 거대 대중의 삶과 무관하게, 더 나아가 이론적으로 고고한 위
치에서 대다수의 경험을 고려하지 않는 설명과 정책만 주장하는 사람이
다. 수많은 신문 독자투고에서도 이처럼 '지식인'에 대한 의심을 발견할
수 있었는데, 이러한 불신은 대중지의 도덕화 수사에서 안정적으로 자리
잡은 요소다. 물론 반지성주의도 나름대로 합리적인 핵심은 갖고 있다.
이 사조는 기존의 위계적 계급 체제 그리고 그 위계에 딸린 '타당한' 지

식의 (특히 자격증, 합격 증서, 졸업장, 학위 등에 의해 교육적으로 설계된) 사회적 배포 제도에 대해 피예속 사회계급이 보이는 반응을 대변한다. 이 집단의 '반지성주의'는 그 불평등한 지식 분포에 대해 한 **계급**이 보여주는 반응이다. 그러나 반지성주의는 **노동**계급의 반응이기 때문에 실용적 지식, **일해본** 일차적 경험을 강조하는 계급의 반응이다. 니코 풀란차스(Nicos Poulantzas)는 피예속 계급이 "흔히 … 심지어 체제의 지배에 대한 저항조차도 **지배적 정당성의 준거틀 안에서** 체험한다"(강조점은 저자 추가)[주 15]라고 주장했는데, 노동계급의 '반지성주의'는 이 명제의 고전적인 예다. 그리고 레닌이 한때 "노동조합 의식"(trade union consciousness)이라고 이름 붙였고 다른 저술가들이 '노동주의자'(labourist)라고 정의한[주 16] 그 의식 형태를 규정하는 특징이기도 하다.

그러나 '상식'은 영국 사회와 문화에서 다른 좀 더 긍정적인 뿌리도 갖고 있다. 〈교양의 효용(Uses of Literarcy)〉에서 리처드 호가트(Richard Hoggart)는 노동계급의 삶과 문화에서 '우리-그들'의 구조라 부른 현상의 원천을 자세하게 논의했다.

> '그들'은 '높은 데 있는 사람'으로 '더 고위층'이고, 당신에게 수당을 주고 호출하고 전쟁터에 보내고 벌금을 매기고, 복지 자격 심사(Means Test)1 후 수당 삭감을 피하려고 30대에 가족과 생이별하게 만들고 '결국엔 당신을 잡아내는' 사람이다. 그들은 '정말 믿지 못할' 자들이고, '말만 번지르르하게 하고', '실제로는 사기꾼이고', '결코 솔직히 말하지 않고', '당신을 유치장에 처넣고', '가능하면 당신을 무너뜨릴' 것이고, '당신을 소환하고', '모두 담합해 한 패거리를 이루면서' '당신을 오물처럼 취급하는' 자들이다.[주 17]

이와 반대로 '우리'는 집단으로 소속이 있고 함께 뭉치고 '고생을 같

---

1 복지자격 심사는 영국에서 한 개인이나 가족의 정부 복지 혜택 자격 여부를 판단하기 위한 심사 제도를 말한다. 이는 소득과 가족여건, 기초생활비 등을 기준으로 판단한다. 이 제도를 둘러싼 노동계급의 불만은 공산당이 주도하는 전국실업노동자운동(National Unemployed Workers Movement)이 싹트는 계기가 되었다.—역주

이하며' 좋은 날이든 궂은 날이든 함께 하는 사람들이고 이웃이자 공동체다. 물론 권력을 장악하고 사회 전체를 자신의 형상에 따라 개조하는 계급이 아니라 **조합적**(corporate)2 의미에서 계급이고 이러한 대비에 의해 포착되는 방어적 공동체이긴 하지만—즉 마르크스가 말한 '즉자적 계급'(class−in−itself)3이지만—최후의 심급에서 '우리'를 하나의 **계급**으로 만드는 것은 공통된 입장과 공통 경험을 갖고 있다는 인식이다.

　　이러한 부류의 **조합적 계급 의식**(corporate class consciousness)은 긍정적 특징과 부정적 특징을 모두 갖고 있다. 여기서 권위에 대해 정체 폭로식이나 '모두 꺼려하지만 어쩔 수 없이 떠맡는 식의'(putting a finger to the nose)4 태도와 **더불어** 존경의 태도가 동시에 유래한다. 여기서 노동계급 문화의 강한 유대의식과 동시에 때로는 이에 따른 폐쇄성에 대한 용인도 함께 생겨난다. 즉 한편으론 광범위한 집단적 결속력이, 다른 한편으로는 여차하면 '남이야 어떻게 되든' 식의 각자도생, '주어진 대로 받아들이자'라는 식으로 바뀔 수도 있는 태도까지 함께 생겨난다는 것이다. 또한 호가트는 이러한 '우리−그들'의 구조를 자신이 "'실제' 사람들의 세계라고 부르는 것, 즉 '개인적인 것과 구체적인 것'의 세계"와 밀접하게 연관지었다.

2　'조합적'이라는 용어는 사회를 개인이 아니라 공통된 이익을 기반으로 하는 조직(노동, 농민, 군, 길드 등)으로 구성된다고 보는 시각에서 유래한다. 이러한 사회관이 반영된 대표적인 정치 이념이 '경제적 조합주의'(economic corporatism)이다. 이는 노동과 자본, 정부의 대표가 참여하여 경제 정책을 결정하는 정치 제도다.—역주

3　'즉자적', '대자적'이란 상호 대비되는 개념인데, 원래 헤겔이 사용하던 것을 마르크스가 계급 개념에 적용하였다. 마르크스는 자본주의 사회에서 노동자는 자본가와의 적대적 계급관계에 있다고 주장했다. 노동자 계급은 처음에는 이 관계를 자신의 이익이나 경험에 따라 감각적이고 단편적 수준에서 파악하는 데 그치는데, 이 단계의 계급이 '즉자적 계급'(Klasse an sich, class in itself)이다. 하지만 점차 노동자들이 스스로 비슷한 계급적 위치와 역할, 운명으로 엮인 운명 공동체임을 깨닫고 집단의식을 형성하는 자기 이해 단계에 도달하는데 이를 '대자적 계급'(Klasse für sich, class for itself)이라 불렀다.—역주

4　이는 모두 꺼려하는 일을 맡길 사람을 정할 때 하는 게임에서 유래하며, '코 게임'(nose game)이라 부르기도 한다. 각자 집게손가락으로 자기 코를 가리키도록 하는데, 이 동작을 제일 늦게 취한 사람이 일을 떠맡게 되어 있다.—역주

　　'우리'와 '그들'로 뚜렷이 나눠진 세계에 집착하는 것은 한 가지 측면에서는
대다수 노동계급 사람의 세계관에 일반적인 좀 더 중요한 특징이다. '그들'의
세계와 씨름하는 것은 결국에는 모든 종류의 정치적, 사회적 질문을 거쳐야
하고 마침내 정치와 사회 철학을 넘어 형이상학에 도달하게 된다. ('그들'이 누
구든) '그들'과 어떻게 대면할 것인가 하는 질문은 마침내 우리에게 보이지도
않고 친숙하지도 않은데 지역세계의 일부인 무엇인가와 어떤 관계를 맺을 것
인가 하는 문제가 된다. 노동계급이 세계를 '우리'와 '그들'로 분리하는 것은
이 점에서는 이 계급 사람들이 추상적이거나 일반적 문제에 대처하는 데 어려
움을 느낀다는 징후다. … 노동계급은 관념을 다루는 일이나 분석에 거의 혹은
전혀 훈련되어 있지 않았다. 그러한 행동에 재능을 보이는 사람은 하나둘씩
그 계급에서 빠져나갔다. 이 이유 중 무엇보다 더 중요한 것은 어떤 계급에
속하든 대다수의 사람은 시점이 어떠하든 그냥 일반적 개념에 흥미를 느끼지
않을 것이라는 사실이다. 그리고 노동계급에서 이 대다수는 … 자신이 속한 집
단의 전통을 고수할 것인데, 이는 바로 개인적, 지역적 전통이다.[주 18]

　　이 역사적 공간에서 형성되는 '상식'은 나름대로 특유하고 촘촘한 구
조를 갖고 있다. 호가트는 상식이 노동계급 가정과 이웃의 (그리고 호가트는
합당한 만큼 주의를 기울이지 않았지만 노동의) 구체적인 관계, 환경, 네트워크,
공간에 어떻게 **근거하는지**에 주목한다. 이 문화는 일반적 문제와 세상에
관한 '견해와 의견'을 낳는다. 그러나 "이 견해는 보통 대부분 검증되지
않고 구전되는 상투어 꾸러미가 일반화, 편견, 절반의 진실을 수용하여
재치 있는 표현을 가미해 경구의 지위로까지 격상된 것에 불과하다."[주 19]
　　그렇지만 영국식 변종의 상식이 특히 두드러지고 강력하긴 하지만,
'상식'이 특유하게 영국적인 속성 자체는 아니다. 다른 저술가들은 상식
을 피예속 계급이 사회의 지배적 이데올로기와 **반복해서** 연계를 맺게 되
는 방식으로 보고 관심을 기울였다. 맥락은 다르지만 상식은 항상 "서로
무관한 개념들의 지리멸렬한 덩어리이고 … 단편적인 데 … 불과하지만
대중의 철학으로서 이 대중의 사회적, 문화적 입장에 순응하게 된다"라고
그람시는 논평했다.[주 20] 상식은 호가트의 표현을 빌리자면 '일차적 종
교'(primary religion)와도 강력하게 연계된다고 그람시는 말했다. 앞서 논의

한 일부 편지에서도 강하게 윤리적인 색채가 나타났음에 다시 한번 주목해야 한다. 상식은 운명과도 연계되고 (또한 중간계급의 맹목적 애국주의와는 아주 다른) 어떤 근원적인 애국주의와도 연결된다. (그리고 어떤 추상적인 우리 국가 유산 개념과도 상당히 다른) 근본적인 방식으로 상식은 "전통적인 대중적 세계 개념",[주 21] 즉 실제 일상의 삶과 밀접한 관련 속에서 형성된 개념을 나타낸다.

그러므로 상식의 구조는 흔히 대중계급의 일상생활에서 일어나는 실제적 투쟁과 직접 관련되어 있지만, 또한 그 속에 **침전된** 과거의 혹은 다른 좀 더 발전된 이데올로기에서 유래한 요소와 믿음으로 가득 차 있다. 지오프리 노웰 스미스(Geoffrey Nowell-Smith)가 주장하듯이,

> 상식의 핵심은 이것이 구현하는 관념이 부정확하다기보다는 미수정 상태거나 마치 당연한 것처럼 통한다는 점에 있다. … 상식은 기존 지식에 도전하지 않으면서 거기에 붙어 다닐 수 있는 그 모든 관념으로 구성된다. 상식은 자본주의 사회에서 사물의 이치를 결정하는 기준은 되지 못하고 세계를 보는 방식과 사물이 어떻게 서로 부합하는지에 관한 기준만 제공할 뿐인데, 이는 계급 사회의 현재 단계가 과거에서 계승한 것이다.[주 22]

'상식'에 구속되는 세계는 피예속 계급의 세계다. 상식은 그람시와 그를 따르는 다른 저술가들이 "조합적"이라 부르는 피예속 문화에 중심적인 부분이다.[주 23] 피예속 계급에게 지배적 관념은 관념의 전체구조 **그 자체**와 동일시되는 경향이 있다. 그렇다고 해서 노동계급 사람들이 지배계급과 똑같은 관념을 갖고 세계에 관해 '사고'한다는 뜻은 아니다. 한 계급이 다른 계급을 지배한다고 해서 피지배계급이 지배계급 속으로 흡수된다는 의미도 아니다. 피예속 계급 문화도 투쟁하고 자신들 고유의 방어적 문화를 정착시켜 자율성을 유지한다. 그러나 지배적 관념은 사회에서 사고의 외부 반경과 지평을 형성하는 경향이 있다. 이러한 지배는 결코 단순히 **정신적** 예속만의 문제는 아니다. 지배적 관념은 지배적 제도 질서로 구체화되고, 피예속 계급은 이 지배적 관계에 구속된다. 그러므로 사고뿐 아니

라 **행동**에서도 피예속 계급은 끊임없이 지배적 관계의 규율하에 놓인다.

파킨은 자신의 표현으로 '예속적 가치 체제'가 피예속 계급에 속한 존재의 삶의 방식과 물질적 조건을 반영한다고 주장했다.[주 24] 그러나 이 체제는 지배계급의 틀 안에서 경험되고 사고되기 때문에 지배적 체제의 논리 정연한 대안이 아니라 **타협물**에 해당한다고 했다. 타협은 **다르면서도 종속된** 문화를 낳는데, 바로 '헤게모니적' 문화와 대비되는 '조합적' 문화라고 파킨은 주장한다. 그렇다면 조합적 문화는 흔히 **내부적으로는** 일련의 타협, 단서조항, 한정된 상황적 변종으로 생겨나거나 지배문화의 좀 더 '헤게모니적'인 세력에 **맞서** 부분적인 투쟁을 벌인 결과로 나타난다. 예속 문화가 헤게모니적 질서에 '빚을 지고' 있는 부분은 긍정적이고 감사에 넘치는 동일시가 아니라 지배계급 헤게모니의 마지못한 인정, 즉 이른바 '실용적 차원의 수용'(pragmatic acceptance)이다.[주 25] '실용적 차원의 수용'은 흔히 관념 영역에서 벌어진 계급 투쟁의 결과로, 여기서 투쟁은 '휴전협정' 형태를 띤다. '조합적' 문화와 '헤게모니적' 문화의 차이는 흔히 (헤게모니적 문화가 정의하는) **일반적 관념**과 (피예속 계급의 삶에 근거한 저항의 물질적 사회적 토대를 계속해서 반영해줄) 좀 더 맥락화된 혹은 **상황적** 판단 간의 대비에서 가장 뚜렷이 나타난다. 따라서 일부 노동자가 "국가가 돈을 너무 많이 쓴다"는 데 동의하면서도(일반적), 임금 인상을 요구하며 파업에 아주 기꺼이 동참한다든지(상황적), 아니면 부모가 아이들에게 더 엄격한 규율을 적용해야 한다고 요구하면서도 정작 자기 자식이 얻어맞으면 불평하는 것도 완벽하게 '논리적'으로 보인다. 이렇게 해서 예속 문화가 수용되어 정착되는 양상은 필연적으로 모순적이다. "사람들은 흔히 자신들의 시각 내에 서로 조정되지 않는 모순, 다양한 맥락에서 표현되는 모순을 갖고 있다. … 바로 국가 정책에 대한 의견과 직접적인 경험 사이의 이러한 연결에서 가장 자명한 모순 중 다수가 생겨난다."[주 26] 중요한 요점은 상식적 사고가 모순된다는 사실 자체뿐 아니라 거기서 '상식적인' 것은 내부적 수미일관성과 논리적 일관성을 갖추었는지 검토하는 절차를 거치지 않는다는 바로 그 **이유 때문에** 단편적이고 비일관적이라는 것이다. 중요한 부분은 이러한 비일관성이 규모, 위치, 권력에서의 균열을 반영한다는 사실이다. 흔히 '논리적 비일관성'은 바로 맥락화에서 상당한 차이가 있다는 데서 비롯하는 결과인데, 이 때문에 서로 구별되는 여러 계급문화와 하위문화가 '지배 내 구조화된' 상태로 공존할 수 있게 된다. 따라서 지배적 관념의 구조에 "예외와 단서조항을 붙일" 수 있는 권리는 실제로는 지배적 관념이 손상 입지 않고 유지되도록 하는 데 기여한다. 지배적 관념은 범위가 더 **포괄적**이다. 이들은 더 폭넓은 범위의 현실 조각을 아우른다. 또한 '직접적인 경험'을 벗어나 더 대규모의 지형에서 발생하는 현상도 설명하고 준거를 제공한다. 그렇게 되면 상황이나 맥락에 구속되기 마련인 '직접적인 경험'에서 생겨나는 관념은 **이처럼 더 폭넓은 사고구조 내에서** 단순한 예외, 범주 내의 가변성, 단서조항 등으로 보이게 된다. 이렇게 해서 다양한 계급의 지배적—예속적 위치는 지배적 관념 구조와 예속적 관념 구조 간의 관계를 통해 굴절된다.

여기서 중요한 사항은 설혹 맥락화된 판단, 일반적 규칙의 '예외'가 발생한다고 해도, 흔히 '지배적 관념'의 전반적인 헤게모니에 도전할 수 있는 대항 이데올로기가 탄생한다든지, 이를 통해 사회 전체의 변혁을 노리는 대안적 투쟁 전략이 생겨난다든지 하는 일은 없다. 예속된 가치 체계의 근저에 흐르는 물질적인 사회적 경험의 내용은 사실 '지배적 관념'에서 표현되는 것과 상당히 다르다. 그러나 이 구조화된 차이는 지배적 틀의 지원 아래 은폐되고 마치 서로 조화로운 것처럼 포장된다. 바로 이처럼 불평등한 상호보완성을 통해 예속적 관념에 **대한** 지배적 관념의 헤게모니는 유지된다. 이러한 상호보완성은 **계급 간 동맹**의 토대가 되어 아주 이질적이고 적대적인 계급 현실을 반영하는 이해관계와 태도를 지지하는 데 예속계급의 태도가 동원되고 작동하도록 유도한다.

더밋은 사소한 예를 통해 이 요지를 효과적으로 설명해준다. 더밋의 주장에 따르면. 중간계급에게 오후의 '차'란 "점심과 저녁 사이에 꼭 필요하지는 않지만 여유롭게 음미하는 청량음료를 … 의미한다. 차는 네 시경에 들며 빵과 버터를 얇게 잘라 내놓는데, 자녀들의 다과회일 때를 제외하면 식당이나 부엌에서 먹지 않는다." 그러나 차란 "대다수의 인구층에게 아버지가 직장에서 퇴근해 씻고 옷을 갈아입은 후 5시 반 경에 먹는 저녁 식사다." 여기서 "영국에서뿐 아니라 해외에서 … 영국적인 특징으로 수용되는 관습이 정작 영국의 다양한 집단 사람들에게는 아주 다른 의미를 지닌다."[주 27] 그럼에도 불구하고 "영국적인 특징"으로 간주되는 '차'의 의미는 첫 번째(소수파)지 두 번째(대다수)가 아니며, 두 번째가 아니라 첫 번째가 영국의 대중적 신화에서 특권화된 위치를 차지한다. 영국 중상층 계급에 국한되는 관행이 영국인 전체에 보편적인 관행을 대표하게 되고, 말하자면 한 계급의 관습이 '헤게모니적'으로 굳어진 것이다. 지배계급은 "그 관념에 보편성의 형태를 부여하고 이를 유일하게 합리적이고 보편적으로 타당한 관념으로 제시"하는 법을 깨쳤다.[주 28] '지배적 관념'이 널리 보급되었고 헤게모니적 성격을 띤다는 점 때문에, 이 관념의 구조가 어떻게 해서 단순히 '사물의 이치'와 동일시되고, 이에 따라 상식 자체, 즉 모든 사람이 공유하는 하나의 관념 구조로 통하게 되는지 이제는 파악할 수 있다. 이처럼 '상식'의 보편화는 계급 경험 간의 중요한 차이를 은폐하지만, 다양한 계급 관념 간에 **거짓된 우연의 일치**를 조장하기도 한다. 그리고 나서 이 우연의 일치는 단일한 영국식 사고 유형이란 신화에 토대가 된다.

▌사회적 불안감

> 문제는 염치없는 인간들이 왜 그리고 어떻게 작업하는지가 아니라 … 왜 청중들이 반응하는가 하는 점이다.[주 29]

지금까지 전통적 관념의 지형과 그 역사적 뿌리를 두루 살펴보았다. 그러나 이제는 구체적인 역사적 세력이 이 전통적 토대에 어떻게 작용해 1960년대와 1970년대에 범죄에 대해 보수적인 도덕적 분노의 강력한 분출을 낳게 되었는지 살펴보아야 한다. "모든 이데올로기 영역에서 전통은 거대한 보수주의 세력을 형성한다. 그러나 이 재료가 겪게 되는 변형은 계급 관계에서 싹튼다"[주 30]라고 프리드리히 엥겔스는 주장했다.

우리는 전통의 축을 중심으로 사회에 일정 정도 이데올로기적 통일성을 부여하는 몇몇 중심적 이미지에 관해 논의했다. 핵심적인 사항을 보면 이 이미지들은 심지어 '고난의 시기'에서조차 영구적이라는 인식, 즉 어떤 일이 생기든 '영원히 영국'으로 남아 있는 일종의 기본선을 제시해 확고하고 튼튼하며 변함없는 관습과 덕목의 **안정성**이란 전망 형태로 서로 결집된다. 일부 분파는 유사한 결집 기능을 수행할 수 있는 대안적 이데올로기 구조를 갖추고 있지 못한데, 여기서는 구체적인 사회 변화들이 결합해 바로 이 집단 사이에서 이 사회 질서의 이미지에 대한 핵심적 지지를 어떻게 일부 잠식하게 되었는지 보여주고자 한다. 이러한 잠식은 '사회적 불안감'이라 불리는 효과를 이 계급분파에 초래하는데, 이 불안감은 이데올로기의 물질적 지지대의 해체뿐 아니라 이데올로기 자체에 대한 광범위한 사회적 믿음의 약화로 생겨난 결과다. 해체의 시기에 여러 인구분파가 어쩔 수 없이 빠져들게 되는 이 '유동적 상태'의 한 가지 결과는 '속죄양'을 활용하려는 성향의 등장이라고 주장하고 싶다. 사람들은 **모든** 당혹스러운 경험을 농축해 상징적으로 거부하거나 속죄양에게 '뒤집어씌우게' 된다.[주 31] 사람들은 무엇보다 '사회적 불안감'을 낳는 사회 해체와 혼란의 다양한 요소를 **초래하는** 역할을 이 속죄양에게 떠맡겼다. 하지만 이 속죄양은 그냥 '발생'하지 않고 구체적인 조건에서 구체적인 행위자에 의해 **속죄양으로** 생산된다. 먼저 특정한 계급 간 동맹으로서 '전통주의'가 어떻게 잠식 효과를 발휘하고 사회적 불안감이 어떻게 생산되는지 주목해야 한다. 우리가 보기에 여기에는 두 가지 서로 구별되면서도 관련된 이유가 존재한 것으로 보인다.

전후 시기에는 전통주의 이데올로기에서 생겨난 두 가지 '분기점'을 확인할 수 있는데, 이 두 가지는 모두 친숙한 이정표의 상실감을 조성하고 이에 따라 '사회적 불안감'이 성장하는 토대가 되었다. 첫째는 '풍요'와 관련이 있었다. '풍요'의 토대는 전후 생산 부문의 호경기였다. 그러나 이 풍요는 특정한 유형의 소비로―개인과 가정용 지출―그리고 전통적 가치와 기준의 특정한 변형으로 경험되었다. '풍요'를 '고삐 풀린 물질주의', 쾌락주의, 향락과 관련지으면서 그 결과 '관용성', 즉 도덕적 규율, 절제, 통제의 이완 상태가 재빨리 초래된 것처럼 간주되었다. '새로운 가치'는 좀 더 전통적인 프로테스탄트 윤리와 눈에 띄게 갈등을 빚었다. 프로테스탄트 윤리와 새로운 향락주의 사이의 긴장을 가장 직접적으로 경험한 집단 혹은 계급분파는 근검, 품위, 도덕 규율 등 프로테스탄트적인 덕목에 모든 것을 투자한 집단, 즉 비상업적 중간계급, 그중에서도 중하층 계급이었다.[주 32]

　　'사회 불안감'을 일깨우고 고양시킨 두 번째 사태 진전은 대략 같은 시기에 발생했지만 약간 다른 층에 직접적인 영향을 미쳤다. 이 시기 사회 변동의 규모는 터무니없이 과장되었다. 그러나 사회가 전후 여건에 적응하는 과정에서 시작된 사회 변동은 실제로 전통적인 삶의 일부 패턴과 이에 따라 전통적 노동계급 문화의 지지기반도 점차 무너뜨렸다. **동일한 종류의** 변화는 어디서나 목격할 수 있었는데, 그 효과는 무엇보다 '전통적인' 노동계급 동네와 공동체 자체 그리고 그 '중심 세력'인 품위 있는 노동계급의 쇠퇴에 더 집중되었다(에릭 홉스봄Eric Hobsbawm과 가렛 스테드먼 존스 Gareth Steadman-Jones가 주장했듯이, 여기서 '전통적'이란 19세기 후반 수십 년 간 정착된 노동계급적 삶의 패턴을 의미한다. 스테드먼 존스는 이 중 일부 측면을 '영국 노동계급의 재형성'이란 제목하에 다루었다).[주 33] 어떤 면에서 영국 노동계급은 전후 시기에 어느 정도는 다시 한번 '재형성'되었다. 도시 재개발, 지역 경제 변화, 숙련도와 직업 구조 변화, 지리적·교육적 이동성 증가, 전후 복구 경기에 힘입은 상대적 호황, 눈요깃거리화한 '풍요의 종교' 등은 어떤 의미에서는 서로 구분되는 과정들이지만 서로 결합해 품위 있는 노동계급 공동체에 장기적 측면에서 해체 효과를 가져왔다.[주 34] 가족과 이웃 간의 밀접한 상호 연계는 느슨해지고 그 유대는 압박을 받았다. 고전적인 전통적 동네에 관습적으로 존재하던 공유 공간과 비공식적 사회 통제는 느슨해지고 위험에 처했다. 이러한 압력에 대한 문화적, 정치적 반응은 상당히 혼란스러웠다.

진부한 이야기지만, 이 혼란은 당시의 익숙하면서도 어설픈 설명인 '부르주아화'(embourgeoisment)와 '무관심'(apathy)이라는 아주 부적절한 용어로 표현되었을 뿐만 아니라 전통적 노동계급의 '노동주의' 이데올로기 내부에서도 변형된 형태로 나타난다. 이미 주장했듯이[주 35] 이처럼 복잡하고 불균등한 변화과정을—상당한 이데올로기적 현실 조작의 결과인—저 유명한 '세대 격차'(generation gap)로 축소하려는 강력한 경향도 부분적으로 존재했다. 전쟁 이전과 이후 세대 사이의 거리는 전쟁 때문에 부각된 것으로, '변화 감각' 차이를 과장한 데 불과하다.

중년과 노년층은 이 모순된 사태 진전을 주로 '상실감'으로 경험한 것이 분명하다. 상실감은 가족 의식과 존경심 상실, 거리, 가족, 노동, 지역에 대한 전통적 소속감 잠식 같은 것이다. 어떻게 해서 그리된 것인지 정확하게 지목하긴 어렵지만, '상실감'은 전쟁, 제국의 쇠퇴와 상실 경험과도 관련이 있었다. 이 둘은 방식은 다르지만 모두 국가의 이데올로기적 '통합'에 기여했기 때문이다. 여가의 상업화, 과시적이고 사유화된 소비의 잠정적 시작으로 수많은 친숙한 레크리에이션과 삶의 패턴도 재구성되고 있었다. 이 점에서 영국식 주점(pub)의 변형과 쇠퇴는 좀 더 널리 홍보되고 과장된 바 있는 10대의 여가와 삶만큼이나 의미있는 기호다. '행동의 동력'(springs of action)은 느슨해졌지만 즉시 다른 형태를 취하지는 않았다. 그 대신 일종의 틈새, 일정 정도의 영구적인 동요가 생겨났다. 지역적 통합은 약화되었는데, 이미 그 자체로 더 협소해지고 핵가족화한 가족 집단의 범위 바깥에 존재하는 어떤 대안적 유대를 선호해서 그렇게 된 것은 아니었다. 비록 빈곤 자체는 전혀 근절되지 않았지만, 삶의 방식으로서의 가난은 사라지고 있다고들 말하고 그렇게 생각하는 사람도 많았다. 실로 빈곤이 마법적으로 재발견된 지 얼마 지나지 않아 일어난 일이다.

이렇게 사회적 불안감을 조장한 온상으로 몇 가지 지점을 지목할 수 있을 것이다. 모든 부류의 갈래를 결집한 듯하고 전후의 초점 없는 사회적 불만의 저장고를 특히 선명하게 가시적 형태로 노출시킨 듯한 한 사건은 바로 1958년의 노팅힐 인종 폭동이다. 비록 표면적으로는 '인종'과 관련된 사건이었지만, 이 사건들은 사회적 불안감의 중심 역할도 하면서 어떤 구체적인 의미에서든 딱히 인종적이라고만 할 수 없는 수많은 원인과 관련이 있는 게 분명하다.[주 36] 달리 표현하자면 백인 청년의 폭력을 비난하면서도 긴장을 초래한 이주민들의 악습을 동시에 지적할 필요가 있었다는 점에서 노팅힐 인종 폭동은 복잡한 문제였다. 스탠 코언의 용어를 사용하자면, '민중의 악마'가 백인 노동계급 청년—테디보이인지, 아니면 이주민이었는지는 불확실했다. 시간이 경과하면서 인종 이슈가 더 뚜렷해지긴 했지만 당분간은 모호한 상태로 있었다.

'모드족'과 '로커족'에 관해서는 그러한 전반적인 모호성이 전혀 존재하지 않았다. 코언은 소요를 유발한 수많은 원인이 해변 리조트 갈등에서 10대 집단의 존재로 점차 수렴하게 된 데에 주목한다.

> 모드족과 로커족은 실제로 한 일보다 훨씬 더 중요한 무엇인가를 상징했다. 영국 전후의 사회 변동은 미묘하고도 양가적인 현상으로 경험되었는데, 모드족이나 로커족은 바로 이 부분을 자극했다. 불경기나 긴축경제를 원하는 사람은 아무도 없었지만, '너무 즐기지 마라'라는 메시지는 일부 사람들이 너무 즐기고 또 너무 빨리 그리한다는 점에서 양가적이었다. … 비록 젊은이들의 늘어난 구매력과 성적 자유 때문이라 할지라도 분노와 질투는 손쉽게 젊은이들을 겨냥했다. 이 감정이 노동과 여가 윤리에 대한 지나치게 노골적인 조롱과 결합하거나 폭력, 반달리즘과 결합했을 때, 그리고 (아직) 불확실한 위협이 마약 흡입과 연관되었을 때 평화로운 바닷가 공휴일의 이미지 이상의 것이 산산조각 나고 있었다. 1960년대 초에 모호함과 긴장이 최고조에 달했다고 주장하는 이도 있을 것이다. 아직 구분선은 뚜렷하게 그어지지 않았지만, 실로 반응은 이러한 선을 긋는 행위의 일부였다.[주 37]

그러고 나서 문화적 혼란에 대한 진정한 자각은 구조적 원인이 아니라 사회적 해체의 상징적 표현, 예컨대 일련의 노동계급 청년 하위문화에 집중되었다. 이 상징적 표현 자체가 흔히 똑같은 문화적, 구조적 문제에 대한 '마법적 해결책'—계급 내재적 모순을 초월하지 않고 해결하려는

시도 ― 이었다는 점은 적지 않은 역설이었다.[주 38]

사실상 서로 관련되면서도 구분된 것처럼 보이는 사태들이 악화해서 불안정성을 구성하는 일부 중첩된 세 가지 이미지가 만들어졌는데, 바로 청년, 풍요, 관용성이다. 정상적 패턴에 대한 도전들은 한정된 숫자의 이항대립이란 측면에서 파악할 수 있었다. 바로 무규율 상태의 청년 **대** 성숙함, 과시적 소비 **대** 소박한 번영, 관용성 **대** 책임감, 예의, 품위 등이 그 예다. 전통적인 노동계급식 품위에 특징적인 구체적 확실성으로 되돌아가고자 하는 욕망에 근거했든, 아니면 중간계급 청교도주의의 복원 캠페인 형태로 나타났든, 이 새로운 방식에 대해 여전히 남아 있던 거부감은 우선 도덕 개혁과 갱생 운동으로 표현되기 시작했다.

이 모순된 압력들이 계속해서 지배적 도덕성에 도전해 타격을 입히고, 전통적 노동계급식 삶의 축이 경악할 정도로 계속해 기울어지자, [사회가] 해체되고 있다는 전반적인 인식도 증가했다. 불만을 조직적으로 공식화하는 데 익숙한 도덕적 십자군들에게는 텔레비전을 정화하고 길거리에서 매춘부를 쫓아내며 포르노그래피를 추방하는 운동에 참여하는 식의 선택이 가능했다. 그러나 전통적으로 지역적 표현 형태에서 이처럼 더 공개적으로 캠페인을 벌이는 식의 형세를 취한 적이 없는 사람들에게는 어느 저술가가 귀찮은 쓰라림으로 기술한 바 있는 선택만 남아 있었다.

> 과거에는 모든 이웃이 똑같이 가난하고 똑같은 철학도 공유했으며 자신처럼 한결같이 무력하고 기댈 데도 없었다는 사실은 압도적일 정도로 확실했다. 그런데 내가 만나본 대다수 노인들은 사회에서 그러한 확실성을 빼앗아간 세력에 분노를 드러냈다. … 그러나 지금 이 노인들은 자신이 기만당했다고 느낀다 … 빈곤에서 생겨난 가치와 관습도 가난 자체와 함께 철폐되었다. 이들은 여전히 사회 정의와 경제적 개선을 위해 분투하고 있었지만, 거기에 뒤따라 자신의 가치구조에서 발생할 변화는 깨닫지 못했다. 이들은 단지 스스로 상상 속에서 부잣집으로 옮겨갔을 뿐이며, 그와 함께 동네 인심, 소탈함, 노동에 대한 자부심, 방언과 상식까지도 당연히 가지고 갈 것이라고 단정했다. … 변화하는 여건에 자신의 의지를 발휘하는 대신 이들은 손 놓고 변화에 놀아났을

뿐이다. 이들은 과거의 어떤 것도 보존하지 못하고 마치 자연의 힘 앞에서 힘 겹게 축적한 모든 것을 팽개치고 달아나는 거대한 자연재해 피해자처럼 과거 의 모든 것을 포기했다. 아마 어떤 일이 벌어지는지 파악했다면, 오랜 문화의 일부라도 살렸을 것이다. 그러나 이 노인들은 그 대신 젊은 층이나 이주민 혹 은 자신들이 단편적으로 그때그때 접하는 현상의 다른 단편을 겨냥해 무턱대 고 위협적인 분노의 목소리를 높인다.[주 39]

외부인에 대한 이 적개심은 단순한 편견이 아니라고 제레미 시브룩 (Jeremy Seabrook)은 애써 강조한다. 적개심은 그러한 공포를 느끼는 사람들 의 사회적 현실과 물질적 경험에 근거한다.

　　이주민은 표현할 수 없는 공포와 고통을 도착적으로 정당화하는 역할을 한 다. 실제로 일어나고 있는 것은 오직 이차적으로만 편견의 표현일 뿐이다. 이 적개심은 무엇보다도 하나의 치유적 심리드라마로서, 여기서는 실제로 말하는 내용보다는 당사자의 정서적 표출이 우선시된다. … 이 적개심은 익숙한 환경 뿐 아니라 자신의 삶까지도 포함해 쇠락과 포기에 의해 직면하게 되는 고통과 무력감의 표현이며, 우리 사회가 아무런 돌파구도 제공해주지 못하는 그러한 표현이다. 그러므로 확실히 대도시 자유주의자가 약삭빠르게, 그리고 손쉽게 편견으로만 치부해버리는 것보다는 더 복잡하고 뿌리 깊은 감정이다.[주 40]

이 '고통과 무력감의 표현'은 사회적 불안감의 초기 징후일 뿐 아니 라 근원적 원인이기도 하다.

사회적 불안감의 어휘에서 흑인과 아시아인은 주거, 동네, 가족, 섹 스, 레크리에이션, 법과 질서 등에서 줄줄이 해체가 일어나고 있음을 나 타내는 잘 준비된 상징이자 징후이기도 하다. '상실감'에 휩싸인 공동체 에게 이들의 인종과 피부색은 단순히 이들의 **타자성**(otherness), 즉 외국인 이라는 사실보다는 그다지 중요하지 않았을 것이다. 이렇게 이야기하는 이유는 부분적으로 이 시기에는 사회적 불안감이 굳이 사회적, 종족적 경 계를 벗어나 먹이로 삼을 악마를 늘 찾아낼 필요가 없어 보이기 때문이다. 이 나라 일부 지역에서 인종의 언어와 여행자를 대상으로 사용되는 언어는 상호호환적이다.[주 41] 그리고 품위 있는 빈곤층에 관한 한 심지어 더 가까이로는 **극도의** 빈곤층, 즉 불량배, 주변인, 룸펜 빈곤층, 빈곤 전락층, 무질서한 부랑자와 부적응자 등이 항상 존재한다. 룸펜 빈곤층은 남 보기에 번듯한 노동계급이 그들의 고통에서 큰 위안을 얻기에는 너무 가까이 있는 집단으로서 항상 부정적 준거점 구실을 했다. 여기서 다시 부정적 준거점들은 고통과 무력감에 자극받아 공황 감각과 사회적 불안 감을 고조시키는 원천이 된다.

     몰락하고 위축되는 전통적 노동계급적 삶의 모체에서 살아남은 사람들은 흔히 상승을 향한 자신의 전망이 위대한 개인적 성취라고 믿는다. 이 사람들은 다소 지나치고 극단적인 형태로 … 자신이 선망하는 집단의 사회적 태도를 습득하는 경향이 있다. 그래서 성공한 사람과 동일시하기를 애타게 바라면서 흔히 가난하고 약한 사람에 대한 자선과 연민이 크게 결핍되어 있음을 드러낸다. 성공을 거둔 사람들은 흔히 비난과 분개 의식으로 가득 차 있는 듯해, 이 분노를 광범위한 사회적 일탈자, 즉 일하기 싫어하는 자, 젊은이, 이주민, 비도덕적인 자 등에게 떠들썩하게 퍼붓는다. 성공한 사람들은 성공이 어떤 도덕적 우월성의 반영이라고 믿는다. 모험심과 추진력이 모든 인간적 특징 중 가장 가치 있다고 평가하고, 자신들이 다소 애매하게 무능이나 우유부단함이라 부르는 속성을 가장 하찮게 여긴다. 그러나 자신의 성공은 덕에서 유래하고 그 반대도 옳아야 하므로, 실패는 악에서 나온다. 척도 밑바닥에 있는 사람들은 어떤 명백한 혁명적 방식으로는 아니더라도 희미하게나마 위협적 영향을 끼친다고 느끼고 우월한 위치에 있는 사람들을 정당화하는 신념에 타격을 입힌다고 느낀다. 범죄자, 게으름뱅이, 주정뱅이 등에 대한 언급이 그렇게 악랄한 이유는 여기 있다. 성공한 사람이 모든 것을 독점하는 행위가 정당화될 수 없듯이 아마 모든 책임을 실패자 탓으로 돌리는 행위도 정당화될 수 없는 것 아닌가 하는 의심도 어른거린다. … 사람들로 하여금 교수형과 회초리 그리고 다른 모든 처벌과 억압 기구를 떠올리게 부추기는 것은 사회 정의와 질서에 대한 근심이 아니다. 실패자와 범죄자에게 나약하게 양보를 하게 되면 곧 자신의 성취에 대한 책임도 곧이어 축소될 것이라고 깨닫기 때문이다. 그리고 자신들은 고려할 태세조차 되지 않았지만, 이는 곧 항복이나 다름없다.[주 42]

뭔가 잘못되었다는 아주 강렬한 모든 느낌 그리고 취약한 안전을 무너뜨릴 수도 있는 존재에 대한 모든 공포가 민중의 악마에게 투사되는데, 시브룩이 위에서 주장했듯이 이 민중의 악마는 말하자면 덕의 다른 자아(alter ego)다. 어떤 의미에서 민중의 악마는 어두움 속에서, 아무도 알 수 없는 곳에서 불쑥 우리 앞에 등장한다. 또 다른 의미에서 이는 너무나 친숙한 존재다. 등장하기도 전에 우리는 그 존재를 이미 알고 있다. 민중의 악마는 정반대의 이미지, 우리가 알고 있는 모든 것의 대안, 즉 **부정**(negation)이다. 이 존재는 성공의 한복판에서 분비되는 실패에 대한 공포이고, 안전 내부에 도사리고 있는 위험이고, 덕을 끊임없이 유혹하는 나쁜 인물이며, 우리가 열악한 배급 식량에 의존할 수밖에 없다고 알고 있는 때에 달콤한 사탕과 부드러운 케이크를 먹으라고 속삭이며 유혹하는 우리 내부의 목소리다. 사태가 해체 위기에 이를 때가 되면 민중의 악마는 우리의 모든 사회적 불안감을 수용하는 존재가 될 뿐 아니라 우리는 그에게 가능한 모든 분노를 마음껏 분출하게 된다.

　‘노상강도범’은 그러한 민중의 악마였다. 그의 형태와 형상은 처음에는 상상하고 그다음엔 실제로 그를 발견한 사람들의 공포와 불안감의 내용을 정확하게 반영했다. 바로 젊고 흑인이고 도시의 ‘사회 질서 붕괴’ 속에서 키워지거나 거기서 등장했으며 전통적인 길거리 평화와 평범하고 번듯한 시민들의 이동의 안전을 위협하는데, 노골적인 이득, 가능하다면 정직하게 땀 흘려 일하지 않고 얻을 수 있는 보상이 동기였다. 그의 범죄는 어른들과 부모가 그의 사나운 충동을 교정하고 교화하고 교육하지 못해 발생한 수많은 사건의 결과이며, 더욱더 경악스럽게도 ‘불필요한 폭력’의 욕구에 사로잡혀 저지른 것이다. 가정과 사회에서 도덕성 약화와 규율과 권위에 대한 존경심의 전반적 붕괴가 낳은 필연적인 결과다. 요컨대 노상강도범은 바로 ‘관용성’의 상징으로 그의 모든 행동과 인격에 영국을 영국답게 만드는 품위와 절제의 정반대인 느낌과 가치를 구현한다. 그리고 이를테면 모든 긍정적인 사회적 이미지가 인격화한 존재인데, 다만 **정반대의** 존재, 즉 흑백을 뒤집은 것일 뿐이다. 이보다 더 적절한 민중의 악마를 구축하기란 어려울 것이다.

영국 문화에서 30년간의 혼란스러운 사회 변화에 대한 반응이 억압되고 왜곡되고 표출되지 못하고 정치적으로도 표현되지 못했다가 표면에 부상해 특히 설득력 있는 상징적 방식으로 가시적인 모양과 형태를 취하게 된 바로 그러한 계기 중 하나에서 이 존재는 등장했다. 이전의 테디보이, 로커, 스킨헤드처럼 '노상강도범'의 생생한 가시성과 실감나는 모습은 즉각적인 촉매가 되었다. 노상강도범의 이미지는 계속해서 선명하게 표현되지도 못하고 지속적이거나 조직화된 사회운동으로 구현되지도 못하는 불안감, 근심, 우려, 불만 등을 부추겼다. 이 '욕구'를 긍정적이고 집단적인 투쟁의 실천으로 접합하고 파악하고 조직화하려는 추진력은 좌절된다 하더라도 그냥 소멸해버리지 않는다. 그 대신 자신에게 되돌아와 심각하게 비합리적일 때조차도 집단적인 위력을 발휘하는 '사회운동'의 온상을 마련해준다. 이 움직임이 어느 정도 비합리적이냐면 적어도 지각된 실제 위협, 상상된 상징적 위험, '필수적인' 처벌과 통제의 규모를 분간할 수 있는 적절한 척도까지 상실될 지경이다. 1960년대와 1970년대에 사회적 불안감의 흐름과 도덕적 분노의 소용돌이는 선거 정치와 의회 차원의 단기적 공방의 부침이라는 표면 바로 아래층에서 회오리치고 들끓었다. 시브룩은 이렇게 논평했다.

> 내가 만나본 사람 중 사회주의자를 자처한 대다수는 스스로 확신하는 바를 의례적이고 기계적으로 설명했는데, 이 설명 방식은 우파의 드라마와 경쟁상대가 될 수 없었다. 우파는 복지국가 때문에 온 나라의 근성이 다 죽어버렸고, 게으름뱅이, 도둑, 건달 세대를 응석받이로 너무 과잉보호해 키웠다고 이야기하는데, 이 표현들은 좌파의 어휘에는 없는 정서적 위력을 갖고 있다. 우파의 득세는 실제지만, 이 득세가 투표 패턴에는 상대적으로 잘 반영되지 않는다는 점 역시 이에 못지않게 실제적이다. 이 패턴은 제도화되었다. 대다수 사람들은 사회적 신념과 투표 습관 간에 연관이 있다는 사실조차 깨닫지 못한다.[주 43]

그리고 바로 이러한 간극이자 지옥의 아가리로 들어가는 입구에서 노상강도범은 호출되었다.

　하지만 이처럼 전통적 세계관의 옹호를 적절한 희생양과 결합하는 일은 마술에 의해 발생하지 않는다. 연결이 필요하다면 마련하고 공적으로 꾸며내고 전달해야 하는데, 예컨대 속죄양을 지목하려면 시브룩이 '쓴 맛'(sense of bitterness)이라 기술한 것도 조성해야 한다. 피예속 계급의 경험을 지배 이데올로기에 접합된 상태로 유지하려면 이데올로기적 작업도 필요하다. 만약 이러한 연결을 끊임없이 마련하고 또다시 보완하는 조치가 없다면, '보편적' 관념은 그렇게 실현될 수도 없고 유지되지도 않을 것이다. 실로 악마는 **소환되어야만** 한다.

　이 때문에 우리가 다루는 시기에서 전통주의 시각의 두 번째 원천에 주목하게 되는데, 다름 아니라 노동계급의 목소리와 완전히 다르면서 더 강력한 목소리다. 이 목소리는 지배 이데올로기와 피예속 계급의 불안감을 함께 묶어 독특한 기조로 한 덩어리로 주조해내는데, 바로 도덕적 분개와 공적 분노의 목소리다. 여기서 우리가 염두에 둔 것은 '상식에 대한 호소', 어떤 중간계급, 특히 중하층 계급이나 '프티 부르주아' 사회집단이 표출하는 '대다수의 경험'(전문가와 의사 결정권자가 자문을 제공하면서 이에 충분히 주목하지 않았다는 점을 강조하기 위해 오늘날에는 흔히 '말 없는 다수'라고 부른다)에 대한 호소다. 이 집단들의 존재는 도덕적, 사회적 문제에 관한 공적 토론에서 점차 감지되었다. 말 없는 다수는 '관용성'에 반대하는 캠페인을 주도했고 지역신문의 독자투고를 작성하며 '청취자 전화연결' 프로그램에서도 의견을 밝히는 데 특히 적극적으로 참여했다(이 목소리를 내는 집단은 〈청취자가 묻는다Any Questions〉 같은 라디오 프로그램의 **이상적 청취자**로 혹은 〈독자에게 답한다Any Answers〉의 이상적 기고자로 간주해도 좋다). '떳떳하게' 주변적 위치로 남게 된 대신 수많은 대가를 치른 집단에게 상식은—선하고 완고한 상식은—물러설 수 없는 보루와 같은데, 이들은 이 보루가 세 군데 전선에서 점진적으로 무너지는 것을 목격했다. 이들이 보기에 이러한 적군으로는 우선 노동계급 사이에서 '성장하는 물질주의'(노동자에게 과분하게 풍요롭다는 것이다)가 있고, '평생 정직하게 보수에 합당한 만큼 일해본 적이 없는' 무기력하고 일하기 싫어하는 게으름뱅이도 있는데, 여기엔 **룸펜 프롤레타리아**뿐 아니라 '룸펜 부르주아'도 포함된다. 그다음엔 좀 더 부유하고 더 코스모폴리탄하며 진보적인 중상층 계급의 낭비성 소비 스타일과 진보적 문화가 있다. 이 프티 부르주아 집단은 사회 변화의 진행 속도에 다소 뒤처졌고, 직장, 지위, 관심사, 거주 장소, 태도 등에서도 상대적으로 정체되었다. 가정, 학교, 교회, 마을, 공동체 생활 등 도덕적 영역에서 고정된 준거점도 여전히 확고하게 고수했다. 이 사람들은 경쟁과 성공을 위해 치른 희생의 대가로 상층계급의 부나 노동계급의 유대라는 보상을 전혀 얻지 못했다. 이 사람들이 조금이라도 얻은 보상은 모두 '도덕적'인 것이다. 이 프티 부르주아층은 전통적인 도덕적, 사회적 행동 기준을 고수했다. 삶의 모든 영역에서 '올바른 사고'와 스스로 동일시 ─ 과도하게 동일시 ─ 했고 스스로 국가의 근간이자 전통적 지혜의 수호자로 자처하게 되었다. 노동계급 사람들은 지배문화와 타협된 공간에서 스스로 삶을 꾸려가야 하는 반면, 이 두 번째 프티 부르주아 집단은 자신을 공적 도덕성의 구현체이자 최후의 보루로, 즉 사회적 이상으로 투사한다. 흔히 사회에서 다른 중간계급과 비슷한 점이 많긴 하지만 구 중간계급과 구 프티 부르주아 ─ '지역민들' ─ 는 '코스모폴리탄'에게 거부감을 느낀다. 코스모폴리탄은 지난 20년 동안 직장과 태도 측면에서 가장 크게 또한 빠르게 변화했고, 덜 국지화된 영향력의 네트워크와 스스로 '가깝다'고 느껴 사회 문제에 대해 '더 거시적이고' 더 진보적인 견해를 취했으며, 지금까지 영국에서 진행된 전후 '풍요'를 가장 많이 누린 **실제적인** 계승자였다. 관용성의 물결과 도덕적 '타락'이 누적되고 중간계급과 상층계급이 도덕적 경계의 장벽을 낮추어 관용성의 추세에 다소 '동요'되기 시작하자, 이 중하층 계급의 목소리는 더 커지고 더 완강해지고 더 분노에 가득 차고 사회적, 도덕적 질투로 더 치를 떨며, **그리고** 더 격렬하고 조직적으로 자신의 도덕적 신념을 공개적으로 표현하게 되었다. 이 계급은 도덕적 반격의 최전선이자 공적 도덕성의 감시견이자 도덕적 분노의 표현자, 도덕적 주창자이자 십자군이다. 이 계급의 주된 특징 중 하나는 자신을 위해서나 자기 이익을 위해 발언하지 않고 그 분파의 도덕성을 **국가 전체와** 동일시하고 모든 사람을 대표해 목소리를 내려는 경향이다. 피예속 계급의 이익이 점차 도덕적 몰염치를 규탄하는 보편적인 외침으로 투사되게 되었다면, 거기에 보편적 호소력을 부여한 것은 무엇보다 이 프티 부르주아의 목소리다. 다시 한번 말하자면 요점은 전통주의의 두 가지 원천―노동계급과 프티 부르주아―이 동일하다는 점이 아니라 도덕적 주창자의 적극적인 매개를 통해 두 원천이 서로 융합해 단일한 공동의 대의를 이루었다는 점이다. 도덕적 수호자들이 **자신들의** 신념이 곧 '말 없는 다수'의 신념이라고 주장할 때마다 바로 이 메커니즘이 활성화한다.

중간계급 내에서도 '지역' 분파와 '코스모폴리탄' 분파 간에 균열이 발생하면서, 전후의 핵심적인 사회 이슈를 둘러싸고 두 가지 상반된 '사고의 분위기'가 싹텄다. 이 균열은 '관용성', 도덕적 타락, 성적 행태, 결혼, 가족, 포르노그래피와 검열, 마약 복용, 옷차림, 관습과 예절 등에 관한 논쟁에서 발견할 수 있다. 사회복지, 범죄, 형사 정책, 경찰과 공중 질서 영역에서도 똑같은 양극화가 두드러진다. 일탈적인 도덕적, 성적 행태에 대해 좀 더 관용적이고 범죄와 처벌에 대해서도 일부 좀 더 자유주의적 태도를 조장했다는 점에서―전통주의자들이 보기에―'진보적' 의견은 도덕적 가치가 빠르게 타락하고 공적 처신에 관한 사회적 기준이 퇴보하는 데 한몫을 했다. '진보주의자들'은 지금 우리가 모두 경험하는 도덕적, 정치적 위기의 기반을 조성했다. 룸펜들이 기품 있는 도덕성을 타락시키려는 이유는 파악하기 어렵지 않다. 그러나 어떻게 해서 선량하고 굳건한 중간계급 사람들이 그렇게 정신이 나가 그릇된 길로 빠질 수가 있었을까? 한 가지 설명은 지식인들의 공모에 의해 잘못 인도되었다는 것인데, 이 자유주의적인 기득권 체제가 오래되고 검증된 삶의 방식을 무너뜨리려는 공모에 합심하여 어리숙한 사람들의 마음을 공략했다는 것이다. 닉슨 행정부는 바로 이 **지식인의 배신**을 핑계 삼아 워터게이트의 과도한 행동을 스스로 정당화하게 되었다. 그러나 심지어 이보다 더 편리한 또 다른 설명은 '진보주의자들'이 침묵하는 절대다수의 생각과 감정(물론 이들

은 보수적 감정을 갖고 있다)과 지속적으로 거리를 두었기 때문에 그냥 방향
감각을 상실했다는 것이다. 따라서 자유주의자들은 스스로 판단력을 잃
고 **상식에 어긋나게** 말하고 행동하게 되었다는 것이다. 이 틀에서 보면 말
없는 다수, 상식, 보수적인 도덕적 태도는 모두 하나이거나 상호호환되는
존재다. 그러므로 최후의 도덕적 호소 도구로서 '상식'의 언급은 더 폭넓
은 이 논쟁과도 아주 복잡한 관련을 맺고 있다. 이러한 수렴에서 상식은
사회, 도덕성, 사회 질서 유지에 대한 보수주의 시각과 밀접하게 결부되
어 있다. 따라서 상식에 대한 호소는 도덕적 분개와 분노에 불을 지피고
이를 공적으로 표현하는 데 헌신하는 전통주의 세력 연합 간의 동맹 구축
에 토대가 된다.

  전통주의 이데올로기의 이러한 '복고주의' 운동에서 그간 핵심적이
었던 부분은 앞서 논의한 '영국스러움'의 주제 구조를 활용할 수 있는 능
력, 마치 '땅이 꺼지는 듯이' 느껴지면서도 달리 표현하지 못한 노동계급
분파의 불안감, 불쾌감과 연결해서 그러한 감정을 도출할 수 있는 능력이
다. 그리고 이 연결을 가능케 한 것은 그 내용의 자세한 적시보다는 그
주제와 이미지(노동, 규율, 가족 등)의 잠재된 위력이다.

  이와 대조적으로 코스모폴리탄 중간계급의 윤리적 기풍이던 '자유주
의'는 경험의 그러한 심층적 뿌리를 건드리지 못했다. 성격이 어떠하든
'진보적' 발전과 스스로 동일시하면서 자유주의는 모든 점에서 '관용성'의
원동력이자 수호자를 자처하고, 이에 맞추어 전통적 가치와 기준에 온갖
모욕을 가했다. 마찬가지로 범죄와 사회 통제에 대한 자유주의의 입장은
지나치게 고고하고 너무 학술적이어서 일상적 경험과 연결되지 못했다.
자유주의는 통계와 추상적 분석으로 '고급지' 일요판 지면을 통해 주장을
폈으며 전통주의 세계관에 필적할 만한 직접적 효과나 실용적 당면성이
있는 그 어떤 것도 제공하지 못했다.

  범죄 관련 논쟁에서는 반드시 영국 문화에서 전통주의의 이 두 원천
을 혼동해서는 안 되며, 평범한 공적 형태 내부에서 전통주의가 등장하는
것을 '자연발생적' 과정인 양 여기지 않도록 해야 한다. 노동계급 전통주

의의 '합리적 핵심'을 프티 부르주아 형태의 핵심과 구분할 필요도 있다. 언뜻 보기에 이처럼 단일한 사고 흐름 내에서는 두 가지 이질적인 계급 현실이 표현된다. 이 두 가지는 두 계급이 실제적이고 구체적으로 갖고 있는 사회적, 물질적 피예속 경험이라는 뿌리에서 유래한다는 사실을 명심해야 한다.

▌설명과 이데올로기

지금까지 이 장에서는 '노상강도'에 대한 공중의 반응에서 아주 주도적인 역할을 하고 보수주의의 반범죄 대중 캠페인 전반의 지지대가 된 '전통주의' 범죄관의 심층구조나 사회적 모태를 재구성하고자 시도했다. 불안감과 전통주의의 이 심층구조가 범죄에 대한 미디어의 공적 정의와 연결되어 **동원될** 때 도덕 공황은 작동한다. 이제는 시작 부분에서 '설명과 이데올로기'에 관해 제기한 질문들로 마침내 되돌아갈 수 있게 되었다. 범죄는 흔히 어떻게 설명되는가? 모든 계급과 권력 스펙트럼에 걸쳐 신뢰할 만한 설명의 회로로 이미 마련된 어떤 '동기의 어휘', 어떤 사회적 관념들에 근거해, 느닷없이 '노상강도'가 발생하게 된 이유에 대한 설명이 등장했는가? 어떤 일반적인 상식적 범죄 이데올로기가 이러한 설명의 근저에 흐르는가?

첫째, 우리가 '설명'을 어떤 의미로 사용하는지 분명히 밝혀야겠다. 여기서는 범죄학 이론을 구성하는 다양한 학파와 경향에서 볼 수 있는 것처럼, 범죄에 관해 완벽하게 논리정연하고 제대로 이론화된 설명을 말하는 게 아니다. 사법적 추론, 미디어의 뉴스와 피처에서 전달되는 내용, 공적 전문가의 의견과 '상식적' 의견 등의 수준에서는 좀 더 단편적이고 논리정연함이 더 미흡하고 모순된 부류의 설명이 통용된다. 이 장 결론에서 우리는 그처럼 단편적이고 비논리적이면서 모순된 설명도 실제로 영국과 다른 선진 자본주의 사회에서 다양한 시기에 통용되었던 좀 더 정교한 '범죄학 이론'과 관련이 있다는 사실을 깨닫게 될 것이다. 그러나 우리는 사실 반대쪽 끝에서 출발했다. 언론인, 판사 혹은 일반 공중 구성원이 '노상강도' 같은 당혹스러운 사건에 반응하거나 설명해야 할 때에는 신뢰성 있는 사회적 설명을 꾸며내기 위해 자신들의 일상적 경험을 틀 짓는 사회적 이미지, '사회관', 도덕적 불안의 원천, 산발적인 의미에 흔히 단편적이고 비성찰적 방식으로 의존하는 경향이 있다. 이 설명이 각 개인의 머릿속에서 완전히 새롭게 고안되지는 않는다. 그보다는 이미 공중의 언어 속에 존재하고 공적으로 객관화된 '동기의 어휘'에, 즉 이미 존재하는 실제적 이데올로기의 장에 의존한다. 골치 아픈 사건, 특히 사회의 바로 그 근간을 무너뜨릴 위협이 되는 사건에 대한 설명을 찾아내는 것은 물론 일종의 '통제'의 시작이다. 만일 이 사건들의 **원인**을 파악할 수만 있다면 이미 절반은 우리 통제하에 둔 셈이다. 충격적이고 무작위적인 사건에 '의미'를 부여할 수만 있다면 '사태 파악'이라는 합리적 질서의 틀 속으로 사건을 다시 한번 끌어들일 수 있으며, 이를테면 작업을 가하고 조치를 취하고 처리하고 관리할 수 있는 일로 바꿔놓을 수 있다.

우리가 구성하는 설명은 통상적인 의미에서는 '논리적'이지 않다. 내부적으로 일관성이 있거나 조리 정연하지도 않다. 엄격한 논리적 전범을 지키지도 않는다. 이는 부분적으로는 (잠시 후 살펴보겠지만) 우리가 그러한 '설명'을 백지상태에서 구성하지는 않기 때문이다. 우리는 이미 마련되어 있고 가까이 있으며 당면한 문제와 어느 정도 관련이 있어 보이는 설명요소를 가지고 작업한다. 이 조각은 사실 다른, 흔히 이전의 좀 더 논리정연하고 일관성 있고 이론적으로 정교화된 지식의 단편인데, 이 이전의 지식은 시간이 지나면서 내부적 조리정연함을 잃어버리고 파편화되어 일반적 '상식' 속에 침전된다. 그람시는 이것을 흔적(traces)이라 일컬으면서 "역사적 과정은 … 재고목록의 도움 없이 함께 쌓인 무한한 흔적을 남겼다"[주 44]라고 했다. 그러므로 다른 이데올로기 체제의 이 조각을 활용해 설명을 구축할 때에는 클로드 레비스트로스(Claude Levi-Strauss)가 말한 원시적 신화 창작자(bricoleur)처럼 행동하는 셈이다. 신화 창작자는 소속 문화의 자투리와 조각을 모으고 새로운 방식으로 맞추어 의미를 구성하고 세상을 질서

정연한 모양과 의미 있는 범주로 환원시켰다. 즉 그 조각들을 '이론의 가옥'을 위해 벽돌과 접착 반죽으로 사용하는 셈이다.[주 45] 예를 들면 현재 영국은 철저하게 세속화한 사회다. 그런데도 어떤 의미에서 이를테면 결혼이나 섹슈얼리티에 관해 우리가 접할 가능성이 있는 정교한 주장이나 중요한 사회적, 도덕적 태도로서 긍정적으로든 부정적으로든 종교적 — 실제로는 흔히 특정한 기독교적 — 사고방식에 의존하지 않고 그 사고방식을 참고하지도 않는 사례란 거의 존재하지 않는다는 사실은 너무나 분명하다. 기독교는 세속적 인간이 세속적 세계에 관해 '사고'할 수 있게 해주는 '흔적'을 계속해서 제공한다. 이 때문에 한때 마르크스는 "모든 사망한 세대의 전통이 산자의 머리에 악몽처럼 무겁게 드리운다"[주 46]라고 말했다.

평범한 일반 공중이 설명을 구성할 때에는 이론화와 과학적 담론과 전혀 무관하고 이데올로기적, 사회적 제약에서도 벗어나 그리할 것이라고 추측한다. 그러나 사실 모든 설명은 정신의 내부구조로부터 생산되어 구축되는 것이 아니라 시간 경과에 따라 객관화된 기존의 설명의 장, 사회적으로 유지되는 '동기의 어휘' 내에서 틀 지워지면서 구성된다. 설명의 설득력뿐 아니라 신뢰성은 사실 이처럼 더 큰 '사고체계'에서 유래한다.

범죄에 관한 설명이 생겨나는 세 가지 주요 수준을 여기서 지목하긴 어렵지 않은데, 바로 사법부, 미디어, 그리고 '평범한 일반 공중'이다. 판사는 흔히 심리 중인 범죄와 판결을 내릴 범죄자의 사회적, 도덕적 '의미'를 정교하게 제시한다. 그러나 대체로 판사는 아주 정교화된 '설명'을 제시하지는 않는다. 판사의 주된 임무는 복수, 비난, 억제이지 범죄를 설득력 있게 설명하는 일은 아니다. 그렇다고 해서 사법적 설교에 설명 행위가 연루되지 않는다는 뜻은 아니다. 단지 이 설명은 극도로 압축적이고 아주 한정된 재고에서 끌어오는 경향이 있다는 것이다. 범죄의 심리적, 사회적 원인에 관한 장황한 연설은 이례적인 행위로 간주될 것이며, 사법부가 가동시키는 대안적 '논리', 즉 동기화가 아니라 사법적 추론과 판례의 '논리', 설득력의 논리에 따라 이러한 연설은 통상적으로 고려대상에서 배제된다. 이득을 노린 범죄라면 판사는 완벽하게 잘 이해한다. 이 범죄가 물론 사악한 행위인 것은 맞지만 추가적인 추론은 그다지 필요 없다. 광기에 의한 범죄가 수용되려면 피고 변호사에게 훨씬 더 그럴듯한 주장과 숙련도가 필요하지만, 판사는 그러한 탄원을 잘 받아들이지 않기로 악명이 높다. 핸즈워스 사건에서는 '노상강도범'의 동기가 이처럼 적용 준비가 된 설명 모델 중 어느 쪽에도 잘 들어맞지 않았기 때문에, 위저리 재판장은 일종의 논리적 불편함을 상당히 겪었다.

> 재판장은 또한 1심에서 (항소) 신청을 기각한 제임스 단독심 판사의 의견에서 일부 도움을 받았다. 스토리 사건에서 법정은 피고의 동기가 무엇이었는지 거의 파악하지 못했고, 피고가 완전히 성숙해 그러한 행동을 초래한 모든 성격 결함을 치유했을 것이라고 확신을 갖고 말할 수 있는 유일한 날짜는 피고가 30대 초반이 되어 "이 특정한 경향이 소멸해버린" 시점일 것이라고 판사는 지적했다.[주 47]

폴 스토리의 행동이 이미 마련된 범죄 설명 내에서 좀 더 쉽고 편리하게 설명될 수 있었다면, 재판장도 재판을 더 수월하게 진행했을 것이다(동시에 심리적 결함에서 비롯된 범죄이거나 통제 불가능한—그 후 성숙하게 되면 '스스로 소멸해버리는'—충동에 휘둘리는 범죄자 개념에서 유래하는 범죄 '이론'이 판사의 언급에 **암시되고 있어**, 재판장의 언급에는 전체 심리학적 범죄 이론이 사실상 새겨지고 집약되었음을 볼 수 있다).

추측건대 범죄에 관해 가장 정교한 설명을 개발하려는 시도는 신문, 특히 피처 기사에서 등장한다. 이는 피처 기사의 본질적 기능이 사건의 배경과 원인을 파고들고 설명 모델을 탐색하는 일이기 때문이라고 우리는 주장했다. 앞서 살펴보았듯이 구체적으로 전개된 주장의 내용이 아니라 주장의 논리 측면에서 볼 때 사실상 범위가 훨씬 더 제한적이긴 하지만, 신문에서는 다양한 범죄 설명 모델이 작동 중인 것으로 보인다. 핸즈워스 '노상강도'에 관한 한 강하게 두각을 나타낸 '환경론적' 설명조차도 실제로는 아주 엄격한 제약 안에서 작동한다.

그렇다면 설명적 패러다임의 범위는 매우 제한적이며, 범죄에 관한 사고의 한정된 기본구조는 온갖 구체적인 설명을 구축하는 데서 범위를 정해주는 틀이 된다. 이 기본 패러다임은 **공통으로** 제기하는 질문이나 문제 군집에 해답을 제공하는 식으로 작동하는데, 바로 이 공유된 질문들이 이 패러다임에게 '범죄자 문제'를 제기하도록 한다. 핸즈워스 판결을 둘러싼 논쟁이 신문의 다양한 취급이나 사법적 논평에서, 또 공적인 독자투고와 사적인 편지에서 어떻게 대체로 '자유주의'와 '전통주의' 입장으로 양극화되었는지 앞서 살펴보았다. 이 두 가지 입장(그리고 두 입장의 복잡한 구체적 변종)이 **'논쟁' 내에서의** 입장이란 역할을 취할 수 있는 이유는 이 입장들이 근본적으로는 똑같은 질문 군집에 의해 마련되고 그 질문들을 제기하기 때문이다.

　이 질문 군에서 중심적인 것은 범죄자에게 부여된 '속성'인데, 행동과 관련된 선택의 정도를 둘러싸고 자유주의와 전통주의 입장을 양극화하는 동기나 정신상태 혹은 좀 더 법률 중심적 용어로는 범죄자가 지는 책임의 정도다. 이 속성은 범죄자에게 부여되는 '인간성' 개념에 관한 더 심층적인 가정 그리고 이에 따라 범죄자와 사회 간의 **관계** 개념과 연결된다. 사회가 범죄에 어떻게 대응해야 하는가 하는 궁극적인 질문은 형사정책과 처벌의 목적에 해당한다. 그런데 오직 범죄, 개인, 사회의 속성에 관한 (즉 범죄의 '인과적' 설명의 근거인) **근본적인** 입장들에서 출발할 때에만 이 궁극적 질문에 대한 해답이 가능하다.

　앞서 살펴본 상식적 설명의 다양한 '조각' 내에서 이 질문들에 대한 대응은 정교하지도 철저하지도 않다. 그럼에도 불구하고 일상적 발언에서 동기, '성격', 인과관계 등을 범죄자에게 귀속시키는 양상을 보면 아주 비슷한 입장들이 **암시되고** 있다. 그러나 이 입장들은 범죄학적 이론화나 사법적 추론을 근거로 도출되지 않으며 그냥 일반인 수준에서 범죄를 '이해'할 수 있도록 하는 정도의 설명을 모색할 뿐이다. 이는 상식 측면에서 범죄를 자신의 경험과 연계하는 방식, 즉 손쉽게 접하고 관련이 있어 보이는 모든 문화적 지식 '조각'을 활용하는 식으로 이루어진다.

　이 마지막 절에서는 이 설명의 유형 분류를 시도해 보고자 한다. 이 작업은 다양한 질문에 대한 해답이 어떻게 서로 부합하는지, 범죄 용어에서 두 가지 **양극단**으로 보이는 입장—자유주의와 전통주의—자체가 서로 어떻게 연결되는지, 즉 현존하는 범죄 이데올로기가 어떻게 '다양성 속의 통일'을 이루는지도 보여줄 것이다. 아주 단순화해서 보자면 [이를 통해] 두 가지 기초적인 '상식적 [범죄] 이데올로기', 즉 범죄에 대한 두 가지 기초적인 설명 틀을 확인할 수 있다.

범죄에 대한 **보수주의**의 설명은 근본적으로 범죄의 원시성과 그에 이르게 되는 정신 상태를 강조한다. 이는 선과 악 사이의 영원한 투쟁이라는 전제 위에 성립한다. 인간성은 근본적으로 고약하고 야만적이며 사악하다. 하지만 우리에게는 모두 선의 씨앗이 뿌려졌다. 그러나 물론 사회와 양심에게는 모두 영원한 경계심이 꼭 필요하다. 우리는 모두 '우리 내면의 악'에 맞서 영원한 영적 전쟁을 벌이고 있다. 대다수는 악을 제압하는 데 성공한다. 명백하게 종교적으로 표현하면 신과 도덕적 법의 권위에 순종하는 것, 세속화해서 표현하면 사회적 권위와 위계에 복종하는 것은 우리가 악을 극복하고 선을 행하도록 도와주는 양심의 장갑판이다. 하지만 범죄자는 선한 투쟁을 포기하기로 선택한 사람이다. 그는 악을 수용했다. 이 때문에 인간 공동체 바깥에 버려지고 '덜 인간적인' 존재이자 인간 이전의 문명화되지 못한 존재가 된다. 이는 그가 선택한 것이지만 악을 선택한 대가는 크다. 범죄자는 우리 모두에 대한 위협으로 우리의 신체적 안전뿐 아니라 도덕적 책무와 사회 규약까지 위협한다. 우리는 범죄자로부터 보호받아야 한다. 이득이나 충동, 즉 원초적 동기 때문에 범죄자를 따라 이 사악함의 길로 가려는 유혹에 빠질지도 모르는 다른 모든 이에게 확실한 경고도 보내야 한다. 범죄가 위중할수록 처벌은 더 가혹해진다는 일종의 셈법—이는 신성의 차원이자 공리주의적 차원이기도 하다—이 존재한다.

자유주의 범죄 이론은 이와 다르다. 여기서 범죄자는 성장이 느리거나 권태에 빠졌거나 혼란 상태이거나 무지하거나 빈곤하거나 사회화가 덜 된 존재로 간주된다. "그를 용서하소서. 그는 자신이 무슨 짓을 하는

지 모르고 있나이다." 만일 보수주의 범죄관이 순수한 구약이라면, 자유
주의의 시각은 사회적 복음 형태의 신약이다. 개별 행위자는 자신보다 더
거대한 세력의 힘에 휘둘리는 나약한 작은 배에 불과하다. 오직 사회화와
행운의 메커니즘만이 우리 대다수를 올바르게 붙잡아둔다. 이 '사회화'
메커니즘이 붕괴한다면, 우리는 모두 반사회적 본능과 충동의 부활이라는
위험에 노출되고 만다. 범죄란 근본적으로는 '사회 문제'다. 이는 어떤 도
덕적 우주 전체의 근본적인 전제에서 생겨나지 않고, 사회적 혹은 도덕적
체제의 어떤 주요한 구조적 결함에서 비롯하지도 않으며, 대체로 건전하
게 유지되는 구조에서 특정한 오작동이나 특정한 과실에서 유래한다. 사
회 문제에는 해결책이 꼭 필요하다. 사회적 혹은 심리적 과정을 치유하고
개선할 수 있다면 그러한 행태가 재발할 가능성을 최소화할 수 있다. 물
론 그런 가운데서도 (여기서 자유주의 버전은 근본적으로 더 치밀하게 논리적 일관성
을 띠는 보수주의 패러다임에 결정적으로 부족함을 드러낸다) 공중의 안전은 보장되
고, 죄지은 자는 (물론 우리 중 누구도 완전히 책임이 없다고는 할 수 없기 때문에) 갱
생을 거치고 처벌도 받아야 하며, 무고한 자는 보호받아야 한다.

　　지금까지의 내용은 단지 개략적인 묘사에 불과하다. 범죄에 관한 공
중의 의식 내용을 빠짐없이 기술하려는 의도로 작성한 것도 아니다. 하지
만 심지어 개략적인 기술만으로도 분명 충분하다. 이 요약을 제시한 이유
는 단지 우리 사회에서 범죄와 처벌의 주제에 관해 널리 퍼져 있는 대다
수의 공통된 태도에는 구조화(structuration)의 가장 근본적인 원칙 중 하나
가 존재한다는 점을 지적하고자 하는 데 있다. 이 지적은 범죄에 대한 다
음 두 가지 생각을 구분하는 접합선을 제시한다. 첫째는 범죄란 나쁜 것
이고 우리의 이성적 통제를 벗어나는 자연과 인간성의 어두운 힘의 일부
로서, 이를 뿌리 깊게 혐오하는 인간과 사회는 이 세력으로부터 보호받아
야 한다는 것이다. 한마디로 악은 '도덕적 우주 질서'의 근본적인 위반이
기 때문이다. 둘째는 범죄란 사회이든 우리의 성격이든 인간 제도의 취약
성과 오류 가능성에서 비롯한다는 발상으로, 범죄는 처벌을 통해 구조하
고 보강하고 보호하며 개혁에 의해 점차 보강해 가야 하는 인간적 허약함

의 구조에서 일부라는 것이다. 이처럼 근원적인 이미지에 어떤 더 자세한 법적, 이데올로기적 혹은 실로 역사적인 내용을 추가하기란 어렵다. 하지만 이 두 가지는 그 자체만으로도 범죄와 그 통제에 관해 수많은 영국인이 갖고 있는 집단 정신적 담론의 핵심적 구문론이자 초보적 형태를 장악하고 구성한다.

두 가지 사고와 감정 구조의 그늘 아래에는 셀 수 없이 다양한 관념이 군집을 이루는데, 이 관념들이 보여주는 '질서'는 서로 조화를 이루는 방식 측면에서 논리적 일관성과 전혀 거리가 멀다. 예를 들면 '전통적' 혹은 보수적 구조는 종교적 주제나 관념과의 관련성을 모호하게 드러내긴 하지만 이미 종교적 사고 체계에 간접적으로 의존하고 있다는 것은 확실하다. 이 범죄관이 결부된 '도덕적 우주 질서'는 흔히 위계적 모습을 띤다. 사회적 위계와 질서 개념에 대한 철저한 믿음을 포함하는 것이다. 그러나 그 '질서'의 정상에 어떤 것이 존재하면서 악과 무질서로부터의 방어를 보장해주는지 질문해 보면, 그것이 일종의 유일신이나 '선'의 개념인지, 추상적 실체로서의 관습, 전통 혹은 사회 자체 사이의 이데올로기적 유관물인지 판단할 수 없는 난관에 빠지게 된다. 마찬가지로 자유주의 구조에서 핵심 개념인 '인간 제도의 취약함'에 관해 이야기할 때도 이 '취약함'은 엄청나게 다양한 방식으로 표현될 수 있음을 깨달아야 한다. 환자나 미친 자는 '허약'하지만, '가난한 사람'도 그렇다. 이 허약하고 취약한 집단이 인간의 생존 투쟁에서 '위험'에 처했다는 발상은 다음 세 가지 상반된 개념을 수반하게 될 수도 있다. 첫째, 허약함은 우리 내부에 있으며 정신, 영혼, 성격의 취약함이라는 것이다. 둘째는 개조해야 하는 사회적 제도의 결과라는 주장이다. 셋째는 우리 외부에 존재하면서 '우리가 원하는 바를 정하기도 전에' 우리에게 영향을 미치는 사회적 세력에서 유래한 결과라는 것이다. 자유주의 범죄 이데올로기에는 이처럼 심리학적, 개혁주의적, 결정론적 **변종들**이 존재한다.

상식적 관념의 이 광범위한 두 가지 구조는 우리가 범죄에 관해 갖는 이론 전 단계 지식을 '만들어낸다'고 보아도 좋다. 즉 '모든 사람이

[범죄에 관해] 아는 것의 총합'을 구현한 것이다. 말하자면 "격언의 조합, 도덕, 지혜, 가치, 신념, 신화 등을 속담 식으로 표현한 조각들로, 이 모든 것을 이론적으로 통합하려면 그 자체로 상당한 지적인 인내심이 필요하다."[주 48] 이 두 가지는 범죄와 그 통제에 관해 아무런 전문지식이나 책임이 없는 우리 대다수가 일상에서 접하는 범죄 현실에 관해 '사고'하는 데 활용하는 범주다. 대다수에게 "제도적으로 적절한 행위 규칙"을 제공하는 **실천적 이데올로기**인 셈이다.[주 49] 다름 아니라 이 수준에서 이데올로기는 현실화하고 경험 영역에 들어서고 행위를 형성하고 행동을 바꾸며 세계에 대한 우리의 지식을 구조화하는데, 바로 "물질적 세력"으로서의 관념 수준이다.[주 50] "사회에서 지식으로 당연시되는 것은 지식과 동일 반열의 존재가 된다. 혹은 어쨌든 미래에는 이 지식이 제공하는 틀 안에서 아직 미지의 것도 알 수 있게 된다."[주 51] "표현되든 표현되지 않든 체계화되지 않고 확정되지도 않은 발언의 바로 그 분위기는 우리의 모든 행태와 행위의 사례, 모든 '의식적' 상태에 의미를 부여한다."[주 52]

　　비록 일대일 상응관계는 아니지만 이 실천적 이데올로기 배후에 존재하면서 그 근저를 이루는 것은, 국가 사법기구의 작동 양상을 정해주고 장기간에 걸쳐 그 지적 대변자의 작업에 영향을 미치며 좀 더 잘 표현되고 '잘 만들어지고' 정교화되고 이론화된 범죄 이데올로기다. 다시 한번 말하자면 우리는 이처럼 좀 더 이론적 수준에서 등장한 일부 주요 입장의 개요를 엉성하게나마 정리하는 수준에 그칠 수밖에 없다. 범죄와 처벌 이론에 관해 이처럼 복잡한ㅡ그리고 대개 정리되지 않은ㅡ'사회사'를 요약 형태로나마 시도하는 목적은 두 가지가 있다. 첫째, 우리의 두 가지 근본적인 상식 구조의 내용에 조금이나마 더 풍부한 세부사항을 추가하려 할 때에는 세부사항 그리고 그 근저에 깔린 논리가 범죄에 관한 더 큰 사회적 담론 '영역'에서 불완전하게 마구잡이로 **빌려온** 것임을 인정할 수밖에 없다. 더 큰 담론에서의 범죄 이론은 그람시가 언급했듯이 '재고목록'은 제외했지만 그 '흔적'을 범죄에 관한 상식적 관념 구조에 남겨놓았다. 그러나 두 번째 이유는 이 이론들이 아무것도 없는 허공으로부터 정교화된 게 아니며 단순히 정신적 차원의 창작물도 아니라는 점이다. 영국과 (그리고 관련된) 사회구성체의 발전 과정에서 시점마다 다르긴 하지만, 범죄 통제와 저지를 (그리고 이에 따라 정의도) 장악한 거대한 사회계급들과 계급동맹의 특정한 욕구, 역사적 위치 때문에 이 이론들은 생겨났다. 혹은 그런 식으로 파악하면 새로 등장하는 계급은 모두 "등에 번호판을 붙이고 다니는 것처럼"[주 53] 각자 법과 범죄 개념을 갖추었다는 잘못된 인상을 줄 수 있으므로 바꿔서 표현해 보자. 이 이론들은 자본주의 사회구성체와 그 시민적, 사법적, 정치적, 이데올로기적 구조 발전의 특정 계기와 단계에서 지배계급과 피예속 계급 간의 투쟁을 통해 등장한, 범죄와 법에 관한 거대한 구성물이다. 즉 "각 생산양식은 그 고유의 법적 관계, 정치 형태 등을 낳는다."[주 54] 법이 "기존의 분배 조건 유지에 [미치는 영향과] 이를 통해 생산에 미치는 효과는 별도로 살펴보아야" 하긴 하지만, 법은 "특정한 생산양식을 영속화"하는 데 기여한다고 마르크스는 말했다. 범죄, 사회, 법을 파악하는 방식은 이처럼 다양한 이론적 시각으로 정교화되고 법과 형사 체제의 실천과 기구로 구체화되지만, 상식을 구조화하고 "산자의 머리에 무겁게 드리우는" 데에도 계속해서 작용한다. 따라서 무의식적이고 흔히 비논리적이긴 하지만, 우리 대다수는 상식적 관념의 틀 속에서 범죄 문제를 사고할 때, 사회구성체의 다른 시간적 계기와 다른 공간에서 우리를 위해 구성된 것들을 제외하면 어떤 다른 정신적 장비나 장치, 어떤 다른 사회적 사고 범주도 갖고 있지 않다. 따라서 우리 사회구성체 발전에서 각 단계는 범죄에 관한 수많은 초기 관념을 우리 세대에게 전수했다. 범죄에 관한 상식적 사고가 풀려날 때마다 '잠자고 있던 형태들'은 다시 활성화된다. 따라서 지금까지 역사적으로 법적, 정치적 실천 속에 구현된 범죄의 관념과 사회적 이미지는 현재 우리 의식 내부에서 사고 지평을 이루게 된다. 즉 우리는 계속해서 범죄를 **그 사고 지평 속에서** '사고하고', 이 지형은 계속해서 **우리를 통해** 범죄에 관해 사고한다. 결론적으로 우리의 상식적 범죄관과 법 관념에서 여전히 위력을 떨치는 것처럼 보이는 초기 관념 중 한두 가지만 지적하고자 한다.

　　초창기의 법 관념은 그 신성한 기원과 보장 개념과 밀접하게 얽혀 있었다. 법은 세속적 삶을 포함해 인간들의 상호관계를 규제하긴 했지만 유일신이나 다수의 신에게서 온 것이었다. 법 집행과 해석이 성직자 계급이나 통치자와 왕에 의해 행사되는 한, 이 법 관념은 '범죄' 개념에서 드러났듯이 주어진 질서에 저항해 신을 거역하고 반역하는 요소뿐 아니라 법의 신성하고 신권적인 요소도 보존했다. 고대법은 또 다른 기원이 있었는데 바로 관습이었다. 집단이나 공동체의 관습과 민속은 신의 말씀만큼 '신성한' 존재에 해당했다. 실로 관습은 인간의 세속적 관계 중 큰 부분, 특히 친족과 재산의 핵심적 관계를 강력하게 규제했기 때문에, '관습의 위반'(즉 사람들의 관습적 방식을 거스르는 행위)에는 가장 강력한 제재가 이어졌다. 비록 지금은 시간적으로 먼 과거의 이야기이긴 하지만, 이 관념 중 일부는 이월되어 변형된 형태로 좀 더 현대적인 법 체제와 범죄 개념에도 뿌리내렸고, 우리가 '전통주의적'이라 부른 태도를 구성하는, 잘못된 것이지만 강력한 수많은 감정의 기준이 되었다는 점은 의심의 여지가 없다. 이 태도는 범죄가 신성한 도덕적 법규와 공동체에 거스르는 위반 행위라는 믿음, 범죄를 악과 연관짓는 사고, '법'과 사람들의 전통적인 관습적 '방식'을 연계짓는 사고, 처벌을 일탈에 대한 제재로 보는 관념 그리고 무엇보다도 법과 올바른 행동을 위계, 권위와 연계하고 과거의 비중과 선례 ─ '신성함' ─와 연관지어 파악하는 사고가 이에 해당한다. 우리가 법과 범죄에 대해 갖고 있는 좀 더 원시적인 일부 감정은 고대의 법 관념과 형태라는 뿌리를 파악하지 않고는 이해하기 어려울 것이다.

　　헨리 메인(Henry Maine)은 고대법에서 현대적 법 개념으로의 변화를 두 가지 서로 연계된 움직임의 측면에서 파악했다. 하나는 '신분에서 계약으로'의 변화고, 다른 하나는 "마치 역사의 종점에서 시작하듯이 사람 간의 모든 관계가 가족관계로 요약되는 사회 여건에서 출발해 … 이 모든 관계가 개인 간의 자유로운 합의에서 발생하는 사회 질서 단계로 이동한" 것이다.[주 55] 메인이 "계약사회"(contracted societies)라 부른 후자의 법 개념은 계몽주의의 산물이었다. 아니면 달리 표현하자면 부르주아 사회의 등장을

예고한, 구조와 세계관의 엄청난 혁명의 일부였다. 고전적인 법 개념과
'고전적인' 범죄의 정의는 부르주아 사회 초기의 이 '자유주의적' 형태에서
유래한다. 여기에 형법을 성문화한 위대한 인물(체사레 베카리아Cesare Beccaria)뿐
아니라 '소유적 개인주의'(possessive individualism)5의 위대한 주창자들, 위대
한 '사회계약' 이론가들(홉스, 로크, 몽테스키외, 루소)도 나름대로 기여했다.
'자유로운 개인'은 법의 정반대인 범죄뿐 아니라 법 관념의 핵심부에 소
중하게 자리 잡았다. '소유적 개인'은 '죄악'이 아니라 이익과 이기주의에
의해 움직였다. 법과 국가, '사회'는 자유로운 주권자인 개인들이 사회
'계약' 형태로 자신에게 자발적으로 부과한 제약이었다. 베카리아는 이
개념을 다음과 같이 고전적 형태로 표현했다.

> 법은 태생적으로 독립적인 인간들을 사회에서 스스로 결집하게 해주는 조
> 건이다. 이들은 끊임없는 전쟁 상태에 환멸을 느끼고 … 나머지를 평화롭고 안
> 전하게 누리기 위해 일부를 희생했다. 그러나 … 또한 덩어리에서 자기 몫을
> 챙길 뿐 아니라 다른 사람 몫도 빼앗아가려고 항상 기를 쓰는 개인의 약탈로
> 부터 사회를 방어할 필요도 있었다. 그러므로 각 개인의 횡포가 사회를 이전
> 의 혼란 속으로 몰아넣지 않도록 예방하려면 감각을 강하게 자극하는 일부 동
> 기는 필요했다. 그러한 동기는 법의 위반자를 겨냥해 집행되는 처벌이다.[주 56]

고전적인 법과 범죄 개념은 흔히 '자연적' 측면 — 자연권, 자연법 —
에서 형성되었지만, 부상하던 부르주아의 특정한 이해관계와 역사적 운명
역시 재산권 보호, 시장 합리성, 국가권력과 리바이어던(Leviathan)의 '합리
적' 근거 등과 연계되어 모두 그 안에서 뚜렷하게 '보편화'했다. 이 이데

---

5 소유적 개인주의는 캐나다의 정치사상가인 크로포드 B. 맥퍼슨(Crawford B. Macpherson)의
   주저 <소유적 개인주의의 정치이론(The Political Theory of Possessive Individualism)>
   (1962)에서 나오는 개념이다. 사회주의자인 맥퍼슨은 자유주의 사상에서 근간을 이르는 물질
   주의를 비판하기 위해 이 개념을 도입했다. 즉 자유주의가 전제하는 세계는 개인이 기술 숙
   련도의 소유자로서 서로 상품처럼 사고파는 곳이며, 개인은 개인적 이익과 소비를 추구할 뿐
   사회와는 무관하며 사회에 빚진 부분도 없다. 이러한 세계에서 인간은 합리성이나 사색, 도덕
   적 판단, 사랑과 우정 등을 인간성의 핵심으로 발전시킬 수가 없다고 맥퍼슨은 본다. ─역주

올로기의 흔적과 그것을 실현한 실천을 고려하지 않고는 글자 그대로 현대의 어떤 법적 개념도 상상할 수조차 없을 것이다. 사법적 실천의 시금석인 '개인 책임'의 교의는 여기서 시작된다. '자유롭게 맺은 계약'의 신성불가침성, '사회에서 자유로운 개인 상호 간의 계약', 다른 모든 계약의 신성한 토대와 보장도 그렇다. 법적인 '인격'과 사유재산을 동일시하는 것도 그렇다. 법은 **우리를** 보호하고 방어하는 것을 다시 방어하고 보호한다는 근원적 믿음, 따라서 범죄는 이기주의가 사회 생활의 규율적 속박을 벗어나 "광폭한 상태로 빠진" 상태를 보여준 기호라는 믿음도 그렇다. '자유로운 개인'은 주권자이므로 인간은 '사회'에 유리하거나 사회를 파괴하는 행위를 선택할 수도 있을 것이다. 따라서 범죄에 대한 책임의 교의가 나왔다. 그러나 인간은 또한 '합리적'이기 때문에 무엇인가를 얻으려면 다른 것을 포기해야 했다. 인간의 합리성은 자유로운 개인들 간의 사회적 합의, 즉 법 앞의 평등과 동일시되었지만 또한 "실제로는 분별없는 사익의 충동과 늘 대비되었다."[주 57] 이처럼 합리성의 매우 구체적인 이미지는 '보편적 인간' 이론의 토대가 되었다. 그 이론에 상응하는 또 다른 이론, 즉 정치경제학에서처럼 부르주아 인간은 '자연적' 인간 혹은 인간 그 자체의 전범이 되었다.

　　자유주의적 혹은 고전적인 혁명에서 생성된 자유, 계약, 책임, '합리성' 개념들은 법과 범죄에 관한 가장 심오한 일부 '현대적' 관념의 핵심을 이룬다. 그러나 일상에서 구현된 법 체제의 실제 과정은 이 전제에 근거하기는 해도 이후 법적 관념의 구조에서 일어난 변화에 의해 철저하게 변형되었다. 즉 실증주의의 영향과 '결정론적 입장'의 등장은 현대 범죄관에 엄청난 영향을 미쳤고 '신고전주의적 수정'이라 불린 형사 체제의 핵심부에도 자리 잡았다. 신고전주의적 수정은 경쟁적 시장 부르주아 사회가 아니라 점차 조직화된 조합적 사회 체제인 산업 자본주의의 산물이었다. 자유계약이라는 고전적 개념 속에는 자유의지의 자유로운 작동을 변형시키고 제약하는 그 모든 강력한 세력에 대한 인식이 침투했다. 벤담은 그 당시 시장 개인주의의 합리성이 갖고 있던 한계를 넘어설 정도로 합리적인 인물이었는데, 무려 1778년이란 이른 시대에 범죄의 체계적 연구와 범죄자에 대한 주기적인 통계 조사를 촉구했다. 이 통계는 '일종의 정치적 척도'가 될 것이라고 벤담은 주장했다.[주 58] 산업자본주의가 세상을 자신의 형상대로 개조함에 따라, 계약을 맺은 개인이 아니라 계약을 맺은 계급들이, 그리고 그들이 살고 노동하는 사회적 여건이 역사적으로 형태를 규정하는 원동력임이 점차 분명해졌다. 이 새로운 틀 안에서 '노동계급'과 '위험한 범죄자 계급'은 새롭고 위협적인 정체성을 갖게 되었다. 루이 쉐발리에(Louis Chevalier)가 "범죄 주제가 사회적 주제로" 변화했다고 이름 붙인 현상이 시작되었다.[주 59] 마르크스와 뒤르켐은 이처럼 범죄를 사회적 기원 측면에서 사고하려고 시도한 결과 법적 개념에도 영향을 미쳤다. 신고전주의 전통에서 '개인 책임'의 교의는 힘을 잃지 않고 중심부 자리에 남아 있었지만, 규모나 복잡성이 인간의 이성과 의지를 압도하는 사회에서 인간의 행동은 점차 자신이 통제할 수 없는 세력에 의해 점점 더 형성되는 것처럼 보이게 되었다. 헨리 메이휴(Henry Mayhew)에서 찰스 부스(Charles Booth)에 이르기까지 산업계급과 범죄자 계급의 사회적 여건에 관해 영국에서 수행된 훌륭한 조사와6 범죄를 사회 해체의 '척도'로 삼아 이루어진 '도덕적 통계'의 엄청난 축적이 ― 여기에는 뒤르켐의 선구자격인 프랑스 연구자들이 큰 기여를 했다 ― 이루어짐에 따라 범죄의 법적, 대중적 개념도 바뀌기 시작했다. 생물학적, 심리학적 실증주의와 사회학적 결정론의 시대가 ― 발전된 산업자본의 시대와 나란히 ― 시작되었다. 법 외에도 이전의 '도덕적 통계'에 뿌리를 둔 '범죄의 학문'인 범죄학, 즉

---

6 헨리 메이휴(Henry Mayhew, 1812-1887)와 찰스 부스(Charles Booth, 1840-1916)는 19세기 영국에서 빈곤층 조사와 빈민 정책에 큰 영향을 미친 인물이다. 메이휴는 언론인이자 사회개혁가로서 특히 런던의 빈민층 조사에 관심을 갖고 활동했다. 신문에 연재한 조사결과를 나중에 <런던 노동과 런던 빈민(London Labour and the London Poor)>(1851)이라는 책으로 냈는데, 이 책은 영국 도시 빈민 조사의 선구적 저작으로 많은 영향을 미쳤다. 찰스 부스 역시 사회조사자이자 사회개혁가로 유명한 인물로서 19세기 말 런던 노동계급에 관한 혁신적인 연구를 내놓았다. 부스의 조사는 벤자민 로운트리(Benjamin S. Rowntree) 등의 연구와 함께 20세기 초반 정부 빈민 정책에 큰 영향을 미쳤다. 노령연금 제도나 빈민층 대상의 학교 무료급식 제도는 그에게서 영향을 받은 제도다. ― 역주

범죄 충동의 조건과 발생 원인에 관한 연구가 등장했다.

　　법적 사고와 실천의 이 두 번째 변형에 영향을 미치는 움직임이—첫 번째 변형과 마찬가지로— 법 기구 **내부에서** 발생하지 않고 외부로부터의 영향을 통해 작용했다는 점은 유념해야 한다. 지오프리 피어슨(Geoffrey Pearson)이 지적했듯이[주 60] 범죄에 관한 이 새로운 사고 조류에서 일부 요소는 19세기의 도시 생활에 관한 수많은 '도덕적 탐구자'의 저작에서 나타난다. 그러나 이 사고를 성문화하고 체계화하는 작업은 범죄학 내에서, 또한 다른 '인간 과학'— 사회학, 심리학, 정신의학—과 관련을 맺으면서 (그리고 거기서 차용해서) 이루어졌다. 여기서 우리의 주된 주제를 벗어나 범죄원인학의 이론화에서 일어난 변화와 상황 전개를 추적할 수는 없고,[주 61] 다만 법적 실천이 보조를 맞추게 유도한 핵심적 경향 중 두 가지로 심리학적, 환경론적 결정론의 등장에만 초점을 맞춘다.

　　코언이 주장했듯이[주 62] 영국 범죄학은 극도로 **실용적** 성격 덕분에 특히 교정기관의 인도주의적 개혁에서 정책 결정과 꾸준히 밀접한 연관을 맺기는 했지만, 범죄학의 이 발상들이 법 실천에 직접 그리고 단순하게 이전되는 일은 일어나지 않았다. 하지만 이 '실증주의 혁명'을 반영해 법을 실제로 수정하는 일은 전문 직업 기구와 준전문 기구들의 확장과 조직화된 개입이 이루어지면서 실현됐다. 형법과 관련해 두 가지 핵심 기구는 '정신의학 전문직'과 국가 내의 사회복지 기구 확장이다. 이 기관들은 법을 수정하는 과정에서 이 이데올로기의 '실제적인 담당자'였다. 이 기구들은 법에서 범죄 책임 **관념**을 수정했을 뿐 아니라 범죄자 처리에서도 실제적 대안을 마련했는데, '교정적' 형사 정책 대신에 치유적이고 치료 기반의 대안을 제시한 것이다. 고전적인 법이 초기 자본주의의 자유방임주의 국가 내에서 형성되었다면, 이 새로운 재공식화는 개입주의 복지국가 조직 내에서 형태를 갖추었다.

　　형법 수정에서 이 두 가지 중요 흐름의 복잡한 전개 내역을 이 맥락에서 더 이상 추적할 수는 없다.[주 63] 그 흐름의 광범위한 특징만 주목할 수 있을 따름이다. 첫째, 두 가지는 모두 **개인주의적** 결정론을 근간으로 한다. 비록 사회복지는 이러한 의미에서 임상적인 정신의학보다 이론적으로 더 애매하긴 하지만, 두 이론적 지평의 범위는 주로 개인과 가족의 심리적 상호작용에 국한된다. 실로 사회복지가 (역사적으로 유래된) 개인 중심적 케이스워크 지향성을 띠게 된 것은 사회복지가 직업적으로 '정신의학의 홍수'라 불린 경향―정신의학을 사회복지의 주된 '이론적 체계화'의 틀로 삼는 경향―으로 넘쳐나게 된 사전 성향적 요인 중 하나였다. 그렇다면 사회복지와 정신의학은 기원과 결과는 모두 다르지만 똑같은 '이론적 공간'(개인주의)을 점유하는 셈이다.

둘째, 둘은 모두 형법을 역사적으로 변화시켰는데, 그 원칙을 바꿔놓기보다는 그 중심 원칙에 '예외사항'을 추가하는 방식으로 그렇게 했다. 이 예외사항은 일부 **개별 사례**가 **예외적 요인** 때문에 '개인적 책임'의 기준에 해당하지 않음을―이 개인들은 어떤 점에서는 '제한적 책임'만 진다는 점을―입증하는 식으로 작동한다. 정신의학적 심리에서는 이 예외적 요인을 '임상적으로', 즉 특정 개인이 '치료'가 필요한 상태인지를 입증하는 식으로 진행한다. 사회복지에서는 예외조항 적용 원칙이 더 느슨하다. 여기에는 다양한 종류의 사전 성향적인 부적절성이 포함된다. 특정 개인이 갱생을 위한 개인적 접촉, 즉 감독에 의해 효과를 보일 가능성이 있다는 판단이 법원에 제시되기도 한다. 법 장치 내에서 고전적 입장의 자유주의적 수정 내용은 본질적으로 **주변적인** 위치에 그쳤는데, 여기서 유일한 예외는 청소년 법원의 작동 영역에 국한되었다. 이 법정에서 아동은 **사회적 범주**로서 '범죄 책임'을 물을 수 없는 존재로 인정되었다.[주 64] 법 기구의 한 가지 요소 내에서는 실제로 사회복지 원칙이 고전적인 법 원칙을 압도하게 되었다(현재 법원을 재편하고 〈1969년 아동청소년법〉의 수정조항을 철폐하라는 요구가 나오는데, 이 요구는 부분적으로 아동청소년 영역에서 '복지주의자'의 지배를 제거하는 데 목표를 둔다).

셋째, 법 안에서 자유주의가 이처럼 주변적인 위상에 머물렀다는 사실은 '자유주의적 상상력'이 근본적으로 범죄와 법에 대한 대중적 관념을 건드리거나 재편하지 못했다는 점에도 반영되고 있음에 주목해야 한다.

정신의학적 틀은 오직 가장 넓은 의미에서만 연관이 되는데, 이해할 수 없는 행위는 '그는 미친 게 틀림없어'라며 근본적으로 상식 수준의 판단을 내릴 때 약간의 근거와 예시를 덧붙이는 용도로 역할이 제한된다. 반면에 사회복지적 개선사항은 더 흔히 '너무 유화적'이어서 범죄자의 행동에 **면죄부를 주는** 것처럼 여겨졌다. 최근 사회복지사들이 어린 관리 대상자의 '아동폭력'과 '섹슈얼리티' 사례와 관련해 '판단 오류'와 '실수'를 범한 사례가 너무 널리 홍보되는 바람에 이 인식에 기름을 붓는 격이 되고 말았다. 이 사례들은 복지기구의 '유화적인 자유주의'에 대한 전통주의자의 공격에 강력한 빌미를 제공했다.

　　자유주의 '교정' 이데올로기와 노동계급 간의 연계성은 대단히 복잡하다. 가장 근본적인 수준에서는 노동계급의 조직적 투쟁이야말로 복지 지향적 방향으로 국가 확장을 강제하는 데 핵심 역할을 했다. 하지만 노동당(파비안 개혁주의Fabian reformism)의 사회 정책 성향은 신 프티 부르주아층에게서 엄청난 영향을 받았다.[주 65] 평등, 복지, '돌봄 사회'에 대한 사회민주주의적 요구는 이처럼 '이해관계도 없는' 자유주의적 전문직과 준전문직들의 인식에 의해 강하게 구성된 형태를 취했다.

　　따라서 한 가지 수준에서는 이 개혁주의 이데올로기와 상당 부분 영국 노동계급 정치의 성격을 반영한 사회민주주의적 개혁주의 간에 강력한 물질적 연계관계가 존재한다. 이 이데올로기는 물질적 여건 개선, 자본주의의 변덕에 대비한 안정성 확보, 물질적·문화적 자원 공급의 평등 확대 등에 대한 핵심적 요구와 관련이 있다. 그러나 계급이 자신의 자명한 성취를 경험하는 방식에는 결정적으로 모호성이 존재한다. '국가 염탐꾼'이 아닌가 하는 의심, 중간계급 '공상적 개혁론자'의 활동에 대한 불신, '좋은 대의'에 지나치게 관심을 두는 '동정심 많은' 자유주의자, 노동계급이 보기에 자기 돈을 이주민과 '도둑들'에게 낭비하면서도 동시에 부지런하고 열심히 일하는 사람들과의 약속을 이행하지 못한 복지국가에 대한 불신 등 이 모든 것은 앞서 언급한 '정신' 노동과 '육체' 노동의 분업, 노동계급 자체의 내부적 분화를—즉 '품위 있는 자와 불량배'의 구분, '인종적' 분파 구분을—압축해서 보여준다. 노동계급이 법과 범죄 영역에서 '복지 개혁주의'에 대해 드러내는 이처럼 모순된 태도는 근본적으로 모순된 현실을 반영한다. 이 현실은 복지국가가 '정의로운 사회'의 이상 실현 수단으로 제시한 약속과 다르기 때문이다.

이와 더불어 자유주의 개혁 이데올로기는 이 중요한 질문들과 아주 구체적으로 연결되었기는 하지만 **범죄** 지형에 관해서는 전혀 확실하지가 않다. 앞서 전통주의 세계관에서 중심적인 각 주제가 어떻게 범죄 문제를 다루면서 자체 영역 안으로 끌어들이는지 보았다. 자유주의 이데올로기는 노동계급의 범죄 경험을 구체적으로 처리하는 작업을 전혀 제대로 해내지 못하고 계속 초연하고 추상적인 태도만 유지했다. 심지어 노동당 내에서도 원래는 자유주의 이데올로기와 굳건한 동맹이 유지되어야 하겠지만, 범죄 주제에 관해서 만큼은 늘 완전히 모순된 입장이 나왔다. 이러한 주제로는 청소년 법원에 관한 것처럼 '자유주의적' 입법도 있지만, 장기수 수감 보안강화에 관한 마운트배튼(Mountbatten) 보고서 시행처럼 완전히 억압적 조치도 있었다.[주 66] 우리가 살펴본 모든 다양한 지형에서 (법 기구 내부에서, 대중의 의식과 관련해서, 조직화된 정치 수준에서) 범죄에 대한 자유주의적 입장의 상대적 약점은 그 입장의 핵심적 특징을 이루는데, 다름 아니라 근본적으로 **방어적** 속성을 띤다는 점이다. 범죄와 관련해 자유주의적 개혁주의는 본질적으로 수세적 위치에 머무른다. 유리한 시기에는 그런대로 강하게 밀고 나가 한동안 개혁을 순조롭게 진행하지만, 시기가 좋지 못해 범죄에 관한 좀 더 관습적인 신념 구조의 압박을 받게 될 때에는 급속하게 타격을 입을 수도 있다. '노상강도' 일화에서 가장 주목할 만한 특징 중 하나를 예로 들면, 공중 사이에서 급증하는 노상강도 공포의 압력 때문에 대체로 이 자유주의적-인도주의적-개혁주의 시각이 신문 사설에서는 일시적으로 사라지고 그 대신 다른 곳에서 한풀 꺾이고 방어적인 입장으로 나타난다는 사실이다. 상식적 상상력 측면에서 범죄에 대한 자유주의의 견해는 취약하면서 보완적인 데 불과한 관념 구조를 보여준다. 압력이 가해지는 조건하에서 일단 사회적 불안감과 도덕적 기업가 정신을 통해 전통적 사고 범주가 가동되고 나면, 자유주의적 견해는 범죄에 대한 공중 반응의 속성을 결정할 정도로 충분한 사회적 기반이나 실질적인 이데올로기적 값어치를 갖지 못한다.

　이 장에서는 불가피하게 추론적 방식으로 수많은 주제와 문제를 종합해 보려고 시도하였다. 범죄에 대한 반응을 (복잡한 구조화가 이루어지는) 미디어의 출처에서 시작해 '여론'의 다양한 표현에 이르기까지 추적해봄으로써 외관상 상반되는 것처럼 보이지만 실제로는 **보충적인** 관계이면서도 급진적인 범죄 문제관에 상당한 타격을 입힌 거짓 명제들을 비판해 보려 하였다. 첫째는 범죄를 대하는 공중의 성향에 나타나는 전통주의는 지배계급과 그 동맹인 미디어 간 공모의 산물이라는 것이다. 둘째는 '영국 문화'나 '영국식 사고'라 불리는 단일한 실체가 실제로 존재하는데, 본질에서 압도적으로 보수적이라는 것이다. 이 중 어느 것도 '영국 이데올로기'의 모순된 특징을 제대로 설명하지 못한다고 우리는 주장한다. 그렇다면 편의적인 '통일성'의 표면을 파고들어 저변의 대립관계를 밝혀내는 일은 지극히 중요하다. 이 때문에 우리는 자본주의 사회에서 지배계급이 관념을 **헤게모니화한** 과정의 일부를 탐구하게 되었다. 비판은 저절로 헤게모니 구조에 파열을 일으키지야 않겠지만, 균열의 첫 번째 필수요건의 하나이자 필요조건을 이룬다. 그러한 파열 너머에는 우리가 아직 부분적으로 그리고 간헐적으로만 엿본 대안들이 자리 잡고 있다. 피지배계급이 스스로 역사적 운동과 대오를 같이 하고 자신들의 예속을 유지하는 내부구조를 깨뜨리는 사고 양식과 행동 전략을 개발할 때에만 대안은 성립한다. **또한** 대안적 공간에서는 기존의 '범죄자화' 과정의 종식도 이루어진다. 그리고 범죄와 법을 적대적 사회세력들의 산물로 보고 그러한 범죄와 법의 발생과 작동을 계급지배가 확보되는 주된 수단의 하나로 간주하는 대안적 시각이 가능해진다. 법은 자본주의 국가의 중심적인 강제 기관 중 하나로 남아 있다. 가장 근본적으로는 범죄의 구조와 범죄가 인식되는 방식과 **결부되어** 있으며, 범죄가 사회의 피예속층을 헤게모니 질서하에 피신하도록 몰아붙이는 방식과도 결부되어 있다.

그러나 인간이 전통적 기관과 분리되거나 분리되었다고 느낄 때 잃어버린 개인의 유령과 함께 잃어버린 권위의 유령도 모습을 드러낸다. 마치 주인 없는 개처럼 공포와 불안감이 지적 지형 위를 마구 휘젓고 다닌다. 그러한 여건에서 인간의 정신은 불가피하게 권위 문제로 되돌아가게 된다.[주 67]

바로 이 문제─'권위의 문제'─제기와 더불어 우리의 분석도 더 이상 범죄 이데올로기 분석에 머무르지 않는다. 이 장에서는 어떻게 해서 복잡한 범죄 이데올로기가 특정한 계기에서는 '권위'를 지지하는 계급 간 동맹의 토대를 마련해주는지에 관해 질문과 해답을 제시하려 하였다. 그러나 권위 자체는 여기서 마련할 수 없는 것이다. 권위가 행사되는 조건과 형태, 권위에 대한 **지지**가 적극적으로 가동될 필요가 있는 조건 등은 범죄 이데올로기에서 형성될 수 없다. '권위 문제'는 이렇게 해서 다른 분석 수준, 사회 조직의 다른 지형으로 이어진다. 그람시가 표현했듯이,

> '권위의 위기'에 관한 이야기가 돌고 있다. 이는 바로 헤게모니의 위기, 혹은 국가의 전반적인 위기다.[주 68]

주와 참고문헌

1　D. Marsden and E. Duff, *Workless* (Harmondsworth: Penguin, 1975)를 보라.

2　E. P. Thompson, 'Time and Work Discipline', *Past and Present*, December 1967을 보라.

3　Young, *The Drugtakers*를 보라.

4　Westergaard, 'Some Aspects of the Study of Modern Political Society'; H. Moorhouse and C. Chamberlain, 'Lowerclass Attitudes to Property: Aspects of the Counter Ideology', *Sociology* 8(3), 1974를 보라.

5　R. Jessop, *Traditionalism, Conservatism and British Political Culture* (London: Allen & Un win, 1974); 또한 J. Westergaard, 'The Rediscovery of the Cash Nexus', in *Socialist Register 1970*, ed. R. Miliband and J. Saville (London: Merlin Press, 1970); H. F. Moorhouse, 'The Political Incorporation of the British Working Class: An Introduction', *Sociology* 7(3), 1973: 314-59; Moorhouse and Chamberlain, 'Lowerclass Attitudes to Property'도 보라.

6　Reich, *The Mass Psychology of Fascism*.

7　G. Playfair, *The Punitive Obsession* (London: Gollancz, 1971).

8　G. Pearson, *The Deviant Imagination* (London: Macmillan, 1975); and L. Chevalier, *Labouring Classes and Dangerous Classes* (London: Routledge & Kegan Paul, 1973)을 보라.

9　G. Orwell, 'Lion and the Unicorn', in *Collected Essays, Journalism and Letters*, vol. 2 (Harmondsworth: Penguin, 1970); 전쟁과 관련된 주장의 전개로는 S. Hall, 'The Social Eye of Picture Post', *Working Papers in Cultural Studies No. 2*, C.C.C.S., University of Birmingham, Spring 1972를 보라.

10　예를 들면 B. Jackson, *Working Class Community* (Harmondsworth: Penguin, 1968)에서 'Riot'라는 제목의 장을 보라.

11　J. Young, 'Working Class Criminology', in *Critical Criminology*, ed. I. Taylor, P. Walton and J. Young (London: Routledge & Kegan Paul, 1975).

12　다음 문헌들을 보라. P. Anderson, 'Origins of the Present Crisis', *New Left Review* 23, 1964; reprinted in *Towards Socialism*, ed. P. Anderson and R. Blackburn (London: Fontana, 1965); T. Nairn, 'The British Political Elite', *New Left Review* 23, 1964; T. Nairn, 'The English Working Class', *New Left Review* 24, 1964; reprinted in *Ideology in Social Science: Readings in Critical Social Theory*, ed. R. Blackburn (London: Fontana, 1972); E. P. Thompson, *The Making of the English Working Class*, rev. edn (Harmondsworth: Penguin, 1968); R. B. Johnson, 'Barrington Moore, Perry Anderson and English Social Development', *Working Papers in Cultural*

Studies No. 9, C.C.C.S., University of Birmingham, 1976; E. P. Thompson, 'The Peculiarities of the English', in *Socialist Register 1965*, ed. R. Miliband and J. Saville (London: Merlin Press, 1965).

13 K. Marx, *The Poverty of Philosophy* (Moscow: Foreign Languages Publishing House, 1956: 115).

14 A. Dummett, *Portrait of English Racism* (Harmondsworth: Penguin, 1973).

15 N. Poulantzas, *Political Power and Social Classes* (London: New Left Books, 1973: 223).

16 T. Nichols and P. Armstrong, *Workers Divided* (London: Fontana, 1976)를 보라.

17 R. Hoggart, *The Uses of Literacy* (Harmondsworth: Penguin, 1958: 72-3).

18 Ibid.: 102.

19 Ibid.: 103.

20 Gramsci, *Selections from the Prison Notebooks*, pp. 419, 421.

21 Ibid.

22 G. Nowell-Smith, 'Common Sense', *7 Days*, 3 November 1971.

23 Anderson, 'Origins of the Present Crisis'; Parkin, *Class Inequality and Political Order* 를 보라.

24 Parkin, *Class Inequality and Political Order*.

25 Moorhouse, 'The Political Incorporation of the British Working Class'를 보라.

26 N. Harris, *Beliefs in Society* (London: Watts, 1968: 54).

27 Dummett, *Portrait of English Racism*.

28 K. Marx and F. Engels, *The German Ideology* (London: Lawrence and Wishart, 1965).

29 Harris, *Beliefs in Society*.

30 F. Engels, 'Ludwig Feuerbach and the End of Classical German Philosophy', in *Marx-Engels Selected Works*, vol. 2 (London: Lawrence & Wishart, 1951).

31 Harris, *Beliefs in Society*; C. Geertz, 'Ideology as a Cultural System', in *Ideology and Discontent*, ed. D. Apter (New York: Free Press, 1964)를 보라.

32 R. Lewis and A. Maude, *The English Middle Classes* (London: Phoenix House, 1949) 의 설득력 있는 묘사를 보라. 이는 이 시기에 작성된 글로서, 초기의 도덕적 탄원을 보여주는 중요하고 획기적인 텍스트다.

33 G. Steadman-Jones, 'The Remaking of the English Working Class', *Journal of Social History* 7, Summer 1974.

34 Cohen, *Folk Devils and Moral Panics*; Clarke *et al.*, 'Subcultures, Cultures and Class' 를 보라.

35 Clarke *et al.*, 'Subcultures, Cultures and Class'.

36 R. Glass, *Newcomers: The West Indians in London* (London: Allen & Unwin, 1960)을 보라.

37 Cohen, *Folk Devils and Moral Panics*, p. 192.

38 Clarke *et al.*, 'Subcultures, Cultures and Class'; J. Clarke, 'Style', in *Resistance through Rituals*, ed. Hall and Jefferson; P. Cohen, 'Subcultural Conflict and Working Class Community', *Working Papers in Cultural Studies No.* 2, C.C.C.S., University of Birmingham, Spring 1972를 보라.

39 J. Seabrook, *City Close-up* (Harmondsworth: Penguin, 1973: 62).

40 Ibid.: 57.

41 C. Critcher *et al.*, 'Race and the Provincial Press', Report to UNESCO, 1975를 보라; 이는 C.C.C.S. *Stencilled Paper No. 39*에도 실려 있다.

42 Seabrook, *City Close-up*, pp. 79-81.

43 Ibid.: 198-9.

44 Gramsci, *Selections from the Prison Notebooks*.

45 C. Levi-Strauss, *The Savage Mind* (London: Weidenfeld & Nicolson, 1966).

46 K. Marx, *'The Eighteenth Brumaire of Louis Bonaparte'*, in *Marx-Engels Selected Works*, vol. 1. (London: Lawrence & Wishart, 1951).

47 *The Times*, 28 June 1973.

48 P. L. Berger and T. Luckmann, *The Social Construction of Reality* (Harmondsworth: Penguin, 1971).

49 Ibid.

50 행위 이데올로기에 관해서는 V. N. Volosinov, *Marxism and the Philosophy of Language* (New York: Seminar Press, 1973)를 보라.

51 Berger and Luckmann, *The Social Construction of Reality*.

52 Volosinov, *Marxism and the Philosophy of Language*.

53 Poulantzas, *Political Power and Social Classes*; Althusser, 'Ideology and Ideological State Apparatuses'.

54 Marx, *Grundrisse*.

55 H. Maine, *Ancient Law* (London: Dent, 1917); selected in *The Sociology of Law*, ed. V. Aubert (Harmondsworth: Penguin, 1969).

56 I. Taylor, P. Walton and J. Young, *The New Criminology: For a Social Theory of Deviance* (London: Routledge & Kegan Paul, 1973: 1)에서 재인용.

57 Ibid.

58 L. Radzinowicz, *Ideology and Crime: A Study of Crime in its Social and Historical Context* (London: Heinemann, 1966)에서 재인용.

59 Chevalier, *Labouring Classes and Dangerous Classes*.

60 Pearson, *The Deviant Imagination*.

61 그러나 Taylor, Walton and Young, *The New Criminology*; S. Cohen, 'Criminology and the Sociology of Deviance in Britain', in *Deviance and Social Control*, ed. Rock and

Mcintosh를 보라.

62 Cohen, 'Criminology and the Sociology of Deviance in Britain'.

63 그러나 사회사업 진화의 일부 요소에 관해서는 *inter alia*, G. Steadman-Jones, *Outcast London* (Oxford University Press, 1973); Pearson, *The Deviant Imagination;* R. Bailey and M. Brake eds, *Radical Social Work* (London: Arnold, 1976)를 보라.

64 J. Clarke, 'The Three R's: Repression, Rescue and Rehabilitation: Ideologies of Control for Working Class Youth', C.C.C.S. *Stencilled Paper No. 41*, University of Birmingham, 1976을 보라.

65 E. J. Hobsbawm, *Labouring Men* (London: Weidenfeld & Nicolson, 1964); I. Taylor, P. Walton and J. Young, 'Critical Criminology in Britain: Review and Prospects', in *Critical Criminology*, ed. Taylor, Walton and Young을 보라.

66 이처럼 모호한 관계에 관해서는 Taylor, Walton and Young, 'Critical Criminology in Britain'을 보라.

67 R. Nisbet, *The Sociological Tradition* (New York: Basic Books, 1966).

68 Gramsci, *Selections from the Prison Notebooks*, p. 210.

[저자 소개]

스튜어트 홀(Stuart Hall, 1932-2014)은 대표적인 문화 이론가 중 한 명이자 영국 문화연구, 버밍엄학파의 창시자로 꼽힌다. 1932년 자메이카에서 태어나 영국으로 건너가 옥스퍼드대학에서 공부했다. 박사과정을 중단하고 반핵운동을 비롯해 신좌파 운동에 뛰어들어 핵심 인물로 활동했고, 〈대학과 좌파 평론〉과 〈뉴레프트 리뷰〉 편집장으로 활동했다. 이후 버밍엄대학교 현대문화연구소 소장, 개방대학교 교수 등을 지내면서 〈의례를 통한 저항(Resistance through Rituals)〉, 〈위기 관리(Policing the Crisis)〉, 〈대처리즘의 문화 정치(The Hard Road to Renewal)〉 등 영국 문화연구에서 대표작으로 꼽히는 저서들을 펴냈다. 학술적 저술뿐 아니라 〈오늘의 마르크스주의〉 등의 잡지 기고나 텔레비전 출연 등 현실 참여를 통해 영국 노동당 정책과 현실 정치에 큰 영향을 미쳤다.

채스 크리처(Chas Critcher)는 버밍엄대학교 현대문화연구소에서 공부했고, 현재 영국 쉐필드 할람대학교 명예교수다.
토니 제퍼슨(Tony Jefferson)은 버밍엄대학교 현대문화연구소에서 공부했고, 현재 영국 키일대학교 명예교수다.
존 클라크(John Clarke)는 버밍엄대학교 현대문화연구소에서 공부했고, 현재 영국 개방대학교 사회정책학 교수다.
브라이언 로버츠(Brian Roberts)는 버밍엄대학교 현대문화연구소에서 공부했고, 현재 영국 더램대학교 응용사회과학학부 초빙교수다.

[역자 소개]

임영호는 서울대학교 신문학과에서 학사와 석사학위를, 미국 아이오와대학교에서 언론학 박사학위를 받았다. 현재 부산대학교 미디어커뮤니케이션학과 명예교수이며, 문화연구, 저널리즘, 지식사 등을 연구하고 있다. 〈왜 다시 미디어 정치경제학인가〉(2022), 〈학문의 장, 지식의 제도화〉(2019), 〈한국 에로 비디오의 사회사〉(2018, 공저) 등의 저서와 〈문화와 사회를 읽는 키워드: 레이먼드 윌리엄스 선집〉(2023), 〈장르와 내러티브〉(2020), 〈문화, 이데올로기, 정체성: 스튜어트 홀 선집〉(2015), 〈언론학의 기원〉(2014), 〈대처리즘의 문화 정치〉(2007) 등 다수의 번역서가 있다.

한국연구재단 학술명저번역총서 서양편 801

위기 관리 1: 노상강도, 국가, 법과 질서

초판발행	2023년 5월 10일
지은이	Stuart Hall, Chas Critcher, Tony Jefferson, John Clarke, Brian Roberts
옮긴이	임영호
펴낸이	안종만 · 안상준
편 집	사윤지
기획/마케팅	노 현
표지디자인	이영경
제 작	고철민 · 조영환
펴낸곳	(주)**박영사**
	서울특별시 금천구 가산디지털2로 53, 210호(가산동, 한라시그마밸리)
	등록 1959. 3. 11. 제300-1959-1호(倫)
전 화	02)733-6771
f a x	02)736-4818
e-mail	pys@pybook.co.kr
homepage	www.pybook.co.kr
I S B N	979-11-303-1012-1
	979-11-303-1007-7 94080 (세트)

copyright©한국연구재단, 2023, Printed in Korea

* 파본은 구입하신 곳에서 교환해 드립니다. 본서의 무단복제행위를 금합니다.

정 가   24,000원

이 번역서는 2020년 대한민국 교육부와 한국연구재단의 지원을 받아 수행된 연구임
(NRF-2020S1A5A7084793)